Der Visual FoxPro 7.0
Anwendungsentwickler

Die Integrata Qualifizierung
Herausgegeben von der Unilog Integrata Training AG

In der Reihe »Die Integrata Qualifizierung« sind bisher erschienen:

Patrick E. Schärer

Der Visual FoxPro 7.0 Anwendungsentwickler

Objektorientierte Datenbankanwendungen mit Visual FoxPro 7.0

ADDISON-WESLEY

An imprint of Pearson Education
München • Boston • San Francisco • Harlow, England
Don Mills, Ontario • Sydney • Mexico City • Madrid • Amsterdam

Die Deutsche Bibliothek – CIP-Einheitsaufnahme

Ein Titeldatensatz für diese Publikation ist bei
Der Deutschen Bibliothek erhältlich.

 05 04 03 02

ISBN 3-8273-1858-0

© 2002 by Addison-Wesley Verlag,
ein Imprint der Pearson Education Deutschland GmbH
Martin-Kollar-Straße 10–12, D-81829 München/Germany
Alle Rechte vorbehalten
Einbandgestaltung: niesner & huber, Wuppertal
Lektorat: Rudolf Krahm, r.krahm@ndh.net;
Rolf Pakendorf, rpakendorf@pearson.de
Herstellung: Anna Plenk, aplenk@pearson.de
Satz: reemers publishing services gmbh, Krefeld, www.reemers.de
Gesetzt aus der Clearface 10 pt.
Druck: Media-Print, Paderborn
Printed in Germany

Inhaltsverzeichnis

VORWORT

Zur Neufassung des Visual FoxPro Anwendungsentwickler

Dieses Buch basiert im Wesentlichen auf seinem Vorläufer Der *Visual FoxPro 6.0 Anwendungsentwickler*, dessen Konzept viele positive und dankbare Reaktionen hervorgerufen hat. Im vorliegenden Buch wurde dieser erfolgreiche Ansatz um die neuen Möglichkeiten von Visual FoxPro 7 erweitert, die in Kapitel 0.3 *Über Visual FoxPro 7.0* mit Kapitelverweisen aufgelistet sind. Im Anhang befinden sich weitere Kapitel, die sich eigens mit den neuen Tools der Entwickleroberfläche von Visual FoxPro 7 beschäftigen und sie einführen.

Unabhängig davon wurde der didaktische Aufbau erweitert. So ist beispielsweise ein komplettes Kapitel über Grundlagen der xBase-Programmierung mit FoxPro hinzugekommen, in dem gleichzeitig die mächtigen neuen Editor-Funktionen von VFP 7 eingeführt und benutzt werden (Kapitel 3).

Ich hoffe, mit dem vorliegenden Buch einen weiteren Beitrag zur Verbreitung einer vielfach in der Volksmeinung völlig verkannten Programmiersprache zu leisten, die im Zusammenhang mit gegenwärtigen technischen Entwicklungen, wie ich sie im Folgenden kurz darstellen, ohne Zweifel eine ganz neue Rolle einnehmen wird.

Absicht dieses Buches

Die Entwicklung von Datenbankanwendungen im PC-Bereich hat durch die Ablösung von Großrechner und mittlerer Datentechnik durch PC-Netzwerke eine zentrale Bedeutung im ganzen IT-Bereich erlangt. FoxPro, das schon traditionell als schnellste PC-Datenbank gehandelt wird und sich seit dem Sprung in die Objektorientierung mit der stringenten Vererbungslogik als Frontend in Client-Server-Umgebungen immer größerer Beliebtheit zu erfreuen begann, sucht Könner.

Hier tritt der Visual-FoxPro-Anwendungsentwickler auf den Plan! Wer sich mit Grundkenntnissen von FoxPro 2.x oder xBase-Sprachen zum ersten Mal mit Visual FoxPro versucht, sieht schnell die umfangreichen Möglichkeiten. Doch der Spaß des Anfangs hört bei den meisten Autodidakten nach den ersten ernsthaften Versuchen bald wieder auf, wenn Objekte, Eigenschaften, Klassen, Methoden, Events, Trigger und alles andere beginnen, durcheinander zu geraten, und man sich fragt: Wo muss ich eigentlich anfangen? Welches Konzept muss mein Programm haben? Soll ich weiterstricken oder lieber ganz schnell aufhören, um mit meiner Anwendung nicht nachher in einer Katastrophe zu enden, die mich die nächsten Jahre beschäftigt?

Dieses Buch soll den anfänglichen Dschungel zu einem schön strukturierten, übersichtlichen Gebäude formieren, in dessen Räumen Sie sich als Entwickler von Datenbankanwendungen zu Hause fühlen und sicher bewegen können. Es ist sowohl eine Einführung in die Praxis der objektorientierten Programmierung als auch ein sukzessives Kennenlernen und Vertrautwerden mit der Arbeitsweise und den Möglichkeiten der Programmiersprache und Datenbank Visual FoxPro.

Aufbau und Studium

Die einzelnen Kapitel des Teils A (Grundkurs) sind ein schrittweiser Gang durch die Elemente einer Visual-FoxPro-Anwendung bis hin zur Zusammenstellung der Elemente in Form einer einfachen aber typischen objektorientierten Anwendungsarchitektur und bis zur Fertigstellung des auslieferungsfähigen Programms. Für den VFP-Anfänger macht sich hier ein bisschen Geduld bezahlt, wenn er diese aufeinander aufbauenden Schritte mitgeht, am eigenen Computer durchführt und sich so Stück für Stück eine sichere Basis für seine objektorientierte Entwicklungspraxis aneignet. Wer trotzdem quer einsteigen will, hat die Möglichkeit, das Beispielprojekt zum jeweiligen Anfangs-Stand eines Kapitels von der CD zu kopieren und darauf weiterzuarbeiten. In den Kapiteln von Teil B (Erweiterung) kann der Umfang des Grundkurses, aufbauend auf die fertige Beispielanwendung, individuell vertieft und erweitert werden. Hinweise zum Vorgehen sind, wie dieser Absatz, kursiv formatiert.

Wie zum Selbststudium eignet sich das vorliegende Buch aber aufgrund seines didaktisch-methodischen Aufbaus ebenso gut auch als Begleitmaterial zu Visual-FoxPro-Kursen für Programmierer.

Um möglichst unterschiedlichen Vorkenntnissen gerecht zu werden, finden sich für Programmieranfänger – oder für solche, die gerne einige Grundlagen auffrischen möchten – im Anhang (siehe Kap. 23) einige einfache Erklärungen zur Basis des Programmierens (Variablen, Ausdrücke, Funktionen), auf die im eigentlichen Text Bezug genommen wird. Für Programmierer, die mit xBase-Sprachen nicht vertraut sind, werden typische xBase-Befehlssyntax und -Funktionen sowie die Arbeit mit Select-Bereichen einschubweise erklärt. Diese Einschübe können von alten dBase-Hasen oder Clipper-Gemsen übersprungen werden.

Der Anhang enthält dazu eine Übersicht über die wichtigsten Funktionen, mit denen wir in diesem Buch arbeiten. Darüber hinaus finden sich dort die verschiedenen und anfangs vielleicht etwas verwirrenden VFP-Dateitypen erklärt (nicht wie in der Online-Hilfe alphabetisch, sondern thematisch sortiert, mit Hinweis auf entsprechende Kapitel). Dies geschieht insbesondere unter Berücksichtigung der nicht unwichtigen Frage, welche Dateien von Ihnen jederzeit gelöscht werden können und welche unter gar keinen Umständen!

Der Index ist gegliedert nach den verschiedenen Bereichen. Im Wesentlichen sind dies *Befehle, Funktionen, Eigenschaften, Methoden/Ereignisse* und *Themen*. Dies mag helfen, beim späteren Entwickeln von Projekten für aufkommende Fragen schnell die entsprechenden Lehrpassagen und Beispiele, z.B. zur Einführung einer bestimmten Eigenschaft oder Methode, im Buch wiederzufinden.

Visual FoxPro ist eine der umfangreichsten Programmiersprachen. Der Überblick und Arbeitsstart, in den Sie dieses Buch führt, kann diese Breite unmöglich erschöpfen. Vielmehr sollen Sie dadurch in die Lage versetzt werden, auch weitere Informationsquellen und Möglichkeiten zum Erfahrungsaustausch richtig verstehen und einordnen zu können. Dafür gebe ich zum Schluss des Buches (Kap. 27) einige Empfehlungen weiter, die Ihnen in Ihren folgenden Schritten der Programmierpraxis zur Hilfe dienen sollen.

Credits

Für die Entwicklung dieses Bandes wurden die vielen Erfahrungen aus zahlreichen Visual-FoxPro-Seminaren bei der Unilog Integrata Training AG umgesetzt und auf die praktischen Fragen und Probleme eingegangen, die auch in meiner eigenen Tätigkeit als Programmierer und Berater in Visual-FoxPro-Projekten an mich herangetragen wurden.

Hier soll mein Dank ausgesprochen werden an alle, die durch ihr Wirken dieses Buch mit möglich gemacht haben, insbesondere Ken Levy (Microsoft Visual FoxPro Product Manager, Redmont), Andreas Flohr und Nathalie Mengel (Indisoftware GmbH), Enis Akmut (Unilog Integrata Training), Rainer Becker (deutsche FoxPro User Group), Jürgen Wondzinski (ProLib GmbH). Und mein erster Dank gilt immer dem, der alles gemacht hat, und dessen Weisheit über allen Programmierkünsten steht …

Patrick E. Schärer

schaerer@bizsys.de

(Dankbar für Ihr Feedback …)

KAPITEL 0

0 Endlich Visual FoxPro 7.0 »Sedona«!

Wer lieber gleich zur Tat schreitet, kann dieses Kapitel überspringen und fortsetzen bei Teil A: Grundkurs. Ein paar Hintergründe zu kennen, wie ich sie hier kurz beschreibe, sollten Sie sich aber nicht ganz ersparen, vielleicht sonst in einer ruhigeren Stunde …

Zum Zeitpunkt, da ich diese Zeilen schreibe, ist VFP7 gerade neu herausgekommen, nach einer bewegten Vorgeschichte. Schon vor langem sollte das Final Release »in Kürze« da sein, dann sollte es noch ein ganzes Jahr dauern, weil Visual Studio.NET noch nicht so weit war. Dann fiel die wichtige Entscheidung: Herauslösung aus dem Visual-Studio-Paket und früheres Release in ein paar Wochen im Frühjahr 2001, dann wurde es doch Herbst …

Aber das Ergebnis kann sich sehen lassen. Wer die Version ein bisschen betrachtet, die tatsächlich hervorragende Arbeit, die das Fox-Team bei Microsoft geleistet hat, dürfte nicht schwer davon zu überzeugen sein, dass VFP keineswegs langsam am Absterben ist – ein Diskussionsthema, das sich monoton im stereotypen Rhythmus über die Jahre schleppt.

Doch was die Sache betrifft: Die Entscheidung, VFP nicht in die *Common Language Runtime* (CLR) des VS.NET-Pakets einzubeziehen, die ja gerne als Beweis interpretiert wird, dass VFP bald wegrationalisiert ist, hat ganz andere, nämlich technische Hintergründe, die dem VFP-Programmierer sehr willkommen sein dürften. Einer davon ist, dass der riesige Befehlsumfang von Visual FoxPro die CLR ziemlich sprengen würde und VFP entsprechend langsam machen würde (das damit also eine seiner originären Stärken verloren hätte).

Trotzdem rücken die Sprachen zusammen. Für Visual-Basic-Programmierer wird der Einstieg nach VFP leichter als früher, weil die Benutzeroberfläche (mit IntelliSense, andockbaren Fenstern etc.) sehr viel mehr der von VB ähnelt. Andererseits werden diese in Visual FoxPro einiges lernen, was jetzt erst ganz neu bei VB dazu kommt (VB.NET), während der VFP-Programmierer schon Jahre Zeit hatte, sich da hineinzuleben, wie vererbte Klassen und Containerobjekte/Objekthierarchien.

Thema des Buches ist nicht »What's New in VFP7«

Nur in FTP7 Sieht man die Menge von neuen Features in VFP7, ist man geneigt, sich darüber auszulassen, doch ist Thema dieses Buches nicht *Was ist neu in Visual Fox-Pro 7.0*, sondern die Absicht bleibt, wie auch im Vorläuferbuch über VFP6, die *generelle Einführung in objektorientierte Programmierung mit Visual FoxPro*, allerdings unter Verwendung der Version 7 und der dort verfügbaren Features. Damit der Inhalt auch für den Verwender der Version 6 (oder früher) ohne Schwierigkeiten nachvollziehbar ist, sind alle typischen VFP7-Abschnitte entsprechend am Rand gekennzeichnet mit der Bemerkung »nur in VFP7«. Diese Abschnitte sind jedoch nicht essenziell, und dem Kurs kann auch unter Auslassung der jeweilig beschriebenen Funktionen weiter gefolgt werden.

Wer sich jedoch speziell für die Neuerungen von VFP7 interessiert, dem dürfte der Abschnitt 0.3 *Visual FoxPro 7.0* weiter unten in diesem Kapitel helfen. Dort findet er eine thematisch gegliederte Beschreibung der wichtigsten Neuheiten und Änderungen in VFP7 mit Verweisen auf all die Stellen im Buch, bei denen entsprechende typische Funktionen und Möglichkeiten von VFP7 eingeführt und verwendet werden. Jeder andere Leser muss sich nicht sonderlich interessieren für neu oder nicht (ein Thema, was demnächst langweilig sein dürfte), sondern lernt Schritt für Schritt, was er braucht, um Visual FoxPro zu beherrschen.

Wer sich weiter in der Tiefe für die entsprechenden neuen Möglichkeiten interessiert sei hier verwiesen auf das allerdings nur auf Englisch verfügbare Buch »What's New in Visual FoxPro 7.0« von Tamar E. Granor, Doug Hennig & Kevin McNeish, erschienen bei Hentzenwerke Publishing.

0.1 Komponentenentwicklung und Mehrschichten-Architektur

»Hilfe! Ich höre immer nur ›Webservices‹, ›COM-Komponenten‹, ›XML-Messaging‹ und noch so Fremdworte!«

So mag einer stöhnen und sich wundern: »Jetzt werde ich bei der Installation von VFP7 gezwungen, einen mehr oder weniger neuen Internet Explorer zu installieren und einen XML-Parser, obwohl ich nicht genau weiß, wofür ich den brauche, und bei der ersten Installationsauswahl wird mir schon SOAP angeboten – dabei wollte ich doch nur mit FoxPro programmieren.«

Na, ein Programmierer kann heute nicht in Ruhe alt werden (wie auch sonst kein anderer Mensch mehr ...). Alles trimmt weg von der als monolithisch bezeichneten Desktop-Anwendung, hin zur Verteilung von *Anwendungsteilen*, z.B. ins Internet. Verwirklicht wird dies mit einer völlig andersartigen Anwendungsarchitektur, bei der die Komponentenentwicklung die zentrale Rolle spielt.

Die eigentliche Stärke der Version 7 von VFP: Komponentenentwicklung

Bestimmt sind eine Menge auch für die herkömmliche Programmierung sehr nützliche und hilfreiche Funktionen bei VFP7 dazugekommen. Doch die eigentliche Stärke liegt im Bereich Komponenten- und Mehrschichten-Entwicklung. Dabei wird nicht mehr (nur) eine EXE als ausführbare Datei erzeugt, die auf dem Rechner des jeweiligen Anwenders installiert wird, sondern statt dessen ein sogenannter COM-Server (meist eine DLL), der von beliebigen Programmen aus (von FoxPro-Anwendungen, anderen Anwendungen, von einem Browser über das Internet oder gar von einer anderen Desktopanwendung ebenfalls über das Internet) angesprochen werden kann – *instanziiert*, wie wir später in diesem Buch sagen werden. Dieser COM-Server hat dabei keine Oberfläche, sondern enthält lediglich alle eigentliche Logik. Darum wird er auch *das Geschäftsobjekt* genannt. Wir finden also eine Dreiteilung:

✔ Die Oberfläche: Sie kann entweder eine *reiche* Oberfläche sein, programmiert mit Sprachen wie Visual FoxPro, Visual Basic, auch Access (oder eine beliebige andere COM-fähige Sprache) oder eine ASP-Anwendung (oder ähnliche Anwendung) auf einem Web-Server, oder eine HTML-Seite, die im Browser angezeigt wird, mit den entsprechenden Begrenzungen der Oberflächenbehandlung.

✔ Die zentrale Geschäftslogik ohne Oberfläche: Hier kommt unser COM-Server ins Spiel. Er gibt seine verschiedenen Eigenschaften und Methoden über die Windows-Registry oder – wenn die Kommunikation über das Internet läuft – über SOAP frei für die Oberflächenanwendung. FoxPro eignet sich hervorragend für diese Stelle, insbesondere in der Version 7.0.

✔ Und zuletzt natürlich die Daten selbst: In solch größeren mehrschichtig angelegten Anwendungen liegen diese typischerweise in einer großen Datenbank wie SQL-Server oder Oracle. Auf die Daten hat ausschließlich das zentrale Geschäftsobjekt Zugriff, nicht die Oberfläche selbst – wie das bei der bisherigen Client/Server-Architektur der Fall war. Damit lässt sich der Zugriff auf die Daten natürlich sehr genau steuern.

Schritt für Schritt …

So einfach diese Beschreibung klingt – wenn es konkret wird, muss dabei doch eine Menge bedacht werden. Wir haben es über FoxPro hinaus mit einer Reihe anderer Schnittstellen zu tun, allen voran die Prinzipien von COM überhaupt und die sogenannte Windows-DNA (Distributed Network Architecture), dann die Kommunikation zwischen den Schichten mit XML, ADO oder anderen Möglichkeiten, dann die Frage der Registrierung (Typbibliothek, Interfaces und SOAP) und zuletzt natürlich die eigene Programmierung mit dem FoxPro-eigenen Cursor und den intern verwendeten Klassen.

Zwar wird die Entwicklung von Webservices und dergleichen als leicht und schnell beschrieben. Bevor wir uns aber sinnvoll mit FoxPro in dem ganzen Bereich von COM, Mehrschichten-Entwicklung und Webprogrammierung bewegen können, ist es unbedingt erforderlich, zuerst einmal vertraut zu sein mit a) dem Werkzeug FoxPro selbst und b) mit den grundlegenden Techniken der objektorientierten Programmierung. Ich würde nicht empfehlen, sich gleich im Gewühl der Schichten zu verlieren, ohne nicht auf diesem *festen Boden* zu stehen. Damit meine ich hier: VFP als Sprache selbst zu beherrschen. Dies ist das Ziel des vorliegenden Buches. Bis auf Kapitel, die Ihnen den Ausblick in die Welt der Komponenten- und Mehrschichten-Entwicklung geben (insbesondere Kap. 16 *COM*) werden wir also bei FoxPro *intern* bleiben und es kennen und beherrschen lernen.

Ein weiteres Buch, das gegenwärtig bei mir in Vorbereitung ist, mag Ihnen demnächst helfen, den Einstieg in die Mehrschichten-Entwicklung leichter zu bekommen, nachdem Sie sicher und heimisch geworden sind mit allem, was Sie bei Visual FoxPro brauchen.

0.2 Retrospektive früherer Visual FoxPro-Versionen

0.2.1 Visual FoxPro 3.0

Die erste objektorientierte FoxPro-Version war *Visual FoxPro 3.0* (im Folgenden kurz VFP3). Sie löste Ende 1995 (also im Jahr von Windows 95) die Vorgänger *FoxPro für Windows 2.6* (im Folgenden kurz FPW2.6) und *FoxPro für DOS 2.6* ab. Hier fand also der große Sprung von FoxPro in die Welt der Objektorientierung statt. VFP3 gab es natürlich nur noch für Windows, jedoch unterstützte es sowohl 16-Bit- als auch 32-Bit-Betriebssysteme, wobei bei der Installation auf Windows 3.11 das Win32s-Subsystem mit installiert wurde – dies war nicht immer ganz unproblematisch.

0.2.2 Visual FoxPro 5.0

Visual FoxPro 5.0 (VFP5) kam Mitte 1997 auf den Markt und hatte im Vergleich zu VFP3 den grundsätzlichen Unterschied, dass die 16-Bit-Unterstützung wegfiel. (Einiger *Ballast*, der dafür nötig war, fiel dadurch weg, die Installationsdateien wurden nun kleiner und die Performance besser). VFP5 arbeitete also nur noch mit Win95 aufwärts oder mit NT. Kaum wird man heute noch Maschinen mit Windows 3.11 finden – auf ihnen läuft also nur VFP3.

VFP5 war im Wesentlichen eine bug-bereinigte 3.0er-Version mit einigen erweiterten Features, aber nicht mit grundsätzlichen Veränderungen. Projekte, die mit 3.0 geschrieben wurden, konnten im Wesentlichen ohne weiteres in 5.0 übernommen werden. Dabei mussten nur alle Klassenbibliotheken und Formulare nochmals neu kompiliert werden, ebenso, wenn einmal der *Rückwärtsgang* nötig wurde (Befehl Compile Form).

Wichtige Neuheiten von VFP5, die an dieser Stelle erwähnenswert sind, waren

✔ ein grundsätzlich neuer Debugger (bei VFP3 noch sehr primitiv und für objektorientiertes Arbeiten ziemlich ungeeignet)

✔ Top-Level Formulare und Menüs (Formulare, die als eigener Task außerhalb vom FoxPro-Hauptfenster gestartet werden)

✔ Kontextmenüs (hier: *Shortcut-Menüs*)

✔ Syntax-Einfärbung (vorher in VFP3 recht primitiver Editor)

✔ Anbindung an Visual SourceSave

✔ die nicht unwichtige Kleinigkeit, dass der Report-Generator zwar immer noch nicht objektorientiert war (auch bei 6.0 nicht), aber man seit 5.0 die Report-Vorschau zumindest in ein benutzerdefiniertes Fenster leiten kann.

0.2.3 Visual FoxPro 6.0

Visual FoxPro 6.0 kam in der zweite Jahreshälfte 1998 auf den Markt. Wichtige Neuerungen waren

✔ erweiterte Internet-Unterstützungen

✔ die Möglichkeit, die Entwickleroberfläche verschiedentlich zu bearbeiten (*Project-Hook*-Klasse)

✔ die Komponenten-Gallery

✔ der *Erfassungsprotokoll-Profiler*, die Möglichkeit, exakt die Verarbeitungszeit aller Befehle zu kontrollieren.

In den Versionen 5.0 und 6.0 war VFP Teil des Visual-Studio-Pakets, zusammen mit anderen Entwicklerprodukten wie C++, Visual Basic, Java.

HINWEIS Wenn Sie noch mit VFP6 arbeiten sollten, stellen Sie sicher, dass Sie das letzte Service Pack (5) von Visual Studio/Visual FoxPro installiert haben, damit Sie die optimal fehlerbereinigte Version gebrauchen und Ihnen alle vorhandenen Funktionen zur Verfügung stehen.

Um zu prüfen, welches Service Pack auf einem Rechner installiert ist, führen Sie im Befehlsfenster die Zeile aus

`? VERSION()`

Der Rückgabewert gibt die Nummer der Version und die Nummer des aktuellen Build (= Unterversion) zurück. Hingewiesen werden soll auf:

✔ **Service Pack 3** – »Visual FoxPro 06.00.8492.00 für Windows« (verschiedene Verbesserungen in Bezug auf die COM-Fähigkeit, die in VFP7 dann weiterentwickelt wurden)

✔ **Service Pack 5** – »Visual FoxPro 06.00.8961.00 für Windows« (aktuelles Service Pack für VFP6)

Service Packs sind erhältlich auf der Microsoft-Download-Seite (www.microsoft.com/downloads).

0.3 Über Visual FoxPro 7.0

Visual FoxPro 7.0 kam im September 2001 auf den Markt, also nach einer ungewöhnlich langen Laufzeit der Vorläuferversion.

ACHTUNG   VFP6-Projekte laufen gleichermaßen auch unter VFP7, sind auch rückwärts-kompatibel, – außer Menüdateien, diese werden beim Öffnen und Speichern unter VFP7 umformatiert und sind dann unter VFP6 nicht mehr zu gebrauchen!

VFP7 ist nicht mehr im Visual-Studio-Paket (d.h. in der im Anschluss an VFP herauskommenden Version VS.NET) enthalten.

VFP7 ist in der Geschichte von Visual FoxPro seit Version 3.0 vermutlich eine der beachtlichsten Weiterentwicklungen, wenn dies auch, wie bereits oben im Kapitel *Komponentenentwicklung und Mehrschichten-Architektur* beschrieben, größtenteils in Bereichen deutlich wird, die in der Aufgabenstellung dieses Buches nur peripher gestreift werden können.

Um Ihnen einen Eindruck zu vermitteln über die Stellen in dem vorliegenden Buch, die typische Neuerungen von VFP7 beschreiben, hier die Übersicht. Meine Absicht ist nicht, diese bis ins kleinste Detail zu beschreiben, sondern sie für ein Einführungsbuch nützlich zu machen.

0.3.1 Die Entwickleroberfläche

1. **IntelliSense**. Endlich auch bei VFP:

   – Befehle und Funktionen werden bei der Eingabe automatisch vervollständigt.

   – Gibt es eine Auswahl verschiedener Klauseln, zeigen Dropdown-Listen die Auswahl an.

   – Tooltips zeigen an, um welche Parameter ein Befehl noch ergänzt werden muss oder kann.

   – Geschlossene Klammern markieren den gesamten eingeklammerten Bereich.

   – Vorschlagsliste der zuletzt verwendeten Dateien wird bei speziellen Befehlen direkt im Befehlsfenster angezeigt.

Beschreibungen siehe Kapitel 3.3 *IntelliSense*

2. **Weitere andockbare Fenster.** Befehlsfenster, Eigenschaften-Fenster, Datensitzungsfenster und Dokumentenansicht (siehe 4.) sind andockbar und lassen sich so leichter verwalten. In Kapitel 23.1 *Andocken von Fenstern,* finden Sie die Beschreibung der u. U. etwas kniffligen Handhabung und Erfahrungswerte zur Einstellung der Fenster.

3. **Editor-Verbesserungen**.

   – Der Editor verwaltet Lesezeichen und Task-Einträge zum leichten Springen zu verschiedenen Code-Stellen im gesamten Dokument und allen seinen Unterobjekten: Kap. 3.4.1 und 3.4.2.

   – Die Taskliste bietet eine komfortable Verwaltung von Programmieraufgaben. In Teil C sind die umfangreichen Funktionen beschrieben.

   – Verbesserte Möglichkeiten zum Suchen und Finden.

   – Der *Dirty File Indicator* zeigt immer an, ob eine Datei verändert wurde.

   – Neue Einstellungen im Optionen-Formular.

   Diese Punkte werden beschrieben in Kapitel 3.4 *Der Editor von VFP7*.

4. **Dokumentenansicht.** Komfortables neues Fenster, in dem Sie zu jeder Prozedur des geöffneten Dokumentes (z.B. Formular, Klasse) schnell navigieren können, egal in welchem Unterobjekt auf welcher Hierarchiestufe es sich befindet: Kapitel 22.1 *Die Dokumentenansicht*.

5. **Taskliste.** Sie hilft für eine »ToDo-Liste« mit bleibenden Verknüpfungen zu den einzelnen Teilen eines Projekts und mit einem Planungs-Tool und öffnet von hier aus direkt das jeweilige Dokument an der entsprechenden Code-Stelle: Kapitel 22.2 *Die Taskliste*.

0.3.2 Neue Objekt-Eigenschaften, -Methoden, -Ereignisse

1. *Hot tracking* in Command Buttons erlaubt typisches Bild für *moderne* Symbolleisten.

2. *Vertikale Führungslinie* im Separator erlaubt sichtbare Trennlinien.

3. MouseEnter- und MouseLeave-Ereignisse in den dazu passenden Basisklassen.

0.3.3 Datenbank

1. Datenbankereignisse: Wenn auch unsere hervorragende eigene Datenbank immer noch nicht direkt objektorientiert aufgebaut ist (und es auch nicht werden wird), so erhält nun die Datenbank *Events*! Dies ermöglicht direkt ereignisgesteuert Zugriff, Steuerung und Kontrolle (Kap. 4.12 *Datenbankereignisse*).

2. Der OLE-DB Provider erlaubt direkten Zugriff auf FoxPro-Daten und interne SET-Einstellungen via ADO/OLE-DB. Eine kleine plastische Einführung in ADO finden Sie im Kapitel 17.3 *OLE-DB: How To Do?*

0.3.4 Third-party-Produkte

Direkt mitgeliefert werden Ergänzungsprodukte: MSDE 2000 (SQL Server Desktop-Version) und InstallShield Express, die Light-Version des InstallShield – der frühere Setup-Wizard entfällt (siehe Kap. 12.2 *Erzeugen eines Setup-Programms*).

Teil

A

Grundkurs

Die Kapitel des Grundkurses umfassen den etwas ergänzten Grundstock einer fünftägigen einführenden Programmiererschulung in Visual FoxPro. Da sie aufeinander aufbauen und eine möglichst vollständige Einführung in die Grundlagen der objektorientierten VFP-Programmierung ergeben sollen, wurde versucht, auf dafür überflüssige Exkurse zu verzichten. Weiterführende Themen finden sich dann im Teil B (Erweiterung) und Teil C (Anhang).

KAPITEL 1

1 Einleitung

1.1 Hardware-Voraussetzungen

Ich will hier die von Microsoft als Hardware-Voraussetzungen angegebenen Aussagen etwas relativieren (vielleicht ernüchternd für einige), was die konkrete Entwicklungsarbeit mit Visual FoxPro anbelangt.

Zur ernsthaften Entwicklungsarbeit mit VFP7 sollte

✔ Ihr Rechner nicht unter 128 MB Ram, besser 256 oder 516 haben,

✔ die Festplatte »für die Standardinstallation 115 MB verfügbaren Platz bieten (für die Vollinstallation und einigen Zusatzkomponeten kommt man weit über 200 MB)« – so sagt es Microsoft. Wohl kaum wird ein Entwickler anfangen, der nicht einige Gigabyte auf seiner Festplatte frei hat.

✔ Ihr Rechner »mind. einen Pentium II Prozessor« besitzen. Ohne wird es ein Entwickler auch nicht lange aushalten: Ich würde sagen: mind. PIII oder IV.

✔ Man kann mit einer Auflösung von 1024*768 arbeiten, sollte es sich aber nicht allzu lange antun. Wenn dies die von Ihnen vorgegebene Mindestauflösung Ihrer Programme ist, sollte die Entwicklungsumgebung mindestens 1280*1024 haben (19"-Monitor).

✔ Es empfiehlt sich, beim Entwickeln mit Windows 2000 (bzw. NT4) zu arbeiten – zum einen wegen der größeren Absturzsicherheit und Abgeschlossenheit der Tasks, zum anderen, weil die Einsicht in die genau laufenden Prozesse (besonders bei Entwicklung für OLE-Fernsteuerung) häufig vonnöten ist.

1.2 Wie Sie diesen »Kurs« durcharbeiten

Zur besseren Kommunikation zwischen Ihnen, dem Leser, und mir, hier einige Hinweise zum Lesen des Buches:

1. Schon erwähnt wurde, dass der Teil A sukzessive gelesen werden sollte, die Kapitel bauen aufeinander auf. Im Teil B und C kann das herausgegriffen werden, was Sie gerade interessiert und was Sie vertiefen wollen.

2. *Hinweise zum Vorgehen beim Lesen und Lernen stehen kursiv formatiert.*

3. Da in der Schulung aus didaktischen Gründen nicht auf einmal alles zu einem Großthema gesagt wird (z. B. über Daten, über Formulare, über Klassen), findet sich häufig vor dem Kapitelnamen eine mit römischen Ziffern durchnummerierte Bereichsangabe, z. B. Formulare (I): Einführung in Objektorientierung, Formulare (II): Programmierung, später im Teil B unter einem ganz anderen Abschnitt (OLE): Formulare (III): ActiveX-Steuerelemente. Ähnlich sind die verschiedenen Kapitel über Daten, Klassen und Berichte nummeriert.

4. Ich verwende relativ häufig Querverweise auf andere Stellen im Buch, wo Sie mehr zu einem Thema finden. Verlieren Sie dabei den Faden nicht (die Zusatzinformation dort ist gewöhnlich nicht notwendig zum Weiterlesen und Arbeiten)! Finden Sie einen →Pfeil vor einem Wort, so taucht dieses Wort im Index, meist unter *Themen* auf. Ich habe mir für den Index einige Mühe gegeben und ich hoffe, er hilft Ihnen, schnell an Punkte zu springen, zu denen Sie Fragen haben.

5. Dass Eigenschaften so aussehen (wie auch Methoden und Ereignisse), FENSTER-/DIALOGÜBERSCHRIFTEN so, Tasten so, MENÜS, REGISTERKARTEN und BUTTONS so, wird ihnen hoffentlich helfen, sich gut im Text zurechtzufinden.

2 Grundlegung des Projekts

2.1 Unser Beispielprojekt

Wir wollen im Laufe des Seminars ein eigenes kleines Beispielprojekt entwickeln, an dem wir die verschiedenen Elemente eines Visual FoxPro-Projekts nacheinander kennen lernen und anschließend die Integration zu einem auslieferungsfähigen Programm durchführen werden. Als Beispielprojekt soll uns eine einfache Adressverwaltung dienen.

2.1.1 Arbeitsvorbereitung

Windows einrichten

Um sinnvoll mit VFP arbeiten zu können, empfehle ich folgende Windows-Einstellungen im Windows-Arbeitsplatz:

Bei Win95/NT4

ANSICHT | OPTIONEN

✔ 1. Registerkarte ANZEIGEOPTIONEN

– *Alle Ordner in demselben Fenster anzeigen*: einschalten (sonst ist Navigieren in unterschiedlichen Ordnern im Arbeitsplatz schier unmöglich)

✔ 2. Registerkarte ANSICHT

– *Versteckte Dateien*: alle Dateien anzeigen

– *Vollständiger Pfad in der Titelleiste*: einschalten

– *Keine Erweiterung für registrierte Dateien*: ausschalten

(Hier also fast alle Einstellungen eben andersherum als der Standard es vorgibt.)

Bei IE4/5 (Active Desktop)/Win98

ANSICHT | ORDNEROPTIONEN

✔ 1. Registerkarte ALLGEMEIN

– Auf keinen Fall sollten Sie *Klassischer Stil* wählen. Der Stil ist nämlich gar nicht so klassisch, weil dabei beim Active Desktop hier nicht mehr ausgeschaltet werden kann, dass er alle Ordner in einem eigenen Fenster anzeigt, was eine für professionelle Verwendung unmögliche Einstellung ist.

- Statt dessen wählen Sie *angepasst an individuelle Einstellungen* und unter EINSTELLUNGEN *Jeden Ordner im selben Fenster öffnen*.

✔ 2. Registerkarte ANSICHT | DATEIEN UND ORDNER

- *Vollständiger Pfad in der Titelleiste anzeigen*

- *Dateinamenerweiterung bei bekannten Dateitypen ausblenden*: unbedingt ausschalten!

- *Versteckte Dateien*: *Alle Dateien anzeigen*

Bei Windows 2000

Stellen Sie ein im Arbeitsplatz unter EXTRAS | ORDNEROPTIONEN:

✔ 1. Registerkarte ALLGEMEIN

- auf jeden Fall: *Jeden Ordner im selben Fenster öffnen*

- Ich empfehle beim Programmieren in den meisten Zusammenhängen: *Herkömmliche Windows-Ordner verwenden*

✔ 2. Registerkarte ANSICHT

– Empfehlung: *Vollständigen Pfad in Adressleiste anzeigen*

– Empfehlung: *Vollständigen Pfad in der Titelleiste anzeigen*

– Empfehlung: *Alle Dateien und Ordner anzeigen*

– Unbedingt: *Dateinamenerweiterungen bei bekannten Dateitypen ausblenden* ausschalten!

– Empfehlung: Wählen Sie *Wie aktueller Ordner*; die Darstellung aller Ordner auf unterschiedliche Art und Weise macht nur in Ausnahmefällen Sinn.

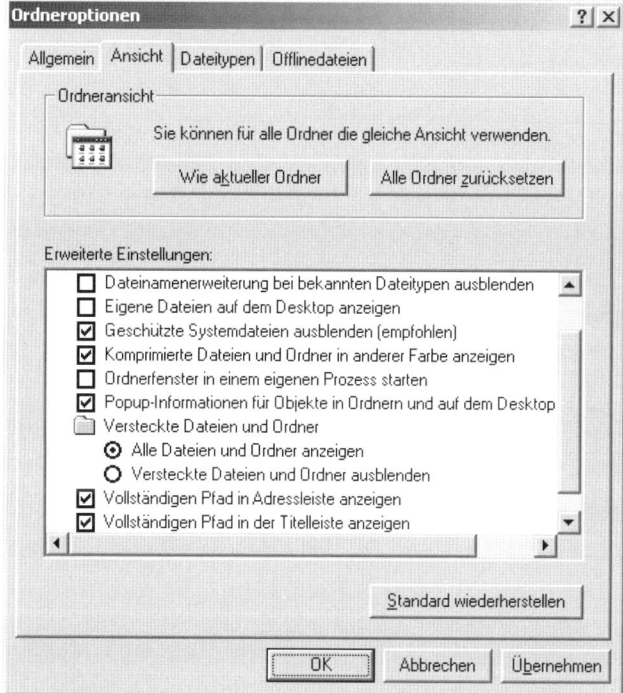

Projektverzeichnis und Verknüpfungen

Wir legen uns ein neues Verzeichnis an, in das alle Dateien unseres Projekts gespeichert werden sollen. Das Verzeichnis heißt üblicherweise wie auch das Projekt, in unserem Fall: ADRESS. Ich empfehle eine Struktur wie die Folgende:

LAUFWERK:\ENTW\PRODUKT*PRODUKTNAME* also hier:

C:\ENTW\PRODUKT\ADRESS

(Erweiterung der empfohlenen Verzeichnisstruktur um die Ordner für Auslieferungsdateien, siehe Kap. 12.1 *Testen der auslieferungsfertigen Version*.)

Einstellung des FoxPro-Standardverzeichnisses

Wenn wir nun FoxPro starten, müssen wir dafür sorgen, dass dieser Projektpfad der Standardpfad unserer Anwendung wird und FoxPro alle erzeugten Dateien standardmäßig in dieses Verzeichnis legt. Dies ist die Bedeutung des FoxPro-Standardverzeichnisses. Am einfachsten kann dies interaktiv im Dialog eingegeben werden, aufgerufen im Menü unter:

EXTRAS | OPTIONEN | DATEIABLAGE | STANDARDVERZEICHNIS

Die hier im Optionen-Fenster vorgenommenen Einstellungen werden in die Windows-Registry eingetragen, wenn der Button ALS STANDARDEINSTELLUNG VERWENDEN betätigt wird, und bleiben somit über die FoxPro-Sitzung hinaus erhalten.

2.1.2 Projekt anlegen

Nun endlich legen wir unser Projekt an – wie üblich bei Windows-Anwendungen über einen NEU-Button. Bei der Aufforderung nach Namensangabe benennen wir das Projekt, wie unsere künftige Anwendung heißen soll: *Adress*.

Die Möglichkeiten des Projekt-Managers

Dreh- und Angelpunkt der Entwicklung ist der Projekt-Manager. Alle weiteren Dateien werden hierüber erzeugt. Der Dialog, der auf den NEU-Button folgt, mit Auswahl verschiedener Dateitypen, wird normalerweise später nicht mehr gebraucht.

Gesamtansicht

Die Gesamtansicht des Projekts ermöglicht den Zugriff auf die meisten Funktionen per Tastendruck (siehe Buttons rechts). Mit rechtem Mausklick auf den schmalen Zwischenraum hinter den Registerkarten erhält man eine Auswahl, in der man u.a. die Beschreibung der Eigenschaften ein- und ausschalten kann (empfiehlt sich auszuschalten, wenn man mehr Platz für Dateien benötigt). Man sollte sich von vornherein nicht angewöhnen, mit der ersten Registerkarte (ALLE) zu arbeiten, da alle ihre Inhalte leichter und schneller über die anderen Registerkarten zugreifbar sind.

Häufig zieht man in der wirklichen Entwicklungsarbeit das Fenster tief nach unten und stellt es dafür relativ schmal dar, um alle Dateien sofort sehen zu können.

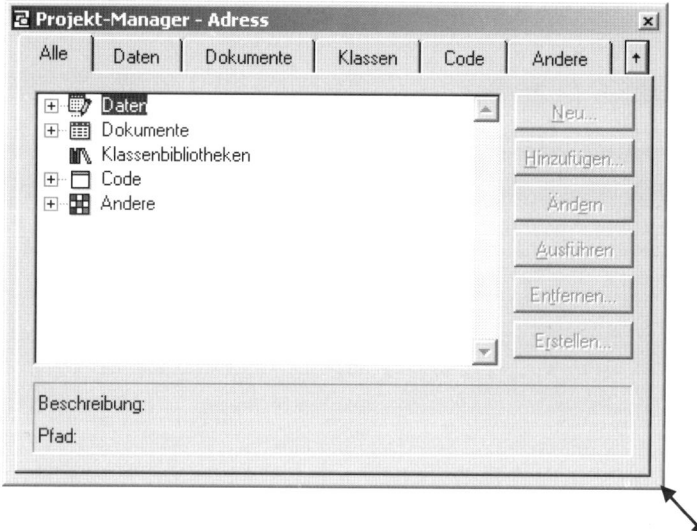

Angedockte Ansicht

Der Projekt-Manager kann entweder durch Hineinziehen in die Symbolleisten (Toolbars) oder mit Doppelklick auf die Titelleiste angedockt werden.

✔ In dieser Ansicht ist es möglich, einzelne Registerkarten herauszuziehen.

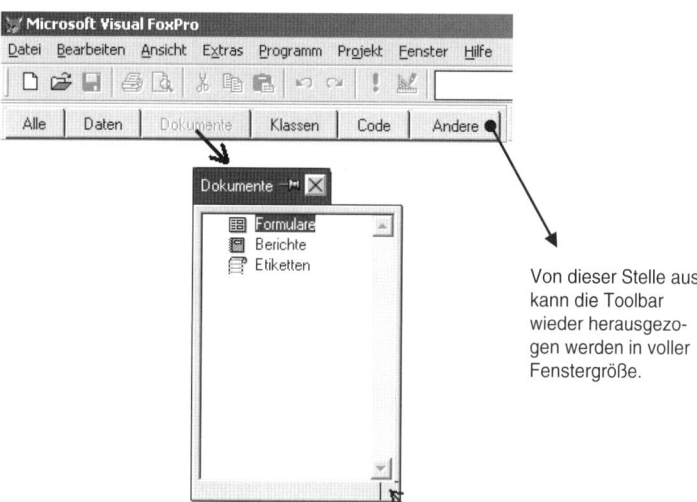

Von dieser Stelle aus kann die Toolbar wieder herausgezogen werden in voller Fenstergröße.

✔ Da im angedockten Zustand die Buttons des Projekt-Managers nicht mehr erscheinen, sind diese ersetzt durch Menüpunkte im Kontextmenü (Rechter Mausklick auf z.B. Formulare)

✔ Die Größe der herausgezogenen Fenster kann nur in der unteren rechten Ecke verändert werden.

Zuklappen des Projekts

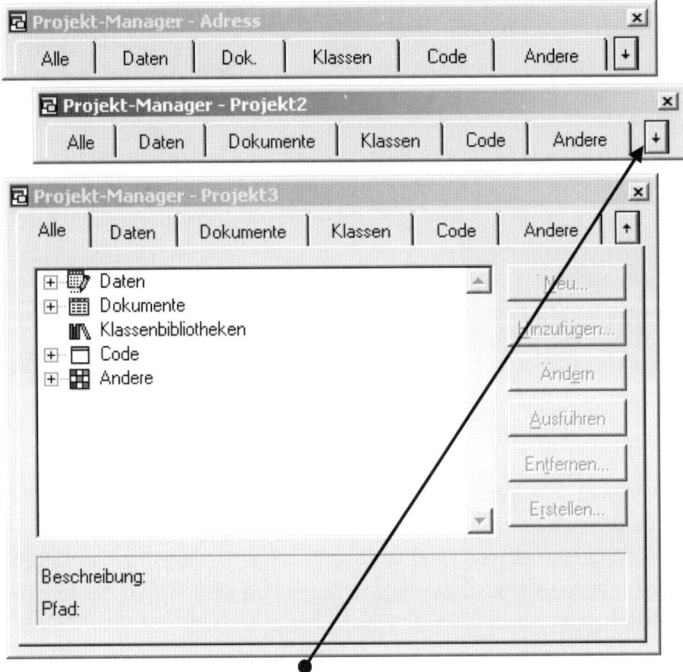

An dieser Stelle kann der Projekt-Manager *zugeklappt* werden. Diese Ansicht empfiehlt sich besonders für die Arbeit mit mehreren Projekten gleichzeitig. Dies kann auch innerhalb eines Produkts notwendig werden, wenn man bestimmte Module in eigene *Apps* auslagert.

2.2 Die Hilfe verwenden

2.2.1 MSDN offline

Seit Visual FoxPro 6.0 (und auch in 7.0) verwendet VFP das Hilfesystem des MSDN (Microsoft Developer Network) statt der althergebrachten Hlp-Dateien. Es handelt sich dabei um ein integriertes Hilfesystem aller MS-Entwicklungsumgebungen, das im Browser dargestellt wird (hier war das Hilfesystem von VFP6 eingebunden) – wie langsam das Ganze ist, kennt jeder, der einmal bei Word 2000 oder XP auf F1 gedrückt hat und noch keinen 1-GHz-Rechner besitzt. Aber hier lässt sich das Rad nicht mehr zurückdrehen.

VFP6 kam erst einmal ganz ohne Hilfe (bevor man sich durch die Installation der 2 MSDN-CDs durchgewühlt hatte) – bei VFP7 ist das praktischer: Die VFP-eigene Hilfe wird ohne andere MSDN-Erweiterungen bei der Installation automatisch mitinstalliert. Die komplette MSDN kann nachinstalliert werden. In weiteren aktuellen Auflagen, so Microsoft, wird die VFP7-Hilfe aber weiter »Bestandteil des großen MSDN-Universalabonnements« sein.

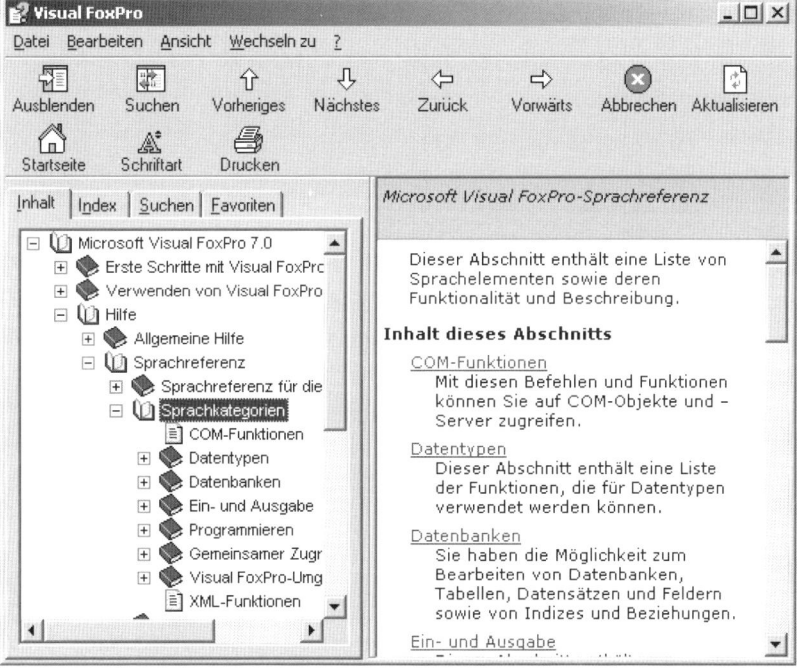

Die verschiedenen Möglichkeiten, um von VFP aus ein gewünschtes Hilfethema aufzurufen, sind im Vergleich zu VFP-Vorversionen jedoch geblieben:

1. Im VFP-Hauptmenü HILFE | MICROSOFT VISUAL FOXPRO-HILFE aufzurufen (bzw. F1) und in der zweiten Registerkarte INDEX das gesuchte Hilfethema einzutragen.

2. Im Befehlsfenster zu schreiben

```
help thema    z.B.
help append
```

3. Ein Wort im Code oder im Befehlsfenster zu markieren und anschließend F1 zu drücken.

4. Im Hilfe-Menü von VFP finden Sie auch MICROSOFT IM WEB. Hier können Sie die aktualisierte MSDN-Seite im Internet aufrufen (beim ersten VFP7 Release stimmt hier die URL nicht, wird vermutlich demnächst behoben).

HINWEIS   Die deutsche Übersetzung der MSDN-Hilfe hat leider einige grobe Fehler wie z.B. übersetzte Befehle, die natürlich nicht zu übersetzen sind. Wer des Englischen mächtig ist, sollte in jedem Fall die englische Version verwenden.

2.2.2   MSDN online

Sie können auch auf die MSDN-Hilfe (MSDN Library) im Internet zugreifen und damit den aktuellsten Stand erhalten. Gehen Sie im Internet auf die Seite:

```
http://www.eu.microsoft.com/germany/msdn/
```

Hier erhalten Sie eine Übersicht auch über aktuelle Informationen. Zur eigentlichen Hilfe (d.h. MSDN Library) können Sie von hier aus weiterverzweigen oder direkt eingeben

```
http://msdn.microsoft.com/library/
```

In beiden Fällen werden Sie auf die englischsprachige Library geleitet. Aus diesem Grund und wegen der schon erwähnten Mängel in der deutschen Übersetzung werde ich Hinweise auf Kapitel der Hilfedatei jeweils unter Verwendung des englischsprachigen Kapitelnamens machen. Es dürfte jedoch keine Schwierigkeit sein, sich anhand dessen auch in der deutschen Hilfe zurechtzufinden.

KAPITEL 3

3 Erste Schritte: Befehl, Programm, Editor

Zwar wollen wir uns hier mit objektorientierter Programmierung beschäftigen, bevor wir uns jedoch da hineinstürzen, sollten auch jene Leser, die nicht traditionell mit xBase (also allgemein dBase, Clipper, FoxPro 2.6 oder dergleichen) gearbeitet haben, gesehen haben, wie ein traditionelles *prozedurales* Programm mit FoxPro aussieht und eines *probiert* haben. Bei der Gelegenheit wollen wir die Möglichkeiten des VFP7-Editors und die IntelliSense-Funktionen kennen und nutzen lernen, die im Vergleich zu VFP6 wesentliche Erleichterungen mit sich bringen.

Alte dBase-Hasen oder Clipperer können in diesem Kapitel diagonal lesen und sich speziell nur auf die Abschnitte über IntelliSense (3.3) und Editor (3.4) konzentrieren.

3.1 Das Befehlsfenster

Das Befehlsfenster ist natürlich die erste Kommandozentrale der Entwicklungsumgebung. Auch wenn vieles interaktiv durch Klicken geschehen kann (Grundeinstellungen, Öffnen einer Tabelle, Hinzufügen von Datensätzen, Navigieren etc.), sollten Sie für alles die Befehle kennen – schließlich wollen Sie ein Programm schreiben, und dort soll sich Ihr Anwender nicht an die FoxPro-Entwicklungsumgebung setzen.

Andocken des Befehlsfensters

Es ist nützlich, von vornherein das Befehlsfenster anzudocken. Ziehen Sie dazu die blaue Titelleiste BEFEHL an den rechten Rand des FoxPro-Desktops oder direkt unter den Schließen-Button (Punkt in Abbildung). Dies ermöglicht Ihnen später eine leichtere Übersicht und Steuerung über die nach und nach noch hinzukommenden Fenster (siehe Kap. 23.1 *Andocken von Fenstern*)

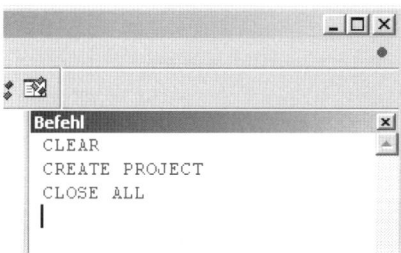

Die Befehlseingabe

Geben Sie Ihren ersten Befehl ein und bestätigen ihn mit ⏎ .

```
SET DEFAULT TO c:\...
```

Damit setzen Sie das Standardverzeichnis, alternativ zur oben beschriebenen interaktiven Methode. Sie können im Befehl auch den Aufruf eines Dialogs veranlassen:

```
SET DEFAULT TO ?
```

Im Befehlsfenster werden also Befehle, Funktionen, Methodenaufrufe etc. eingegeben und Zeile für Zeile ausgeführt. Sie haben auch die Möglichkeit, bei langen Befehlen die Zeile mit einem Semikolon ; zu beenden, um den Befehl in der oder den nächsten Zeilen fortzusetzen. Erst wenn eine Zeile ohne Semikolon beendet wird, wird der komplette Befehl aller entsprechend verbundenen Zeilen ausgeführt. Diese Technik verwenden wir später hauptsächlich für die Übersichtlichkeit von Programmen.

Nur in
VFP7
Automatische Ergänzung: Traditionell haben sich xBase-Entwickler daran gewöhnt, nur die ersten vier Buchstaben eines Befehls einzugeben, weil diese in den allermeisten Fällen eindeutig den Befehl kennzeichnen und vom FoxPro-Interpreter entsprechend verstanden werden. So genügt es theoretisch auch, diese vier Buchstaben in seinem Programmcode zu verwenden. Klassisches Beispiel ist der berühmte MODI COMM (= MODIFY COMMAND), der ein Code-Fenster mit einem bestimmten Programm öffnet. Dies ist allerdings mit VFP7 nicht mehr aktuell, da IntelliSense automatisch den Befehl ergänzt (siehe →IntelliSense). Gewöhnen Sie sich also am besten daran, jeweils nur so viele Buchstaben wie zur eindeutigen Befehlskennzeichnung nötig, einzugeben.

Wiederholung von Befehlen: Wandern Sie mit dem Cursor einige Zeilen wieder nach oben, wo der zu wiederholende Befehl steht. Der Cursor muss dafür nicht am Ende der Zeile stehen, nur darf er keinen Buchstaben markieren. Sie können den Befehl dort auch bearbeiten. Mit ⏎ wird der Befehl wieder ausgeführt und in der aktuell ausgeführten Version in die unterste Zeile des Befehlsfensters kopiert, wobei der ursprüngliche Befehl oben wieder auf die unveränderte ursprüngliche Version zurückgesetzt wird, sodass Sie immer verfolgen können, welche Befehle nacheinander eingegeben worden sind.

Nur in
VFP7
Das Befehlsfenster wird bis VFP6 nach dem Schließen gelöscht und ist beim Öffnen leer, ab VFP7 wird der Inhalt des Befehlsfensters in eine anwenderspezifische Datei gespeichert und daraus beim Öffnen wiederhergestellt. Der *Zwischenspeicher* befindet sich im Verzeichnis

C:\DOKUMENTE UND EINSTELLUNGEN\<ANWENDER>\
ANWENDUNGSDATEN\MICROSOFT\VISUAL FOXPRO

Datei: _COMMAND.PRG

Eingabe-Konvention: Einer xBase-Konvention zufolge werden im Allgemeinen bei Visual FoxPro Befehle und Standard-VFP-Funktionen mit großen Buchstaben geschrieben (upper case). Dies nimmt ebenfalls VFP7 für uns vor (siehe Kap. 3.3, *IntelliSense*).

3.2 Unser erstes Programm

Ein *Programm* im herkömmlichen Sinn ist eine einfache Textdatei (bei FoxPro standardmäßig mit der Endung PRG), in der in jeder Zeile ein Befehl steht. Bei Ausführung dieses PRGs (DO abc) wird dieses Programm in Maschinencode übersetzt (kompiliert) und das Ergebnis in eine weitere Datei mit dem gleichen Dateinamen aber der Endung FXP geschrieben. Hier wird nun eine Zeile nach der anderen abgearbeitet.

Programm anlegen

Um eine solche Programmdatei zu erzeugen, klicken Sie im Projekt-Manager unter CODE, Abschnitt PROGRAMME auf NEU und speichern diese von vornherein (im von Ihnen am besten zu erzeugenden Unterverzeichnis Ihres Projektverzeichnisses wie z.B. PRGS) und geben der Datei einen beliebigen Namen.

Gerne erzeugt man ein neues PRG auch vom Befehlsfenster aus mit dem oben beschriebenen Befehl MODIFY COMMAND *Dateiname*, der auch neue Programme anlegt, falls die Datei *Dateiname* noch nicht existiert. (Der ähnliche Befehl MODIFY FILE *Dateiname* hat lediglich den Unterschied, dass statt einer Datei mit der Endung PRG eine Datei mit der Endung TXT gesucht oder erzeugt wird und der Editor entsprechend ohne IntelliSense und ohne Markierung von Schlüsselwörtern arbeitet.)

Einfachen Beispielcode kennen lernen

Ich habe mir hier ein einfaches prozedurales Programm ausgedacht. Geben Sie den Code in ein neues PRG ein, das Sie, wie oben beschrieben, vorher angelegt haben. Um das Programm zu starten und eine Information hinein zu übergeben (Parameter) rufen Sie es durch folgenden Befehl im Befehlsfenster auf:

```
DO "Name unseres PRGs" WITH "Ein Zahlenwert z.B. 8"
```

Wir werden im weiteren Verlauf des Buches solche Befehlsbeschreibungen jeweils folgendermaßen formatieren:

```
DO PrgName WITH nZahl
```

oder richtiger:

```
DO PrgName WITH uPar1, uPar2
```

Dabei sind die in der Syntaxbeschreibung kursiv formatieren Begriffe jeweils einzusetzen. Steht ein c, n, u … vor dem Namen, ist dies ein →Ausdruck/eine →Variable eines bestimmten →Datentyps. Erscheint kein Buchstabe davor, ist hier unmittelbar der Text (in unserem Fall der Name des PRGs) einzugeben.

Wenn wir den unten angegebenen Code als PRG ausführen, erscheint das Wort VFP für eine Sekunde so oft in einem kleinen Fenster, wie es dem von Ihnen in der Befehlszeile übergebenen Parameter entspricht.

```
PARAMETERS ❶ tnCount ❷
LOCAL lnCount, lcText ❸
FOR ❹ lnCount = 1 TO tnCount
     lcText=MyFunction(lnCount) ❺
     WAIT WINDOW lcText NOCLEAR TIMEOUT 1 ❻
ENDFOR
WAIT WINDOW 'ENDE.' NOCLEAR TIMEOUT 1
WAIT CLEAR ❼
*Ende des Programms

*Und jetzt die Definition von MyFunction
FUNCTION ❽ MyFunction(tnCount)
     LOCAL lcReturn
     lcReturn = REPLICATE('VFP ',tnCount) ❾
     RETURN lcReturn ❽
ENDFUNC
```

❶ **PARAMETERS** nimmt den beim Aufruf übergebenen Wert entgegen und schreibt ihn in die Variable mit den folgenden hier festgelegten Namen, z.B. hier tnCount. (Erklärung zum Thema Variablen im Kap 26.1 *Variablen und deren Benennungskonventionen*).

❷ Parameter erhalten nach einer für VFP üblichen Konvention als ersten Buchstaben (steht für Geltungsbereich) das Präfix t. Zur Benennungskonvention von Variablen siehe bei ❶ angegebener Textverweis.

❸ Hier wird eine neue Variable deklariert. Da Variablen bei FoxPro bezüglich ihres Datentyps nicht festgelegt sind, sondern auch nachträglich noch geändert werden, ist es nicht unbedingt notwendig, eine Variable zu deklarieren, sie kann direkt zugewiesen werden durch *Variablenname = Wert*. Hier wird jedoch mit LOCAL der Geltungsbereich der Variablen festgelegt auf lokal, was bedeutet, dass sie nur innerhalb dieses Programms bekannt ist und nicht in weiteren von hier aus möglicherweise aufgerufenen Programmen und Funktionen (siehe Kap. 26.1.5 *Geltungsbereiche von Variablen*). Groß- und Kleinschreibung spielt keine Rolle in sämtlichen FoxPro-Befehlen und -Namen (wie Variablennamen).

❹ FOR *Variable* = *nStartwert* TO *nEndwert* ... ENDFOR führt die zwischen FOR und ENDFOR stehenden Befehlszeilen so oft wiederholt aus, wie die Variable von nStartwert zu nEndwert hochgezählt wird. Dabei kann der jeweilige Wert von Variable benutzt werden, z.B. wie wir es hier im Funktionsaufruf tun. Wir führen MyFunction ❽ so oft aus, wie wir es in der Variable tnCount als Parameter unseres PRGs übergeben.

❺ Aufruf einer benutzerdefinierten Funktion mit Parameterübergabe. Eine Funktion gibt immer einen Wert zurück und ist am Aufruf mit Klammern *Funktionsname()* erkennbar. Der Rückgabewert wird hier in die Variable lcText geschrieben.

❻ Der Befehl WAIT WINDOW öffnet das kleine Fenster in der rechten oberen Ecke des Bildschirmes. Standardmäßig wird die Programmausführung so lange angehalten, bis eine Benutzereingabe erfolgt (Mausklick, Tastendruck). Bei der zusätzlichen Klausel TIMEOUT *nSeconds* setzt FoxPro nach der entsprechenden Anzahl von verstrichenen Sekunden die Programmausführung auf jeden Fall fort. NOCLEAR verhindert, dass durch Benutzereingaben die Wartezeit abgekürzt wird. Somit ist hier WAIT WINDOW vollends programmgesteuert.

❼ Mit WAIT CLEAR wird das Wait-Fenster programmgesteuert gelöscht.

❽ Mit FUNCTION wird die Definition einer eigenen Funktion eingeleitet, einer sogenanten UDF (User Defined Function – im Gegensatz zu FoxPro-eigenen, fertigen Funktionen, wie z.B. REPLICATE eine Zeile tiefer). Am Ende einer Funktion wird üblicherweise ein in der Funktion ermittelter Rückgabewert mit RETURN zurückgegeben. (Siehe hierzu auch im Anhang Kap. 26.2.9 *Eigene Prozeduren und Funktionen*)

❾ REPLICATE(*cString,nCount*) ist eine FoxPro-Standardfunktion, die als Rückgabewert eine Zeichenkette zurückgibt, die aus der mit nCount festgelegten n-maligen Wiederholung von cString besteht.

3.3 IntelliSense

Wenn Sie schnell weiter zur Tat schreiten wollen, können Sie die folgenden Erklärungen zu IntelliSense und den Editor von VFP7 ohne Schwierigkeiten auslassen und bei Gelegenheit später auf diese hilfreichen Abschnitte zurückkommen.

Sobald wir im Befehls- oder Editor-Fenster Programmcode eingeben, wird die IntelliSense-Funktion aktiv und erleichtert uns die Arbeit:

✔ Bei Befehlen und Funktionen mit verschiedenen Klauseln oder Optionen öffnet sich nach Eingabe des Leerzeichens eine Dropdown-Liste, die alle weiteren Klauseln alphabetisch zur Auswahl auflistet. Wenn Sie einen der Begriffe zur Auswahl mit gedrückter Maustaste markieren, erscheint ein Tooltip-Fenster mit weiteren Erklärungen zum aktuellen Befehl (nicht bei allen Befehlen).

✔ Wenn Sie in einem Funktionsaufruf Klammern öffnen oder Befehle (z.B. SELECT) eingeben, öffnet sich ein Tooltip mit der entsprechenden Syntax inklusive dem aktuell noch einzugebenden Parameter, der jeweils fett markiert wird.

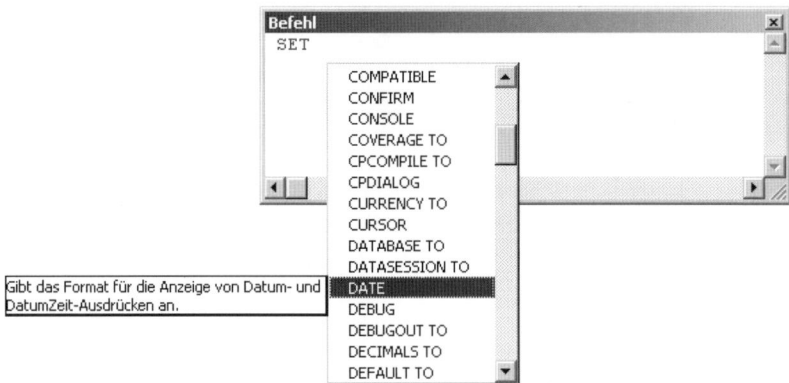

✔ Wenn Sie eine geöffnete Klammer wieder schließen, wird der vollständige Bereich markiert von der Stelle an, wo die jeweilige Klammer geöffnet wurde. Dies ist besonders hilfreich zur Fehlervermeidung, wenn Sie später komplizierter verschachtelte Funktionsaufrufe verwenden, wo der Rückgabewert einer Funktion der Parameter einer nächsten Funktion ist.

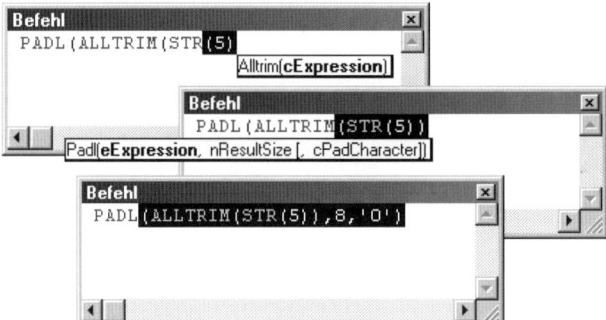

Die Markierung kann am Anfang verwirren, weil man es gewohnt ist, dass ein markierter Text bei Eingabe eines Zeichens überschrieben wird. Das ist hier natürlich nicht der Fall. Trotzdem empfehle ich schnellen Tippern, die Markierungszeit herabzusetzen auf z.B. 400 Millisekunden. Sie finden diese Einstellung unter EXTRAS | OPTIONEN | EDITOR | HERVORHEBUNGSDAUER.

✔ Befehle und Funktionen werden bei der Eingabe automatisch vervollständigt und entsprechend der FoxPro-Konvention in Großbuchstaben umgewandelt, wenn Sie z.B. nach den ersten vier Buchstaben mit einem Leerzeichen (bei Befehlen) bzw. einer öffnenden Klammer (bei Funktionen) abschließen. Wir verabschieden uns also von den altgewohnten 4-Buchstaben-Abkürzungen bei xBase.

✔ Beim Aufruf eines Befehls, der Dateien eines spezifischen Typs öffnet (z.B. DO FORM), wird eine Auswahlliste der zuletzt geöffneten Dateien dieses Typs angezeigt.

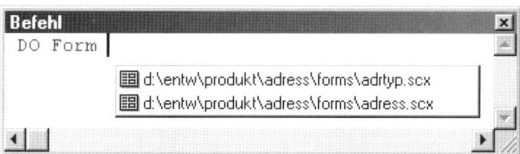

✔ Folgt auf eine Objektreferenz (später im Buch eingeführt) ein Punkt, werden alle vorhandenen Eigenschaften, Methoden, Events und Unterobjekte angezeigt.

Dies ist nur eine kleine Übersicht der wichtigsten für uns an dieser Stelle interessanten Fähigkeiten von IntelliSense. Weitere werden Sie ohne Schwierigkeiten im Zuge Ihres Fortschreitens selbst entdecken. Außer einer großen Anzahl von hier nicht genannten Features ist IntelliSense zudem auch sehr frei konfigurierbar. Die einfachsten Möglichkeiten dafür finden Sie im IntelliSense-Manager (im Menü EXTRAS | INTELLISENSE-MANAGER). Sollte die IntelliSense-Funktion nicht gewünscht sein, kann sie dort auch ganz deaktiviert werden.

3.4 Der Editor von VFP7

Nur in VFP7

Der Editor macht uns im Vergleich zur Vorversion das Leben erheblich leichter! Haltepunkte, Lesezeichen (Bookmarks) und Taskliste sind mächtige Funktionen. Auch die verbesserte Suchfunktion wird hier kurz beschrieben.

Der *Auswahlrand* (graue Leiste links im Editor) ermöglicht es, Haltepunkte, Lesezeichen und Task-Einträge leichthin zu verwalten und zu überblicken.

Ein Code-Fenster mit dem Editor von VFP7: Haltepunkt, Task-Eintrag, Lesezeichen im linken grauen Auswahlrand. Unsichtbare Zeichen (Leerzeichen und Tabstops) können sichtbar gemacht werden.

3.4.1 Haltepunkte (Breakpoints)

Nur in
VFP7

Ein *Haltepunkt* ist eine Anweisung an den →Debugger (Werkzeug zur Fehlersuche während der Programm-Laufzeit), mit der schrittweisen Programmverfolgung einzusetzen. Er kann sehr einfach durch Doppelklick in den Auswahlrand gesetzt werden und wird dann durch einen roten Punkt sofort sichtbar. (In VFP6 gibt es die Haltepunktfunktion auch, jedoch kann dort ein Haltepunkt nicht im Code-Fenster gesehen werden und muss umständlicher gesetzt werden: Rechtsklick auf die Code-Zeile, Kontextmenü-Auswahl HALTEPUNKT.) In die praktische Arbeit mit Haltepunkten und Programmverfolgung steigen wir später im Buch ein (siehe Kap. 5.2.2 *Dynamische Verwendung: Programmverfolgung*).

3.4.2 Lesezeichen (Bookmarks)

Nur in
VFP7

Wenn Sie im Programmcode bestimmte Stellen schnell wiederfinden wollen, können Sie beliebig viele Lesezeichen setzen, um diese dann per Tastendruck nacheinander anzuspringen. Dies ist besonders dann sinnvoll, wenn Sie in einem langen Programm verschiedene Stellen öfter bearbeiten müssen oder später in einem Formular in verschiedenen Methoden arbeiten.

HINWEIS Mit ⌂+Doppelklick in den Auswahlrand oder mit der Tastenkombination Alt+⌂+F2 können Lesezeichen eingefügt und wieder entfernt werden.

Durch Drücken der F2-Taste können die verschiedenen Lesezeichen (auch Tasks) angesprungen werden, rückwärts springt man mit ⌂+F2.

Beim Schließen von VFP werden alle Lesezeichen gelöscht, da diese nur temporär gespeichert werden.

3.4.3 Task-Einträge

Nur in
VFP7

Über Lesezeichen hinaus steht eine zweite Code-Markierungsart zur Verfügung, um leicht Code-Zeilen wiederzufinden: die Taskliste. Tasks sind in ihrer Funktion erheblich umfangreicher als Lesezeichen und werden beim Schließen von FoxPro nicht gelöscht sondern in einer Tabelle gespeichert.

HINWEIS Mit Strg+Doppelklick in den Auswahlrand oder mit der Tastenkombination Alt+F2 können Sie einen neuen Task einfügen und wieder entfernen.

Zum Finden von Code im Editor verhält sich der Task-Eintrag zunächst wie ein Lesezeichen: mit F2 bzw. rückwärts mit ⇧+F2 springen Sie von einem Eintrag zum nächsten. Im Unterschied zum Lesezeichen verfügen Sie nun aber über die Möglichkeit, sich sämtliche Tasks (sämtlicher Projekte) anzeigen zu lassen und zu den entsprechenden Dateien zu springen, selbst wenn diese nicht geöffnet sind. Dies geschieht über die dafür zur Verfügung gestellte Tasklisten-Anwendung, die Sie über das Menü EXTRAS | TASKLISTE starten können. (Näheres zur Taskliste siehe Kap. 22.2 *Die Taskliste*)

3.4.4 Erweiterte Suche

Die Suche in VFP7 ist recht komfortabel durch verschiedene Shortcuts und Unterstützung von Platzhalterzeichen. Schon bei VFP6 vorhandene allgemeine Shortcuts sind:

✔ Ctrl+F öffnet die SUCHEN-Maske (F wie Find)

✔ Ctrl+H öffnet die ERSETZEN-Maske

Nur in VFP7

Erweiterte Funktionen in VFP7 finden Sie unter folgenden Shortcuts:

✔ F3 setzt die Suche nach dem eingegebenen Wort fort, auch wenn die Suchmaske wieder geschlossen wurde. ⇧+F3 springt zur nächsten Fundstelle, vor der aktuellen Cursorposition.

✔ Ctrl+F3 sucht nach dem Wort, in dem der Cursor zur Zeit steht oder das markiert ist.

✔ Ctrl+⇧+F3 sucht wie Ctrl+F3, aber rückwärts.

In der SUCHEN-Maske kann außerdem seit VFP7 mit folgenden Platzhalterzeichen gearbeitet werden. Wählen Sie dazu zunächst *Platzhalter verwenden* an.

Zeichen	Beschreibung	Gebrauch
?	Ein beliebiges einzelnes Zeichen	Wird anstelle des fehlenden Zeichens angegeben.
*	Null oder mehr Zeichen	Wird anstelle des fehlenden Zeichens bzw. der fehlenden Zeichen angegeben.
#	Eine beliebige einzelne Ziffer	Wird anstelle der fehlenden Ziffer angegeben.
<	Wortanfang	Sucht nach Ausdrücken am Wortanfang.
>	Wortende	Sucht nach Ausdrücken am Wortende. Muss hinter den zu suchenden Zeichen angegeben werden.
[charlist]	Gruppe von Zeichen	Ordnet eins der in Klammern angegebenen Zeichen zu. Die Gruppe kann aus einem Bereich bestehen, der durch einen Bindestrich (-) getrennt ist (z. B. [a-d]).

Zeichen	Beschreibung	Gebrauch
[!charlist]	Ausschließen von Zeichen	Ordnet beliebige Zeichen mit Ausnahme der auf das Ausrufezeichen in den Klammern folgenden Zeichen zu.
\	Escape	Ordnet das auf den umgekehrten Schrägstrich (\) folgende Zeichen zu. Dadurch können Sie nach Zeichen suchen, die in der regulären Ausdrucksnotation verwendet werden, z. B. { und ^.

3.4.5 Der Dirty File Indicator

Nur in
VFP7

Der *Dirty File Indicator* zeigt sofort mit einem in der Titelleiste erscheinenden *-Zeichen an, dass der entsprechende Code verändert wurde – siehe Editor-Abbildung.

3.4.6 Blockweises Auskommentieren und Einrücken

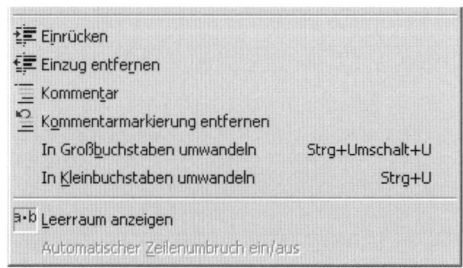

Wenn für Testzwecke oder aufgrund von Weiterentwicklungen bestimmte Bereiche in Ihrem Code als Kommentar markiert werden sollen, tun Sie dies immer über die dafür (auch schon in VFP6) zur Verfügung stehende Funktion des blockweisen Auskommentierens. Eine Kommentarzeile muss bei FoxPro mit einem Stern *Kommentar* beginnen und wird dadurch automatisch grün markiert (Standardeinstellung). Seit VFP7 lässt sich die beim blockweisen Auskommentieren eingefügte Zeichenfolge variabel einstellen (s. u.). Zum schnellen Arbeiten sollte man sich möglichst die Tastenkombination dafür merken (leider von Version zu Version unterschiedlich, bei VFP6 `Alt`+`O`, `O` – bei VFP7 `Alt`+`O`, `T`).

Ähnlich geschieht es beim blockweisen Einrücken. Wenn Sie Code z.B. in Schleifen oder innerhalb von IF ... ENDIF, DO CASE ... ENDCASE nachträglich einrücken wollen, z.B. weil noch eine IF-Bedingung dazugekommen ist, die den bisherigen Code umschließt, empfiehlt es sich, dies ebenfalls durch die dafür bereitgestellte Editor-Funktion zu tun (Tastenkombination bei VFP7 `Alt`+`O`, `I` und zurück `Alt`+`O`, `R`).

Beachten Sie dazu unbedingt, dass Sie alle Einrückungen mit Tabstopps und *nicht mit Leerzeichen* machen. Grund: Nur wenn Sie mit Tabstopps gearbeitet haben, haben Sie anschließend die Möglichkeit, den kompletten auf diese Weise eingerückten Block wieder auszurücken.

Nur in VFP7
Seit VFP7 besteht die Möglichkeit, Tabstopps und Leerzeichen (also unsichtbare Zeichen) anzeigen zu lassen: Menü FORMAT | LEERRAUM ANZEIGEN – siehe Editor-Abbildung.

3.4.7 Editor-Einstellungen

Unter EXTRAS | OPTIONEN finden wir eine in VFP7 neue Registerkarte EDITOR, die die alte Registerkarte SYNTAXFARBE ersetzt bzw. erweitert.

Editor-Optionen

Nur in VFP7
✔ Hier lässt sich der Auswahlrand (linke Leiste im Editor mit Symbolen für Haltepunkte, Lesezeichen und Tasks) ggf. ausschalten.

✔ Drag and Drop zwischen Wörtern: Ein Wort, das eingefügt wird, kann nur neben aber nicht in ein anderes Wort eingefügt werden.

✔ Hyperlinks aktivieren: Hyperlinks sind direkt im Editor ausführbar. Wenn Sie eine eMail- Adresse mit »mailto:Name@Host.de« angeben, wird dies vom Editor auch erkannt. Dies ist z.B. denkbar für Kopfbereich-Eintragungen im Methodencode mit Hinweis auf die herstellende Softwarefirma.

✔ Hervorhebungsdauer: Wenn eine Klammer geschlossen wird, wird für die hier angegebene Zeit in Millisekunden der Inhalt der gesamten Klammer markiert.

Syntaxfarbe einstellen

Diese Möglichkeit bestand bereits bei VFP6 und sollte unbedingt genutzt werden. Ich empfehle als Grundeinstellung mindestens *Zeichenketten* und *Literale* mit anderen Vordergrundfarben zu belegen. Die anderen farblich einzustellenden Bereiche sind nur zum Teil wirklich hilfreich. Testen Sie für Ihre Zwecke aus.

IDE-Optionen

In der Registerkarte IDE im Optionen-Dialog (EXTRAS | OPTIONEN) empfehle ich sehr, *Zeilen- und Spaltenposition anzeigen* anzuklicken. Dies kommt einem bei der Verständigung mit Kollegen sehr zu Hilfe! (Bei VFP6 anders: Im Eigenschaften-Dialog des Editors die CheckBox *Zeilen-/Spaltenposition anzeigen*.)

KAPITEL 4

4 Daten (I): Datenbank und Tabellen

Die zweite Registerkarte des Projekts (nach ALLE) ist überschrieben mit DATEN. Da es sich bei FoxPro um eine Datenbank-Programmiersprache handelt, wollen wir uns nun auch als Erstes der Datenhaltung widmen.

4.1 Die Datenbank

4.1.1 Erzeugen des Datenbank-Containers

Alle Daten (Tabellen) werden normalerweise bei VFP in einem Datenbank-Container verwaltet.

ACHTUNG   Für xBase oder FPW2.6-Programmierer: In VFP wird mit dem Begriff *Datenbank* durchweg der Datenbank-Container gemeint. Die FPW2.6-Datenbank (DBF) wird als Tabelle bezeichnet!

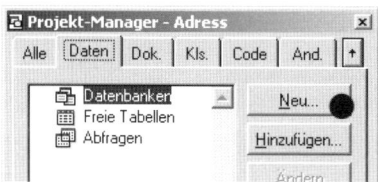

Wir markieren DATENBANKEN und Betätigen den NEU-Button. Bei der Aufforderung zur Namensvergabe legen wir zuerst ein Unterverzeichnis an, wechseln in dieses Verzeichnis, übernehmen den Standardnamen DATEN1.DBC und gelangen so in den Datenbank-Designer.

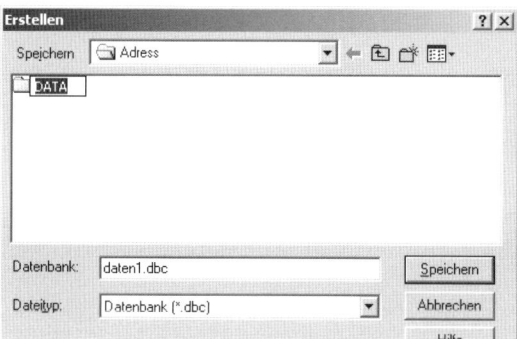

4.1.2 Unterverzeichnis-Struktur

Wir wollen künftig sämtliche Dateien jeweils sauber in ein entsprechendes Unterverzeichnis des Projektpfades speichern. Dies erleichtert die Gliederung und Haltung der verschiedenen projektrelevanten Dateien. Für eine solche Gliederung sollte man eine stringente Logik festlegen, ebenso für die Namensvergabe von Dateien. Hier habe ich mich entschieden, jeweils englische Pfadnamen im Plural zu verwenden: DATA, FORMS, CLASSES, INCLUDES, MENUES, PRGS …

4.1.3 Der Datenbank-Designer

Wir erkennen schnell, dass wir es hier nur mit einem leeren Container zu tun haben – einer leeren grauen Fläche. Die Auswahl beim rechten Mausklick auf diese graue Fläche entspricht der Auswahl der automatisch geöffneten Datenbank-Designer-Toolbar (sie kann also durchaus geschlossen werden, wenn man Fenster und Toolbars sparen will).

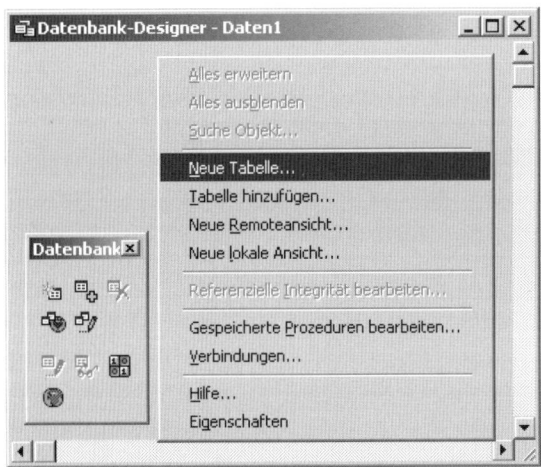

4.2 Die Tabelle

Grundlage: Daten werden in Datenbanken grundsätzlich in Form von Tabellen abgespeichert. Die vordefinierte Struktur einer Anzahl von Feldern für jeweils bestimmte Informationen, die in ihrer Länge begrenzt und in ihrer Struktur festgelegt sind, ist einerseits, beispielsweise gegenüber einer Textdatei, eine Einschränkung, andererseits erlaubt sie die strukturierte Verwaltung und den schnellen Zugriff auf Daten.

4.2.1 Tabelle anlegen, einfache Felder definieren

Um unsere erste Tabelle anzulegen, drücken wir den entsprechenden Toolbar-Button der Datenbank-Designer-Toolbar oder den Eintrag im Kontextmenü NEUE TABELLE im Datenbank-Designer. Statt TABELLEN-ASSISTENT wählen wir im nächsten Dialog NEUE TABELLE. Dies gilt auch für alle künftigen Dialoge dieser Art. Der Assistent ist hier für unsere grundlegenden Schulungsschritte nicht geeignet. Es öffnet sich der Tabellen-Designer mit seiner ersten Registerkarte: FELDER. Hier legen wir nun die Felder an, die unsere Adressdaten enthalten sollen.

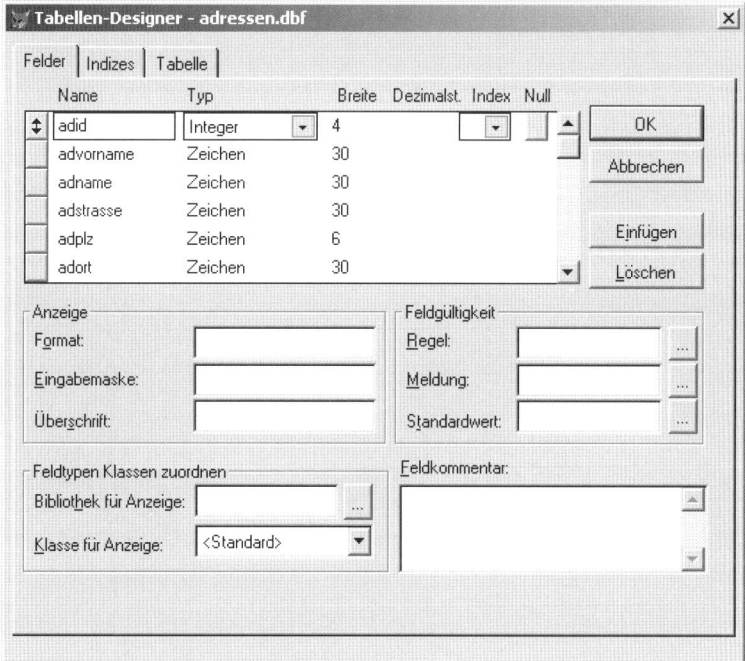

4.2.2 Grundsätzliche Kennzeichnung der Felder

Die notwendige Kennzeichnung für jedes Feld, das wir anlegen wollen, ist

✔ der Feldname. Unter diesem Namen lässt sich das Feld künftig ansprechen, seine Inhalte lesen oder verändern.

✔ der Feldtyp. Er entscheidet darüber, welche Art von Daten in dem entsprechenden Feld gespeichert werden können.

✔ die Feldbreite. Sie entscheidet, wieviel Speicherplatz von einem Feld verwendet wird und damit, wie groß der Umfang der Daten ist, der in das Feld gespeichert werden kann.

4.2.3 Zu den Feldnamen

Länge

Die Feldnamen von Tabellen, die in Datenbank-Containern eingetragen sind, können 128 Zeichen lang sein. Feldnamen, die länger als 10 Zeichen lang sind, haben allerdings den Nachteil, dass sie gekürzt und damit umbenannt werden, sobald die Tabelle aus dem Datenbank-Container entfernt wird.

Kürzel

Es bewährt sich, für jede Tabelle, die man in der Datenbank oder Anwendung verwendet, ein feststehendes Kürzel aus zwei Buchstaben festzulegen und dieses Kürzel vor die Feldbezeichnungen zu schreiben. Dies ermöglicht uns später, beim Zusammenführen von Feldern aus verschiedenen Tabellen in ein View die Herkunft eines Feldes eindeutig zu identifizieren. Im Beispiel wurde dazu »AD« (für Adresse) gewählt.

Tabellenstruktur für unser Beispiel		
1	ADid	Integer
2	ADvorname	Zeichen (30)
3	ADname	Zeichen (30)
4	ADstrasse	Zeichen (30)
5	ADplz	Zeichen (6)
6	ADort	Zeichen (30)
7	ADbeschr	Memo

4.2.4 Feldtypen (I)

Es gibt wesentlich mehr Feldtypen als Datentypen, da einige Feldtypen grundsätzlich den gleichen Datentyp verwalten.

Die häufigsten Feldtypen sind:

✔ **Zeichen** (character): Eine beliebige Zeichenkette (= String) kann abgespeichert werden. Zeichenfelder können bis maximal 254 Zeichen enthalten.

✔ **Numerisch**: Zahlenwerte können abgespeichert werden (mit denen beispielsweise auch gerechnet werden kann), auch verschiedene Dezimalwerte.

✔ **Integer**: Hier handelt es sich ebenfalls um die Abspeicherung eines numerischen Wertes. Er wird jedoch mit nur 4 Byte abgespeichert und kann von daher nur Werte zwischen + und – 2 Mrd. (genauer gesagt 2.147.483.647) enthalten und keine Nachkommastellen verwalten.

✔ **Memo**: Memofelder sind im Unterschied zu allen anderen Feldern in der einzugebenden Datenmenge nicht begrenzt. Sie werden auch gesondert abgespeichert. In der eigentlichen Tabelle wird lediglich ein Integer-Verweis gespeichert. Daher erscheint als Feldlänge unveränderbar die Zahl 4, sie bezieht sich hier auf die technisch für einen Integer-Wert notwendigen 4 Bytes. Eine zusätzlich dabei erzeugte Datei, die alle Memofelder der Tabelle enthält, nimmt diesen Verweis auf und speichert die Textdaten ab.

(Fortsetzung Einführung Feldtypen siehe Kap. 4.5.1 *Feldtypen (II)*)

4.2.5   Das ID-Feld

Üblicherweise gibt man jeder Tabelle ein ID-Feld, das einen innerhalb aller Datensätze dieser Tabelle eindeutigen Wert enthält. Dieses Feld dient dazu, den Datensatz später eindeutig zu identifizieren (vergleiche im Kap. 7.1.3 *Rückschreibbarkeit von Views*).

Als ID-Feld verwendet man gerne als schnellen Feldtyp ein Integer-Feld.

4.3   Erstes Anlegen von Daten

4.3.1   Verlassen des Formular-Designers, Abspeichern, erste Datensätze

Haben wir diese Felder angelegt, können wir den Tabellen-Designer verlassen und werden dann zum Abspeichern und zur Namensvergabe aufgefordert. Wiederum sollte diese Tabelle in das Unterverzeichnis DATA des Projektverzeichnisses gelegt werden.

Beim ersten Verlassen erscheint der Dialog

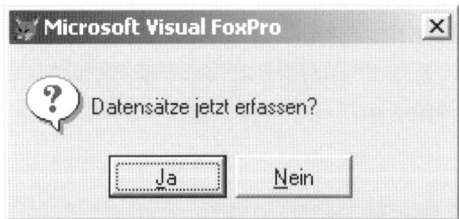

den wir mit JA beantworten und in das sogenannte *Datenblatt* wechseln (oder nach dem englischen Befehl browse-Fenster) und zwar in den Anfügemodus, der uns nun erlaubt, neue Daten einzugeben.

ACHTUNG   Wenn Sie bereits einmal den Dialog mit Nein verlassen haben: Doppelklicken Sie das Symbol für die Tabelle im Datenbank-Container (oder rechte Maustaste | DATENBLATT). Zwar ist dann das nachfolgend abgebildete Datenblatt ebenfalls geöffnet, jedoch nicht im *Anfügemodus*. Dazu wählen Sie im Menü ANSICHT | ANFÜGEMODUS.

	Adid	Advorname	Adname	Adstrasse	Adplz	Adort	Adbeschreibung
	1	Wolfgang	Meier	Edelshofer Weg 17	45345	Köln	memo
	2	Matha	Müller	Sperlingsecke 54	32657	Lemgo	memo
	3	Siegfried	Herbstlaub	Sendlingerhof 1	69151	Neckargemünd	memo
							memo

Bitte beachten Sie, dass Sie jedem neuen Datensatz eine eindeutige ID zuordnen.

4.3.2 Datenblatt- oder Bearbeiten-Fenster

Das Datenblatt hat zwei Sichtweisen:

✔ Datenblatt-Sichtweise
Spalten eines Datensatzes nebeneinander, viele Datensätze sichtbar

✔ Bearbeiten-Sichtweise
Spalten eines Datensatzes untereinander, wenige Datensätze sichtbar.

Um ein geöffnetes Datenblatt-Fenster zur entsprechenden Sichtweise umzu-schalten, wählen Sie

✔ im Menü ANSICHT | DATENBLATT bzw. im Befehlsfenster BROWSE,

✔ im Menü ANSICHT | BEARBEITENbzw. im Befehlsfenster EDIT.

Diese Auswahl DATENBLATT oder BEARBEITEN erscheint im Menü ANSICHT nur, wenn ein Datenblatt geöffnet ist.

4.4 Handhabung der Tabelle im Projekt

Um uns mit der Handhabung der Tabelle im Projekt vertraut zu machen, schließen wir nun das Datenblatt und ebenso den Datenbank-Container, sodass lediglich noch der Projekt-Manager sichtbar ist. Unter der Registerkarte DATEN | DATENBANKEN müsste nun folgender Baum sichtbar sein oder durch Betätigen des ⊞ -Zeichens auf den jeweiligen Elementen aufzuklappen sein:

4.4.1   Erläuterung der Datenelemente im Projekt-Manager

1. Wir sehen nun also die Struktur: Der Projekt-Manager verwaltet Datenbanken (d.h. Datenbank-Container).

   a) Datenbank-Container: Hier könnten jetzt in diesem Projekt mehrere Datenbank-Container verwendet werden. Dies ist insbesondere dann interessant, wenn in einer Netzwerk-Anwendung zusätzlich eine exklusiv geöffnete lokale Datenbank (z.B. für temporär angelegte Views) verwendet werden soll. Im Augenblick erscheint also nur eine Datenbank: daten1.

   – Tabellen: Alle Tabellen, die der Datenbank-Container verwaltet, werden hier angezeigt.

      a) Feld1

      b) Feld2

      c) Feld3 etc. – wir haben also die Möglichkeit, über den Datenbank-Container die Feldstruktur (zumindest die Feldnamen) sofort einzusehen. Achtung: die Feldnamen erscheinen hier nicht in ihrer physikalischen Reihenfolge, sondern sind alphabetisch sortiert.

   – Lokale Ansichten, engl. Views. Hier handelt es sich um Definitionen des Datenzugriffs (siehe Kap. 7.1 *Views*).

- Remote-Ansichten, engl. Remote Views. Sie entsprechen den lokalen Ansichten, greifen aber via ODBC auf Daten außerhalb von FoxPro zu, beispielsweise Oracle, SQL-Server o.a. (siehe Kap. 17.2.1 *Remote Views*).

- Verbindungen, engl. Connections. Sie werden verwendet, um eine ODBC-Datenquelle in VFP anzubinden (siehe in Kap. 17.2.1 Abschnitt *3. Schritt: VFP-Connection*).

- Gespeicherte Prozeduren, engl. Stored Procedures. Hier können Prozeduren abgelegt werden, die auf der Ebene der Datenbearbeitung verwendet werden, z.B. zur Realisierung der referenziellen Integrität. Ein Beispiel für die Verwendung gespeicherter Prozeduren findet sich in Kap. 19.1 *Stored Procedures am Beispiel Automatische ID-Vergabe*.

  d) Hier könnte ein nächster Datenbank-Container erscheinen (usw.).

2. Freie Tabellen: Dies sind Tabellen, die in keinem Datenbank-Container enthalten sind und dadurch eingeschränkte Möglichkeiten haben. Wenn Sie auf einer freien Tabelle ÄNDERN anklicken, stellen Sie fest, dass der Tabellen-Designer nun erheblich abgespeckt ist. Alles, was nicht in der DBF selbst gespeichert werden kann, namentlich die Feld- und Tabelleneigenschaften, ist verschwunden. Sie arbeiten grundsätzlich wie Tabellen unter FPW 2.6.

3. Abfragen: Dies sind – hier ein Vorgriff – View-Definitionen, die nicht in einem Datenbank-Container enthalten sind (siehe Kap. 7.2 *Abfragen*).

4.4.2 Handhabung

Um anschließend unbehindert damit arbeiten zu können, wollen wir einmal testen, wie wir mit dem Projekt-Manager, dem Menü oder mit dem Datenbank-Container umgehen müssen, um jeweils das gleiche Ergebnis zu erzielen.

Öffnen des Datenblatts (und dabei nötigenfalls Öffnen der Tabelle):

✔ im ausgedockten Projekt-Manager: Tabelle markieren und Button DATEN-BLATT betätigen

✔ im angedockten Projekt-Manager: Tabelle markieren, rechte Maustaste darauf, DATENBLATT im Kontextmenü auswählen

✔ im Datenbank-Container (zum Test öffnen Sie wieder den Datenbank-Container: Datenbank-Container markieren und dann Button ÄNDERN drücken – im angedockten Zustand, statt dessen rechte Maustaste und ÄNDERN): Tabelle markieren und im Menü DATENBANK Eintrag DATENBLATT wählen

✔ im Datenbank-Container: Tabelle mit rechter Maustaste anklicken und DATENBLATT im Kontextmenü auswählen

✔ im Menü ANSICHT (wenn die Tabelle geöffnet ist):

Ändern der Tabelle:

✔ im ausgedockten Projekt-Manager: Tabelle markieren und ÄNDERN drücken

✔ im angedockten Projekt-Manager: Tabelle markieren, rechte Maustaste darauf, ÄNDERN im Kontextmenü auswählen

✔ im Datenbank-Container: Tabelle markieren und im Menü DATENBANK Eintrag ÄNDERN wählen

✔ im Datenbank-Container: rechte Maustaste auf das Tabellensymbol, ÄNDERN im Kontextmenü auswählen

✔ im Menü ANSICHT: *nicht möglich*

Tabellenstruktur für unser Beispiel		
8	ADgeburt	Datum
9	ADcreate	Datum
10	ADunv	Logisch
11	ADums1	Numerisch 10 – 2
12	ADums2	Numerisch 10 – 2

4.5 Erweiterung der Tabelle: weitere Feldtypen

Wir wollen nun am Beispiel noch weitere Feldtypen kennen lernen und gebrauchen. Dazu ergänzen wir unsere Tabelle um die hier angegebenen Felder.

4.5.1 Feldtypen (II)

✔ **Datum**: Datumsfelder werden intern als Integer abgespeichert und enthalten Datumswerte. Wir verwenden im Beispiel ein Datumsfeld als Geburtstags-Merker. Beachte: Der abgespeicherte Wert ist unabhängig vom Datumsformat, in dem er angezeigt wird.

✔ **Logisch**: Feld für Wahrheitswerte (wahr = .T., falsch = .F.). Im Beispiel soll dieses Feld *wahr* sein, wenn die Adresse unvollständig ist (und z.B. für Ausgabe auf Etiketten nicht in Frage kommt).

✔ **DatumZeit**: Ähnlich wie *Datum*, nur dass hier die Zeit mit abgelegt wird und entsprechend 8 Bytes zur Abspeicherung beansprucht werden.

✔ **Numerisch**: dieses Feld soll im Beispiel zwei Umsatzzahlen eines Adressaten verwalten. Die Breite 10 bedeutet in diesem Fall 7 Vorkommastellen + 2 Nachkommastellen + 1 Stelle für das Dezimaltrennzeichen = 10 Stellen.

ACHTUNG   Der Feldtyp »Währung« sollte grundsätzlich vermieden werden, da er in den verschiedenen VFP-Versionen immer wieder zu Schwierigkeiten führte. Verwenden Sie statt dessen numerische Felder.

4.5.2 Formatierung der Datumsanzeige

Wir verlassen nun den Tabellen-Designer und öffnen das Datenblatt (s. o.). Hier wollen wir nun die neu angelegten Felder füllen.

Um die Formatierung der Datums-Eingabe und -Ausgabe zu verändern, schreiben Sie ins Befehlsfenster bei geöffnetem Datenblatt folgende Befehle und beobachten die Veränderung im Datenblatt:

SET DATE TO german	Stellt entsprechende Länderformate ein.
SET DATE TO american	(unterstützte weitere Formate siehe Hilfe)
SET DATE LONG	Übernimmt Lang-Format der Windows-Systemeinstellung.
SET SYSFORMATS ON	Übernimmt Standardformate der Windows-Systemeinstellung.

4.6 Feldeigenschaften auf Tabellenebene

Die Tatsache, dass unsere Tabellen nun in einem Datenbank-Container abgelegt sind, gibt FoxPro die Möglichkeit, der Tabelle und deren Feldern noch weit mehr Eigenschaften zu geben und diese zu verwalten, als die Grenzen des DBF-Formats (also der Datei, als die die Tabelle selbst abgespeichert wird) es zulassen.

Wir können dies leicht erkennen, wenn wir im Vergleich eine *Freie Tabelle* erzeugen und eine in einem Datenbank-Container befindliche Tabelle. Der untere Teil des Tabellen-Designers mit den Einstellungen für die Feldeigenschaften fehlt dort.

In diesem Kapitel wollen wir eine Auswahl solcher Tabellenfeld-Eigenschaften kennen lernen und gebrauchen.

Um für bestimmte Felder Eigenschaften anzulegen, wählen Sie zuerst das Feld aus, sodass das $\updownarrow$-Zeichen am Feld erscheint. Alle im unteren Bereich des Tabellen-Designers erscheinenden Feldeigenschaften beziehen sich immer auf das so markierte Feld.

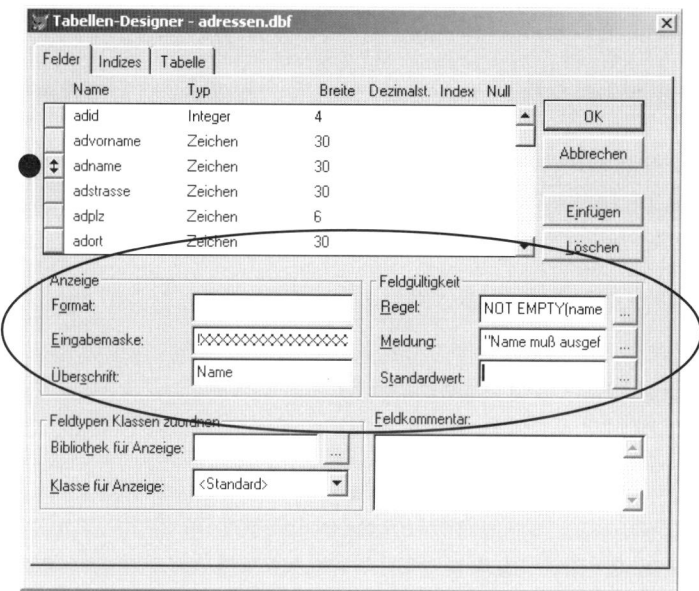

Format (engl.:[1] format)

Hier kann mittels eines einzigen Zeichens die Formatierung der Ein- und Ausgabe bestimmt werden. Beispiel:

✔ *Feld ADums1 und ADums2:* **Format $**. *Dies bewirkt, dass ein Währungssymbol mit angegeben wird (unabhängig davon, dass es sich ja nicht um den Feldtyp Währung sondern Numerisch handelt).*

✔ *(siehe weitere Format-Möglichkeiten in der Hilfe)*

Eingabemaske (engl.: inputmask)

Hiermit können bestimmte einzelne Zeichen eines Ausdrucks unterschiedlich formatiert werden. Beispiel:

✔ *Feld ADname: Das erste Zeichen soll in jedem Fall groß geschrieben werden. Dies wird durch ein ! signalisiert. Die folgenden Zeichen sollen beliebige Zeichen sein: hierfür muss für jedes der übrigen 29 Zeichen ein X angegeben werden.*

✔ *Feld ADplz: Es sollen (wie der Fall bei deutschen PLZ) nur Ziffern einzugeben sein. Dazu tragen Sie in die InputMask-Eigenschaft ein 99999.*

---

1. Die englischen Bezeichnungen werden als Parameter für die Funktion DBGETPROP() verwendet, um die entsprechenden Feldeigenschaften (z.B. programmatisch) auszulesen – darum hier ausdrücklich erwähnt.

Überschrift (engl.: caption)

Über die Feldüberschrift ist es möglich – gerade dann, wenn die physikalischen Feldnamen technische Namen sind, wie in unsrem Beispiel – bereits auf Datenbankebene den Feldern »schöne« Feldnamen zuzuordnen, also Bezeichnungen zu geben. Diese Feldüberschrift macht sich bemerkbar

✔ im Browse- und Edit-Fenster

✔ in Formularen durch Drag and Drop.

Wir geben in unserem Beispiel am besten allen Feldern entsprechende Feldüberschriften.

Regel (engl.: rule) und Meldung (engl.: message)

Über die Feldregel ist es möglich, auf Feldebene die Eingabe bestimmter Werte von vornherein zu unterbinden. Ein Beispiel könnte sein, dass auf diese Weise zur Eingabe mindestens eines Namens gezwungen wird, sodass andernfalls der Datensatz nicht abgespeichert wird. Hierfür hilft uns die Funktion EMPTY (*cAusdruck*). Sie gibt je einen Wahrheitswert (.T. oder .F.) zurück, je nachdem ob das Feld leer ist oder nicht. Die *Meldungs*eigenschaft erwartet eine Zeichenkette (also in Anführungszeichen) mit der gewünschten Meldung.

✔ *Feld ADname, Eigenschaft Regel: NOT EMPTY(ADname)*

✔ *Feld ADname, Eigenschaft Meldung: »Es muss ein Name angegeben werden!«.*

Standardwert (engl.: default value)

Der Standardwert ist der Wert, der sofort beim Anlegen eines neuen Datensatzes in die Tabelle geschrieben wird.

ACHTUNG Der Standardwert muss immer ein Wert des gleichen Datentyps sein, wie der Feldtyp es erwartet (eine Zeichenkette für ein Zeichenfeld, ein numerischer Wert für ein Integerfeld/numerisches Feld etc.).

✔ *Feld ADcreate. Dieses Feld soll automatisch mit Datum und Uhrzeit zum Zeitpunkt des Erstellens dieses Datensatzes gefüllt werden. Hierfür hilft uns die Funktion* DATETIME().

✔ *Feld ADort: Denkbar wäre, dass standardmäßig die neuen Adressaten in einem Ort vermutet werden. Hierzu müsste als Standardwert von ADort z.B.* 'Köln' *eingetragen werden.*

Feldkommentar (engl.: comments)

Der Feldkommentar kann auf zweierlei Weise verwendet werden:

✔ Entweder in ihn werden Hinweise des Entwicklers für die Entwicklungsarbeit eingetragen

✔ oder er wird für Hinweise an den Anwender verwendet. Um den Feldkommentar so zu verwenden, müsste er an bestimmten Stellen programmatisch ausgelesen und der Benutzeroberfläche übergeben werden.

✔ *Im Beispiel geben wir unserem Feld ADname einen Feldkommentar wie »Dieses Feld ist ein MUSS-Feld«.*

Testlauf

Nach der Vergabe all dieser Feldeigenschaften testen Sie diese im Datenblatt aus:

✔ Die Neuanlage eines Datensatzes müsste automatisch das Feld ADcreate und ADort füllen.

✔ Wird der Name eines Datensatzes gelöscht und zu einem anderen Datensatz geblättert, muss der Meldungstext in einer Messagebox erscheinen.

✔ Testen der Formatierung des Umsatzes

✔ Testen der Eingabe von groß/klein (Name) oder Zahlen/Buchstaben (PLZ).

4.7   Verwendung von Indizes

4.7.1   Was ist ein Index?

Man kann sich eine einfache Indexdatei vorstellen als eine Datei, bei der in einer Spalte der indizierte Wert (z.B. der Name in alphabetischer Reihenfolge) und in einer anderen Spalte die physikalische Datensatznummer abgespeichert wird. Bei jeder Veränderung der Daten wird dieser Index aktualisiert. Dies ermöglicht extrem schnellen Zugriff (z.B. beim Suchen eines Datensatzes aus einem größeren Datenbestand). Das bedeutet:

> Ein Index ist eine abgespeicherte Sortierreihenfolge.

Heute arbeitet man fast ausschließlich mit *Mehrfachindex-Dateien*. Das bedeutet: In einer einzigen Datei sind verschiedene Indexreihenfolgen, man sagt: **Index-Tags**, abgelegt. Jeder Index-Tag hat einen Namen, unter dem auf die entsprechende Sortierreihenfolge zugegriffen werden kann.

Die Mehrfachindex-Datei heißt – wenn nichts anderes veranlasst wird – genau wie die Tabelle selbst (hat lediglich die Endung CDX) und wird automatisch mit der Tabelle geöffnet.

4.7.2   Anlegen von Index-Tags

Um bestimmte Felder für eine Sortierung vorzusehen, gibt es im VFP-Tabellen-Designer die *Index*-Spalte auf der ersten Registerkarte (FELDER). Sie muss nur angeklickt und mit Aufsteigend/Absteigend eingestellt werden. Dadurch wird ein neuer Index-Tag angelegt.

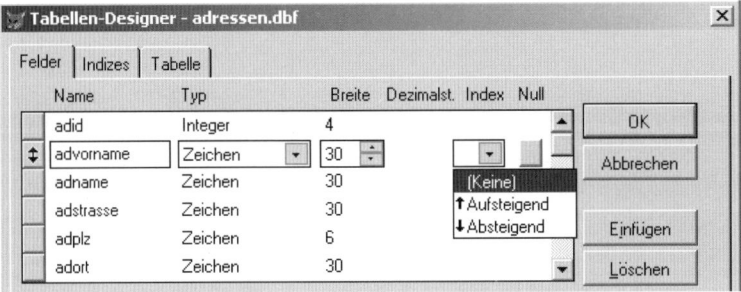

Wir legen im Beispiel Indizes für ADid, ADvorname, ADname, ADplz, ADort und ADcreate an.

4.7.3 Bearbeiten von Index-Tags

Die Index-Tags können nach dieser Schnellanlage auch weiterbearbeitet werden. Hierfür steht eine eigene Registerkarte des Tabellen-Designers zur Verfügung.

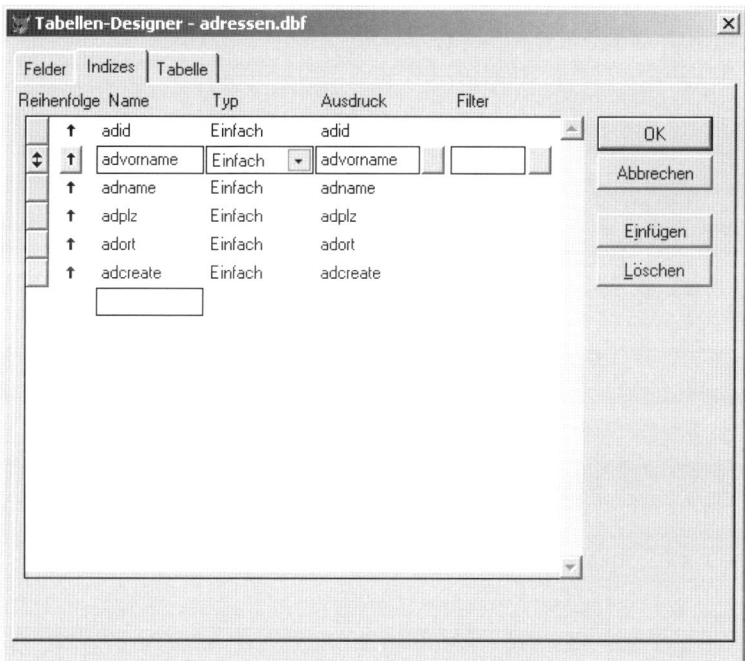

ACHTUNG Verwechseln Sie nicht den *Namen* und den *Ausdruck* eines Index-Tags.

Name

Der Name ist ein frei wählbarer Name, unter dem auf den entsprechenden Index-Tag referenziert werden kann. Er wird standardmäßig, sofern der Index-Tag wie hier durch Auswählen einer Sortierreihenfolge auf der ersten Registerkarte (FELDER) entstanden ist, mit dem Namen des zu sortierenden Feldes belegt, muss aber nicht so heißen.

Ausdruck

Im Ausdruck steht in unserem, dem einfachsten Fall der Feldname per se. Sie können diesen Ausdruck aber erweitern.

✔ Soll bei der Sortierung die Groß- und Kleinschreibung nicht berücksichtigt werden, packen Sie den Feldnamen in die Funktion UPPER(*feldname*) oder LOWER(*feldname*) ein.

Diese Funktion übersetzt den entsprechenden Feldinhalt zuerst in die vollständig groß- bzw. vollständig kleingeschriebene Version und schreibt ihn erst dann in die Indexdatei, sodass Groß- und Kleinschreibung nicht mehr unterschieden ist. Wenn später gesucht werden soll, muss in diesem Fall natürlich darauf geachtet werden, den zu suchenden String ebenfalls in Großbuchstaben bzw. Kleinbuchstaben zu konvertieren, bevor er gesucht wird.

✔ Soll bei der Sortierung z.B. des Ortes innerhalb der Datensätze des gleichen Ortes auch noch nach dem Namen sortiert werden, müsste der Sortierausdruck lauten `adort+adname`.

(zur Spalte *Typ* der INDIZES-Registerkarte siehe *Spezielle Indextypen* weiter unten)

4.7.4 Programmatisches Erzeugen von Indizes

Der Befehl, um programmatisch einen neuen Index zu erzeugen, lautet `INDEX ON` `cAusdruck` `TO` `cDatei`. Dazu muss die Datei geöffnet und selektiert sein.

Zur Verwendung gibt es zwei Möglichkeiten:

✔ Der neue Index wird in eine eigene Indexdatei geschrieben (genannte Klausel: `TO` `cDatei`). Es entsteht eine Datei mit der Endung IDX. Häufig wählt man diese Version, wenn man einen nur temporär notwendigen Index erzeugt, beispielsweise auf ein →View und dessen (nur aktuell gültigen) Datenbestand. Möchte man diese Datei in das Windows-Temp-Verzeichnis legen bietet sich die `SYS(2023)`-Funktion an, deren Rückgabewert das Temp-Verzeichnis als Zeichenkette enthält. Der Befehl würde dann etwa lauten: `INDEX ON adname TO SYS(2023)+'IndexName'`

✔ Besonders wenn es sich um geöffnete Tabellen handelt, die in einem Datenbank-Container enthalten sind, wird man häufig den Index in die vorhandene Compound-Indexdatei eintragen wollen. Die Befehlsklausel hierzu lautet `... TO TAG cTagName [OF cCompoundIndexName]`. Die Angabe des Compound-Indexdateinamens ist gewöhnlich nicht notwendig, da sie dem Tabellennamen entspricht, wenn nicht eine zweite Compound-Indexdatei erzeugt werden soll.

4.7.5 Verwenden der Sortierreihenfolgen

Um nun eine der angegebenen Sortierreihenfolgen zu verwenden, d.h. die Datensätze entsprechend sortiert anzuzeigen, bzw. um einen bestimmten Datensatz zu suchen, schließen wir den Tabellen-Designer und geben folgende Befehle ins Befehlsfenster ein:

`SET ORDER TO TAG adname`	Einstellen der Sortierreihenfolge. Als Tag-Name muss der oben unter *Name* angegebene Indexname verwendet werden.
`BROWSE`	Ansicht unter entsprechender Sortierung.

`SET ORDER TO TAG advorname`	Einstellen anderer Reihenfolge.
`SEEK "Patrick"`	Suchen innerhalb der entsprechenden Sortierreihenfolge. Der Ausdruck hinter `SEEK` muss dem Datentyp des Indexausdrucks des eingestellten Index-Tags entsprechen.
`? FOUND()`	Gibt aus, ob die Suche erfolgreich war.
`LOCATE FOR advorname = "Patrick"`	Dieser Befehl ist die Entsprechung des `SEEK`-Befehls, jedoch ohne dass hierzu ein Index angelegt worden sein muss. Er ist entsprechend langsamer.

Der Locate-Befehl (`LOCATE FOR cFeld = uWert [AND lBedingung]`) findet den ersten Datensatz in der Tabelle, bei dem das Feld *cFeld* den Wert *uWert* hat. Achtung: bei Zeichenfeldern und einem einfachen Gleichheitszeichen betrachtet FoxPro vom Wert von *cFeld* nur so viele Zeichen, wie der Wert *uWert* lang ist, das heißt `"Berta" = "B"` wäre wahr. Bei doppelten Gleichheitszeichen wird ein *exakter* Vergleich durchgeführt: `"Berta" == "B"` wäre falsch. Ein exakter Vergleich kann auch generell erzwungen werden mit der Grundeinstellung `SET EXACT ON`.

Mit dem Locate-Befehl kann jeder beliebige auch kombinierte oder zusätzlich durch Funktionen bearbeitete Ausdruck gesucht werden (darum oben *lBedingung*, was für jeden beliebigen vergleich oder andere logische Bedingung stehen kann). Zwar ist ein Index nicht erforderlich, aber ein vorhandener Index auf genau den Suchausdruck verschnellert die Funktion u. U. beträchtlich. Mit `CONTINUE` kann der nächste Datensatz gesucht werden, der dem Suchausdruck entspricht.

Sowohl bei `SEEK` als auch bei `LOCATE` springt der Datensatzzeiger nach der Suche entweder auf den gefundenen Datensatz oder bei erfolgloser Suche auf den *EOF* (End of File = Ende der Datei, siehe Funktion `EOF()`) und die Funktion `FOUND()` gibt den Wert `.F.` zurück.

4.7.6 Spezielle Indextypen

Wir gehen wieder in den Tabellen-Designer auf die zweite Registerkarte (INDIZES) und betrachten die Einstellmöglichkeiten unter *Typ*. Hier werden vier verschiedene Typen angeboten.

Primärindex (engl.: primary)

Dieser Indextyp bewirkt, dass ein und derselbe Inhalt in den Index nur einmal eingetragen werden kann. Wird ein zweites Mal das sortierte Feld mit dem gleichen Inhalt beschrieben, sperrt FoxPro die Abspeicherung des entsprechenden Datensatzes. Dieser Indextyp wird typischerweise für ID-Felder verwendet, auch deshalb, weil in einer Tabelle nur ein Primär-Index verwendet werden kann und dieser deswegen dem Schlüsselfeld zugeordnet wird.

Im Beispiel: Wir geben dem Index für das Feld ADid die Typ-Einstellung
Primär.

BEACHTE Wird nun nachträglich ein Primärindex angelegt, werden die Daten überprüft
(Dialog REGELN MIT VORHANDENEN DATEN VERGLEICHEN beim Verlassen des
Formular-Designers nach einer Änderung). Sind die Daten des neu mit Primärindex indizierten Feldes jedoch nicht eindeutig, wird kein Primärindex, sondern ein einfacher Index angelegt! Es erscheint eine Warnung.

Potentieller Index (engl.: candidate)

Dieser Indextyp wirkt wie der Primärindex, kann jedoch mehrfach in einer
Tabelle verwendet werden.

Eindeutiger Index (engl.: unique)

Hier kann zwar ebenfalls ein Inhalt nur einmal in der Indexdatei stehen, die
Eingabe von weiteren Datensätzen mit den gleichen Inhalten wird jedoch nicht
unterbunden. Diese weiteren Datensätze mit dem gleichen Inhalt werden in der
Indexdatei einfach ignoriert, sind über sie also nicht zugreifbar.

BEACHTE Dieser Indextyp ist *nicht* mehr in VFP7 verfügbar.

Einfacher Index (engl.: regular)

Der einfache Index (der Name kann leicht missverstanden werden) bedeutet
schlicht: normaler Index. Das heißt, Mehrfacheinträge sind zulässig.

Nebenbei sei erwähnt, dass es darüber hinaus noch die Möglichkeit gibt, Indizes
auch von vornherein bestimmte Filter-Bedingungen mitzugeben (siehe *Filter*
im Tabellen-Designer auf der INDEX-Registerkarte).

4.8   Einschub Dateitypen (I)

Bevor wir nun weitergehen, wollen wir einen Blick in die durch unsere bishe-
rige Arbeit entstandenen Dateien werfen und dabei die zentralen Dateitypen
kennen lernen. Dazu betrachten wir zuerst unser Unterverzeichnis DATA:

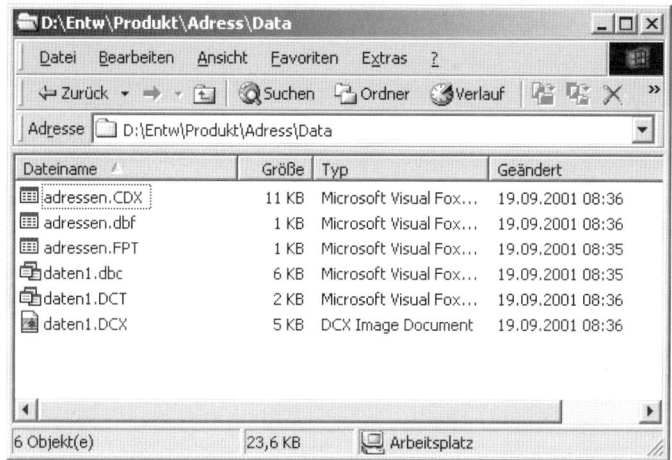

4.8.1 Tabelle

Für unsere Tabelle finden wir drei Dateien:

…DBF   (**D**ata**B**ase**F**ile) Diese ist die eigentliche Tabellendatei. In ihr wird die Tabellenstruktur und ihre Inhalte abgelegt (außer Inhalte von Memo- und Objektfeldern). DBF ist die klassische Tabellenendung der xBase-Sprachen (Clipper, dBase, FoxPro …)
→ *Die DBF-Datei darf nicht gelöscht werden!*

…FPT   (**F**ox**P**ro**T**extfile) Dies ist die Memodatei zur Tabellendatei. Sie enthält die Daten für Memo- und Objektfelder. Der Name FPT enthält *FoxPro*, in Abgrenzung z.B. zu den dBase-DBT-Memodateien.
→ *Die FPT-Datei darf nicht gelöscht werden!*

…CDX   (**C**ompound-in**D**e**X**) Dies ist die Mehrfachindex-Datei, in der alle Index-Tags enthalten sind.
→ *Die CDX-Datei darf nicht gelöscht werden!*

4.8.2 Tabellen-Backup

Beim Ändern der Tabellenstruktur wird von der alten Tabelle automatisch ein Backup angelegt.

…BAK   Backup der DBF-Datei
→ *Die BAK-Datei darf gelöscht werden.*

…TBK   Backup der FPT-Datei
→ *Die TBK-Datei darf gelöscht werden.*

4.8.3 Datenbank

Alle weiteren von FoxPro für sich selbst verwendeten Daten werden ebenfalls in Form einer Tabelle abgespeichert, die jedoch eine bestimmte von VFP festgelegte Struktur hat und üblicherweise nicht als Tabelle geöffnet wird. Es ist allerdings durchaus möglich, mit USE datei.xxx diese Dateien *als Tabellen* zu öffnen. Eingriffe sollten dabei allerdings nur gemacht werden, wenn die Folgen genau bekannt sind, und am besten, nachdem zuvor eine Sicherungskopie gemacht wurde.

...DBC   (**D**ata**B**ase**C**ontainer) Datenbank-Datei – [entspricht der DBF-Datei bei Tabellen.]
            → *Die DBC-Datei darf keinesfalls gelöscht werden!*

...DCT   (**D**atabase**C**ontainer**T**extfile) Memodatei zur Datenbank
            → *Die DCT-Datei darf keinesfalls gelöscht werden!*

...DCX   (**D**atabase**C**ompound**I**nde**X**)
            → *Die DCX-Datei darf gelöscht werden! Sie wird automatisch wieder aufgebaut. Da diese Datei am schnellsten bei Abstürzen zerstört wird, empfiehlt es sich, sie einfach beim Programmstart zu löschen, wenn die Datenbank nicht von einem anderen User geöffnet ist.*

Nun gehen wir auf unseren Haupt-Projektpfad zurück:

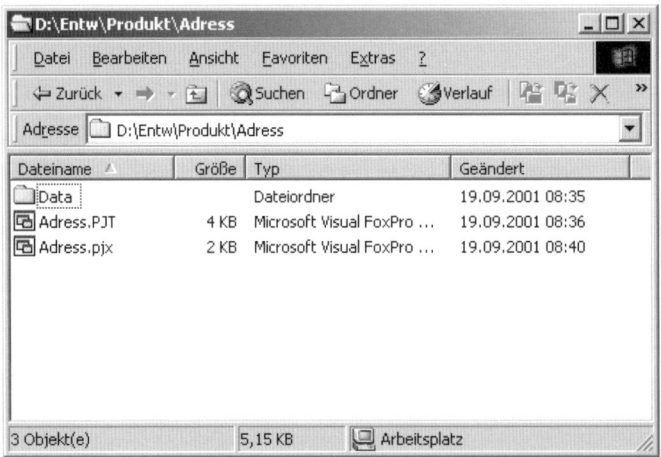

4.8.4 Projekt

Auch das Projekt selbst ist im Grunde nichts anderes als eine DBF, mit einer dafür spezifischen Struktur und mit der unten genannten Endung. In der Projektdatei werden alle im Projekt enthaltenen Elemente (Dateien) als Datensatz mit relativem Pfadnamen abgelegt.

…PJX   (**Pr**oject) Projektdatei/Tabellendatei

…PJT   (**Pr**oject**T**extfile) Projektdatei/Memodatei

4.9   Zur Verwendung von Select-Bereichen

(Dieses und das folgende Kapitel kann von mit FPW2.6/dBase/Clipper vertrauten Programmierern übersprungen werden.)

4.9.1 Was sind Select-Bereiche?

Wie z.B. Word mit verschiedenen Word-Dokumenten gleichzeitig arbeiten kann, arbeitet VFP mit mehreren gleichzeitig geöffneten Tabellen, die in dem Moment, wo sie geöffnet sind, als Cursor bezeichnet werden (siehe Funktionen **CURSORGETPROP()** und **CURSORSETPROP()**, Kap. 7.3). Dies hat also nichts mit dem *blinkenden Cursor* zu tun!

> **Ein Cursor ist eine aktuell geöffnete Tabelle**

Für diese Tabellen sind in VFP6/7 32.767 sogenannte Select-Bereiche vorgesehen. Man kann sie mit Schubladen vergleichen, die gefüllt werden können, aber nicht müssen. Im Unterschied zu beispielsweise Oracle oder SQL Server, wo stets alle Tabellen einer Datenbank verfügbar (*geöffnet*) sind, müssen bei VFP die Tabellen explizit geöffnet werden. Dabei füllt jeweils eine geöffnete Tabelle einen Select-Bereich.

Nr	Alias-Name	Geöffnete Tabelle
1	»ADRESSEN«	C:\ENTW\PRODUKT\ADRESS\DATA\ADRESSEN.DBF
2		
3		
4		
5		
6		
…	…	…

4.9.2 xBase-Befehle zum Öffnen von Tabellen und Arbeiten mit Select-Bereichen

Im Folgenden findet sich eine Reihe von Befehlen, die Sie in dieser Reihenfolge eingeben können, um die einzelnen Befehle kennen zu lernen :

`USE adressen`
Öffnet die Tabelle *Adressen* im aktuellen Select-Bereich (vorerst der Standardbereich 1). Dabei bekommt der Select-Bereich und damit die geöffnete Tabelle einen **Aliasnamen**, unter dem fortan die Tabelle und der Select-Bereich anzusprechen sein werden. Dieser Aliasname ist erst einmal als Standard identisch mit dem Tabellennamen. Außerdem ist in der Statusleiste nun die Angabe zu erkennen.

Adressen [Daten1!Adressen]	Datensatz: 1/3	Exklusiv

`USE`
Leert den Select-Bereich wieder (siehe leere Statusleiste).

`SET`
Öffnet das Datensitzungsfenster (Sie können es auch öffnen im Menü unter FENSTER | DATENSITZUNG).

`USE adressen ALIAS versuch`
Öffnet ebenfalls die Tabelle *Adressen*, gibt ihr (und dem Select-Bereich) jedoch den genannten Aliasnamen *Versuch* (siehe Statusleiste).

Versuch [Daten1!Adressen]	Datensatz: 1/3	Exklusiv

`SELECT 2 (oder SELE 2)`
Wechselt in den zweiten Select-Bereich. (Dass er leer ist, kann an der leeren Statusleiste erkannt werden.)

`USE adressen ALIAS versuch2 AGAIN`
Öffnet im aktuellen (zweiten) Select-Bereich die gleiche Tabelle *Adressen* nochmals, aber mit einem anderen Aliasnamen (zwei Select-Bereiche können nicht identische Aliasnamen haben).

`? SELECT()`
Funktion, die mir den aktuellen Select-Bereich als Zahl ausgibt (Ausgabe auf dem Bildschirm oder aktuellen Formular).

`? ALIAS()`
Gibt den Aliasnamen des aktuell gewählten Select-Bereichs aus.

`SELECT versuch2`
So kann ich in einen gewünschten Select-Bereich wechseln, ohne die Nummer dieses Select-Bereichs zu kennen. Es empfiehltsich diese Arbeitsweise im Programm durchweg zu verwenden, sodass man sich um die Durchnummerierung der Select-Bereiche nicht mehr kümmern muss).

CLEAR ALL	Leert alle Tabellen und löscht dabei auch alle Variablen. Sollen Variablen nicht gelöscht werden, kann auch CLOSE TABLES verwendet werden.
USE adressen IN 0	Öffnet die Tabelle *Adressen* im *nächsten leeren Select-Bereich*. Dabei wird der aktuelle Select-Bereich nicht gewechselt.
BROWSE	Zeigt das Datenblatt (Browse-Fenster) an, ähnlich wie aus dem Menü EXTRAS	DATENBLATT.
EDIT	Zeigt das Datenblatt im Edit-Modus an, ähnlich wie aus dem Menü EXTRAS	BEARBEITEN.

4.10 Grundlegende Befehle zur Datenbehandlung und Suche

Ein paar grundlegende Befehle sollte man zur Datenbehandlung einfach wissen. Testen Sie diese aus, während eine Tabelle geöffnet ist. Sie können sich das Ergebnis immer wieder zwischendurch im Browse-Fenster anzeigen lassen.

APPEND BLANK

Fügt einen neuen leeren Datensatz hinzu. Dies ist die traditionelle Art, Datensätze zu erzeugen. Alternativ dazu kann auch der INSERT INTO-Befehl verwendet werden (siehe in der Hilfe zum Stichwort *INSERT – SQL-Befehl*).

DELETE

Löschen heißt bei xBase: Löschmarkierung setzen. Ob Sie einen gelöschten Datensatz im Browse-Fenster sehen, hängt von der SET DELETED-Einstellung ab.

ACHTUNG Es ist genau umgekehrt als man intuitiv erwartet: SET DELETED ON zeigt gelöschte Datensätze *nicht* (d. h. man könnte übersetzen: Schalte die Funktion *ein* in der die gelöschten Datensätze ausgeblendet werden). SET DELETED OFF zeigt alle Datensätze an. Dies bezieht sich auch auf später im Buch durchzunehmende SQL-Statements.

Ein Datensatz kann auch interaktiv in der Benutzeroberfläche gelöscht werden, und zwar, indem im Browse-Fenster in den schmalen linken Rand neben dem Datensatz geklickt wird – es erscheint nun ein schwarzer Rand.

PACK

Erst nach einem PACK werden die Datensätze wirklich physikalisch gelöscht – genauer gesagt, die Tabelle wird ohne diese Datensätzen neu aufgebaut. Um den Pack-Befehl durchführen zu können, muss die Tabelle exklusiv geöffnet sein. Dies geschieht entweder, indem die Grundeinstellung Ihres Systems

SET EXCLUSIVE ON ist, oder indem Sie ausdrücklich beim USE-Befehl die
EXCLUSIVE-Klausel mitgeben.

REPLACE *cFeld* WITH *uWert* [ALL] [FOR *lBedingung*]

Ersetzt eine Feld cFeld vom Wert uWert im aktuellen Select-Bereich. Dabei
wird nur der aktuelle Datensatz berücksichtigt. Sollen alle Datensätze berücksichtigt werden, muss die Klausel ALL eingefügt werden (Achtung!). Soll die
Ersetzung von einer Bedingung abhängen, muss die Klausel FOR verwendet
werden (z.B. FOR UPPER(adress.adname) = "A", wenn nur die Datensätze
berücksichtigt werden sollen, bei denen im Feld *Name* ein a oder A steht). Diese
sogenannten Bereichsklauseln (siehe VFP-Hilfe unter demselben Stichwort)
gelten ebenso für den DELETE-Befehl und für eine Reihe anderer Befehle.

Bedenken Sie beim REPLACE-Befehl, dass Sie vorher in den entsprechenden
Arbeitsbereich wechseln (SELECT *cAlias*) oder zusätzlich die IN-Klausel ange-
ben (z.B. REPLACE ... IN *Alias*). Es genügt *nicht*, den Aliasnamen vor dem
Feldnamen anzugeben, auch wenn man dies intuitiv häufig vermutet, was bei
Anfängern eine nicht seltene Fehlerursache ist.

LOCATE FOR *cFeld* = *uWert* [AND *lBedingung* ...]

SEEK *uWert*

Hier wird der Wert uWert in jedem Fall im aktuell ausgewählten Index-Tag
gesucht. Um einen Index-Tag auszuwählen, wird der Befehl SET INDEX TO [TAG]
cTagName verwendet. Ist kein Tag ausgewählt erscheint ein Fehler (weitere Klauseln siehe Hilfe).

4.11 Stored Procedures

Wenn bei FoxPro nur einfache prozedurale Code-Zeilen für einen bestimmten
Zweck gebraucht werden, werden diese traditionell als alleinstehende Textdateien mit der Endung PRG abgespeichert. Der Datenbank-Container bietet uns
dagegen nun aber auch die Möglichkeit, Code direkt im Datenbank-Container
mit abzuspeichern: die sogenannten *Gespeicherten Prozeduren* (Stored Procedures). Sie werden intern in einem Memofeld der Datenbank gespeichert. Üblicherweise werden in den Stored Procedures Prozeduren abgelegt, die unmittelbar mit den Daten zu tun haben, z.B. zur Wahrung der referenziellen Integrität
(siehe Kap. 18.2 *Referenzielle Integrität*)[2].

---

2. Referenzielle Integrität (RI) = Wahrung der Integrität einer relationalen Datenbank,
   indem beim Löschen oder Verändern eines Datensatzes oder seiner ID die abhängigen
   Tabellen mitverändert werden oder das Löschen/Verändern von vornherein unterbunden
   wird, wenn abhängige Datensätze in anderen Tabellen vorhanden sind. VFP erstellt den
   Code für die Referenzielle Integrität selbst, wenn entsprechende Verknüpfungen von
   Tabellen zueinander in der Datenbank erzeugt werden. Dieser Code wird von VFP ebenfalls
   in die Stored Procedures geschrieben.

Wir beschränken uns hier auf diese kurze einleitende Information. In Teil B finden Sie ein praktisches Beispiel für die Verwendung von Stored Procedures. Die dort vorgestellte Prozedur sorgt dafür, dass bei jeder Anlage eines neuen Datensatzes der ID-Wert einer Tabelle automatisch gefüllt wird.

Sie können das Beispiel aus Teil B (19 Stored Procedures am Beispiel Automatische ID-Vergabe) jetzt einschieben, wenn Sie über Grundkenntnisse zu Variablen, Funktionen und Select-Statements verfügen oder die Kapitel im Anhang zu diesen Themen konsultieren wollen. So haben Sie eine praktische Vorstellung und werten Ihr Beispielprojekt auf. Andernfalls kommen Sie nach Vollendung des Teils A darauf zurück.

4.12 Datenbankereignisse

Nur in VFP7

VFP7 führte sogenannte Datenbankereignisse ein. Ohne Sie an dieser Stelle mit den Details zu beschäftigen nur so viel Information dazu: Über Datenbankereignisse können verschiedenste eintretende Zustände abgefangen und kontrolliert werden. Dies kann entweder für die Entwicklung genutzt werden (z.B. indem die Einfügung von bestimmten Elementen der Datenbank kontrolliert, d.h. vorher geprüft und u. U. nicht zugelassen wird) oder aber auch zur Laufzeit des Programms Verwendung finden.

Wie Sie in der Abbildung sehen können, werden mit Datenbankereignissen so ziemlich alle denkbaren Fälle abgefangen. Den Dialog DATENBANKEIGENSCHAFTEN erhalten Sie bei geöffnetem Datenbank-Designer im Menü DATENBANK | DATENBANKEIGENSCHAFTEN.

Wichtig: Dabenbankereignisse werden erst dann ausgelöst, wenn die CheckBox *Ereignisse aktivieren* angeklickt ist.

ACHTUNG
Sobald dies aktiviert ist, lässt sich Ihre Datenbank nicht mehr via →ODBC von außen ansprechen!

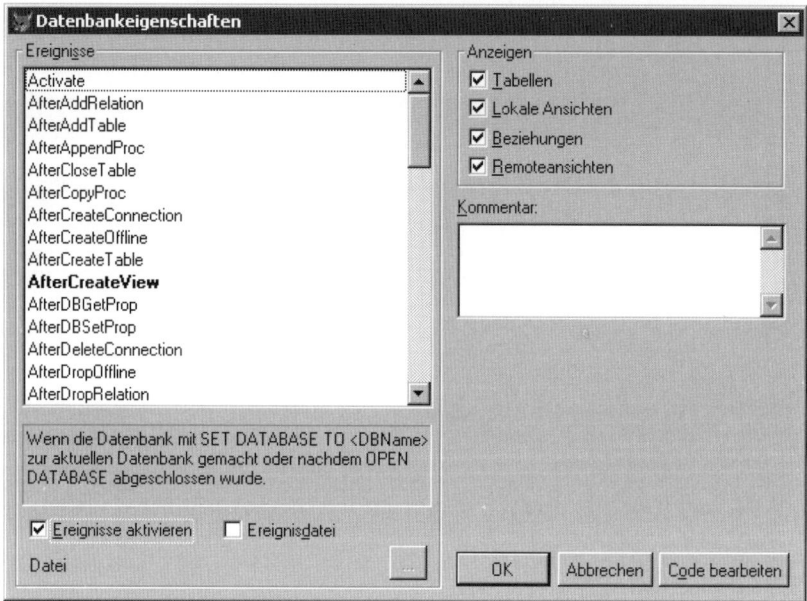

Unter der Liste der Datenbankereignisse befindet sich die Beschreibung des jeweils in der Liste aktiven Ereignisses. Mit CODE BEARBEITEN kommen Sie ins Code-Fenster, in dem Sie nun definieren können, was bei dem Ereignis geschehen soll.

KAPITEL 5

5 Debugger

Dieses und die weiteren Kapitel setzen Grundkenntnisse darüber voraus,

✔ *was Variablen sind, wie sie zugewiesen werden, wie ihre Geltungsbereiche definiert werden,*

✔ *was Funktionen sind,*

✔ *was Ausdrücke sind und wie deren Datentyp festgestellt werden kann.*

Siehe dazu auch die Kapitel des Anhangs:

Kap. 26.1   Variablen und deren Benennungskonventionen

Kap. 26.2.1   Was sind Funktionen?

Kap. 26.3   Ausdrücke

In Version 3.0 war der Debugger noch sehr primitiv, was sich für die damals ja neue Objektorientierung als sehr ungeeignet erwies. Mit der Folgeversion (VFP5) kam ein völlig neuer Debugger. Dies war insbesondere deshalb wichtig, weil die Fehlersuche durch die objektorientierte Anwendungsarchitektur nicht gerade leichter geworden war. Ich will hier einige Hinweise (keine erschöpfende Beschreibung) für den Gebrauch des Debuggers geben, damit wir ihn für die folgenden Kapitel leichthin zur Hand nehmen können.

5.1   Starten und Einstellen des Debuggers

Entsprechend der Grundeinstellung von VFP können Sie den Debugger im Menü EXTRAS | DEBUGGER aufrufen. Es öffnet sich ein eigener Task. Dies bedeutet, Sie können nun den Debugger unabhängig von dem zu untersuchenden und evtl. gerade laufenden Programm gebrauchen, um Werte darin abzufragen oder Programmcode zu verfolgen.

Ich empfehle jedoch der Übersichtlichkeit halber zuerst eine andere Einstellung, mit der wir die einzelnen Elemente des Debuggers in unser FoxPro-Hauptfenster integrieren können.

5.1.1 Debugger im FoxPro-Hauptfenster

EXTRAS | OPTIONEN | DEBUG

Hier können wir verschiedene Einstellungen des Debuggers vornehmen, wobei an dieser Stelle nur auf die Einstellung unter der Überschrift *Umgebung* eingegangen werden soll. Für unser Beispiel verwenden wir: *FoxPro-Fenster*.

Als Ergebnis befinden sich im Menü EXTRAS die Optionen für alle fünf Untersuchungsfenster des VFP-Debuggers, und wir können sie eigenständig aufrufen.

5.1.2 Organisation der fünf Fenster

Die fünf Fenster können nun wie Toolbars an den Bildschirmrand angedockt werden, wie wir es schon beim Befehlsfenster im FoxPro-Hauptfenster kennen gelernt haben. Dies geschieht entweder durch das Ziehen der Titelleiste oder durch einen Doppelklick auf die Titelleiste.

Anzeigeempfehlung

Ich arbeite gerne mit einer Anzeigeformation der verschiedenen Debugger-Fenster wie der folgenden und will sie hier für die weitere Arbeit erst einmal vorschlagen. Dabei kann einerseits das Programm verfolgt werden und im Stack der Stapel der Programmaufrufe in Augenschein genommen werden, andererseits können Variablen und Ausdrücke abgefragt werden (siehe weiter unten *Erklärung zu den fünf Untersuchungsfenstern*).

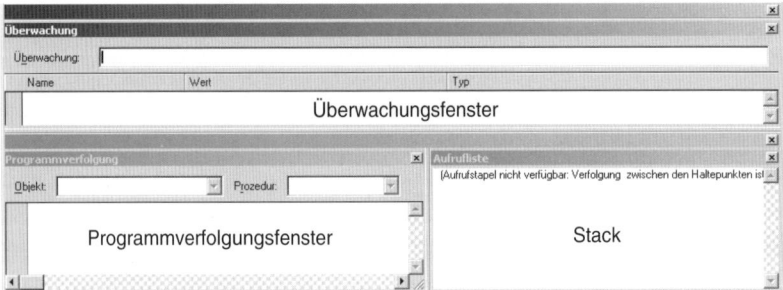

5.1.3 Die Debugger-Toolbar

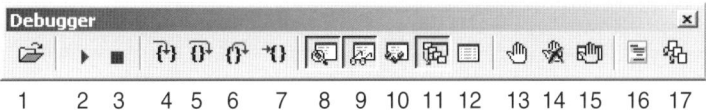

Zentrales Steuerelement ist die Debugger-Symbolleiste, die automatisch mit dem ersten Erscheinen eines Debugger-Fensters eingeblendet wird. Diese Symbolleiste erleichtert die Steuerung des Debuggers.

Die Fenster-Buttons (8, 9, 10, 11, 12)

Mit diesen Buttons lassen sich die einzelnen Debugger-Fenster am einfachsten ein- und ausblenden. Dies erleichtert den Aufruf im Vergleich zu dem unhandlicheren Ein- und Ausblenden über die rechte Maustaste oder über das Menü.

Die Steuer-Buttons (4, 5, 6, 7) und
Wiederaufnehmen/Abbrechen-Buttons (2, 3)

Sie steuern den Ablauf der Programmverfolgung im Programmverfolgungsfenster (siehe Kap. 5.2.2 *Dynamische Verwendung: Programmverfolgung*).

Buttons für weitere Debugger-Funktionalitäten (13-17)

Hiermit werden die speziellen Debugger-Funktionalitäten gesteuert, wie sie in den Kapiteln *Programmverfolgung durch Haltepunkte*, *Die Ereignisüberwachung*, *Das Erfassungsprotokoll* geschildert sind.

5.1.4 Erklärung zu den fünf Untersuchungsfenstern

Das Programmverfolgungsfenster (Trace Window)

Das Programmverfolgungsfenster ist in seiner Funktion identisch mit dem unter Visual FoxPro 3.0 als *Testfenster* bezeichneten Tool. Es gibt den Programmablauf nötigenfalls Schritt für Schritt wieder (siehe Kap. 5.2 *Die Arbeit mit dem FoxPro-Debugger*).

Eine wichtige Neuerung der Visual FoxPro-Versionen ab 5.0 im Vergleich zu früheren FoxPro-Versionen besteht in der Möglichkeit, dass Sie durch Berühren eines bestimmten Ausdrucks im angezeigten Code des Programmverfolgungsfensters den Wert dieses Ausdrucks in einem Tooltip-Text angezeigt bekommen (also kleine gelbe Fahne an Cursor-Position).

Das Überwachungsfenster (Watch Window)

Das Überwachungsfenster ist eine Weiterentwicklung des unter Visual FoxPro 3.0 als *Debug-Fenster* bezeichneten Werkzeugs. Es dient zum Abfragen des jeweils aktuellen Wertes bestimmter Variablen und Felder.

Dabei ist im Eingabefeld im oberen Teil des Fensters der Name der Variablen oder des Feldes einzugeben, das angezeigt werden soll und dieses mit ⏎ zu bestätigen.

Dadurch wird diese Variable in die Liste der abzufragenden Variablen geschrieben und der aktuelle Wert derselben ebenfalls angezeigt.

In einer dritten Spalte erscheint der Variablentyp. Dieser kann auch mit den Funktionen TYPE("cVariablenname") und VARTYPE(cVariablenname) abgefragt werden. Er kann z.B. lauten

C = Character (Zeichenkette)

N = Numerisch

O = Objekt

L = Logisch (ja/nein)

U = Unbekannt.

Das Fenster Aktuelle Variablen (Locals Window)

Dieses Debug-Fenster hat Ähnlichkeiten mit dem Überwachungsfenster: es zeigt den Wert von Variablen an. Allerdings werden hier sämtliche zur Zeit von Ihrem FoxPro-System verwalteten Variablen, bzw. sämtliche aktuell bei einem bestimmten Unterprogramm, bei einer bestimmten Prozedur oder Methode vorhandenen Variablen angezeigt. Dabei können Variablen, die über zugeordnete Unter-Variablen verfügen, aufgeklappt werden (Mausklick auf das ⊞-Zeichen). Dies betrifft sowohl Arrays (Anzeigen der einzelnen Array-Elemente) als auch Objekte (Anzeigen der einzelnen Eigenschaften und Unterobjekte).

Mit der auf dem oberen Teil des Fensters platzierten Auswahl-Box können Sie angeben, von welcher Prozedur innerhalb des aktuell ablaufenden Aufruf-Stapels Sie die aktuellen Variablen prüfen wollen.

(Dieses Fenster heißt im Englischen *Locals Window*. Locals hat hier allerdings nichts mit lokalen Variablen zu tun, sondern heißt hier so viel wie *örtlich*. Ich habe mich aus diesem Grund bei der Übersetzung von VFP5 für die Übersetzung *aktuelle Variablen* entschieden.)

Aufruflisten-Fenster (Call Stack Window)

Stack ist der englische Begriff für *Stapel*. Damit wird in der Entwicklersprache der Stapel von Prozeduren (bzw. hier meist Events oder Methoden) benannt, die sich gegenseitig jeweils aufgerufen haben.

Das Aufruflisten-Fenster ermöglicht dem Entwickler festzustellen, auf welcher Ebene im Aufrufstapel sich die Programmverfolgung aktuell befindet. Gleichzeitig ist dies auch der Zugriffsweg, um von einer Ebene in eine vorhergelegene Ebene zu wechseln und um die Aufrufe dort näher zu untersuchen.

Ausgabefenster

Das Ausgabefenster zeigt bei eingeschalteter *Ereignisverfolgung* (s.u. *Die Ereignisüberwachung*) alle oder die ausgewählten Ereignisse an – in der Reihenfolge, in der sie ausgelöst werden. Dies ermöglicht es, die oft komplexe Struktur und Hierarchie der Ereignisverfolgung besser zu durchblicken und auf diesem Wege gezielter im Methodencode der einzelnen Ereignisse zu verfolgen, wo ein Fehler liegen könnte.

Zudem ist die Ereignisverfolgung eine willkommene Hilfe beim Erlernen der Prinzipien und Funktionsweisen der verschiedenen Events (Ereignisse).

5.2 Die Arbeit mit dem FoxPro-Debugger

5.2.1 Statische Verwendung: Einführung in das Überwachungsfenster

Beginnen wir, den Debugger zu benutzen, indem wir das **Überwachungsfenster** aufrufen. Hiermit können wir nun schon vor Ablauf eines Programms arbeiten, indem wir z.B. bestimmte Variablen oder System-Zustände abfragen.

Tragen Sie in das Überwachungsfenster z.B. gcFrucht ein und schreiben ins Befehlsfenster, um eine Variable mit diesem Namen anzulegen

```
gcFrucht = 'Apfel'
```

Zuerst wird im Überwachungsfenster erscheinen: *Ausdruck konnte nicht ausgewertet werden*, dann in rot der Wert *Apfel* und der Typ *C*. Die rote Farbe sagt aus, dass sich der Wert dieser Variablen verändert hat.

Um einen weiteren, ähnlichen Wert abzufragen, können Sie die Variablen-Bezeichnung im Listenteil des Überwachungsfensters anklicken und in den Bearbeitungsteil (lange Textbox) hinaufziehen. Sie erscheint jetzt hier ein zweites Mal, z.B. zur Veränderung. Mit ⏎ wird dieser zweite Eintrag nun ebenfalls in die Liste eingetragen.

Veränderung eines Wertes im Debugger

Sie haben nun auch die Möglichkeit, den Wert der abgefragten Variablen direkt im Debugger zu verändern. Doppelklicken Sie dazu auf den Wert im Überwachungsfenster. Sie treten dadurch in den BEARBEITEN-Modus ein und können nun einen Wert hineinschreiben. Dies ist gleichbedeutend mit einer Zuweisung im Befehlsfenster (s.o.).

Abfrage von System-Zuständen

Geben Sie dazu die Namen der Funktion, die die gewünschte Auskunft gibt (insbesondere SYS-Funktionen, siehe Hilfe, z.B. SYS(2003) zum Ermitteln des aktuellen Verzeichnisses) oder System-Variablen an.

(Variablen mit einleitendem Unterstrich wie _startup, _browser etc.; eine komplette Liste der Systemvariablen finden Sie in der Hilfe unter

MICROSOFT VISUAL FOXPRO 7.0/HILFE/SPRACHREFERENZ/ SYSTEMVARIABLEN A-Z)

5.2.2 Dynamische Verwendung: Programmverfolgung

Meistens wird der Debugger natürlich verwendet, um einen Programm-*Ablauf* zu untersuchen. Um das Programmverfolgungsfenster an einer bestimmten Stelle innerhalb Ihres Codes aufzurufen, an der Sie einen Fehler vermuten oder näher untersuchen wollen, wie sich das Programm verhält, gibt es zwei Möglichkeiten:

Programmverfolgung hart-codiert einschalten

Tragen Sie an der betreffenden Stelle im Programm die folgende Befehlszeile ein

```
SET STEP ON
```

Unabhängig davon, ob der Debugger geöffnet war oder nicht, wird der Programmablauf hier angehalten und das Debugger-Fenster öffnet sich. Vorteil dieser Arbeitsweise ist, dass Sie sich nicht darum kümmern müssen, ob das Debugger-Fenster geöffnet ist – es öffnet sich selbstständig und kommt auch in den Vordergrund. Nachteil ist, dass Sie etwas mehr Mühe haben, sämtliche SET STEP ON wieder aus ihrem Code zu entfernen. Leicht geschieht der Fehler, eine solche Anweisung nicht zu löschen, die dann im Ablauf eines fertigen Codes (EXE) eine Fehlermeldung verursacht.

Programmverfolgung durch Haltepunkte einsetzen

Sehr komfortabel ist die seit VFP5 existierende Möglichkeit, durch einen im Debugger definierten Haltepunkt die Programmverfolgung einzusetzen. Im →Haltepunktdialog (Button 15) lassen sich dann bestimmte Haltepunkte aktivieren/deaktivieren oder auch ihr Verhalten näher definieren. Wir sahen bereits, dass in VFP7 ein Haltepunkt leicht durch Doppelklick im Auswahlrand des Editors gesetzt werden kann. Während einer Programmverfolgung kann ein Haltepunkt auch im Programmverfolgungsfenster gesetzt werden, ebenfalls – wie im Editor – durch Doppelklick auf den linken Auswahlrand, hier des Programmverfolgungsfensters.

Der grundsätzliche Unterschied zur oben genannten Arbeitsweise liegt darin, dass ein Haltepunkt nur dann wirksam ist, wenn der Debugger geöffnet ist. Sie können auf diese Weise leicht die Programmverfolgung ausschalten, indem Sie einfach den Debugger im Hintergrund schließen. Leicht tut man dies allerdings auch versehentlich und vermisst dann das Stehenbleiben im Code. Haben Sie den Debugger geschlossen, müssen Sie ihn zuerst wieder öffnen (womit er in den Vordergrund kommt) und dann wieder das FoxPro-Hauptfenster aktivieren (z.B. Befehlsfenster), um das Programm zu starten. Da dies etwas umständlich ist, schlage ich an späterer Stelle die Benutzung eines zu diesem Zweck definierten Makros vor (siehe Kap. 23.2.1 *Makro zum Aufrufen des Debuggers*).

Eine besonders nützliche Arbeitsweise von Haltepunkten ist die Verwendung innerhalb des Überwachungsfensters. Auf diese Weise können Sie die Programmverfolgung veranlassen, bei der Veränderung des Wertes einer bestimmten Variablen (also zum Beispiel wenn diese den un-gewünschten Wert einnimmt) oder eines System-Zustands (geben Sie dazu SYS-Funktionen, System-Variablen oder FoxPro-Funktionen an) die Programmausführung zu unterbrechen. Dazu setzen Sie einen Haltepunkt per Doppelklick auf den linken Auswahlrand des Überwachungsfensters.

Wenn Sie eine bestimmte Problematik, die möglicherweise mehrere Haltepunkte erfordert, untersucht und abgeschlossen haben, lassen sich bequem alle Haltepunkte löschen (Button 14) – dies ist im Vergleich zur oben erwähnten Arbeitsweise mit SET STEP ON ein sehr angenehmer und sicherer Weg.

ACHTUNG   Die Arbeit mit Haltepunkten kann bei VFP ohne neuestem Service Pack zu unverhofften plötzlichen Abstürzen von VFP führen. In diesem Fall löschen Sie alle Haltepunkte (Button 14)!

Durchführen der Programmverfolgung

Jetzt können Sie schrittweise die Befehle verfolgen. Um jeweils einen Befehl ausführen zu lassen, betätigen Sie die Schaltfläche HINEINSPRINGEN in der Steuerungs-Symbolleiste des Debuggers. Mit Hilfe der anderen Debugger-Fenster haben Sie hier die Möglichkeit, bestimmte Zustände Ihres Systems sowie den Wert von Variablen und Feldern an der betreffenden Stelle im Programm zu untersuchen. Öffnen Sie dazu als zweites Fenster das Überwachungsfenster oder das Fenster AKTUELLE VARIABLEN.

Für die erste Arbeit mit dem Debugger sollte v. a. die Funktion der Buttons 4 HINEINSPRINGEN und 6 HERAUSSPRINGEN verstanden sein. Die Bezeichnungen sind dabei z. T. etwas irreführend, darum hier unten die Beschreibung:

4: HINEINSPRINGEN. Diese Funktion entspricht dem schrittweise Durchschreiten der Prozedur. Dabei wird nach jedem Befehl neu stehen geblieben mit der damit verbundenen Prüfungsmöglichkeit der verschiedenen Variablen und Methoden.

6: HERAUSSPRINGEN. Diese Funktion führt im Gegenzug die folgenden Code-Zeilen ohne neues Halten aus, und zwar bis zum Ende der aktuellen Methode, d.h. zur Aufrufstelle dieser Methode in einer anderen Methode. Damit ist dann zu arbeiten, wenn die zu durchsuchende Methode eine weitere aufgerufen hat, in der der Fehler auf jeden Fall nicht vermutet wird, aber nach dieser aufgerufenen Methode wieder weiter untersucht werden soll.

Wenn Sie damit vertraut sind, verwenden Sie auch die folgenden Funktionen:

5: ÜBERSPRINGEN. Diese Funktion überspringt nicht etwa die Ausführung einer Zeile (wie vielleicht das Wort vermuten lässt). Diese Möglichkeit bietet der Debugger nicht. Mit Überspringen ist gemeint, dass die Programmverfolgung einer aufgerufenen Methode übersprungen wird. Sie können auch für jede Zeile statt HINEINSPRINGEN auf ÜBERSPRINGEN klicken, dann geschieht das gleiche, jedoch würden bei Zeilen, die wieder andere Methoden/Prozeduren aufrufen, die aufgerufenen Programmteile nicht verfolgt, sondern lediglich auf der aktuellen Ebene die Verfolgung weitergeführt.

7: AUSFÜHREN BIS CURSOR. Diese Funktion ist insbesondere dann hilfreich, wenn z.B. ein sich oft wiederholender Block von Code (FOR- oder DO-WHILE-Schleife) übersprungen und an einer bestimmten Stelle im Code die Programmverfolgung wieder aufgenommen werden soll.

Wenn die Untersuchung beendet werden soll, stehen Ihnen folgende Buttons zur Verfügung:

2: Mit dem WIEDERAUFNEHMEN-Button wird der Programmablauf (ohne weitere Untersuchung) wieder aufgenommen. Im Unterschied zum HERAUSSPRINGEN-Button (s.o.) wird auf eine weitere Untersuchung des Programmablaufs im Debugger verzichtet, während der HERAUSSPRINGEN-Button nur aus der aktuellen Prozedur springt und wieder hält bei der Prozedur/Methode, von der aus sie aufgerufen worden war.

3: Nach Betätigen des ABBRECHEN-Buttons ist eine Wiederaufnahme nicht mehr möglich. Dies ist vergleichbar mit dem Menü-Befehl PROGRAMM | ABBRECHEN oder mit dem CANCEL-Befehl.

5.2.3 Die Ereignisüberwachung (Event Logging)

Die Ereignisüberwachung ermöglicht es, die verschiedenen jeweils ausgelösten Events (Ereignisse) zu beobachten und in ihrem Ablauf zu betrachten, sodass hiermit Fehler, die in der Abfolge der Ereignisse begründet sind, gefunden werden können. Dies ist häufig für die Fehlersuche äußerst wichtig, da die sich ja *selbst* und in einer bestimmten (manchmal komplexen) Reihenfolge auslösenden Ereignisse schnell zu unerwarteten Ergebnissen führen können, insbesondere, wenn die Programmierung der einzelnen Ereignisse auf die von anderen Ereignissen Bezug nimmt.

Um einen einfachen Versuch mit der Ereignisüberwachung durchzuführen, können Sie den Button 17 betätigen, in der damit aufgerufenen Maske zur Einstellung der Ereignisverfolgung das Kontrollkästchen EREIGNISVERFOLGUNG AKTIVIEREN anklicken und das *Ausgabefenster* einschalten.

Wenn nun beispielsweise mit der Maus über den Bildschirm gefahren wird, werden alle **MouseMove**-Events des _Screen-Objekts (= Bildschirm) angegeben (pro Pixel würde dieser Event 1x ausgelöst).

Daraus lässt sich nun gleichzeitig leicht ersehen, warum es sinnvoll sein kann, bestimmte Events aus der Verfolgung auszuschließen oder umgekehrt nur einzelne Events zu verfolgen.

Wenn nochmals die Maske zur Einstellung der Ereignisverfolgung aufgerufen wird, können wir nun hier in der Liste der zu überwachenden Ereignisse den MouseMove-Event ausschließen. Jetzt würde erst ein Eintrag im Ausgabefenster erscheinen, wenn z. B. eine Maustaste gedrückt würde.

Bei einem weiteren Blick auf die Maske zur Ereignisüberwachung fällt weiter auf, dass das Ausgabeziel auch zusätzlich oder alternativ zum Ausgabefenster des Debuggers, umgeleitet werden soll in die Aufzeichung in eine Textdatei. Dies ist deshalb hilfreich, weil die Länge der Liste von Ereignissen sehr schnell sehr lang und unübersichtlich wird. Dann kann man sich die Textdatei nachher öffnen und die uninteressanten Passagen herauslöschen, um sich auf den Kern des zu untersuchenden Bereichs zu konzentrieren.

5.2.4   Das Erfassungsprotokoll (Coverage Logging)

Das Erfassungsprotokoll ermöglicht es, die einzelnen Schritte der Programmverfolgung in einer Log-Datei zu protokollieren. Dies ist insbesondere dann sinnvoll, wenn kompliziertere Vorgänge später nochmals überprüft werden sollen.

Nur am Rande sei erwähnt, dass seit der VFP-Version 6.0 mit dem Erfassungsprotokoll eine weitere Funktion verbunden ist, nämlich der *Erfassungsprotokoll-Profiler* (siehe im Menü unter EXTRAS | ERFASSUNGSPROTOKOLL-PROFILER). Unter Angabe der durch die Erfassungsprotokoll-Funktion entstandenen Textdatei kann der Profiler genaue Angaben darüber machen, welche Befehlszeile wie oft ausgeführt wurde, und wie lange sie gedauert hat. Dies ist für Performance-Optimierung ein äußerst hilfreiches Werkzeug.

```
   1 Treffer 1. 0.091    Durch 0.091    CREATE DATABASE Test
                                        CREATE SQL VIEW "DATES_rv" ;
                                        REMOTE CONNECT
                                        "Access_Test" ;
                                        AS SELECT * ;
   1 Treffer 1. 1.742    Durch 1.742     FROM DATES
   1 Treffer 1. 0.170    Durch 0.170    USE dates_rv
   1 Treffer 1. 2.203    Durch 2.203    copy to dateworks
   1 Treffer 1. 0.000    Durch 0.000    ? 'Daten werden für die
                                        Konvertierung vorbereitet.'
   1 Treffer 1. 0.141    Durch 0.141    USE dateworks
   1 Treffer 1. 0.170    Durch 0.170    REPLACE Date1 WITH
                                        STRTRAN(Date1,'-','/') ALL
   1 Treffer 1. 0.210    Durch 0.210    REPLACE Date1 WITH
                                        STRTRAN(Date1,'&','/') ALL
   1 Treffer 1. 0.000    Durch 0.000    GO TOP
   1 Treffer 1. 0.000    Durch 0.000    lnReccount =
                                        RECCOUNT('dateworks')

   1 Treffer 1. 0.000    Durch 0.000    LOCAL lnCount
   1 Treffer 1. 0.000    Durch 0.000    FOR lnCount = 1 TO
                                        lnReccount
2520 Treffer 1. 0.000    Durch 0.000     lcDate = dateworks.Date1
2520 Treffer 1. 0.000    Durch 0.000     IF AT('/',lcDate) # 0
1272 Treffer 1. 0.010    Durch 0.001       REPLACE date1 WITH
                                           LEFT(date1,AT('/',date1)-1)
                                           *Erster Datensatz mit einfachem
                                           Datum ersetzt.
1272 Treffer 1. 0.000    Durch 0.000       lcMore = ALLTRIM(SUBSTR(lcDate,AT
                                           ('/',lcDate)+1))
1272 Treffer 1. 0.000    Durch 0.000       lcBase = LEFT(lcDate,AT
                                           (' ',lcDate,2)-1)
1272 Treffer 1. 0.000    Durch 0.000       DO WHILE !EMPTY(lcMore)
1652 Treffer 1. 0.000    Durch 0.000         IF AT('/',lcMore) # 0
```

Ausschnitt aus einem Erfassungsprotokoll-Profil mit Angabe der Ausführungshäufigkeit einer Zeile und der Dauer der Ausführung jeder Zeile im Programmcode.

KAPITEL 6

6 Formulare (I): Einführung in Objektorientierung

Bisher haben wir die Daten nur unkomfortabel in einem Datenblatt gesehen und bearbeitet. Nun wollen wir uns hierfür eine Bildschirmmaske anlegen – bei VFP wird sie immer als *Formular* (engl.: Form) bezeichnet. Dabei werden wir kennen lernen, was Objekte unter VFP sind, und wie sie gehandhabt werden.

6.1 Kleine Objekt-Theorie am Beispiel Formular

6.1.1 Wir legen ein neues Formular an

Wie alle Dateien, wollen wir auch das Formular nicht unabhängig, sondern innerhalb des Projekts anlegen. Dazu wechseln wir nun auf die dritte Register-karte (DOKUMENTE) im Projekt-Manager, markieren *Formulare* und betätigen mit NEU.

Es öffnet sich der Formular-Designer mit einem neuen Formular »FormularDok1«.

Zur Arbeit mit dem Formular-Designer: abhängige Fenster

Der Formular-Designer verfügt über eine Reihe von abhängigen Fenstern bzw. Symbolleisten für verschiedene Funktionen. Das wichtigste öffnet sich gleich beim ersten Erzeugen eines Formulars: *Das Eigenschaften-Fenster*. Dieses wird uns in der weiteren Arbeit ein fast ständiger Begleiter sein.

Um dieses und die anderen abhängigen Fenster zu steuern, gibt uns die Symbolleiste *Formular-Designer* die Möglichkeit, alle abhängigen Fenster zu jedem Zeitpunkt zu öffnen und zu schließen.

Diese Symbolleiste erscheint automatisch beim Öffnen des Formular-Designers und sollte im Unterschied zu den abhängigen Fenstern nie entfernt werden, wenn mit dem Formular-Designer gearbeitet wird.

TIPP Betätigen Sie einmal zur Veranschaulichung die verschiedenen Buttons der Symbolleiste und öffnen/schließen Sie damit die unterschiedlichen abhängigen Fenster.

Eigenschaften-Fenster

Das erste Fenster, das sich beim Hineingehen in den Formular-Designer öffnet, ist das Eigenschaften-Fenster. Lassen Sie sich nicht verwirren von den vielen Einstellmöglichkeiten – wir werden sie nach und nach kennen lernen.

Zuerst docken wir das Eigenschaften-Fenster rechts an, sodass es sich den Bildschirmrand teilt mit dem Befehlsfenster, das wir bereits angedockt haben (siehe Kap. 3.1 *Das Befehlsfenster*). Dazu ziehen Sie die Titelleiste des Eigenschaften-Fensters unmittelbar *unter* die Titelleiste des Befehlsfensters, sodass eine Silhouette mit horizontaler Linie erscheint, die den bisherigen Bereich des Befehlsfensters halbiert. (Weiteres zum Andocken von Fenstern siehe Kap. 23.1)

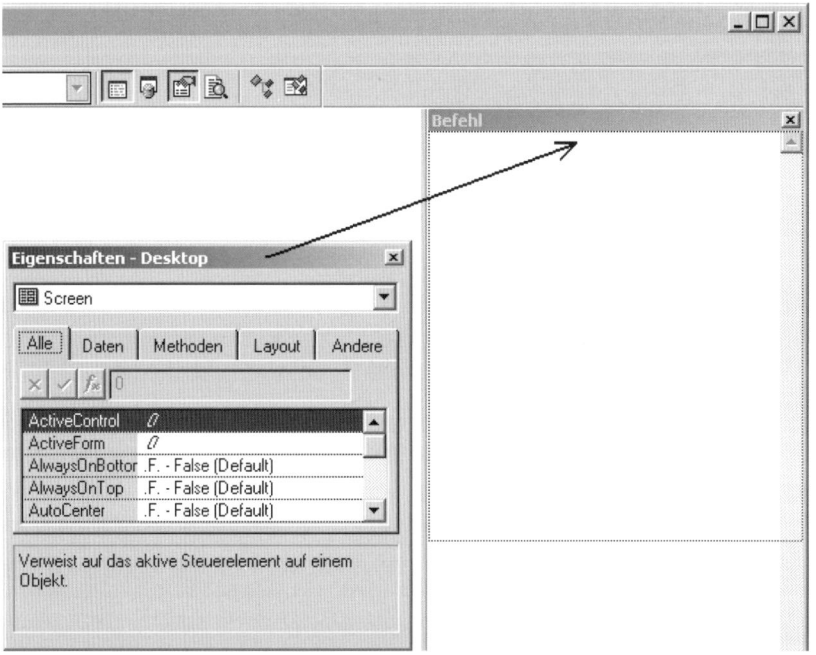

Klicken Sie mit der rechten Maustaste in den schmalen grauen Bereich hinter den Registerkarten, dann erscheint das hier angezeigte Kontextmenü. Dieses ist insbesondere hilfreich für das Ein- und Ausschalten von BESCHREIBUNGEN VON EIGENSCHAFTEN, um entweder den Raum für Eigenschaften zu vergrößern oder die Beschreibungen wieder anzuzeigen.

Vorweg gesagt: Gewöhnen Sie sich auch beim Eigenschaften-Fenster am besten daran, wie im Projekt-Manager, die Registerkarte ALLE gar nicht zu verwenden, sondern die Eigenschaften immer in der jeweiligen eigenen Registerkarte zu suchen. Dies geht auf die Dauer schneller und hilft, am Anfang logischer zu denken, was getan werden soll.

6.1.2 Was ist ein Objekt? (erste, grundsätzliche Erklärung)

Betrachten wir einmal einen beliebigen Gegenstand (= Objekt), beispielsweise einen Stift. Wodurch ist dieser Gegenstand/dieses Objekt gekennzeichnet?

✔ Der Stift hat eine bestimmte Farbe, ein bestimmtes Gewicht u.a.

✔ Der Stift kann etwas: schreiben.

✔ Der Stift reagiert auf bestimmte Zustände. Fällt er zum Beispiel, so reagiert er anders, als wenn das Objekt »MeinNotebook« in den Zustand des Fallens versetzt wird (letzteres Objekt reagiert nämlich im Unterschied zum Objekt Stift durch Selbstzerstörung. Wird der Stift dagegen in einen Schmelzofen gelegt, reagiert er wiederum anders …)

Ein Objekt ist ein »Etwas«, das gekennzeichnet ist durch

1. eine bestimmte typische Anzahl von Eigenschaften (hier: Eigenschaften, engl.: properties)

2. durch das, was es kann (hier: Methoden, engl.: methods)

3. dadurch, wie es reagiert (hier: Ereignisse, engl.: events)

6.1.3 Das Formular als Objekt

Wo finden wir nun bei unserem Formular – das ja nun ebenfalls ein Objekt ist – diese drei typischen Kennzeichen eines Objekts?

Alle drei sind im Eigenschaften-Fenster vereinigt (in gewisser Weise könnte man ja auch Methoden und Ereignisse als Eigenschaften bezeichnen, nämlich als Kennzeichen des Formulars, so hat das eine bestimmte Berechtigung).

1. Die typischen **Eigenschaften** finden sich unter den Registerkarten 2, 4 und 5 (DATEN, LAYOUT, ANDERE).

2. Die **Methoden** finden sich unter der Registerkarte 3 (METHODEN).

3. Die **Ereignisse** befinden sich ebenfalls unter der Registerkarte METHODEN, haben lediglich in ihrem Namen noch das Wort *Event* dabeistehen. Methoden und Ereignisse haben ja gemein, dass beide Programmcode enthalten. Der Unterschied liegt nur darin, dass die Ereignisse von selbst durch bestimmte Zustände gestartet werden, und Methoden ausdrücklich aufgerufen werden müssen.

6.1.4 Wir starten das Formular zum ersten Mal

Dieses neue Formular kann nun gestartet werden, sodass wir es *in Funktion* sehen, wie später der Anwender unseres Beispielprogramms.

Vor dem ersten Ausführen des Formulars schließen Sie es. Zum Abspeichern legen wir ein Unterverzeichnis des Projekts an, in das alle Formulare gelegt werden (z.B. FORMS). Dann nennen wir dieses Formular TEST1.

Zum Starten geben Sie im Befehlsfenster ein

```
DO FORM forms\test1 NAME oForm
```

Der Befehl führt die Formulardatei aus und erzeugt damit ein Objekt und alle seine Unterobjekte. Wozu die Klausel NAME oForm? Nun, wir wollen unserem Formular-Objekt einen Namen geben: Wenn 10 Kinder vor Ihnen sind – und Sie eines davon rufen wollen – reicht es ja nicht, zu sagen: »Komm!«, sondern Sie sagen: »Thomas, komm!«. Genauso müssen auch Objekte Namen haben, um deren Methoden und Eigenschaften anzusprechen (technisch ist diese Erklärung etwas primitiv, aber vermutlich eingängig).

Sie können nun mit dem gestarteten Formular verfahren, wie Sie das bei Windows-Fenstern gewohnt sind: seine Größe verändern, es mit der Titelleiste bewegen etc. Zuletzt schließen Sie es wieder über den Schließen-Schaltfläche ☒ oben rechts. Sofort öffnet sich der Formular-Designer wieder.

HINWEIS Neu in Visual FoxPro war, dass ein Formular unmittelbar vom Formular-Designer aus gestartet werden kann, ohne dass daraus – wie in FPW2.6 – ein Screen-Programm generiert werden muss. Dies erleichtert die Entwicklungsarbeit ungemein.

Es gibt noch weitere Wege, das Formular zu starten:

✔ Wie oben: Bei geöffnetem Formular-Designer: Klick mit der rechten Maustaste auf das zu entwerfende Formular im Formular-Designer: Im Kontextmenü wählen Sie: FORMULAR AUSFÜHREN.

✔ Bei geöffnetem und aktivem Formular-Designer: **Ausführen**-Button in der Standard-Symbolleiste (ganz oben).

✔ Im Projekt-Manager: Ausführen

Bei all diesen Methoden, bleibt allerdings das *Erzeugen eines Namens* aus, und es ist schwieriger, sich z.B. vom Befehlsfenster aus auf dieses Formular zu beziehen, darum wollen wir vorerst bei DO FORM ... NAME ... bleiben.

6.2 Eigenschaften, Methoden und Ereignisse

6.2.1 Erste Beispiele für Eigenschaften, Methoden und Ereignisse im Formular-Designer

Wir wollen nun an einigen Beispielen praktisch sehen, was diese Eigenschaften, Methoden und Ereignisse bedeuten.

Beispiele für Eigenschaften

Bearbeiten Sie zum Test einige Eigenschaften wie die folgenden:

✔ Eigenschaft Caption (Registerkarte LAYOUT). Sie können hier die Überschrift des Formulars angeben, z.B. *Adressen*.

✔ Eigenschaft BackColor (Registerkarte LAYOUT). Hintergrundfarbe des Formulars. Mit Doppelklick auf die Eigenschaft im Eigenschaften-Fenster öffnet sich ein Auswahlfenster, und wir können die Farbe ändern. Die Farbe wird zwar als ein einziger numerischer Wert abgespeichert, aber als 3 Zahlenwerte zwischen 0 und 255 angegeben. Diese 3 Werte zeigen die Anteile von Rot-Grün-Blau an. Der Formular-Designer macht daraus selbst den notwendigen numerischen Wert. Um es selbst (z.B. programmatisch) zu tun steht uns die RGB()-Funktion zur Verfügung.

✔ Eigenschaften Width und Height (Registerkarte LAYOUT). Width gibt die Formularbreite und Height die Formularhöhe an. Schreiben Sie z.B. einen Wert wie 100 hinein. In der Standardeinstellung (die ich empfehle) bedeutet dies 100 Pixel. Sofort macht sich dies im Aussehen des Formulars bemerkbar. Sie können die Formulargröße auch wie üblich bei einem Windows-Fenster direkt im Designer *ziehen* (= verändern). Die neue Größe finden Sie sofort in Zahlen ausgedrückt in den Eigenschaften Width und Height.

Testlauf

Sie können nach den Veränderungen in den vorliegenden Beispielen jeweils einmal zum Test Ihrer Veränderungen Ihr Formular neu starten. Nach dem Schließen des Formulars öffnet sich automatisch wieder der Formular-Designer.

Beispiel für Ereignisse

Wir haben oben gesehen, dass *Ereignisse* die Art und Weise eines Objekts sind, auf bestimmte Zustände zu reagieren. Diese Zustände könnten z.B. sein: *geklickt werden* (Click-Event), *gelöscht werden* (Destroy-Event), *bewegt werden* (Moved-Event) etc.

Was nun bei den entsprechenden Ereignissen geschieht, definieren Sie per Code. Als Beispiel soll auf unserem Formular, wenn es geklickt wird, der Text erscheinen: *Das Formular wurde geklickt*.

Wählen Sie in der Registerkarte METHODEN des Eigenschaften-Fensters den ClickEvent, indem Sie auf die entsprechende Zeile doppelklicken. Es öffnet sich das Programmcode-Fenster.

```
? "Das Formular wurde geklickt!"
```

Diese Befehlszeile gibt im aktiven Fenster den angegebenen String aus.

Testlauf

Beispiel für Methoden

Methoden haben wir bereits definiert als das, was ein Objekt *kann*, was es also aktiv ausführt. Beim Formular finden sich beispielsweise unter den Methoden Move (Formular bewegen), AddObject (Neues Objekt hinzufügen), Hide (Formular unsichtbar machen), Show (Formular sichtbar machen), Release (Formular schließen). An die meisten Methoden müssen Parameter übergeben werden.

Wir wollen hier als Erstes die Release-Methode kennen lernen. Da Methoden im Unterschied zu Ereignissen nicht selbst durch bestimmte Zustände ausgelöst werden, sondern so wie Funktionen in der prozeduralen Programmierung explizit von außen aufgerufen werden müssen, benötigen wir irgend eine Stelle, die diese Release-Methode aufruft. Dafür würde sich z.B. ein Click-Event eines OK-Buttons eignen. Hier wollen wir jedoch zuerst die blanke Methode kennen lernen, indem wir sie direkt von außen im Befehlsfenster ansprechen (siehe Kap. 6.2.3 *Eigenschaften, Methoden, Ereignisse in Laufzeit von außen ansprechen*).

6.2.2 Betrachtung: Was ist ein Objekt? (zweite, technische Erklärung)

Die erste Definition, die wir kennen gelernt haben, war die »philosophische« (siehe Kap. 6.1.2.) Was ist nun ein Objekt technisch gesehen, ein Formular beispielsweise, nachdem es gestartet wurde? Ist es eine Datei oder eine Definition? Wenn wir den Befehl zum Löschen des Speichers unter VFP verwenden (CLEAR ALL) verschwindet das Formular. Aufgrund dessen können wir schon vermuten:

Ein Objekt ist technisch gesehen nichts anderes als eine Variable.

✔ eine Variable vom Typ *Objekt*

✔ eine Variable allerdings, die – ähnlich wie Arrays – aus mehreren *Untervariablen* besteht, den Eigenschaften nämlich

✔ eine Variable, die ein gewisses *Eigenleben* hat: Sie reagiert auf Zustände (s. o., Ereignisse), und setzt sich aufgrund dieser Zustände in bestimmter Weise selbst in Bewegung.

6.2.3 Eigenschaften, Methoden, Ereignisse in Laufzeit von außen ansprechen

Die Objektreferenz

Das Entscheidende beim Ansprechen von Eigenschaften, Methoden und Ereignissen eines existierenden Objekts (nachdem es also erzeugt wurde und sich im Speicher befindet), ist die sogenannte Objektreferenz, also die Art und Weise, sich auf ein Objekt zu beziehen. Da wir es in der objektorientierten Programmierung naturgemäß ständig mit Objekten zu tun haben, auf die wir uns beziehen müssen, sind dem herkömmlichen (nicht objektorientiert, sondern prozedural arbeitenden) Programmierer die »dauernden Objektreferenzen« das gewöhnungsbedürftigste Element der Codierung, das er auch am liebsten vergisst.

Die Referenzierung auf ein Objekt geschieht normalerweise durch den Namen des Objekts, der beim Erzeugen eines Objekts festgelegt wurde.

Eigenschaften verändern in Laufzeit

Da unser Formular ein Objekt – d. h. eine Variable – ist, und seine Eigenschaften gewissermaßen *Untervariablen* sind, können diese wie andere Variablen jederzeit im Wert verändert werden – ganz im Unterschied zu nicht objektorientierten FoxPro-Versionen, wo eine Bildschirmmaske einmal durch ein Maskenprogramm aufgebaut wurde und dann im Wesentlichen so blieb, wie sie erzeugt wurde.

Wenn unser Formular im Speicher ist (also gestartet wurde), können wir nun jederzeit auch von außen, z.B. vom Befehlsfenster oder von einem anderen Programm aus, seine Eigenschaften verändern. Wir wollen es hier im Befehlsfenster tun.

Die Syntax entspricht dabei der Syntax zur Wertzuweisung von Variablen:

Variablen:	*Variable = Wert*
Eigenschaften:	*Objekt.Eigenschaft = Wert*

Wir wollen nun beispielsweise die Breite eines bereits gestarteten Formulars auf 100 Pixel stellen. Wir kennen

✔ die Objektreferenz: Beim Starten mit DO FORM ... NAME ... der angegebene Name, z.B.: oForm

✔ den Namen der Eigenschaft: Width

✔ den Wert: 100

Die Code-Zeile im Befehlsfenster zur Veränderung der Formularbreite lautet also:

```
oForm.width = 100
```

Test mit einigen Beispielen

Wir wollen dies anhand einiger Beispiele ausprobieren. Versuchen Sie folgende Eigenschaften vom Befehlsfenster aus wie oben zu verändern:

✔ Top/Left (Position des Formulars in Bezug auf den Abstand vom oberen/linken Rand des _Screen-Objekts in Pixel)

✔ Width/Height (Größe des Formulars in Pixel)

✔ BackColor (Farbe des Formulars; Achtung: Farben werden als eine Zahl zwischen 0 und 16.777.215 angegeben. Um diese Zahl aus den Anteilen von Rot, Grün, Blau zu erzeugen, müssen wir die RGB()-Funktion verwenden, die drei Zahlenwerte zwischen 0 und 255 für die drei Grundfarben Rot, Grün, Blau, erwartet. Syntax: =RGB(0,0,255) wäre z.B. blau oder =RGB(0,0,128) dunkelblau)

Methoden/Ereignisse von außen ansprechen zur Laufzeit

In der gleichen Weise, wie wir oben Eigenschaften des Objekts von außen angesprochen haben, können wir dies auch mit Methoden tun. Ereignisse (die ja normalerweise durch einen bestimmten Zustand von selbst ausgelöst werden) können wir ebenfalls explizit (also wie eine Methode) anstoßen.

Dabei lautet die Syntax statt *Objekt.Eigenschaft = Wert* im Fall von Methoden und Ereignissen im einfachsten Fall

```
Objekt.Methode bzw.
Objekt.Ereignis
```

Testen Sie hier als Erstes nach dem Start des Formulars das schon beschriebene erste Beispiel für eine Formular-Methode: Release mit der Syntax:

```
oForm.Relase
```

Nun wollen wir den Click-Event, ohne das Formular zu klicken, wie eine Methode von außen ansprechen:

```
oForm.Click
```

Wir sehen, dass das Verhalten genau das Gleiche ist wie beim Anklicken des Formulars. Dies wird man sich häufig auch beim Programmieren zu Nutze machen, indem man in Methoden oder anderen Ereignissen ein Ereignis *künstlich* anspricht.

6.2.4 Eigenschaften, Methoden, Ereignisse im Entwurf von innen ansprechen

Ebenso wie wir bisher Eigenschaften, Methoden und Ereignisse vom Befehls-fenster aus angesprochen haben, können wir dies nun im Formularentwurf tun, indem wir z.B. definieren, dass bei jedem Doppelklick (DblClick-Event) das Formular geschlossen werden soll, oder beim Klick auf die rechte Maustaste (RightClick-Event) das Formular seine Hintergrundfarbe ändert. Der einzige Unterschied liegt dabei in der Objektreferenz. Die Referenz muss ja hier gar nicht spezifizieren, um welches Formular es sich handelt, sondern nur aussa-gen: »Dieses Formular« (in dem ich mich gerade befinde). Genauso heißt dann auch die Syntax: thisform

Auf das jeweilige Formular von innen ist mit thisform **zu referenzieren.**

Beispiel für das Ansprechen einer Methode aus einem programmierten Ereignis

Schreiben Sie z.B. im DblClick-Event nun den Code zum Beenden des Formu-lars, nämlich den Aufruf der Release-Methode:

```
thisform.Release
```

Der Event wird durch den vom Anwender erzeugten Zustand von selbst ausge-löst (Click). Sie bestimmen, welche Methode dadurch angesprochen werden soll (Release). Dieses Prinzip wiederholt sich in der ganzen objektorientierten Programmierung: aus diesem Grunde sagt man auch *ereignisgesteuerte* Pro-grammierung: Ereignisse, die durch bestimmte Zustände ausgelöst werden, steuern den Ablauf des Programms.

Beispiel für das Verändern von Eigenschaften in einem Ereignis

Wir wollen beim Klick auf die rechte Maustaste die Farbe des Formulars verändern. Um dies gleich etwas interessanter zu gestalten, wollen wir hier statt der Zuweisung eines festen Wertes auf die vorige Farbe – sie ist wie gesagt ein numerischer Wert zwischen 0 und 16.777.215 – jedes Mal eine Zahl aufaddieren, und uns gleichzeitig den aktuellen Wert der Farbe im Formular anzeigen lassen:

```
thisform.backcolor = thisform.backcolor + 1000
? thisform.backcolor
```

6.3 Daten im Formular

Wir haben nun die grundlegende Bedeutung eines Objektes anhand eines Formulars kennen gelernt. Dieses Formular hat jedoch noch keine datentechnische Funktion. Wir wollen nun im Formular Daten anzeigen und navigieren. Dabei lernen wir neben dem Formular-Objekt weitere Objekte kennen, sowie deren Eigenschaften und Beziehungen untereinander.

6.3.1 TextBox- und Label-Objekte

Die Standardobjekte zur Anzeige und Bearbeitung von Tabellenfeldern sind Objekte vom Typ *TextBox*. Zur Beschriftung dieser Textbox verwenden wir Objekte vom Typ *Label*.

Steuerelemente (engl.: controls) dem Formular hinzufügen

Durch Betätigen des Buttons *Symbolleiste für Formular-Steuerelemente* in der Formular-Designer-Toolbar öffnet sich die »Werkzeugkiste«:

Hier findet sich je ein Button für alle grundlegenden Steuerelement-Typen, die uns VFP fertig zur Verfügung stellt.

Anmerkung: Diese sind leider übersetzt, sodass sich der deutsche Benutzer von VFP jeweils zwei Namen merken muss: den deutschen (für das deutsche Interface) und den englischen (für die englischen Klassennamen – siehe später). Ich werde daher wieder jeweils beide Namen angeben.

Wir klicken nun in der »Werkzeugkiste« den Steuerelementtyp an, von dem wir dem Formular Elemente hinzufügen wollen (zuerst TextBox – deutsch: Textfeld). Anschließend klicken wir kurz ins Formular an die gewünschte Stelle (also nicht mit Drag and Drop). Dies wiederholen wir einige Male.

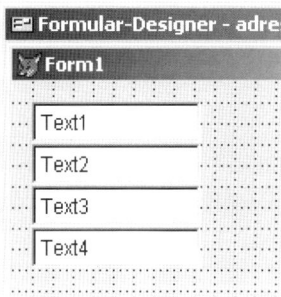 Es entstehen Elemente (wir sagen im Folgenden Objekte, obwohl diese Bezeichnung nicht ganz richtig ist – Objekte sind es erst, wenn das Formular gestartet wird), denen von FoxPro automatisch eindeutige Namen gegeben werden. Ohne einen eindeutigen Namen kann ein Objekt nicht existieren. Bei Textboxen werden diese Namen im Formular-Designer in der entsprechenden Textbox angezeigt. Als Objektnamen werden durchweg die englischen Bezeichnungen verwendet.

Objekte im Eigenschaften-Fenster

Wenn wir auf eines dieser Objekte klicken, und das Eigenschaften-Fenster parallel geöffnet ist, sehen wir im oberen Teil des Fensters (»Objekt-Baum«), worauf sich das Eigenschaften-Fenster aktuell bezieht: Es zeigt die Eigenschaften der entsprechenden Textbox an. Wir können diese ComboBox (Auswahlfeld), in der das Wort *Text2* unten erscheint, nun aufklappen und sehen, durch eine Einrückung symbolisiert, die bisher einstufige hierarchische Strukturierung. Ändern Sie zum Test nun eine der Textbox-Eigenschaften, die Sie unter der Registerkarte LAYOUT finden.

Mehrfache Auswahl

Sie können mehrere Objekte markieren, indem Sie *außerhalb* der Markierung klicken und dort beginnen, das dabei entstehende Markierungsquadrat über die zu markierenden Elemente zu ziehen. Jedes Element, das von der Markierung (auch unvollständig) berührt wird, wird markiert, sobald Sie die Maustaste loslassen.

Der markierte Bereich

✔ kann nun entweder geschlossen verschoben werden, indem in die Markierung *einmal* hineingeklickt und sofort die Markierung weggezogen wird,

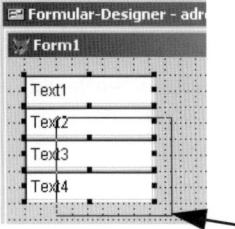

✔ oder bestimmte Eigenschaften aller markierten Elemente können (seit Version 5.0) auf einmal als *Mehrfache Auswahl* (erscheint in der Objektanzeige des Eigenschaften-Fensters) verändert werden.

Beschriftung

Auf die gleiche Weise, wie wir Textboxen auf das Formular positioniert haben, geben wir nun den Textboxen jeweils noch eine Beschriftung. Dazu verwenden wir Elemente vom Typ *Label* (dt.: Bezeichnung).

Um die Beschriftung dieser Bezeichnungen zu verändern, steht uns die Caption-Eigenschaft zur Verfügung.

Testlauf

So müsste Ihr Formular jetzt etwa aussehen:

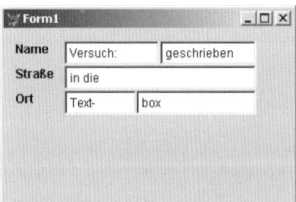

6.3.2 Referenzierung von Unterobjekten

Um auf die Eigenschaften von Objekten direkt zugreifen zu können, haben wir bisher die Syntax kennen gelernt

```
Objekt.Eigenschaft = Wert
oForm.Width = 100
```

Wie nun funktioniert es, wenn wir auf die Eigenschaften und Methoden von Unterobjekten des Objekts oForm zugreifen wollen? Die →Objektreferenz beginnt immer mit dem obersten, also an sich unabhängigen Formular und wird fortgesetzt mit den darin enthaltenen Unterobjekten, gefolgt wieder von deren Unterobjekten – wenn vorhanden.

Um also beispielsweise den Wert einer Textbox von außen, d.h. zum Beispiel vom Befehlsfenster aus zu verändern, würde die Syntax lauten

```
oForm.Text1.Value = "Neuer Wert"
```

Referenzierung auf Formulare ohne Name

In der gleichen Art und Weise haben wir nun die Möglichkeit auf das Formular zu referenzieren, auch wenn wir es statt mit DO FORM ... NAME *Objektname* direkt über den Ausführen-Button gestartet haben und daher keinen Objektnamen kennen. Wir machen uns zu Nutze, dass das FoxPro-Hauptfenster ebenfalls ein Objekt ist, und zwar ein Systemobjekt. Das bedeutet, dass es sich um eine Variable (hier Objekt) handelt, die nicht aus dem Speicher entfernt wird, wenn der Befehl zum Löschen von Variablen ausgeführt wird, sondern immer vorhanden ist. Systemvariablen und Systemobjekte beginnen zur Kennzeichnung mit Unterstrich. Das Objekt für das FoxPro-Hauptfenster lautet _screen.

Weiterhin verfügt das _screen-Objekt immer über eine Referenz auf das aktive Formular, die lautet _screen.activeform. In diesem Sinne ist das Formular gewissermaßen ein Unterobjekt des _screen-Objektes. Somit könnten wir also die Veränderung des Textbox-Wertes oben auch wie folgt formulieren:

```
_screen.activeform.Text1.Value = "Neuer Wert"
```

> **Auf das aktive, gestartete Formular ist mit** _screen.activeform **zu referenzieren.**

Zum Testen öffnen Sie nun das Formular im Bearbeiten-Modus (Formular-Designer) und betätigen dann den Symbolleisten-Button mit dem roten Ausrufezeichen (*Run*). Jetzt versuchen Sie auf die genannte Art und Weise auf die einzelnen Textboxen oder Labels zu referenzieren und deren Eigenschaften zu verändern, z.B. die Textbox-Eigenschaften FontBold, FontItalic, FontSize und die Label-Eigenschaften Caption und AutoSize.

Sie werden merken, dass bei dieser Arbeitsweise und dem Formularstart aus dem Editor nach Beenden des Formulars dieses automatisch wieder in den Formular-Designer wechselt. Dies ist zum Testen der zeitsparendste Weg.

6.3.3   Daten anzeigen und bearbeiten

Bislang erscheinen zwar Textboxen, deren Inhalt wir zur Laufzeit auch verändern können, es werden aber weder Tabellenfelder angezeigt, noch können wir deren Inhalt über die Textbox verändern.

Hierzu müssen wir erst sicherstellen, dass unser Formular mit einer bestimmten Tabelle arbeitet und diese zuerst öffnet. Das Öffnen der dem Formular zu Grunde liegenden Tabelle übernimmt FoxPro für uns, wenn wir in der Formular-Datenumgebung das entsprechende Element hinzufügen.

Die Formular-Datenumgebung

Die Datenumgebung des Formulars ist ebenfalls ein Objekt, das dem Formular zwar anhängt, aber nicht im Objekt-Baum des Eigenschaften-Fensters unter den Unterobjekten des Formulars erscheint. Sie können es nur aufrufen

✔ durch die rechte Maustaste in den Bereich des Formulars (nicht der Text-box) und im Kontextmenü DATENUMGEBUNG…

 ✔ durch Betätigen des Buttons in der Formular-Designer-Toolbar.

Es öffnet sich beim ersten Öffnen der Datenumgebung sofort das Dialogfenster: TABELLE ODER ANSICHT HINZUFÜGEN. Wir wählen unsere Adress-Tabelle aus, betätigen HINZUFÜGEN und dann SCHLIESSEN und sehen in der Folge das Symbol für die Tabelle in der Datenumgebung.

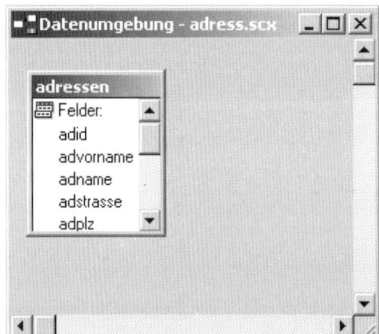

Da auch die Datenumgebung wie jedes andere Objekt (wenn dies hier auch ein unsichtbares Objekt ist) über Eigenschaften, Methoden und Ereignisse verfügt, können wir diese im Eigenschaftenfenster sehen und bearbeiten (ist an dieser Stelle in unserem Beispiel jetzt noch nicht nötig).

Nachdem wir der Formular-Datenumgebung die Adress-Tabelle als Objekt hinzugefügt haben, können wir sicher sein, dass diese Tabelle für die Laufzeit des Formulars geöffnet ist und ggf. anschließend wieder geschlossen wird.

Die Datenanbindung der Steuerelemente

Um die Anbindung der Steuerelemente (hier Textbox) an ein bestimmtes Tabellenfeld herzustellen, verfügen Sie über die Eigenschaft ControlSource.

In die Eigenschaft ControlSource jeder Textbox wird nun der Name des Tabellenfeldes eingegeben. Meist gibt man dazu den Aliasnamen der geöffneten Tabelle an.

Liegt die Tabelle auch in der Datenumgebung des Formulars, kann die ControlSource aus allen zur Verfügung stehenden Feldern im Formular ausgewählt werden.

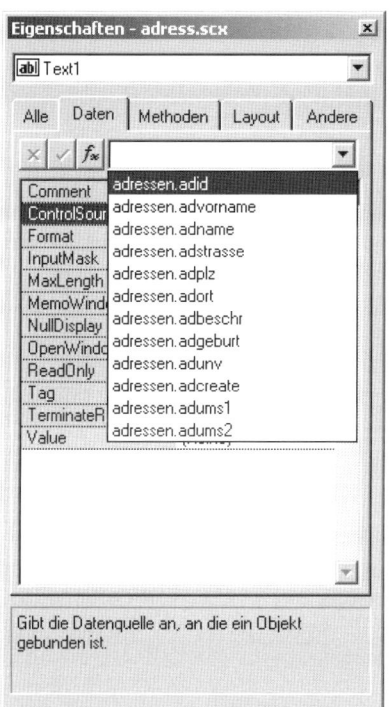

Die möglichen ControlSourcen werden automatisch in die Auswahlbox eingetragen.

Testlauf

Das Formular müsste nun die Daten Ihrer Tabelle anzeigen.
Wenn Sie sie verändern und anschließend die Tabelle mit Browse anzeigen, müssten die veränderten Werte erscheinen.

6.3.4   Weitere Steuerelementtypen und Eigenschaften

 EditBox (dt.: Bearbeitungsfeld)

Die EditBox dient zur Anzeige und Bearbeitung von mehrzeiligen Zeichenausdrücken, also typischerweise von Memofeldern.

Wir wollen eine EditBox unter unsere Adressinformationen anordnen und ihr als ControlSource das Memofeld unserer Adress-Tabelle geben (ADbeschreib).

 CheckBox (dt.: Kontrollkästchen)

Die CheckBox wird zum Anzeigen und Bearbeiten von numerischen Ausdrücken zwischen 1 und 3 oder von logischen Ausdrücken verwendet. Sie eignet sich damit gut für unser »unvollständig« (ADunvollstän)-Feld.

Die CheckBox hat bereits eine Beschriftung im Objekt selbst (ohne Label). Dazu stellen Sie die Caption-Eigenschaft der CheckBox und ggf. die Autosize- und Font-Bold-Eigenschaft ein.

Deaktivierte Textboxen

Wollen wir Zeicheninformationen nur zur Ansicht, nicht aber zur Bearbeitung freigeben, gibt es (unter Verwendung des gleichen Steuerelementtyps) zwei Möglichkeiten:

1. Wir *deaktivieren* das Element, indem wir dessen *Enabled*-Eigenschaft (unter ANDERE) den Wert .F. geben. Damit kann auch nicht mehr hineingeklickt werden, und der Cursor kann nicht mehr in das Steuerelement hineingeführt werden (per Tab). Nachteil: Der Inhalt der Textbox kann auch nicht mehr markiert werden, um ihn z.B. ins Clipboard hineinzukopieren. *Wir wollen das im Beispiel mit einer Textbox für das Feld adress.ADid so tun.*

2. Wir setzen die Eigenschaft ReadOnly (unter DATEN) auf .T.. Der Wert der Textbox kann genauso wenig verändert werden, jedoch kann er markiert und mit [Ctrl]+[C] ins Clipboard kopiert werden. *Wir wollen im Beispiel mit einer Textbox für das Feld adress.ADcreate so verfahren.*

Bei deaktivierten Textboxen werden als Farben nicht mehr die in den Eigenschaften ForeColor und BackColor eingestellten Farben verwendet, sondern die Farben aus den Eigenschaften DisabledBackColor und DisabledForeColor. Bei Readonly-Textboxen wird als Hintergrundfarbe ebenfalls DisabledBackColor verwendet, als Vordergrundfarbe jedoch die BackColor-Eigenschaft. Soll auch in deaktivierten Textboxen die Schrift gut leserlich sein, stellen Sie zur Ansicht der Inhalte die etwas ungünstige Standardeinstellung der DisabledForeColor (dunkelgrau) auf schwarz (0,0,0) ein.

Rechtsbündige Labels

Um die Beschriftungen gleichermaßen rechts auszurichten, müssen die Label-Objekte erst alle genau gleich groß sein, wie ihre Beschriftung (Caption) es erfordert. Dies geschieht durch die Eigenschaft AutoSize.

 Mit dem Button *Layout-Symbolleiste* in der Formular-Designer-Toolbar kann die Layout-Toolbar aufgerufen werden, die hilft, mehrere Controls entsprechend auszurichten.

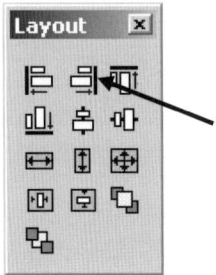

Anschließend sind alle Labels zu markieren und dann der Button *Rechte Seiten ausrichten* zu betätigen. (Eine andere Möglichkeit, dies zu realisieren, besteht darin, die Width-Eigenschaft aller Labels gleich zu halten und die Eigenschaft Alignment auf 1 = Rechts zu setzen.)

Testlauf

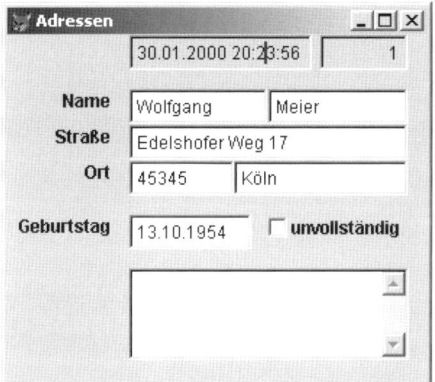

Unser Formular zur Anzeige aller Felder verwendet die grundlegenden Steuerelement-Typen.

Festlegen der Aktivierfolge für Steuerelemente

In der Aktivierfolge wird die Reihenfolge festgelegt, in der die Steuerelemente den Focus erhalten, wenn sich ein Benutzer mit Hilfe der ⇥-Taste durch unser Formular bewegt und Daten eingibt. Wenn Sie die Steuerelemente in anderer Reihenfolge angelegt haben, als dies der gewünschten Aktivierfolge entspricht (z.B. auch indem Sie nachträglich eines hinzugefügt haben), so muss die Aktivierfolge korrigiert werden. Achten Sie darauf, dass die Aktivierfolge jeweils sinnvoll ist, alles andere ist recht ärgerlich für den Anwender.

Wir wählen im Hauptmenü unter ANSICHT | AKTIVIERFOLGE aus und können nun *interaktiv* durch Anklicken unserer Steuerelemente festlegen, welches als erstes, zweites, drittes usw. ausgewählt weden soll, indem wir die Steuerelemente in der entsprechenden Reihenfolge nacheinander anklicken.

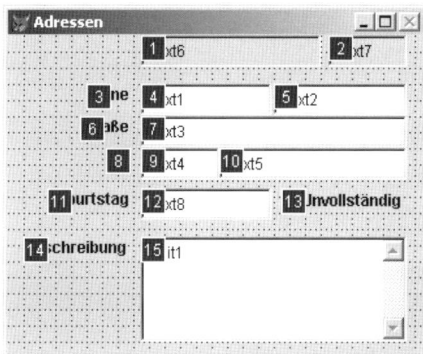

Diese Funktion kann in EXTRAS | OPTIONEN auf der Registerkarte FORMULARE geändert werden. Hier besteht die Möglichkeit neben *interaktiv* auch anhand einer Liste der Steuerelemente die Aktivierfolge festzulegen. Ändern Sie die Einstellung und versuchen Sie anschließend nochmals die Aktivierfolge wie beschrieben zu ändern: Statt des Formulars mit blau nummerierten Steuerelementen erscheint nun eine Liste aller Steuerelemente.

HINWEIS Achten Sie darauf, wenn Sie später mit Container-Objekten arbeiten, die also mehrere Unterobjekte enthalten, dass sich die Aktivierfolge jeweils nur auf einer Containerebene auf einmal einstellen lässt. Anschließend müssen Sie die Containerebene ändern und ggf. in einem anderen Container-Objekt die Aktivierfolge einstellen.

6.3.5 Einschub Dateitypen (II)

Wir wollen nun wieder einen Blick auf die von uns angelegten Dateien werfen. Wir dürften nun im Unterverzeichnis FORMS zwei Dateien finden:

Formular

...SCX   (**SC**reen) Formularentwurfsdatei/Tabellendatei

...SCT   (**SC**reen**T**extfile) Formularentwurfsdatei/Memodatei

Wenn wir diese Dateien als Tabelle öffnen (also mit `USE forms\adress.scx`) und das Datenblatt ansehen, stellen wir fest, dass für jedes angelegte Element ein Datensatz in der Tabelle zu finden ist.

6.4 Datensatzsteuerung

Bisher können wir zwar Daten im Formular anzeigen, aber noch nicht im Formular navigieren (blättern). Dies soll unser nächster Schritt sein. Dabei arbeiten wir zum ersten Mal mit Buttons im Formular. Außerdem lernen wir dabei eine wichtige Standardmethode und die Möglichkeit und Nützlichkeit eigener Methoden kennen.

6.4.1 SKIP und Refresh

Wir wollen zuerst das Formular starten und dann ins Befehlsfenster die xBase-Befehle zum verschieben des Datensatzzeigers schreiben.

SKIP	Einen Datensatz weiterblättern
SKIP -1	Einen Datensatz zurückblättern
GO TOP	Zum ersten Datensatz blättern
GO BOTTOM	Zum letzten Datensatz blättern

Dass Sie erfolgreich navigiert haben, müssten Sie in der Statusleiste an einem Eintrag sehen wie:

Datensatz: 2/3

Im Formular wird der veränderte Datensatz aber noch nicht angezeigt. Klicken Sie jedoch in die einzelnen Textboxen des Formulars, erscheint der Inhalt des zweien Datensatzes. Um alle Daten neu anzuzeigen, verwenden Sie die Refresh-Methode des Formulars oder der einzelnen Textboxen. Von außen (Befehlsfenster) wäre die Syntax dann:

```
_screen.activeform.Refresh
```

oder (z.B.)

```
_screen.activeform.text1.Refresh
```

> **TIPP** Das Begrenzen des Refresh auf bestimmte Teile des Formulars wird in bestimmten Fällen aus Performance-Gründen eingesetzt, da alle auf sichtbarer Ebene stattfindenden Vorgänge relativ viel Zeit beanspruchen und von daher gezielt eingesetzt werden sollten.

6.4.2 Navigations-Buttons

Einfügen

Wir wollen nun unserem Formular vier Buttons geben, über die der Datensatz-zeiger gesteuert werden soll. Dazu klicken wir – wie zuvor bei den Textboxen – aus unserer »Werkzeugkiste« (Symbolleiste für Formularsteuerelemente, aufgerufen über den kleinen Button mit Hammer und Schraubenschlüsseln der Formular-Designer-Toolbar) das Symbol für *Button* (dt.: Befehlsschaltfläche) an.

Um mehrfach Buttons in das Formular einfügen zu können, steht der Button *Steuerelemente wiederholen* in der Werkzeugkiste zur Verfügung. Klicken Sie ihn vor dem ersten Einfügen an. Dann können Sie viermal ins Formular klicken und anschließend nach dem letzten Einfügen den Button *Steuerelemente wiederholen* wieder *ausschalten*.

Um Ihnen ein einheitliches Aussehen wie Toolbar-Buttons zu geben, markieren Sie alle Buttons (siehe Kap. 6.3.1 *TextBox- und Label-Objekte/Mehrfache Auswahl*) und geben ihnen die Eigenschaften

Width	= 24
Height	= 24
FontName	= Courier
FontBold	= .T.

Dann geben Sie jedem Button die entsprechende richtige Caption, sodass Sie eine Leiste von Navigationsbuttons erhalten:

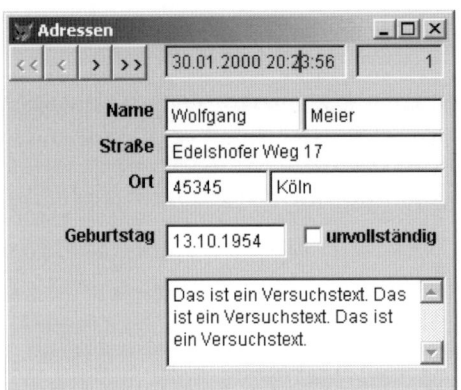

Unser Musterformular mit eingefügten Navigationsbuttons.

Funktionalität

Bearbeiten Sie nun den Click-Event jedes dieser Buttons:

✔ Button markieren

✔ Im Eigenschaften-Fenster unter Methoden *Click Event* auswählen und doppelklicken

oder schneller:

✔ Doppelklick auf Button

Es öffnet sich das Code-Fenster des richtigen Objekts (z. B. Command1) üblicherweise auf der zuletzt gebrauchten Methode (seit VFP6). Ansonsten kann im rechten Teil des Code-Fensters eine andere Methode/Event des Objekts ausgewählt werden.

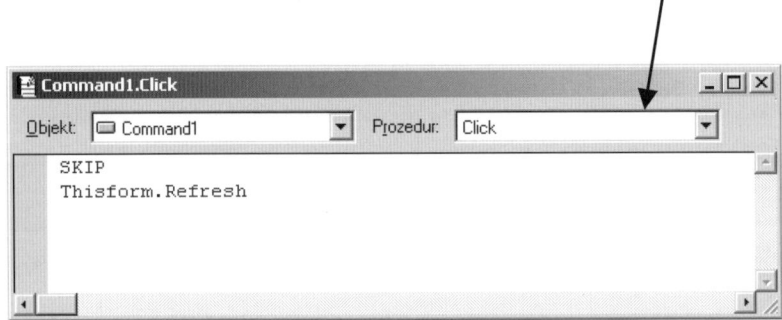

Nach dem Verschieben des Datensatzzeigers muss anschließend noch das Formular neu angezeigt werden, also die Refresh-Methode des Formulars aufgerufen werden.

Geben Sie den vier Buttons jeweils den entsprechenden Befehl zum Verschieben des Datensatzzeigers (GO TOP, SKIP-1, SKIP, GO BOTTOM)

Testlauf

Testen Sie die vier Navigationsbuttons.
Sie dürften dabei beim Weiterblättern nach dem letzten Datensatz auf einen Fehler stoßen.

6.4.3 Deaktivieren der Navigationsbuttons

Wir wollen nun dafür sorgen, dass die jeweiligen Navigationsbuttons nur dann aktiv sind, wenn in diese Richtung auch wirklich geblättert werden kann. Anhand dieser Aufgabenstellung wollen wir die Bedeutung und Handhabung selbstangelegter Formular-Methoden kennen lernen. Ansonsten handelt es sich um ganz *normalen xBase-Code*, der xBase-Programmierern vertraut ist.

Zur Problematik

✔ Genügt es, vor dem Blättern festzustellen, ob man sich bereits auf dem letzten Datensatz befindet?

– Nein, da ja bereits vor dem Blättern der Button deaktiviert werden soll.

✔ Genügt es, nach dem Blättern festzustellen, ob man sich am Ende der Tabelle (engl. End of File, Funktion EOF()) befindet?

– Nein, da man diesen Zustand eigentlich gar nicht erreichen darf. Nach dem Blättern müsste festgestellt werden, ob beim *nächsten* Blättern das Ende der Tabelle erreicht wäre.

✔ Genügt es, nach dem Blättern zu vergleichen, ob die aktuelle Datensatzzahl gleich der Anzahl von Datensätzen ist?

– Nein, da dies bei einer mit Index sortierten Reihenfolge auch beim letzten Datensatz nicht gegeben ist.

Um die gestellte Aufgabe zu bewältigen, müsste also nach jeder Verschiebung des Datensatzzeigers geprüft werden, ob noch nach vorn bzw. nach hinten weitergeblättert werden könnte. Dies müsste dann auch z. B. beim Ändern einer Sortierung oder aber auch beim Starten des Formulars abgeprüft werden.

Wann wird die Prüfung durchgeführt?

xBase-Programmierer hätten vermutlich bei einem solchen Fall eine neue Funktion geschrieben, die dann in all diesen Fällen aufgerufen worden wäre. Das entsprechende Pendant zu einer Funktion in einer Funktionsbibliothek ist in der objektorientierten Denkweise eine Methode eines Objekts.

Was bei prozeduraler Programmierung Funktionen sind, sind bei objektorientierter Programmierung Methoden von Objekten.

Wir können also auch sagen:

Methoden sind objektbezogene Funktionen.

Sie stehen immer dann zur Verfügung, wenn das Objekt existiert und werden zusammen mit der Objektreferenz aufgerufen.

Anlage einer neuen (eigenen) Methode

Wenn der Formular-Designer *aktiv* ist (nur dann), erscheint im Hauptmenü der Menüpunkt FORMULAR. Darunter befindet sich der Menüpunkt NEUE METHODE. Wir wählen ihn aus und geben als neuen Methodennamen in unserem Beispiel die Methode an, die von jedem Button aus (also nach jedem Verändern des Datensatzzeigers) angesprochen werden soll. Wir nennen sie hier: Check-Record.

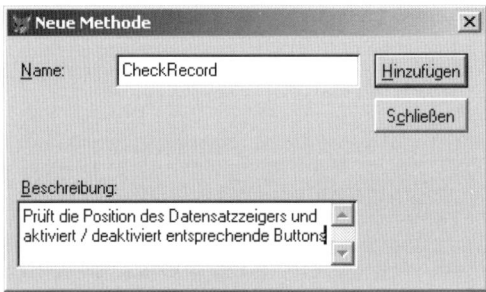

HINWEIS 1. Tipp: Die Beschreibung erscheint (sofern nicht deaktiviert) im unteren Teil des Eigenschaften-Fensters. Man sollte nie versäumen, den eigenen Methoden Beschreibungen zu geben, da sie schnell recht zahlreich werden, und u. U. nicht mehr auf Anhieb nachvollziehbar ist, wofür sie einmal angelegt wurden und ggf. welche Parameter und Rückgabewerte eine jeweilige Methode verwendet. Dies ist umso wichtiger, da man meist nicht für alle Zukunft allein an einem Projekt arbeitet.

HINWEIS 2. Tipp: Benennen sie die Methoden so, dass ein jeweiliger Sammelbegriff am Anfang des Namens steht. Somit werden die zusammengehörenden Methoden dann im Eigenschaften-Fenster unter Methoden auch zusammen (weil alphabetisch) angezeigt. Dies hilft, Übersicht zu bewahren.

Sie sehen die neue Methode nun ganz unten im Eigenschaften-Fenster (Methoden), da eigene Methoden kleingeschrieben werden und folglich nach den FoxPro-Methoden angeordnet werden. Doppelklicken Sie die Methode und öffnen Sie so das Code-Fenster.

Zum Verhalten am Anfang und am Ende der Tabelle

Vorweg sollen hier vier weitere xBase-Funktionen vorgestellt werden:

EOF()   Gibt .T. (bei erreichtem Ende der Datei) und .F. (bei noch nicht erreichtem Ende der Datei) zurück

BOF()   Pendant zu EOF() für den Anfang der Datei (engl.: Beginning of File)

RECNO()   Physikalische Datensatznummer

RECCOUNT()   Anzahl von Datensätzen in einer Tabelle

Da unsere CheckRecord-Methode *nach* dem jeweils von einem Button durchgeführten Blättern ausgeführt werden soll, ist das erste Verschieben des Datensatzzeigers bereits passiert. Um nun zuverlässig feststellen zu können, ob ein weiteres Blättern noch Sinn macht, muss ein zweites Mal in die gleiche Richtung geblättert werden und dabei festgestellt werden, ob der Datensatzzeiger nun EOF() bzw. BOF() steht. Danach muss ggf. wieder zurückgeblättert werden.

ACHTUNG   Das Verhalten beim Weiterblättern nach dem letzten Datensatz und beim noch weiter Zurückblättern vom ersten Datensatz aus, ist unterschiedlich. Dies soll die folgende Tabelle kurz veranschaulichen. Hier wird von einer Tabelle mit drei Datensätzen ausgegangen:

Vorgang	BOF()	EOF()	Anzeige in Statuszeile	RECNO()	RECCOUNT()	Bewegt sich der Datensatzzeiger?
Zurückblättern vom Datensatz 1 mit SKIP -1	.T.		1/3	1	3	Nein
Weiterblättern vom letzten Datensatz mit SKIP		.T.	EOF/3 (d.h. quasi 4 von 3)	4	3	Ja

Sie können dies vom Befehlsfenster aus testen. Um den Wert der vier verwendeten Funktionen auszugeben, öffnen Sie das Überwachungsfenster und schreiben die entsprechenden Funktionen hinein.

Code der Methode zur Datensatzprüfung

Wir wollen nun sowohl das Blättern zum Test nach vorne als auch nach hinten in einer einzigen Methode durchführen. Diese Methode würde den Status der Befehlsschaltflächen richtig einstellen, auch wenn z.B. erst ein Datensatz vorhanden wäre (es würden dann nämlich alle Buttons deaktiviert), indem immer beide Richtungen geprüft werden.

Letzte Klärung vorweg: Zum Aktivieren oder Deaktivieren eines Buttons verwenden wir die schon bekannte Enabled-Eigenschaft. Sie befindet sich im Eigenschaften-Fenster unter ANDERE.

```
*Prüfen auf Dateianfang
SKIP -1
IF BOF()
    thisform.command1.Enabled=.F.
    thisform.command2.Enabled=.F.
ELSE
    SKIP
    thisform.command1.Enabled=.T.
    thisform.command2.Enabled=.T.
ENDIF

*Prüfen auf Dateiende
SKIP
IF EOF()
    thisform.command3.Enabled=.F.
    thisform.command4.Enabled=.F.
ELSE
    thisform.command3.Enabled=.T.
    thisform.command4.Enabled=.T.
ENDIF
SKIP -1

thisform.Refresh
```

Verwendung der Methode CheckRecord

Die neu von uns angelegte Methode CheckRecord müsste nun überall da aufgerufen werden, wo das Formular auf die Stellung des Datensatzzeigers eingestellt werden soll:

✔ Am Ende des Click-Events jedes der vier Navigationsbuttons müssten wir den Code erweitern durch den Aufruf unserer Methode
`thisform.CheckRecord`

✔ Der dort auch jeweils gleichermaßen vorhandene Aufruf von
`thisform.Refresh` kann daher ausgelagert werden auf die CheckRecord-Methode und damit im Click-Event gelöscht werden, damit möglichst wenig gleicher Code an verschiedenen Stellen steht.

✔ Darüber hinaus müsste diese Methode auch beim Starten des Formulars aufgerufen werden, damit von vornherein die Buttons richtig aktiviert/deaktiviert sind. Dazu verwenden wir einen hier nun neu eingeführten Event: den Init-Event (entspricht der *Initialisierungsprozedur* unter FPW2.6) und tragen dort den Aufruf von `thisform.checkrecord` ein.

Testlauf

Prüfen Sie das saubere Aktivieren/Deaktivieren der Navigationsbuttons. Nach dem Start müssten von vornherein die beiden linken Buttons deaktiviert sein.

6.5 Objekthierarchie am Beispiel PageFrame und Listbox

In VFP können Objekte hierarchisch übereinander angeordnet werden[3]. Was dies bedeutet wollen wir am Beispiel eines PageFrames kennen lernen (die deutsche Übersetzung *Seitenrahmen* ist nicht gerade sehr sprechend, bleiben wir also in diesem Fall beim Englischen).

6.5.1 Einfügen eines PageFrames und Positionierung der Objekte 📖

1. Wir markieren die Formularelemente zur Adressbearbeitung, die wir bisher in unser Formular eingefügt haben (ohne die Navigationsbuttons) und schneiden sie aus (Ctrl + X).

2. Wir öffnen im Formular-Designer ggf. die »Werkzeugkiste« und wählen dort das PageFrame aus. Dann ziehen wir das PageFrame bis zur gewünschten Größe.

3. Wichtig: Rechter Mausklick auf den PageFrame, BEARBEITEN auswählen. Wenn es gelungen ist, müsste ein andersfarbiger Rahmen um den Page-Frame angezeigt werden. Nun sind wir gewissermaßen *im* PageFrame, wir können also z.B. eine Page auswählen.

4. Erst jetzt fügen wir die zuvor ausgeschnittenen Elemente wieder ein (Ctrl + V).

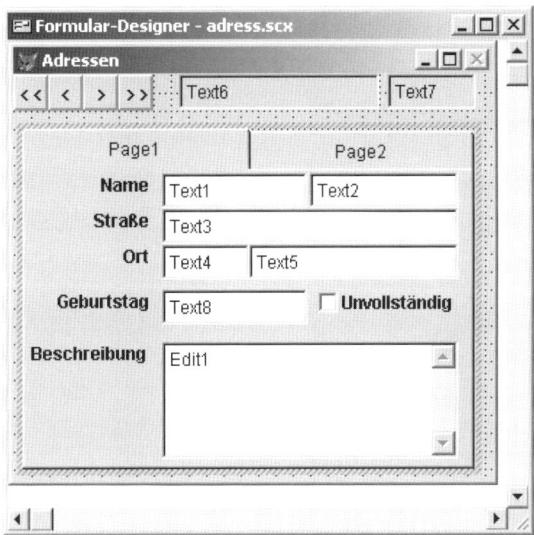

---

3. Vergleiche z.B. mit Access: Hier gibt es solche scheinbar hierarchischen Strukturen wie der PageFrame zwar auch, technisch werden sie aber nicht hierarchisch abgespeichert und angesprochen, sondern auf einer Ebene.

Testlauf

Testen Sie die zwei Pages des PageFrames.

Überschriften der Pages

Nun können wir noch eine kleine Schönheitskorrektur vornehmen: Die Pages benötigen natürlich eine angemessene Überschrift, z.B. Page1 »Bearbeitung« und Page 2 »Übersicht«. Dazu ändern Sie die Caption-Eigenschaft der Pages.

6.5.2 Objekthierarchie unter der Lupe

Nun wollen wir einen Blick auf die technische Objektstruktur werfen, die wir soeben angelegt haben. Am besten kann man sie erkennen in der Objektauswahl des Eigenschaften-Fensters. Gehen Sie wieder mit *Bearbeiten* (rechte Maustaste auf das PageFrame und BEARBEITEN auswählen) in den Inhalt der Page1 hinein und wählen Sie eine Textbox aus. Dann öffnen Sie die Objektauswahl des Eigenschaften-Fensters. Es müsste ähnlich wie hier aussehen:

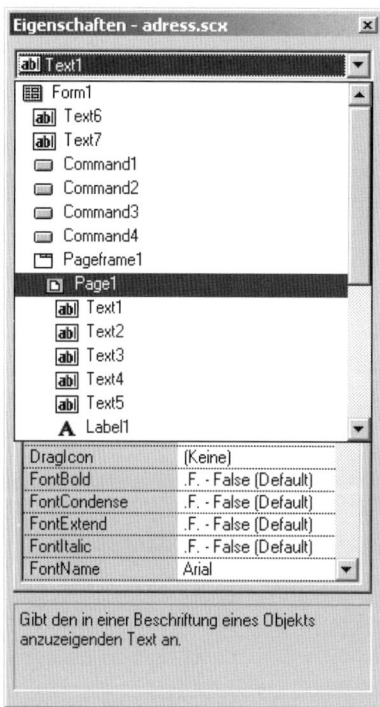

Sie sehen hier die verschiedenen Hierarchiestufen in Form der Einrückung im »Objekt-Baum«: Das Formular enthält ein PageFrame1, der PageFrame enthält ein Page1, die Page enthält wiederum Textboxen.

Referenzierung auf den Objekt-Baum von außen

Wollen Sie nun auf eines dieser Objekte referenzieren, muss der vollständige Objetkbaum angegeben werden. Starten Sie zum Test das Formular und versuchen Sie die Farbe einer Textbox zu verändern.

```
_screen.activeform.PageFrame1.page1.text1.forecolor = RGB(255,0,0)
```

6.5.3 Listbox und ihre grundlegenden Eigenschaften

Wir wollen nun die zweite Page des PageFrames für die Anzeige und Auswahl mehrerer Datensätze nutzen. Dabei lernen wir den Steuerelementtyp *Listbox* (dt.: Listenfeld) und seine zentralen Eigenschaften kennen.

Listbox einfügen

Um ein Element in die zweite Page des PageFrames einzufügen, müssen wir das PageFrame wiederum mit der rechten Maustaste aktivieren und im Kontextmenü BEARBEITEN anklicken. Dann können wir die zweite Page anklicken und damit auswählen.

Wir ziehen unsere Listbox über die ganze Größe der Page.

Listbox mit Daten füllen

Das Füllen der Listbox mit Daten hat in diesem Sinne nichts mit der schon bekannten Eigenschaft ControlSource zu tun, da eine ControlSource immer ein einzelnes Feld ist, dessen Inhalt durch das Steuerelement (sofern nicht disabled) auch verändert werden kann. Hier geht es uns aber nicht darum, ein Feld zu bearbeiten, sondern nur um eine Anzeige mehrerer Felder.

Wenn es um die Füllung der Reihen einer Listbox geht, werden zwei andere Eigenschaften gebraucht:

RowSource	Wie der Name schon sagt, ist RowSource diejenige Eigenschaft, die die Quelle für die Füllung der Listbox-Reihen (Zeilen) bezeichnet.
RowSourceType	Der RowSourceType bestimmt, welche Angaben in RowSource gemacht werden können und wie sie interpretiert werden.

Wir wollen in unserem Fall zuerst den RowSourceType 2 (=Alias) kennen lernen. Ist dies die gewählte Einstellung, wird in RowSource eine Angabe erwartet wie:

```
Tabellenalias.Feld1, Feld2, Feld3
```

Wir tragen im Beispiel also ein:

```
adressen.advorname, adname, adplz, adort
```

Testlauf

Spalten der Listbox definieren

Beim Testlauf dürfte trotz der Angabe von vier Feldern in der RowSource doch nur eine Spalte sichtbar gewesen sein. Hierzu müssen wir noch die Spalten der Listbox definieren. Dafür werden wiederum zwei Eigenschaften verwendet, die Sie beide auf der Registerkarte Layout finden:

ColumnCount	Hier ist die Anzahl der gewünschten Spalten anzugeben.
ColumnWidths	Hier ist die Breite aller Spalten als eine Reihe von durch Komma voneinander abgetrennten Zahlen einzutragen. Die Zahlen geben die Breite der jeweiligen Spalte in Pixel an. Sofern ColumnLines .T. ist, können Sie die hier entworfenen Spaltenbreiten anhand der vertikalen Linien in der Formular-Designer-Ansicht der Listbox bereits erkennen, ohne das Formular vorher zu starten.

ACHTUNG Die rechtsbündige Formatierung von Spalten (z. B. für Zahlenwerte) ist bei der Listbox nicht ohne weiteres möglich. Einzig möglicher Behelf ist das künstliche Eintragen von Leerzeichen vor den anzuzeigenden String – dies geht aber auch nur beim Auswählen einer Nicht-Proportionalschrift. Ansonsten müsste in diesem Fall auf das Grid zurückgegriffen werden.

Testlauf

Wenn wir nun die Listbox testen und zum ersten oder letzten Datensatz blättern,
sehen wir, dass dabei die Aktivierung/Deaktivierung der Navigationsbuttons leider nicht aktualisiert wird.

6.5.4 Weitere Listbox-/PageFrame-Eigenschaften und Methoden

Aktualisieren der Navigationsbuttons und When-Event

Da wir eine zentrale Formular-Methode geschrieben haben, die für das Prüfen der Position des Datensatzzeigers und das entsprechende Aktivieren bzw. Deaktivieren der Buttons zuständig ist, haben wir jetzt ein leichtes Spiel: Wir müssen nur an der richtigen Stelle diese zentrale Methode aufrufen und sind fertig.

Der Event, der jedes Mal beim Blättern in der Listbox (ob mit Maus oder mit Pfeiltasten) angestoßen wird, ist der When-Event.

Wenn Sie dort den Aufruf unserer Methode hineinschreiben

```
thisform.CheckRecord
```

und das Verhalten beim ersten und letzten Datensatz testen, müssten Sie zu einem zufriedenstellenden Ergebnis kommen.

(Der umgekehrte Fall, dass Sie in den Buttons blättern und dabei die Listbox mitgeführt wird, ist etwas mehr Programmieraufwand und wird an dieser Stelle ausgelassen. Die Eigenschaft, die die markierte Zeile in der Listbox angibt, ist der ListIndex. Er kann auch programmatisch angesprochen und verändert werden.)

Auswahl des Datensatzes per Doppelklick

Eine unter Windows übliche Arbeitsweise ist das Auswählen eines Datensatzes per Doppelklick. In unserem Fall müsste auf den Doppelklick in der Listbox von Page2 auf Page1 wieder zurückgewechselt werden, damit der Datensatz zur Bearbeitung freigegeben ist.

Wir benötigen hierzu:

DblClick-Event der Listbox: Wird von jedem Doppelklick ausgelöst.

ActivePage-Eigenschaft des PageFrames: Indem in diese Eigenschaft ein Zahlenwert geschrieben wird, der der laufenden Nummer einer der vorhandenen Pages entspricht, wechselt das PageFrame auf die entsprechende Page.

In unserem Falle müssten wir also lediglich in den DblClick-Event der Listbox schreiben:

```
thisform.PageFrame1.ActivePage = 1
```

Testlauf

HINWEIS Beachten Sie, dass beim Wechseln auf eine andere Page diese neue Page u. U. neu angezeigt werden muss (refresh), wenn zuvor – wie hier der Fall – der Datensatzzeiger verändert wurde. Würde nicht die im When-Event aufgerufene eigene Methode CheckRecord den thisform.refresh ausführen, könnte dies gelöst werden, indem im Activate-Event der Page1 this.Refresh aufgerufen würde.

6.6 ComboBox und Verwaltung von Schlüsselbegriffen

Anhand der folgenden Aufgabenstellung wollen wir in diesem Kapitel den weiteren Steuerelementtyp ComboBox und dessen Handhabung kennen lernen. Außerdem wollen wir verschiedene Möglichkeiten der Verwaltung von Schlüsselbegriffen testen.

6.6.1 Aufgabenstellung und Lösung

Die Adressen unserer Adress-Tabelle sollen jeweils einem Adresstyp zugeordnet werden, z.B. Interessent, Kunde oder Lieferant. Gerne verwendet man zu solchen Zwecken *Dropdown*-Listen (früher Pulldown-Menü), oder wie es in VFP heißt, *ComboBox* (dt.: Kombinationsfeld).

Bei einem solchen Steuerelement wird eine feststehende Auswahl von Einträgen (hier Adresstypen) vorgegeben. Damit dieser Wert nicht als Text, sondern als begrenzte Auswahl in die Adress-Tabelle geschrieben wird, speichert man ja gemeinhin in diesem Fall nur noch einen Schlüsselwert (z.B. 1 für Interessent, 2 für Kunde etc.) in die Tabelle. Hierzu müssen wir unsere Adress-Tabelle allerdings entsprechend erweitern.

Schlüsselfeld in der Haupttabelle

Wir klicken – zurück in der Registerkarte DATEN im Projekt-Manager – wieder die Adress-Tabelle an und betätigen dann den Button ÄNDERN.

Am Ende der Liste der vorhandenen Felder tragen wir nun ein weiteres Feld ein und nennen es ATid. (Begründung folgt später). Es soll ein Integer-Feld sein, weil ja nur ein relativ geringer Zahlenwert dort abgespeichert wird. Außerdem soll dieses Feld indiziert werden.

6.6.2 ComboBox anlegen und grundlegende Eigenschaften 🔳

Wir platzieren nun eine ComboBox auf unser Formular, in der die Adresstypen angegeben werden sollen.

Grundlegende Eigenschaften

ControlSource in der ComboBox

In den Textboxen hatten wir die Eigenschaft ControlSource verwendet, um anzugeben, von welchem Feld die Daten in der Textbox angezeigt werden sollen. Dies war gleichzeitig natürlich auch das Feld, in das die veränderten Werte hineingeschrieben wurden. Im Falle unserer ComboBox soll ja nun ein numerisches Feld beschrieben und für die Anzeige ausgewertet werden. Dies tut die ComboBox für uns: Sie wertet die im Feld eingetragene Zahl aus und gibt den ihr entsprechenden Eintrag auf der Oberfläche aus. Umgekehrt übersetzt sie den vom Anwender ausgewählten Eintrag in eine Zahl und schreibt diese in die eigene ControlSource-Eigenschaft. Wir füllen also die ControlSource-Eigenschaft im Designer mit dem soeben angelegten numerischen (Integer-) Feld ATid.

RowSource und RowSourceType in der ComboBox

Wie schon im Fall der Listbox kennen gelernt (siehe Kap. 6.5.3 *Listbox und ihre grundlegenden Eigenschaften*), sind diese zwei Eigenschaften entscheidend für die *Füllung* der ComboBox. In unserem Fall wollen wir für den ersten Test folgende Einträge vornehmen:

RowSourceType = 1

RowSource = Interessent, Kunde, Lieferant

Testlauf

Beim Testlauf untersuchen wir Folgendes:

Öffnen Sie das Überwachungsfenster des Debuggers und tragen Sie ein:

```
_screen.activeform.PageFrame1.page1.Combo1.Value
_screen.activeform.PageFrame1.page1.Combo1.DisplayValue
adressen.atid
```

Dann wählen Sie einen anderen Eintrag in der ComboBox aus und untersuchen, wie sich dies bemerkbar macht.

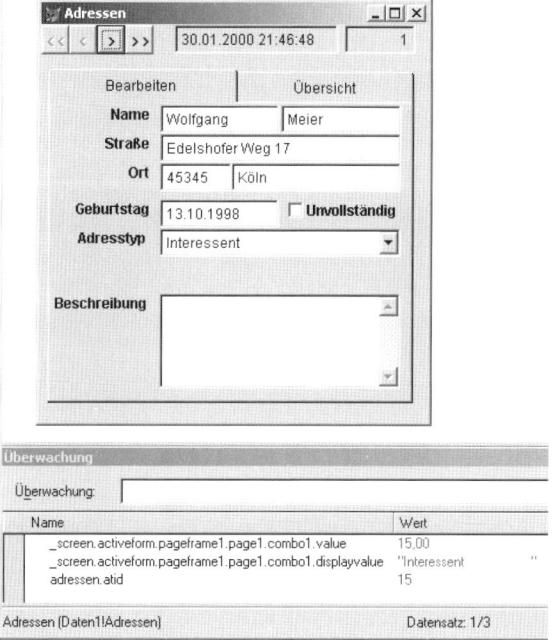

Wir sehen also,

✔ dass in das Tabellenfeld immer der Wert aus der Value-Eigenschaft eingetragen wird.

✔ dass dies eine durchlaufende Zahl ist, die aus der Position des Eintrags hervorgeht.

6.6.3 Die Aufgabe der Schlüsseltabellen

Dieses Letztere ist natürlich in den meisten Fällen nicht gewünscht. Was geschieht, wenn man z.B. einen weiteren Adresstyp hinzufügt und womöglich die Reihenfolge ändert? Damit dies nicht zu Datenchaos führt, müsste einem Eintrag eine bestimmte, feste ID zugeordnet werden.

Zweiter Nachteil unserer momentanen Arbeitsweise ist, dass die Einträge fest »verdrahtet« sind, also nicht vom Anwender bearbeitet werden können. Dies würde im Ernstfall so kaum je gewünscht sein.

Statt dessen würde man dazu neigen, die Auswahl von Adresstypen ihrerseits in eine Tabelle einzutragen, die beliebig bearbeitet werden kann. Dann kann auch jedem Adresstyp eine bestimmte ID zugeordnet werden. Würde der Text geändert, so wäre dies eine Änderung, die sich auf alle Daten niederschlägt, die mit diesem Adresstyp arbeiten.

Tabellenstruktur für Adresstyp-Tabelle (ADRTYP.DBF)		
1	ATid	Integer
2	ATbez	Zeichen (30)

Wir geben also den Feldern dieser Tabelle das Kürzel AT. Auf das Feld ATid legen wir einen Primärindex, auf ATbez einen einfachen Index.

Beispiel Adresstyp-Tabelle anlegen

Hierzu legen wir in unserer Datenbank eine neue Tabelle an: Entweder Datenbank markieren und bearbeiten und dort mit rechtem Mausklick eine Tabelle hinzufügen, oder direkt im Projekt-Manager TABELLEN anklicken und NEU sagen, während die richtige Datenbank aufgeklappt ist. Beim Speichern in das DATA-Verzeichnis nennen wir sie *AdrTyp*. Die Extension DBF wird beim Abspeichern automatisch hinzugefügt.

Wir legen in dieser Schlüsseltabelle mindestens 3 Datensätze an, wobei die ID jeweils nicht 1, 2, 3 sondern ganz andere Zahlenwerte enthalten sollte.

6.6.4 Verwenden der ComboBox zum Gebrauch von Schlüsseltabellen

Öffnen der Schlüsseltabelle

Damit die Schlüsseltabelle geöffnet wird, müssen wir sie der Datenumgebung des Formulars hinzufügen. Damit übernimmt FoxPro, sich um das Öffnen bzw. Schließen der Tabelle zu kümmern (siehe Kap. 6.3.3 *Die Formular-Datenumgebung*).

ACHTUNG   Nun, da in der Datenumgebung zwei verschiedene Tabellen ihr entsprechendes Cursor-Objekt haben, muss in der Eigenschaft InitialSelectedAlias in der Datenumgebung unbedingt die Hauptdatenquelle angegeben werden (in der z.B. beim Navigieren geblättert wird).

Füllung der ComboBox

Da wir nun den Inhalt der Schlüsseltabelle statt der festen Werte in der Combo-Box anzeigen wollen, müssen wir die RowSource-Eigenschaften verändern:

RowSourceType	2 (Alias) oder 6 (Fields); beide sind hier gleichbedeutend.
RowSource	AdrTyp.ATbez, ATid

Wir weisen diese zwei Eigenschaften also ähnlich zu, wie wir das zuvor schon in der Listbox getan haben.

(Weitere Möglichkeiten, die RowSource zu füllen, nämlich über ein Select-Statement, finden sich in Kapitel 21.3.3 ComboBox.)

Testlauf
Lassen Sie sich wiederum die gleichen Eigenschaften/Felder wie oben im Überwachungsfenster anzeigen.
Ist das Ergebnis befriedigend?

Zuweisung der BoundColumn

Bisher werden in das Feld der Haupttabelle (adressen.ATid) die gleichen Werte wie vorher gespeichert, nämlich einfach die Position des Eintrags in der Reihenfolge der Anzeige (1, 2, 3 …), anstelle der dem Eintrag zugeordneten ID. Um dies zu bewerkstelligen, müssen wir der ComboBox beibringen,

1. dass der Value der ComboBox nicht einfach nach der Eintragsreihenfolge gefüllt werden soll, sondern angebunden sein soll an einen Feldinhalt der Felder, die in der RowSource aufgelistet sind. Dies geschieht mit der Eigenschaft BoundTo = .T.

2. an welche Spalte die Daten angebunden werden sollen. Hierfür gibt es eine Eigenschaft BoundColumn = 2

Wenn gewünscht, kann man diese zweite Spalte (die zwar mehr eine technische Information enthält) durch entsprechende Einstellung der Eigenschaften ColumnCount und ColumnWidths auch anzeigen lassen.

Testlauf

Lassen Sie sich wiederum die gleichen Eigenschaften/Felder wie oben im Überwachungsfenster anzeigen, und untersuchen Sie ihr Verhalten. Es müsste nun auch beim Blättern jeweils der zugewiesene Wert wieder erscheinen.

Eingabe-Art

Combo steht für kombinierte Eingabe von Text oder von Auswahl. Soll keine Texteingabe zugelassen sein (wie in unserem Fall, da nicht sinnvoll), muss die Style-Eigenschaft auf 2 (Dropdown-List) umgestellt werden.

6.6.5   Zusammenfassung

Was also ist nötig, um in einer ComboBox eine Schlüsseltabelle zu verwalten und eine Hauptdatenquelle damit zu bearbeiten?

1. Feld in Haupttabelle anlegen, das die Schlüsseltabellen-ID enthält [»Fremdschlüssel«] (mit einfachem Index)

2. Schlüsseltabelle anlegen mit

    ID (mit Primärindex)

    Bezeichnung (mit einfachem Index)

3. ComboBox anlegen im Formular

4. Eigenschaften einstellen

    a) ControlSource = Fremdschlüssel-Feld der Haupttabelle

    b) RowSourceType = 2 oder 6 (oder 3)

    c) RowSource = Textfeld und Primärschlüsselfeld der Schlüsseltabelle (oder Select-Statement, das diese als Ergebnismenge enthält)

    d) BoundTo = .T.

    e) BoundColumn = Spaltennummer des Primärschlüssel-Feldes der Schlüsseltabelle

    f) Style = 2

KAPITEL 7

7 Daten (II): Die Arbeit mit Views

Wir haben nun Daten aus zwei Tabellen in unserem Formular verwendet. In einer Listen-Ansicht (etwa auf der zweiten von uns erzeugten Page im Page-Frame, in dem wir eine Listbox zur Anzeige mehrerer Datensätze verwenden) stehen uns allerdings nur die Daten der Adress-Tabelle zur Verfügung, da eine Listbox nur eine Datenquelle (einen Alias) verwalten kann. Möchten wir jedoch in dieser Listbox ebenfalls die Adresstypen (als Text) anzeigen, so müsste diese eine Datenquelle gleichzeitig den Adresstyp mitführen. Dies ließe sich verwirklichen mit Views.

7.1 Views

Was ist ein View – erste Erklärung (allgemein)

> Views sind Ansichten auf Daten aus einer oder mehreren Tabellen in beliebiger Reihenfolge der Datensätze und beliebiger Auswahl der Felder.

Wir wollen uns nun im Folgenden damit beschäftigen,

✔ wie ein neues View erzeugt und damit definiert wird,

✔ wie mit diesem View zur Datenansicht gearbeitet werden kann,

✔ wie mit diesem View zur Datenbearbeitung gearbeitet werden muss.

Kurze Vorrede

Heute hat die Arbeit auf der Basis von Views für viele Programmierer grundsätzlich das direkte Ansprechen von Tabellen verdrängt. In diesem Fall würde man also z.B. im Formular gar keine Tabelle mehr öffnen, sondern von vornherein ein View. Die Steuerelemente hätten als ControlSource dann keine Tabellenfelder sondern View-Felder.

Diese Arbeitsweise ist direkt mit der Client-Server-Philosophie verbunden: Der Client will sich von vornherein nur die Datenmengen vom Server holen, die er benötigt, sodass keine unnötigen Datenmengen auf dem Netz hin und her geschoben werden müssen. Gerade dieses kann sehr schön über Views bewerkstelligt werden.

7.1.1 Neues View (= neue lokale Ansicht) definieren

Wir wählen auf der Registerkarte DATEN im Projekt-Manager bei aufgeklappter Datenbank *lokale Ansichten* und betätigen den NEU-Button. Es öffnet sich der Ansichts-Designer im Hintergrund und im Vordergrund (beim ersten Starten) der Dialog TABELLE ODER ANSICHT HINZUFÜGEN.

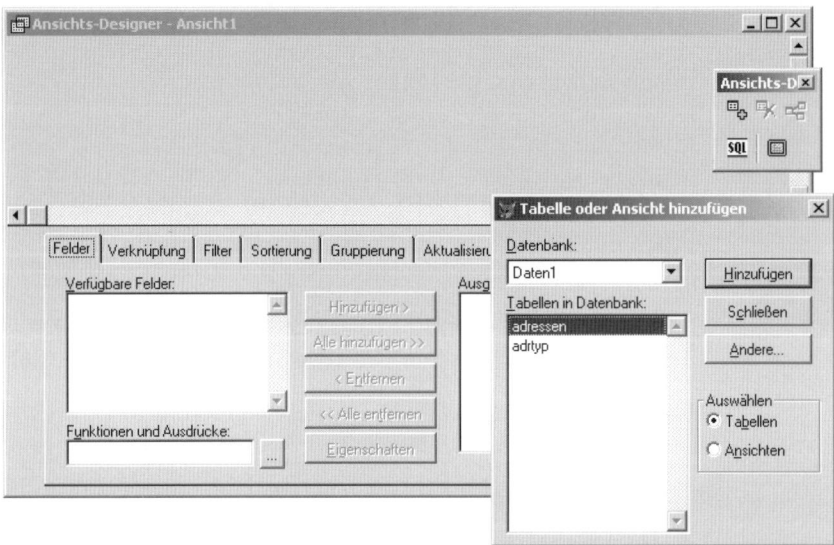

Tabellen hinzufügen

Hier fügen wir sowohl *Adressen* als auch *AdrTyp* hinzu. Beim Hinzufügen der zweiten Tabelle entsteht nun die Frage: Wie sind beide Tabellen miteinander zu verknüpfen? – Daher der Dialog VERKNÜPFUNGSBEDINGUNGEN. Es wird die Übereinstimmung des in beiden Tabellen vorkommenden Feldes ATid festgestellt und daher diese Felder als Verknüpfungsbedingung vorgeschlagen.

Bei Art der Verknüpfung wählen wir vorerst »… links« und schließen den Dialog TABELLE ODER ANSICHT HINZUFÜGEN.

Felder hinzufügen

In der ersten Registerkarte im unteren Teil des View-Designers können wir nun die gewünschten Felder hinzufügen. Wir wählen ALLE HINZUFÜGEN. Mit Doppelklick kann man einzelne hinzufügen oder wieder entfernen. Wir entfernen Adrtyp.ATid (weil wir dieses Feld sonst doppelt haben, da es auch als Adressen.ATid vorhanden ist).

Generiertes SQL-Statement

Aus den von uns nun gemachten Angaben generiert der Ansichts-Designer ein SQL-Statement, das bei jedem Öffnen des Views abgesetzt wird und die Daten aus den angegebenen Tabellen holt. Wir können dieses SQL-Statement zwar nicht verändern, aber doch ansehen (Ansichts-Designer-Toolbar SQL oder rechte Maustaste in den Ansichts-Designer).

```
Ansicht1 [Schreibgeschützt] *                              _|□|×|
SELECT Adressen.*, Adrtyp.atbez;
  FROM   daten1!adressen LEFT OUTER JOIN daten1!adrtyp ;
    ON   Adressen.atid = Adrtyp.atid
```

7.1.2 Betrachtungen über das View

Was ist ein View – zweite Erklärung (technisch)

Wir schließen nun den Viewdesigner und speichern das View unter gewünschtem Namen (z.B. *AdressenV*) ab.

Welche Datei haben wir nun beim Erstellen des Views erzeugt? Keine. Das View wird lediglich in der Datenbank abgespeichert und ist nicht als eigene Datei verfügbar.

Ein View ist zuerst nur eine Definition innerhalb der Datenbank.

Diese Definition besteht

✔ einerseits aus dem zu Grunde liegenden SQL-Statement,

✔ andererseits aus einer Reihe weiterer Eigenschaften, die den Feldern zugeordnet werden (siehe Kap. 7.1.4).

Öffnen des Views – dritte Erklärung (praktisch)

Mit diesem View können wir nun genau so verfahren, wie wir es sonst mit Tabellen getan haben. Wir wollen dies anhand der folgenden Befehlszeilen durchtesten.

USE adressenV	View öffnen.
BROWSE	View anzeigen.
CLEAR ALL	Alle Select-Bereiche und Variablen schließen.
SET	Öffnet Datensitzungsfenster. Alle Select-Bereiche sind leer.
USE adressenV	Nun müsste im Datensitzungsfenster sichtbar sein, dass 3 Bereiche gefüllt sind: der des Views und zwei für die Ursprungstabellen, die mitgeöffnet werden.

`CLOSE ALL`	Schließt alle Tabellen und alle Datenbanken (inklusive Projekt).
`USE adressenV`	Eine Fehlermeldung taucht auf. Da keine Datenbank offen ist, kann FoxPro nur noch eine DBF erwarten. Die gibt es aber nicht mit dem angegebenen Namen.
`OPEN DATA data\daten1`	Datenbank ausdrücklich öffnen.
`USE adressenV`	Jetzt klappt's!
`? DBF('adressenV')`	Gibt den physikalischen Dateinamen der Datei aus, die in dem angegebenen Select-Bereich (Aliasnamen) geöffnet ist.

Wir sehen: Erst wenn das View geöffnet wird, existiert es als wirkliche Datei. Diese Daten werden – solange das View geöffnet bleibt – als eine tatsächliche DBF im Windows-Temp-Verzeichnis abgelegt (bei Windows 2000 voreingestellt auf C:\DOKUMENTE UND EINSTELLUNGEN\<BENUTZER>\ LOKALE EINSTELLUNGEN\ TEMP)

> Ein View ist – wenn geöffnet – eine temporäre Tabelle.

7.1.3 Rückschreibbarkeit von Views

Aktualisierung versuchen ...

In den meisten Fällen der Verwendung von Views möchte man allerdings nicht – so wie bisher – nur Daten anzeigen, sondern diese Daten auch verändern. Um die Rückschreibbarkeit von Views zu testen, wollen wir nun unser View nochmals öffnen, dann im Datensitzungsfenster die Adress-*Tabelle* auswählen und für sie ebenfalls auf DATENBLATT klicken, sodass View und Tabelle gleichzeitig angezeigt werden. Die beiden Browse-Fenster sollten so übereinander angeordnet werden, dass beide eingesehen werden können (siehe nächste Seite oben).

Wenn wir testen, wie sich eine Veränderung im View in der Tabelle bemerkbar macht, sehen wir, dass die Ursprungstabelle bei einer Veränderung im View nicht aktualisiert wird. Lassen Sie uns hier anhand einer Skizze nochmals grundsätzlich über das Zurückschreiben von Veränderungen der View-Daten nachdenken:

Skizze zur Aktualisierung von Views

❶ Die beiden Pfeile von den Tabellen zum View bedeuten: Wenn das View geöffnet wird, werden die entsprechenden Datenmengen aus den beiden Tabellen gelesen und in die temporäre Tabelle (View) geschrieben.

❷ Jetzt wird im View ein Datensatz geändert.

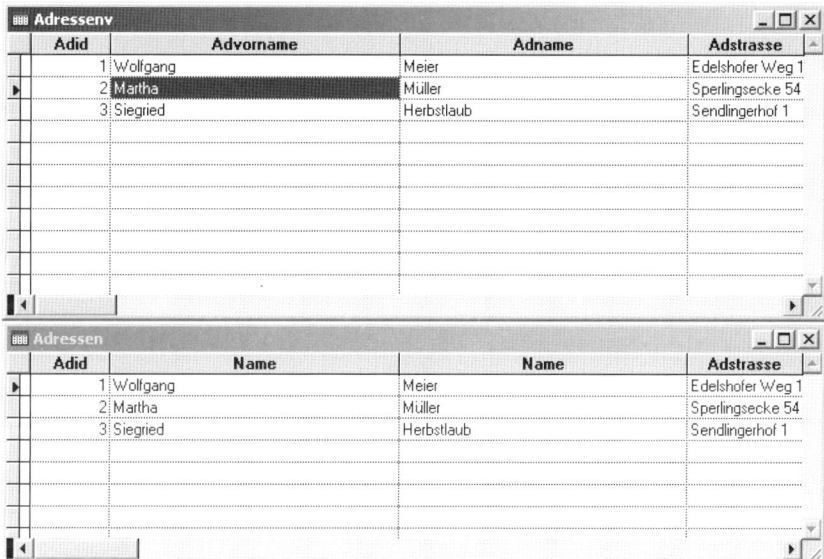

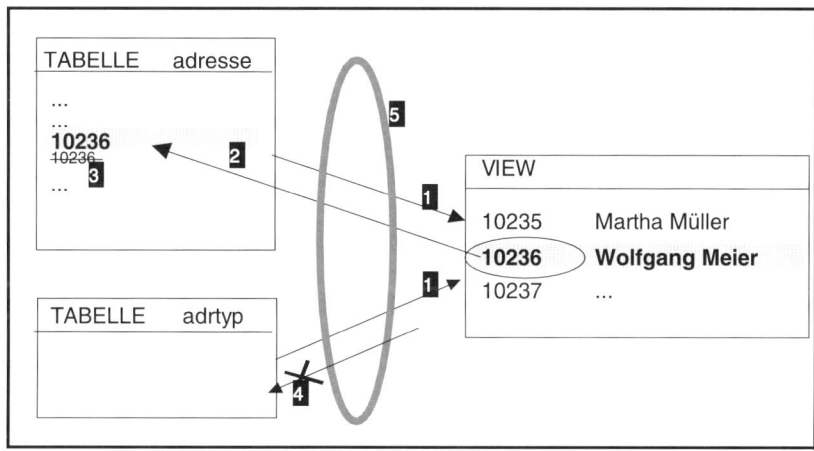

❸ Damit diese Veränderungen nun auch in die Ursprungstabelle geschrieben werden können, muss zuerst der Datensatz der Ursprungstabelle gefunden werden, der zum aktuell im View veränderten Datensatz passt. Hierfür ist eine eindeutige ID notwendig. Sie muss als Schlüsselbegriff für die Aktualisierung definiert werden. Würde dieser Schlüsselbegriff z.B. nicht eindeutig sein, könnte es theoretisch sein, dass ein anderer Datensatz aktualisiert wird als der, der tatsächlich verändert wurde und zu aktualisieren wäre.

❹ Es ist jeweils eindeutig festzulegen, in welche Tabellen zurückgeschrieben werden soll und in welche nicht. Am Beispiel unserer Schlüsseltabelle ist leicht zu sehen, dass hier ein Zurückschreiben keinen Sinn macht (sonst würden bei der Änderung des Textes *Interessent* zu *XInteressent* nun alle anderen Interessent-Datensätze künftig auch mit der geänderten Bezeichnung gekennzeichnet werden).

Wenn so eine Rückschreibbarkeit jedoch gewünscht ist, wäre ein zweiter Schlüsselbegriff notwendig, der dann der Schlüssel zur AdrTyp-Tabelle wäre, um auch dort den jeweils richtigen Datensatz zu finden.

❺ Global muss die »Autobahn geöffnet werden«, damit Daten von View zu Tabelle zurückgeschrieben werden können (s. u. Punkt 4).

Einstellung der Aktualisierungskriterien im View-Designer

Damit wir nun unser View veranlassen, seine Veränderungen zurückzuschreiben, müssen wir uns der Registerkarte AKTUALISIERUNGSKRITERIEN im View-Designer widmen.

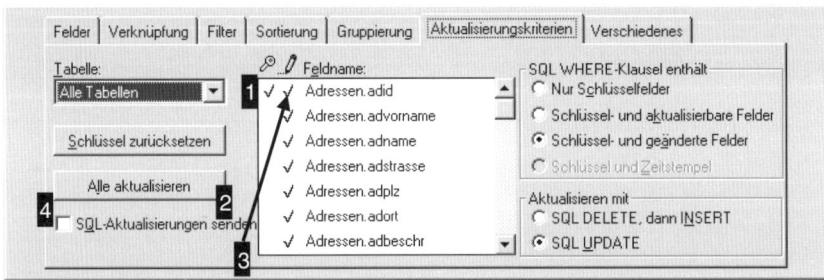

❶ Erste Voraussetzung für die Aktualisierung der Daten ist das Vorhandensein eines Schlüsselfelds. Haben Sie einen Primärindex definiert, wird das damit erklärte Schlüsselfeld der entsprechenden Tabelle automatisch auch als Schlüsselfeld für View-Definitionen angegeben. Klicken Sie es aus, verschwinden automatisch auch alle unter dem Stift-Symbol angezeigten ü-Zeichen: Der Stift steht für Rückschreibung: es kann kein Feld mehr aktualisiert werden! Für jede zu aktualisierende Tabelle (in unserem Beispiel nur eine) muss ein Schlüsselfeld vorhanden sein.

❷ Nun muss jedes zu aktualisierende Feld angegeben werden: durch Anklicken auf der Leiste unter dem Stift-Symbol oder am schnellsten mit dem Button ALLE AKTUALISIEREN.

❸ Bei ALLE AKTUALISIEREN werden standardmäßig Schlüsselfelder *nicht* aktualisiert. Dies würde jedoch bedeuten, dass keine neuen Datensätze angelegt werden könnten (da diese natürlich auch jeweils einen neuen Schlüssel bekommen müssen). Wollen Sie dies aber tun, wäre zusätzlich und ausdrücklich auch das Schlüsselfeld als aktualisierbar anzuklicken.

❹ All diese Einstellungen wirken jedoch so lange nicht, bis nicht *SQL-Aktualisierungen senden* angeklickt ist. Dies entspricht dem »Öffnen der Autobahn«.

Testlauf

Führen Sie den Aktualisierungstest weiter oben nochmal durch und prüfen Sie die Aktualisierung der Tabelle.

7.1.4 View-Feld-Eigenschaften

Eine letzte Bemerkung zum View: Der View-Designer verfügt (seit VFP5) über ähnliche Feldeigenschafts-Einstellungen wie auch der Tabellen-Designer. Die Tabellenfeld-Eigenschaften werden allerdings nicht automatisch übernommen. Wollen wir sie z.B. in unserer Oberfläche verwenden, müssen wir dies im View-Designer tun.

Hierfür öffnen Sie den View-Designer, wählen auf der ersten Registerkarte das Feld aus, dessen Eigenschaften gesetzt werden sollen und betätigen Sie den Button ⟨ Eigenschaften ⟩ .

Nun können Sie die Eigenschaften der einzelnen View-Felder verändern. Beachten Sie, dass Sie hier nur Eigenschaften von Feldern verändern können, die direkt aus einem Tabellenfeld kommen. Felder, die über Funktionen gefüllt werden, können hier nicht verändert werden.

HINWEIS Bearbeiten Sie Ihre Daten mit xCase (siehe Kap. 18.3 *Abschließende Bemerkung: xCase*), so werden beim Anlegen eines Views standardmäßig die Tabellen-Feldeigenschaften automatisch zu View-Feldeigenschaften übertragen. Dies ist in vielen Fällen sehr sinnvoll und hilfreich, wird aber von VFP selbst so nicht durchgeführt.

Geben wir hier unseren Feldern mindestens die Überschrift-Eigenschaft.

7.2 Abfragen

Abfragen – der letzte Eintrag im Projekt-Manager unter der Registerkarte DATEN – sind nichts anderes als Programmdateien, in denen ein bestimmtes Select-Statement steht, das mit dem Abfragedesigner erzeugt wurde. Diese Dateien erhalten vom Abfragedesigner die Endung QPR (**Q**uery**PR**ogram). Wie freie Tabellen Tabellen ohne Datenbank sind, sind Abfragen SQL-Befehle ohne Datenbank, also ohne all dem, was Views noch zusätzlich in der Datenbank speichern können. Der Abfragedesigner unterscheidet sich daher vom View-Designer (Ansichts-Designer) hauptsächlich dadurch, dass die Registerkarte AKTUALISIERUNGSKRITERIEN fehlt, und dass keine Feldeigenschaften vergeben werden können. All dies wären Kriterien, die noch in der Datenbank abgespeichert werden müssten. Sie sind nicht im Select-Statement enthalten, sondern werden, ähnlich wie es die Funktion DBSETPROP() tut, der Datenbank vom View-Designer hinzugefügt.

Legen Sie zum Test eine Abfrage an mit einer ähnlichen Definition wie der oben für das View verwendeten, und speichern Sie sie als QPR-Datei ab. Anschließend führen Sie diese QPR-Datei aus dem Projekt-Manager aus.

7.3 Die Funktionen DBGETPROP(), DBSETPROP(), CURSORGETPROP(), CURSORSETPROP()

VFP stellt uns 4 Funktionen zur Verfügung, um Eigenschaften der Datenbank (und deren Inhalte) bzw. der geöffneten Tabelle zu lesen oder zu verändern.

1. DBGETPROP(*cName*, *cTyp*, *cEigenschaft*)

   Liest Eigenschaften der Datenbank bzw. der enthaltenen Tabellen, Tabellenfelder, Views, View-Felder, Connections und gibt diese Eigenschaften als Rückgabewert aus.

2. DBSETPROP(*cName*, *cTyp*, *cEigenschaft*, *uWert*)

   Setzt Eigenschaften der Datenbank bzw. der enthaltenen Tabellen, Tabellenfelder, Views, View-Felder, Connections. Für DBSETPROP() muss die Datenbank exklusiv geöffnet sein.

3. CURSORGETPROP(*cEigenschaft* [, *cAlias/nSelectbereich*])

   Liest Eigenschaften der geöffneten Tabelle und gibt diese Eigenschaften als Rückgabewert aus. (Zum Begriff *Cursor* siehe Kap. 4.9.1)

4. CURSORSETPROP(*cEigenschaft* [, *uWert*] [, *cAlias/nSelectbereich*])

   Setzt Eigenschaften der geöffneten Tabelle.

Dies sind recht umfangreiche Funktionen mit einer ganzen Anzahl von Möglichkeiten zur Parameterübergabe.

Beispiel für DBGETPROP()

Geben Sie die folgenden Befehle ins Befehlsfenster ein, um die entsprechenden Eigenschaften auf dem Screen auszugeben. Die Syntax von DBGETPROP lautet:

```
DBGETPROP(cName, cTyp, cEigenschaft)
```

1. Der Name: Entweder ein Feldname (mit Tabellen oder View-Name vor dem Punkt dazu) oder ein Tabellen-/View-Name … (weitere vorhandene Optionen sind hier momentan nicht relevant)

2. Je nachdem, was abgefragt werden soll, muss der String »View« oder »Field«, »Table« etc. eingegeben werden.

3. Den Namen der jeweiligen Eigenschaft als String übergeben. Die Datenbank muss dabei geöffnet sein.

```
CLOSE ALL
```
   Schließt alle Datenbanken.

```
OPEN DATA data\daten1
```
   Öffnet die Datenbank daten1 im Verzeichnis DATA

```
? DBGETPROP('adressenV','View','sendupdates')
```
   Gibt die Einstellung zurück, die im View-Designer unter Aktualisierungs-kriterien mit der CheckBox *SQL-Aktualisierungen senden* gemacht wurde.

```
? DBGETPROP('adressenv.adid','field','keyfield')
```

```
? DBGETPROP('adressenv.adname','field','keyfield')
```
   Gibt zurück, ob das Feld ADid bzw. ADname aus dem View AdressenV ein Schlüsselfeld ist oder nicht.

```
? DBGETPROP('adressen.adname','field','caption')
```
   Gibt die Feldüberschrift des Tabellenfeldes ADname aus.

```
? DBGETPROP('adressen.adname','field','comment')
```
   Gibt den Feldkommentar des Tabellenfeldes ADname aus. Dieser könnte z.B. verwendet werden, um ihn programmatisch auszulesen und an bestimmter Stelle im Programm auszugeben.

Für eine Übersicht der Vielzahl verschiedener Möglichkeiten dieser Funktion(en) konsultieren Sie die Hilfe.

Beispiele für DBSETPROP()

DBSETPROP wird verwendet, um Einstellungen, wie wir sie bisher im Tabellen-Designer oder im View-Designer vorgenommen haben, programmatisch auszuführen. Es wäre z.B. denkbar, ein View programmatisch zu erzeugen (der Befehl dazu lautet CREATE SQL VIEW AS SELECT *Selectbefehl*) und dann alle

Aktualisierungskriterien, die wir oben gemacht haben, programmatisch durchzuführen.

Hier nur als Beispiel ein solcher Befehl

```
? DBSETPROP('adressenv','view','sendupdates',.f.)
```

Stellt die Eigenschaft Sendupdates auf .F. – Aktualisierungen könnten so
nicht mehr durchgeführt werden (anschließend wieder auf .T. setzen!)

7.4 Ein Wort zur Pufferung von Datensätzen in Views und Tabellen

Mit dem Wort *Pufferung* wird allgemein die Funktionalität beschrieben, dass
eine Veränderung eines Feldes nicht sofort in die Ursprungstabelle geschrieben
wird, sondern eben in einen Puffer und von dort – verzögert – durch einen
bestimmten Vorgang in die Tabelle. Dies ist bei einem View mit Aktualisie-
rungseinstellung immer der Fall. Es kann jedoch auch eine Tabelle, die direkt
als Tabelle geöffnet wird, gepuffert werden. In diesem Fall besteht der Puffer
nicht aus den Daten des View, sondern die gepufferten Daten werden von VFP
im Arbeitsspeicher zwischengespeichert.

7.4.1 Die Pufferungskriterien

Zeilenpufferung

Wir haben bisher die sogenannte *optimistische Zeilenpufferung* kennen gelernt
– sie ist der Standard für Views. Bei Zeilenpufferung werden die Daten solange
im Puffer behalten, bis der Datensatzzeiger geändert wird (geblättert). Beim
Verschieben des Datensatzzeigers oder beim Schließen des Views werden die
Daten zurückgeschrieben.

Tabellenpufferung

Wir können das Verhalten auch ändern: Setzen wir die Pufferung auf den Wert
für Tabellenpufferung, so werden die Veränderungen eines Datensatzes auch
noch im Puffer belassen, wenn der Datensatzzeiger verändert wird. Dies ist
immer dann angebracht, wenn wir Änderungen in mehreren Datensätzen auf
einmal verwenden oder verwerfen wollen. Die Änderungen müssen dann entweder mit TABLEUPDATE() ausdrücklich durchgeführt werden oder sie werden erst
beim Schließen abgespeichert.

Optimistische (Zeilen-/Tabellen-) Pufferung

Das Wort *optimistisch* bedeutet in diesem Zusammenhang, dass es mir möglich
ist, einen Datensatz zu verändern, obwohl gerade ein anderer Benutzer auf diesem Datensatz arbeitet. Sollte er ihn schon verändert und abgespeichert haben,
wenn ich meine Veränderungen abspeichere, bekomme ich eine *Aktualisie-*

rungskonflikt-Meldung. Hier heißt also *optimistisch*: ich darf auf den Datensatz und *hoffe*, dass es gut geht, dass niemand anders sich auf dem Datensatz befindet. Bei dieser Pufferungsart müsste also der Aktualisierungskonflikt vom Programm aufgefangen und sinnvoll verarbeitet werden (z. B. indem man den Konflikt übergeht und trotzdem abspeichert, oder indem man dem Anwender die Meldung ausgibt, dass seine Änderungen verworfen werden, oder ihm evtl. beide Stände zur Auswahl vorschlägt; siehe Kap. 8.2.3 *Abfangen von Aktualisierungskonflikten*).

Pessimistische (Zeilen-/Tabellen-)Pufferung

Bei pessimistischer Pufferung kann ein Datensatz, auf dem ein anderer Benutzer gerade arbeitet, von mir nicht mehr bearbeitet werden, er ist gesperrt.

Bei Views gibt es keine pessimistische Pufferung, sie sind immer optimistisch gepuffert, da ein View ja eben bedeutet, dass ich beim Öffnen des Views die Daten aus der Tabelle hole (gewissermaßen kopiere), und diese mit der Tabelle so lange keine Verbindung mehr haben, bis ich sie zurückschreibe.

7.4.2 Kann ich auf meine traditionelle Datensatzsperrung verzichten?

Oder anders gesagt: »Kann ich verzichten auf pessimistische Pufferung?«. Sehr häufig höre ich in Schulungen als Reaktion auf meine Aussage, dass Views nicht pessimistisch zu puffern sind, den Einwurf: »*Dann geht das für mich nicht. Ich will doch nicht, dass jemand auf die Daten drauf geht, wenn jemand anders schon drauf ist! Oder dass eine Meldung kommt ›Tut mir leid, Änderungen verworfen‹ und der User sich aufregt …*«.

Diesen Argumenten liegt die Denkweise eines traditionell im Netz mit Daten arbeitenden Programmierers zugrunde. Er geht von der Arbeit mit Tabellen aus (nicht mit Views nach Client-Server-Prinzip) und sperrt einen Datensatz dieser Tabelle, sobald ein Benutzer ihn bearbeitet. Überdenken Sie aber einmal, ob diese pessimistische Pufferung, die ja die Arbeit mit Views ausschließt, für Sie wirklich nötig ist. Wie häufig kommt es – ehrlich gesagt – vor, dass zwei Anwender gleichzeitig einen Stammdatensatz ändern? Bedenken Sie dabei, dass beim Client-Server-Prinzip ohnehin vom Benutzer nur jeweils die Datenmenge vom Server geholt wird, die er für seine Arbeit benötigt.

Um viele Änderungen in Stammdaten-Tabellen (und daher Konflikte) zu vermeiden, ist natürlich darauf zu achten, dass Ihre Daten entsprechend strukturiert sind. Wenn Sie beispielsweise ein Feld mit einem Zähler (der vielleicht hochzählt, immer wenn eine Adresse berührt wird, ein Kunde eine Bestellung macht o. ä.) in einer Stammdaten-Tabelle führen und dadurch diese Tabelle ständig berührt wird, wäre eine solche optimistische Pufferung natürlich schlecht. Beachten Sie hierzu Kap. 18.1 *Normalisierung von Datenstrukturen*.

7.4.3 Einstellen der Pufferung

Zum Einstellen der Pufferung gibt es verschiedene Wege. Dabei werden zum Kennzeichnen des Typs der Pufferung folgende Kennziffern verwendet:

1   Keine Pufferung

2   Pessimistische Zeilenpufferung

3   Optimistische Zeilenpufferung

4   Pessimistische Tabellenpufferung

5   Optimistische Tabellenpufferung.

1. Weg: `=CURSORSETPROP('buffering',`*`nKennziffer`*`)`

Mit der Funktion `CURSORSETPROP()` können Sie einer geöffneten Tabelle im aktuellen Select-Bereich eine bestimmte Pufferung zuweisen. Wollen Sie von außen auf einen bestimmten Select-Bereich zugreifen, geben Sie dessen Aliasnamen als dritten Parameter der Funktion mit.

2. Weg: Das Cursor-Objekt in der Formular-Datenumgebung hat eine Eigenschaft BufferModeOverride. Hat sie einen Wert > 1, so ist dies die entsprechende Pufferung (s.o.). 1 bedeutet hier: Formulareinstellungen, 0 bedeutet hier: keine Pufferung.

3. Weg (nur für optimistisch/pessimistisch): Die Formular-Eigenschaft BufferMode. 0 = keine Pufferung, 1 = pessimistisch, 2 = optimistisch.

KAPITEL 8

8 Formulare (II): Programmierung

8.1 Verwendung von Views in Formularen

Wir wollen nun unser bekanntes Beispielformular vollständig auf die Bearbeitung des Views umstellen. Dies ist zuerst einmal ohne große Veränderungen leicht möglich. Folgende Schritte müssen bedacht werden:

1. Datenumgebung anpassen

In der Datenumgebung des Formulars muss das Element *Adressen* gelöscht und statt dessen die Ansicht *AdressenV* eingefügt werden.

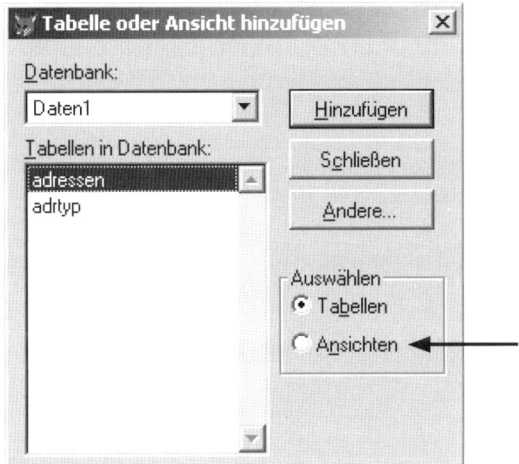

Wählen Sie statt Tabellen nun *Ansichten* aus, um die vorhandenen Views zur Einfügung angeboten zu bekommen.

Anschließend prüfen Sie noch einmal die Datenumgebungs-Eigenschaft InitialSelectedAlias (siehe Kap. 6.6.4 *Öffnen der Schlüsseltabelle*). Hier muss jetzt unsere neue Hauptdatenquelle *AdressenV* eingetragen sein.

II. ControlSourcen ändern

Alle Eingabe-Controls (Textboxen, Editboxen etc.) müssen nun in ihrer ControlSource auf das View statt auf die Tabelle verweisen. Verändern Sie entsprechend alle ControlSource-Eintragungen. Die RowSource der ComboBox darf übrigens nicht auf das AdressenV-View umgestellt werden.

Testlauf

Prüfen Sie, ob das Formular genau so funktioniert, wie vorher.

HINWEIS Das Einfügen von Views in die Datenumgebung eines Formulars bindet die Daten unmittelbar an die Oberflächenelemente. Dies ist in moderner Anwendungsarchitektur nicht mehr gewünscht (siehe Kap. 0.1 *Komponentenentwicklung und Mehrschichten-Architektur*) und muss dann durch ein entsprechendes programmatisches Vorgehen ersetzt werden, indem das Ansprechen der Daten erfolgt..

8.1.1 Adresstyp in Listbox anzeigen

Nun haben wir alle Vorarbeiten erledigt, um die Daten, die das View zur Verfügung stellt, auch im Formular mit anzuzeigen.

Wir verändern unsere Listbox und nehmen das Feld ATbez in die RowSource-Eigenschaft auf. Nun müssten die Adresstyp-Bezeichnungen, die zu einer entsprechenden ATid gehören, in der Listbox mit angezeigt werden.

Testlauf

Versuchen Sie auch, auf der ersten Page den Adresstyp zu ändern und dann auf die zweiten Page zu wechseln. Ergebnis? Requery von Daten

Wir sehen, dass die Veränderung der Auswahl auf der ersten Page den angezeigten Inhalt des Views nicht verändert. Warum nicht?

Die ComboBox hat zwar ordnungsgemäß ihre BoundColumn (d.h. hier also AdressenV.ATid) verändert. Damit ist aber im View-Feld ATbez noch nicht der zu dieser ATid gehörende Text hineingeladen. Nun gibt es zwei Möglichkeiten:

✔ Entweder das View wird zuerst neu eingelesen. Dies geschieht mit der Funktion

```
=REQUERY()
```

✔ Oder die Listbox wird refresht. Hierbei wird der gleiche Vorgang ausgeführt.

In welchem Event muss dies nun geschehen? Jedes Mal, wenn die zweite Page aktiv wird. Wir können diesen Moment genau abfangen im Activate-Event der Page 2. Dort also wird unser Requery oder `this.list1.refresh` aufgerufen.

Testlauf

Prüfen Sie das Verändern des Adresstyps in der ComboBox und anschließend die Anzeige auf der zweiten Registerkarte.

8.1.2   Eigene Methode zum Speichern und Wiederherstellen

Häufig würde man in einem Programm vor dem Navigieren (womit ja bei Zeilenpufferung auch die gemachten Änderungen zurückgeschrieben werden) zuerst fragen, ob die Änderungen gespeichert oder verworfen werden sollen. Diese Frage sollte allerdings nur dann gestellt werden, wenn tatsächlich Änderungen am Datensatz vorgenommen worden sind.

Neue eigene Methode

Da es sich hier um einen Vorgang handelt, der wiederum (ähnlich wie Check-Record, Kap. 6.4.3 *Verwendung der Methode CheckRecord*) von vielen verschiedenen Stellen aus aufgerufen wird, empfiehlt es sich, in gleicher Weise dafür eine eigene Methode anzulegen. Wir tun dies wie an oben angegebener Stelle und nennen die Methode *CheckData*.

Diese Methode muss

1. feststellen, ob Daten verändert wurden,

2. wenn dies der Fall ist, einen Benutzerdialog aufrufen mit der Frage, ob die Änderungen gespeichert werden sollen,

3. wenn ja speichern, wenn nein rückgängig machen.

Wie wir diese drei Aufgaben unserer eigenen Methode lösen können, wollen wir jetzt im Einzelnen betrachten.

Aufgabe 1: Ermittlung des Änderungsstatus über die Funktion GetFldState()

Um dies festzustellen steht uns die Funktion GETFLDSTATE() zur Verfügung. Mit ihr kann der Änderungsstatus entweder eines gesamten Datensatzes oder eines spezifischen Feldes innerhalb des Datensatzes festgestellt werden.

Am besten testen Sie die Funktion erst einmal als Trockenübung. Öffnen Sie Ihr View und parallel das Überwachungsfenster, wo Sie zur Überwachung eintragen:

```
GETFLDSTATE(-1)
GETFLDSTATE(1)
GETFLDSTATE(0)
GETFLDSTATE('adname')
```

Testlauf

Nehmen Sie Veränderungen im Datensatz vor und beobachten Sie die Rückgabewerte der GETFLDSTATE()-Funktion.

Legen Sie dann einen neuen Datensatz an (APPEND BLANK) und verändern Sie einige Felder des neuen Datensatzes.

Löschen Sie dann einen Datensatz und beobachten Sie die Rückgabewerte.

Wir stellen fest:

Parameter

Lautet der an die Funktion übergebene Parameter

✔ -1: Der Änderungsstatus aller Felder wird abgefragt.

Rückgabewert: Ein String mit je einer Ziffer für je ein Feld.

✔ 1 oder 2 oder 3 ...: Der Änderungsstatus eines bestimmten Feldes wird abgefragt

Rückgabewert: Ein numerischer Wert.

✔ 0: Die Veränderung des Löschstatus wird abgefragt.

✔ *cFeldname*: Der Änderungsstatus eines bestimmten Feldes wird abgefragt, wobei das Feld in diesem Fall mit seinem Feldnamen angegeben wird.

Rückgabewert: Ein numerischer Wert.

Rückgabewerte

1   Unverändert

2   Verändert

3   Neu und unverändert

4   Neu und verändert

Wollen wir also abfragen, ob der Datensatz vollständig unverändert ist, darf der String weder 2 noch 3 noch 4 enthalten beim Parameter -1.

Ergo – unser Code

Es gibt verschiede Möglichkeiten dies zu formulieren, die alle etwas umständlich sind. Ich schlage vor:

```
LOCAL lcFldState ❶
lcFldState = GETFLDSTATE(-1)
IF '2' $ ❷ lcFldState ; ❹
   OR '3' $ lcFldState ;
   OR '4' $ lcFldState

... Benutzerdialog wegen Speichern ...

ENDIF
```

Auch möglich wäre:

```
...
IF AT('2',lcFldState)❸+AT('3',lcFldState)+AT('4',lcFldState) = 0
   ...
```

❶ Bevor wir eine Variable benutzen, sollten wir uns daran gewöhnen, sie als lokal zu definieren, sodass sie nur innerhalb dieser Methode bekannt ist. Bei der objektorientierten Programmierung ist dies umso wichtiger, da der gleiche Methodencode bei vielen Objekten unabhängig voneinander ablaufen kann. (Siehe dazu auch Kap. 26.1.5 *Geltungsbereiche von Variablen*).

❷ $ bedeutet: enthalten in.

Syntax: cGesuchterWert $ durchsuchterAusdruck.

❸ Alternativ dazu kann auch die Funktion verwendet werden AT(*cGesuchter-Wert, cDurchsuchterAusdruck*) = 0. Die AT-Funktion gibt die Position des gesuchten Zeichens zurück, bzw. 0, wenn das Zeichen nicht enthalten ist. Ergibt die Addition der drei AT-Funktionen immer noch 0, dann wurde keines der gesuchten Zeichen in dem jeweils durchsuchten String gefunden.

❹ »;« bedeutet: Fortsetzung des Befehls auf der folgenden Zeile.

Aufgabe 2: Benutzerdialog mit Frage nach Speichern

FoxPro stellt uns für einfache Benutzerdialoge die fertige Funktion MESSAGE-BOX() zur Verfügung.

Die Messagebox-Funktion

```
nRückgabewert = MESSAGEBOX(cText,nTyp,cTitel)
```

1. Parameter: Text der Messagebox als String

2. Parameter: Hier kann der Typ der Messagebox anhand eines numerischen Werts näher bestimmt werden:

   – Welche Buttons werden angezeigt?

   – Welches Icon wird angezeigt ?

   – Welcher Button wird als Default-Button umrandet?

3. Parameter: Die Titelleiste der Messagebox

Testen Sie die Funktion zuerst, indem Sie im Befehlsfenster folgende Befehle schreiben:

```
=MESSAGEBOX('Hallo')
```
   Dies zeigt eine einfache Messagebox an.

```
=MESSAGEBOX('Ist das gut?',1,'Mein Programm')
```
   Durch die Zahl 1 als zweiten Parameter ändert sich der Typ. Sie können auch mit einer anderen Zahl zwischen 0 und 5 testen.

```
? MESSAGEBOX('Ist das gut?',1,'Mein Programm')
```
   Nun lassen wir uns den Rückgabewert der Funktion ausgeben. Er entspricht immer der Antwort des Benutzers auf den Dialog.

Die verschiedenen Messagebox-Typen

Die Hilfe gibt folgende Möglichkeiten für die Messagebox-Typen an. Die Zahlen müssen jeweils addiert werden:

Wert	Schaltflächen des Dialogfelds
0	Nur die Schaltfläche OK
1	Die Schaltflächen OK und Abbrechen
2	Die Schaltflächen Abbrechen, Wiederholen und Ignorieren
3	Die Schaltflächen Ja, Nein und Abbrechen
4	Die Schaltflächen Ja und Nein
5	Die Schaltflächen Wiederholen und Abbrechen

Wert	Symbol
16	Stoppschild
32	Fragezeichen
48	Ausrufezeichen
64	Informationssymbol (i)

Wert	Standardschaltfläche
0	1. Schaltfläche
256	2. Schaltfläche
512	3. Schaltfläche

Einführung von Konstanten und Include-Dateien

Da es nicht gerade komfortabel ist, ständig mit solchen Zahlen im Code hantieren zu müssen, und der Code dabei relativ unleserlich wird, empfiehlt es sich hier, mit Konstanten zu arbeiten.

Konstanten sind Platzhalter für feststehende Werte.

✔ Diese Platzhalter werden vom Precompiler (also beim internen Vorgang des übersetzens unseres Programms in Maschinencode) ersetzt durch die dahinterliegenden Werte.

✔ Diese Werte findet der Precompiler in der sog. Include-Datei.

Verwendung von Include-Dateien

Um mit Konstanten arbeiten zu können, müssen wir erst eine Include-Datei inkludieren. Gehen Sie dazu folgendermaßen vor:

1. Kopieren Sie die notwendige(n) Include-Datei(en) in Ihren Anwendungs-pfad (am besten in ein Unterverzeichnis INCLUDES). Wir verwenden die mit VFP mitgelieferte Standard-Include-Datei FOXPRO.H aus dem VFP-Pfad, meist im Verzeichnis

   C:\PROGRAMME\MICROSOFT VISUAL FOXPRO 7\FOXPRO.H

2. Sie können diese Include-Datei auch in Ihrem Projekt in der Registerkarte ANDERE unter *Textdateien* hinzufügen. So kann leichter darauf zugegriffen werden. Öffnen Sie die Include-Datei, um die vorhandenen Konstanten ein-mal in Augenschein zu nehmen.

3a. Wollen Sie diese Include-Datei in einem Programm verwenden, so tun Sie dies über die Befehlszeile

   ```
   #INCLUDE Pfad\Include-Datei
   ```

3b. Wollen Sie die Inlcude-Datei in einem Formular verwenden (ähnlich später in einer Klasse), so aktivieren Sie das Formular, bis der Menüeintrag FORMU-LAR erscheint. Im Menü FORMULAR finden wir den Eintrag INCLUDE-DATEI. Hier können wir die Datei angeben.

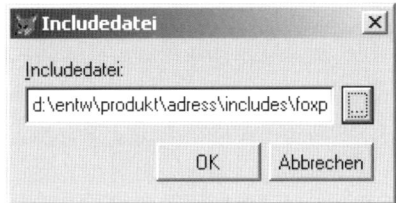

Verwendung von Konstanten

Haben wir diese notwendigen Vorarbeiten geleistet, können wir in unserem Code nun z.B. schreiben

```
=MESSAGEBOX('Geänderte Daten abspeichern?',;
   MB_ICONQUESTION+MB_YESNOCANCEL,;
   'Frage aus meiner Anwendung')
```

Die Konstanten sind in der Include-Datei (oder auch *Header-Datei*) definiert. Um eine vollständige Liste der bei FOXPRO.H definierten Konstanten zu sehen, und damit zu wissen, welche Konstanten verwendet werden können, öffnen Sie FOXPRO.H im Editor. Dort finden Sie viele Zeilen, die jeweils die Syntax ver-wenden

```
#DEFINE KONSTANTENNAME uWert
```

An dem Raute-Zeichen können Sie alle Befehle erkennen, die Anweisungen an den Precompiler sind. Nach der üblichen Konvention schreibt man Konstanten zur Unterscheidung von Variablen groß. Alle dort definierten Konstanten kön-nen Sie nun im Code verwenden. Sie haben natürlich die Möglichkeit, solche

DEFINE-Anweisungen selbst im Code zu machen (üblicherweise in Kopfzeilen einer Programmdatei). Hier die wichtigsten Konstanten für Messageboxen:

Welche Schaltflächen des Dialogfelds?	
MB_OK	Nur die Schaltfläche OK
MB_OKCANCEL	Die Schaltflächen OK und ABBRECHEN
MB_YESNOCANCEL	Die Schaltflächen JA, NEIN und ABBRECHEN
MB_YESNO	Die Schaltflächen JA und NEIN

Welche Icons?	
MB_ICONSTOP	Stoppschild
MB_ICONQUESTION	Fragezeichen
MB_ICONEXCLAMATION	Ausrufezeichen
MB_ICONINFORMATION	Informationssymbol

Antwort-Werte	
IDYES	Messagebox-Rückgabewert bei Antwort JA
IDNO	Messagebox-Rückgabewert bei Antwort NEIN
IDCANCEL	Messagebox-Rückgabewert bei Antwort ABBRECHEN
IDOK	Messagebox-Rückgabewert bei Antwort OK

Ergo – unser Code:

```
LOCAL lcFldState, lnAnswer
lcFldState = GETFLDSTATE(-1)
IF '2' $ lcFldState OR ;
   '3' $ lcFldState OR ;
   '4' $ lcFldState

    lnAnswer = MESSAGEBOX('Änderungen speichern?',;
    MB_YESNO+MB_ICONQUESTION,;
    'Meine Anwendung')
    DO CASE ❶
       CASE lnAnswer = IDYES
          *Was passiert zum Abspeichern ...
       CASE lnAnswer = IDNO
          *Was passiert zum Verwerfen ...
    ENDCASE
ENDIF
```

❶ Wenn Sie nicht vertraut sind mit CASE-Anweisungen, sehen Sie hier die notwendige Syntax. In diesem einfachen Fall hätte man grundsätzlich auch mit IF ... ELSE ... ENDIF arbeiten können. Nach jedem CASE muss ein logischer Ausdruck kommen, der wahr oder nicht wahr ist. Ist er wahr, verzweigt die Ausführungskontrolle in diesen CASE-Block, ignoriert die folgenden CASE-Bedingungen (sie werden auch nicht mehr geprüft) und setzt nach ENDCASE weiter fort.

Aufgabe 3: Speichern bzw. Rückgängig machen

Zum Speichern bzw. Wiederherstellen der Daten wird jeweils eine FoxPro-Funktion verwendet.

=TABLEUPDATE()	Speichert die Änderungen des Views (oder der gepufferten Tabelle) in die Ursprungstabelle.
=TABLEREVERT()	Macht die Veränderungen des Datensatzes im View oder der gepufferten Tabelle wieder rückgängig und trägt den Ursprungswert ein.

Fügen Sie diese beiden Befehle nun noch in Ihren Code ein.

8.1.3 Aufruf der eigenen Methode und Erweiterung

Aufrufe der neuen Methode CheckData

Da bei jedem Verändern des Datensatzzeigers der Datensatz abgespeichert würde (wir verwenden ja optimistische Zeilenpufferung), müssten wir nun vor dem Blättern (SKIP, GO BOTTOM etc.) in den Navigationsbuttons die CheckData-Methode aufrufen. Fügen sie also die Aufrufe noch ein: thisform.checkdata

Testlauf

Müsste jetzt klappen. Testen Sie Verändern der Daten und dann Blättern oder auch Blättern, ohne Daten zu verändern.

Abbrechen-Funktionalität und Return-Werte aus Methoden

Momentan gibt unsere Funktionalität dem Anwender, sobald er die Aufforderung dazu bekommt, nur zwei Möglichkeiten: entweder die Veränderungen abzuspeichern oder sie rückgängig zu machen. Anschließend wird in jedem Fall der auslösende Vorgang, z.B. das Blättern des Navigationsbuttons, ausgeführt.

Solche Abfragen enthalten sinnvollerweise in der Praxis meistens auch noch die dritte Option ABBRECHEN. Es wird dann weder abgespeichert noch wiederhergestellt, sondern der Zustand bleibt beim Alten; deswegen muss allerdings dann auch die aufrufende Funktion (in diesem Fall der Click-Event des Navigationsbuttons) abgebrochen werden.

Um dies zu realisieren,

✔ muss die Messagebox um den ABBRECHEN-Button erweitert werden (dies geschieht über den Typ-Parameter der Funktion),

✔ muss der Abbrechen-Rückgabewert in der Case-Anweisung verwaltet werden,

✔ muss ein Returnwert aus unserer CheckData-Methode für den Abbrechen-Fall zurückgegeben und an der aufrufenden Stelle aufgenommen werden. Üblicherweise benutzt man für eine solche, *nicht gelungene* Operation als Rückgabewert den Wert .F..

Dies würde für unseren Code dann so aussehen:

```
lnAnswer = MESSAGEBOX('Änderungen speichern?',;
MB_YESNOCANCEL+MB_ICONQUESTION,;
   'Meine Anwendung')

DO CASE
CASE lnAnswer = IDYES
   =TABLEUPDATE()
CASE lnAnswer = IDNO
   =TABLEREVERT()
CASE lnAnswer = IDCANCEL
   RETURN .F.
ENDCASE
```

Der aufrufende Click-Event der vier verschiedenen Buttons müsste dann diesen Rückgabewert verwalten: Nur wenn .T. zurückkommt (das ist der Standard-Rückgabewert, wenn nichts anderes angegeben wird), darf der folgende Vorgang ausgeführt werden:

```
LOCAL llReturn
llReturn = thisform.CheckData() ❶
IF ! ❷ llReturn ❸
   RETURN .F. ❹
ELSE
   SKIP
   thisform.CheckRecord()
ENDIF
```

❶ Die Klammern müssen immer dann verwendet werden, wenn man mit einem Rückgabewert arbeitet, auch wenn keine Parameter in den Klammern an die aufgerufene Funktion bzw. Methode übergeben werden.

❷ Die Negation kann unterschiedlich ausgedrückt werden. .NOT. oder <> oder # oder NOT (ohne Punkte) oder ! sind hier gleichbedeutend. Die Reihenfolge entspricht in etwa der Einführung des Negationszeichens in den verschiedenen Versionen von dBase bis VFP.

❸ Der Wert llReturn enthält ja nun schon einen Wahrheitswert; daher muss (kann) nicht mehr abgefragt werden IF !llReturn = .F.

❹ Es würde hier auch ein einfacher Return genügen. Return .F. würde an die aufrufende Methode weitergegeben, die es hier aber nicht gibt, da es sich ja um einen Event handelt. Häufig verwendet man Return .F., um zu signalisieren, dass etwas nicht gelungen ist.

Einfacher kann der Code auch so geschrieben werden:

```
IF !thisform.CheckData()
   RETURN .F.
ELSE
   SKIP
   thisform.CheckRecord()
ENDIF
```

Dies müsste nun entsprechend in den Click-Event aller Navigationsbuttons geschrieben werden.

Formular verlassen mit Abfrage

Auch beim Schließen des Formulars, sofern Datensätze nicht abgespeichert sind, müsste ja nun die Frage nach dem Abspeichern erscheinen, v. a. aber mit der Möglichkeit *abzubrechen* und im Fall des Abbrechens das Formular dann eben nicht zu schließen.

Der Destroy-Event ist zu spät, denn da kann nichts mehr gestoppt werden, ebenfalls der Unload-Event.

Für diesen speziellen Fall stellt VFP einen speziellen Event zur Verfügung, den QueryUnload. Query hat hier nichts mit einer *Query* (im Sinne von Daten-Abfrage) zu tun, wie das Wort häufig verwendet wird, sondern heißt einfach, dass dieser Event zum Fragen gedacht ist, d. h. um das Schließen des Formulars noch zu verhindern.

Um es zu verhindern wird der Befehl NODEFAULT ausgeführt. Der Code für diesen Event wäre also:

```
IF !thisform.CheckData()
   NODEFAULT
ENDIF
```

Testlauf

8.2 Multiple Formular-Instanzen, Private Datasessions, Verhalten im Netz

Wir haben nun unser Formular bereits mit einigen nützlichen Standardfunktionalitäten ausgestattet. Im folgenden Kapitel wollen wir kennen lernen, was nötig ist, damit dieses Formular nun ohne Schwierigkeiten auch mehrfach instanziierbar (mehrmals zu starten) wird.

Testlauf

Starten Sie Ihr Adress-Formular nun mehrfach und schieben Sie es jeweils etwas zur Seite, damit nicht alle Instanzen übereinander liegen.

Blättern Sie (vorerst ohne Daten zu verändern) im zuletzt aktiven Formular auf den nächsten Datensatz. Dann aktivieren Sie ein anderes Formular und klicken in die Textboxen hinein.

Bei diesem Text sehen Sie, dass auch in den anderen Formularen der Datensatzzeiger verändert wird, wenn er in einem verändert wurde, auch wenn dies nicht mit Refresh ordnungsgemäß angezeigt wird. Diese Abhängigkeit mehrerer Instanzen eines Formulars voneinander ist nur in den seltensten Fällen nützlich. Allgemein sollten die verschiedenen Formular-Instanzen voneinander unabhängig sein.

Um dies zu realisieren, gibt es im Formular die Eigenschaft DataSession. Setzen Sie diese auf den Wert 2 (Private Datasession). Nun hat jedes Formular ein eigenes *Set von Select-Bereichen* (so könnte man etwas verkürzt die Datasession betrachten), das die Select-Bereiche des anderen Formulars nicht kennt. Die verschiedenen Datasessions arbeiten im Grunde so wie verschiedene Arbeitsplätze im Netz. Auch Aktualisierungskonflikte im Netz können damit ohne weiteres simuliert werden.

Testlauf

Öffnen Sie zuerst das Datensitzungsfenster
(mit SET im Befehlsfenster oder im Menü FENSTER).

Dann führen Sie den letzten Test nochmals durch
und vergleichen das Verhalten.

Wir sehen im Datensitzungsfenster die Auswahl: pro geöffnetem Formular mit privater Datensitzung findet sich nun hier ein Eintrag zusätzlich zur Public-Datasession (Basis-Datensitzung).

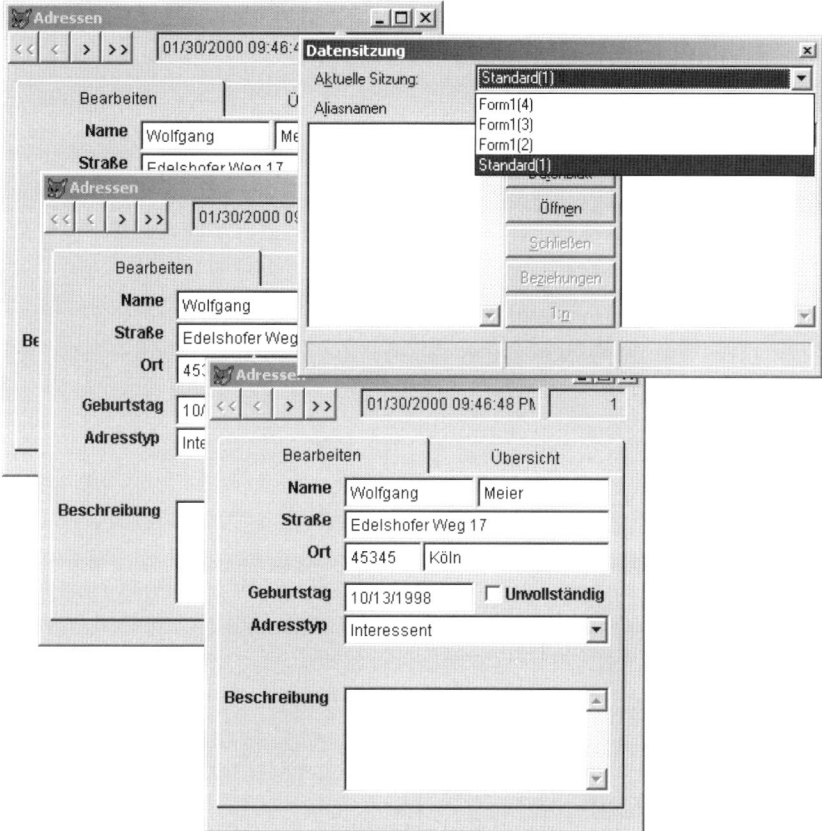

8.2.1 Speichern beim Wechseln auf ein anderes Formular

Bei einer solchen Konstellation zeigt es sich als sinnvoll, bereits beim Deaktivieren eines Formulars (wenn also von einem auf das andere Formular geklickt
wird) die CheckData-Methode aufzurufen, um die Frage nach dem Speichern zu
stellen.

Dieser Moment wird abgefangen durch den Deactivate-Event. Wir schreiben also
in den Deactivate des Formulars ebenfalls den Aufruf unserer eigenen Methode.
Für den Fall, dass sie .F. zurückgibt, weil der Benutzer den Vorgang abgebrochen hat, muss berücksichtigt werden, dass (beim Deactivate-Event) leider der
Focus bereits an das nächste Formular weitergegeben worden ist. Der Focus
muss also zurückgeholt werden, was mit der Formular-Methode Show bewerkstelligt werden kann.

```
IF !thisform.checkdata()
   thisform.show()
ENDIF
```

8.2.2   Simulierung von Aktualisierungskonflikten

Haben wir nun mehrere Formular-Instanzen gestartet, können wir sehr schön das Verhalten im Netz simulieren.

✔ Stellen Sie mindestens zwei Formulare auf den gleichen Datensatz.

✔ Ändern Sie einen Datensatz in Formular A und beantworten Sie die Fragen nach dem Speichern beim Wechseln auf das Formular B mit JA.

✔ Ändern Sie den gleichen Datensatz in Formular B und versuchen Sie, ihn abzuspeichern. Sie dürften folgende Meldung erhalten:

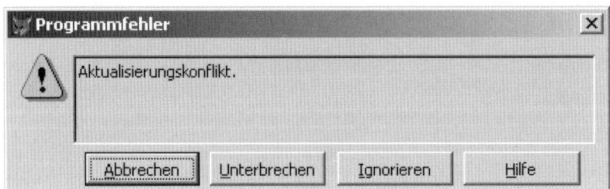

Wenn Sie anschließend das Formular schließen (und wiederum die Frage nach dem Abspeichern mit JA beantworten), schließt zwar das Formular, aber seine Datensitzung bleibt offen, als *Unbekannt*.

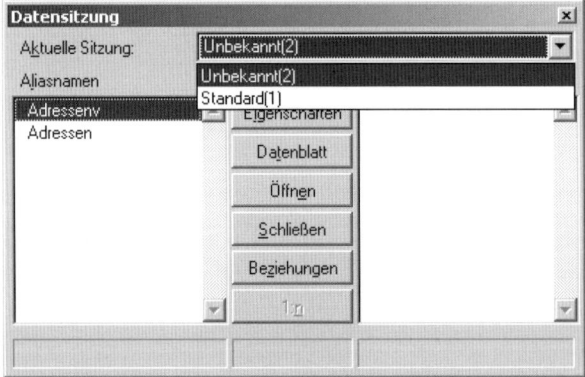

Sie werden das View AdressenV erst schließen können, wenn Sie explizit ins Befehlsfenster =TABLEREVERT() eingeben. Danach können Sie versuchen, mit CLEAR ALL alle Formulare und deren Tabellen/Datensitzungen zu schließen.

8.2.3   Abfangen von Aktualisierungskonflikten

Hier kommt uns nun zu Gute, dass die TABLEUPDATE()-Funktion einen Rückgabewert ausgibt, nämlich .T. bei erfolgtem Speichern und .F. bei nicht erfolgtem Speichern. Dieser kann nun von uns verwendet werden.

Zum anderen können wir der TABLEUPDATE()-Funktion einen Parameter mitgeben (er ist bei der Liste der Parameter für diese Funktion der zweite Parameter, darum müssen wir als ersten Parameter dessen Standardwert 0 mitgeben – siehe Hilfe), der die Funktion *zwingt*, auch bei einer zuvor schon erfolgten Veränderung die neue Veränderung zu verwenden.

Demnach könnte der Code der CheckData-Methode folgendermaßen erweitert werden (hier nur der Fall für die Antwort JA bei der Frage nach Speichern):

```
...
   CASE lnAnswer = IDYES

      IF !TABLEUPDATE()
         lnAnswer = MESSAGEBOX('Ein anderer Benutzer hat '+;
            'unterdessen den Datensatz verändert.'+;
            CHR(10)+CHR(13)+;
            'Wollen Sie Ihre Änderungen trotzdem abspeichern?',;
            MB_ICONEXCLAMATION+MB_YESNO,;
            'Meine Anwendung')
         IF lnAnswer = IDYES
            IF !TABLEUPDATE(0,.t.)
               =MESSAGEBOX('Es konnten keine Aktualisierungen '+;
                  'der Daten vorgenommen werden.'+;
                  CHR(10)+CHR(13)+;
                  'Die Daten werden zurückgesetzt.',;
                  MB_ICONINFORMATION+MB_OK)
               =TABLEREVERT()
            ENDIF
         ELSE
            =TABLEREVERT()
         ENDIF
      ENDIF
```

8.3 Eigene Eigenschaften am Beispiel Alternative Formulargröße einstellen

Anhand einer weiteren einfachen Aufgabenstellung wollen wir nun die objektorientierte Programmiertechnik weiter kennen lernen.

8.3.1 Aufgabenstellung

Das Formular soll mit zwei verschiedenen Formulargrößen arbeiten können. Sie kennen solche Funktionen von verschiedenen Office-Produkten, beispielsweise in der Suchmaske von Word:

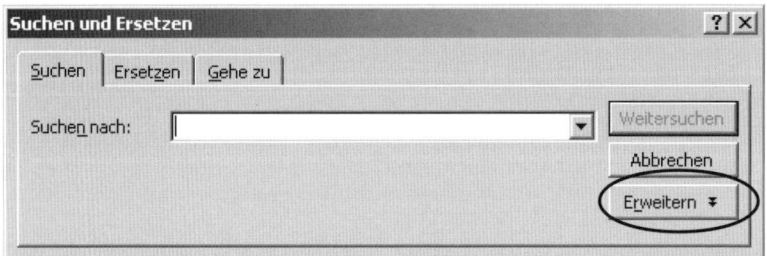

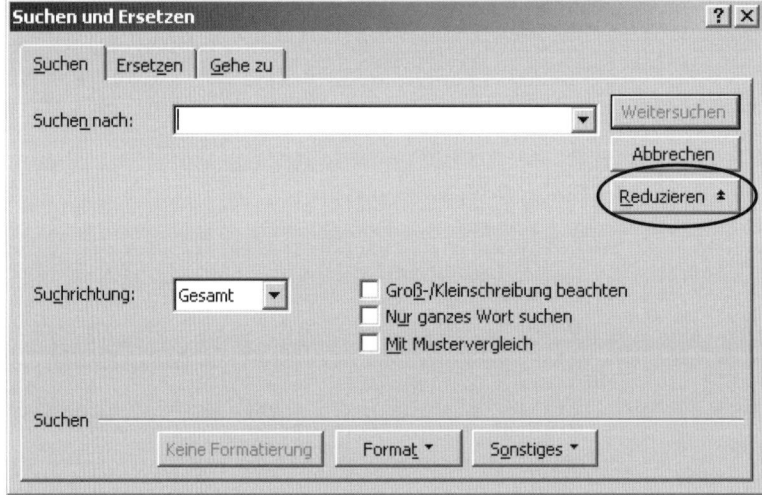

8.3.2 Realisierung

Das Formular

Wir vergrößern das Formular (dies wird der verborgene Bereich), ziehen die beiden Textboxen in den neuen Bereich und setzen an die alte Stelle statt dessen den ERWEITERN-Button.

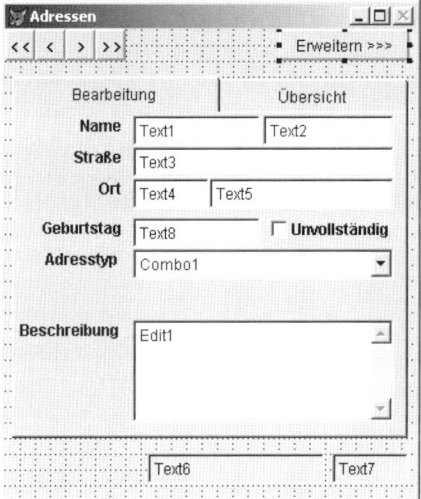

In unserem Formular könnte dies z. B. so angewendet werden, dass die für den einfachen Anwender vielleicht unwichtigen Zusatzinformationen der technischen ID und des Herstellungsdatums in einem normalerweise verborgenen Bereich des Formulars stehen, der nur mit dem ERWEITERN-Button eingeblendet wird.

Der Code

Der Code zum Erweitern könnte nun in den Click-Event des Buttons geschrieben werden. Häufig würde man allerdings dazu neigen, hierfür eine eigene Methode anzulegen, da sie ja durchaus auch von anderer Stelle aus aufgerufen werden könnte. Wir wollen hierzu eine Methode *ChangeSize* anlegen und sie vom Click-Event des Buttons aus aufrufen.

Ihr Code muss enthalten:

✔ Aufgabe 1: Feststellen, auf welcher Größe sich das Formular gerade befindet (Normalgröße oder Alternativgröße)

✔ Aufgabe 2: Abspeichern der alten Größe (damit später wieder rückgängig gemacht werden kann)

✔ Aufgabe 3: Verändern der Größe auf den jeweils anderen Typ

✔ Aufgabe 4: Eventuell Verändern der Caption des Buttons (ERWEITERN >>> auf <<< REDUZIEREN oder zurück)

Aufgabe 1: Formulargrößentyp feststellen

Dies anhand der tatsächlichen Maße festzustellen (z.B. durch Abfragen der Height-Eigenschaft) wird kaum befriedigen, weil dann im Code feste Zahlen stehen, die sich während der Entwicklungszeit des Formulars schnell ändern können (z.B. indem man die Maße des Formulars an neue Gegebenheiten bei der Entwicklung anpasst).

Sauberer wäre es, diese Information würde uns unmittelbar zur Verfügung stehen. Früher hätte man vielleicht eine solche Information in eine Variable geschrieben. Da wir uns nun aber auf genau dieses Objekt beziehen wollen, verwenden wir anstelle einer Variable eine neue →*Eigenschaft*.

Eigenschaften sind objektbezogene Variablen.

Anlegen der neuen Eigenschaft nSizeType

Ähnlich wie wir bereits neue Methoden angelegt haben, können wir nun auch neue Eigenschaften anlegen: Wir aktivieren den Formular-Designer, finden dann im Menü den Eintrag FORMULAR und wählen NEUE EIGENSCHAFT aus.

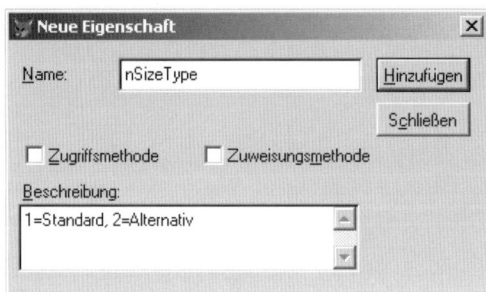

Man sollte bei einer solchen Eigenschaft unbedingt als Beschreibung mitgeben, welche Bedeutung die verschiedenen Werte haben können und wie sie im Code verwendet werden (u. U. auch welche entscheidenden Methoden darauf zugreifen).

Initialisieren der neuen Eigenschaft

Der einfachste Weg besteht darin, der neu angelegten Eigenschaft (wir finden sie im Eigenschaften-Fenster unter ANDERE ganz unten), die standardmäßig erst einmal mit dem Wert .F. initialisiert ist, solange wir nichts anderes angeben, einen Wert eben an dieser Stelle im Eigenschaften-Fenster zu geben.

Meist würde man aber in einem solchen Fall diesen für die Funktion notwendigen Initialisierungswert programmatisch von vornherein und hard-codiert zuweisen. Dies ist ein typischer Fall für den Init-Event, der beim Start des Formulars angestoßen wird. Wir würden also im Init-Event schreiben:

```
thisform.nSizeType = 1
```

Ergo – unser ChangeSize-Code:

Wir haben jetzt eine klare Stelle, um eindeutig abzufragen, in welcher Größe wir uns befinden, um davon anschließend die weiteren Vorgänge abzuleiten. Dies bedeutet für unsere neu angelegte ChangeSize-Methode:

```
IF thisform.nSizeType = 1
   *Auf Alternativgröße bringen mit allem, was dazugehört.
ELSE
   *Auf Standardgröße bringen mit allem, was dazugehört.
ENDIF
```

Aufgabe 2: Abspeichern der alten Größe

Bevor wir nun die Größe des Formulars verändern, müssen wir abspeichern, wie die ursprüngliche Größe des Formulars war, um später wieder dahin zurückkehren zu können.

Um den alten Wert abzuspeichern, hätte man früher vermutlich eine Variable angelegt und hier den alten Wert hinterlegt. Warum tun wir dies hier nicht?

Eine Variable wäre nur so lange gültig (wenn sie nicht eine globale Variable wäre, was auf keinen Fall sein dürfte, weil es sonst für alle gestarteten Formulare nur eine einzige solche Variable gäbe), wie die entsprechende Methode läuft. Wir benötigen aber diese Variable über die Laufzeit der Methode hinaus.

Wir greifen also wiederum zu einer neuen Eigenschaft.

> Eigenschaften ermöglichen das Ablegen bestimmter objektbezogener Werte über die Laufzeit bestimmter Objektmethoden hinaus.

Anlegen und Initialisieren der Eigenschaft nHeight1

Wir legen eine solche Eigenschaft an, die die ursprüngliche Höhe des Formulars abspeichern soll. Zwar könnte man das Ablegen des ursprünglichen Wertes auch vor dem Wechseln der Größe in der ChangeSize-Methode durchführen. Üblicher ist aber auch in diesem Fall wieder der Init-Event, da es sich hier um einen ein für alle Mal übernommenen Eigenschaftswert handelt. Wir würden also den Init-Event des Formulars ergänzen um:

```
thisform.nHeight1 = thisform.height
```

Aufgabe 3 und 4:
Verändern der Größe und Spezifikation auf den jeweils anderen Typ

Um die Größe von der Alternativgröße auf die Standardgröße zurück zu schalten liegt uns bereits alles vor. Wir brauchen nur noch die Größe zuzuweisen:

```
thisform.height = thisform.nHeight1
```

Um jedoch die Größe auf die Alternativgröße zu bringen, müssen wir diese natürlich kennen. Man könnte sie fest im Code eintragen – schöner wäre aber, dafür eine eigene Eigenschaft zu haben, die man (ohne den Code zu verändern) auch anpassen kann, wenn die Größeneinstellungen des Formulars im Formular-Designer verändert werden sollten.

Anlegen und Initialisieren der Eigenschaft nHeight2

Wir legen diese Eigenschaft mit entsprechender Beschreibung an. Welches soll nun unser Initialisierungswert sein? Wichtig ist v. a., dass in dieser Eigenschaft in jedem Fall eine Zahl steht. Wenn man nichts eingegeben hätte, würde der logische Wert .F. stehen, und dieser würde später zu einem Fehler führen.

Dies könnte man absichern, indem man im Init-Event des Formulars abfragt, ob hier eventuell ein logischer Wert steht, und, wenn dies der Fall ist, die Eigenschaft genau wie nHeight1 initialisiert:

Um den Datentyp eines beliebigen Ausdrucks (z.B. einer Variable oder Eigenschaft) festzustellen, steht uns die TYPE-Funktion zur Verfügung:

```
IF TYPE('thisform.nHeight2') # 'N'
   thisform.nHeight2 = thisform.height
ENDIF
```

Dies ist jedoch nur zur Sicherheit geschehen, falls sich in dieser Eigenschaft überhaupt kein numerischer Eintrag befindet. Die Eigenschaft soll zum richtigen Arbeiten der Funktionalität natürlich nun den tatsächlich als Alternativgröße gewünschten Wert bekommen. Dazu stellen Sie das Formular im Formular-Designer auf die Alternativgröße, sehen nach, welchen Wert die Height-Eigenschaft nun aufzeigt und tragen eben diesen Wert in die nHeight2-Eigenschaft ein. Anschließend dürfen Sie nicht vergessen, das Formular wieder auf seine Standardgröße einzustellen bevor es geschlossen wird!

Zuweisen der neuen Height, des nSizeType, der Button-Beschriftung

✔ Nun da uns alle gewünschten Größen als Eigenschaften zur Verfügung stehen, können wir unseren Code entsprechend ergänzen.

✔ Zusätzlich müssen wir bedenken, dass die nSizeType-Eigenschaft jeweils richtig mitgeführt wird.

✔ Zuletzt wollen wir noch die Beschriftung des Buttons jeweils angleichen. Bevor wir ihn ansprechen, müssen wir seinen Namen kennen. Dazu klicken wir ihn im Formular-Designer an, wechseln im Eigenschaften-Fenster auf ANDERE und dort auf die **Name**-Eigenschaft. Es steht hier vermutlich etwas wie *Command5* drin. Da dies nicht gerade ein sprechender Name ist, geben wir dem Button einen anderen Namen. Dies können wir einfach durch Zuweisen der Name-Eigenschaft tun. Nennen wir ihn *CommandChange-Size*

Ergo – unser endgültiger Code:

1. ChangeSize-Methode des Formulars

```
IF thisform.nSizeType = 1
   thisform.height = thisform.nHeight2
   thisform.nSizeType = 2
   thisform.CommandChangeSize.Caption = '<<< Reduzieren'
ELSE
   thisform.height = thisform.nHeight1
   thisform.nSizeType = 1
   thisform.CommandChangeSize.Caption = 'Erweitern >>>'
ENDIF
```

2. Init-Event des Formulars

```
thisform.nSizeType = 1
thisform.nHeight1 = thisform.height
IF TYPE('thisform.nHeight2') # 'N'
    thisform.nHeight2 = thisform.height
ENDIF
thisform.checkrecord
```

3. Click-Event des Buttons

```
thisform.ChangeSize
```

Testlauf

Eine Erweiterung dieser Funktionalität im Sinne einer Verallgemeinerung findet sich in Kap. 20.6 *Objektvariablen als Parameter statt fester Objektbezüge*.

KAPITEL 9

9 Klassen (I): Einführung

Wir haben bisher gesehen, was Objekte sind, haben sie mit einem Stift vergli-
chen, der gekennzeichnet ist durch Eigenschaften, d.h. durch das, was er kann
(schreiben, hier: »Methoden«) und durch die Art und Weise, wie er reagiert
(z.B. beim Fallen, beim Schmelzen usw.) (Siehe Kap. 6.1.2 *Was ist ein Objekt?
(erste, grundsätzliche Erklärung)*).

Zweitens hatten wir gesehen, dass ein Objekt technisch gesehen im Grunde
nichts anderes als eine Variable ist, nämlich eine Variable vom Typ Objekt
(Kap. 6.2.2 »Betrachtung: Was ist ein Objekt? (zweite, technische Erklärung)«).

Wie aber entsteht ein solches Objekt? Bei unserer bisherigen Arbeitsweise hat
uns VFP das Erzeugen unserer Objekte (Formular und seine →Members) abge-
nommen. Nun wollen wir der Sache auf den Grund gehen.

9.1 Was sind Klassen?

Als der Stift (als unser einfaches Beispielobjekt) hergestellt wurde, stand bereits
fest, wie er aussehen sollte, welche Eigenschaften er haben sollte und wie diese
aussehen würden, was er können sollte und wie er auf Zustände reagieren
sollte. Es gab einen *Bauplan* für den herzustellenden Stift. Aus dem gleichen
Bauplan konnten viele gleiche Stifte erzeugt werden. Ohne Bauplan, ohne eine
Mindestbeschreibung, was eigentlich hergestellt werden soll, kann ein *Etwas*
nicht gemacht werden.

Nicht anders verhält es sich bei unseren VFP-Objekten. Auch sie werden auf der
Grundlage eines Bauplans hergestellt. Dieser Bauplan heißt: *Klasse* – ohne
Klasse kein Objekt.

> Eine Klasse ist nichts anderes als ein Bauplan für ein Objekt.

Haben wir einen solchen Bauplan, eine solche Klasse, können daraus beliebig
viele gleiche Objekte erzeugt werden. Die fertig erzeugten Objekte könnten im
Nachhinein mit Unterschieden versehen werden, indem Eigenschaften nachträglich verändert werden.

9.2 Erzeugen von Objekten aus Klassen

Wir wissen also,

✔ dass wir zum Erzeugen von Objekten eine Klasse benötigen

✔ dass Objekte Variablen sind

Wir erinnern uns, wie Variablen (erzeugt und) mit einem Wert versehen werden:

```
lcFrucht = "Apfel"
```

... entweder durch unmittelbare Zuweisung eines Wertes.

```
ldDate = DATE()
```

... oder indem sie ihren Wert über Funktionen erhalten (bei bestimmten Datentypen bietet sich dies typischerweise an).

Auf die gleiche Weise werden auch Objekte (d.h. Objektvariablen) erzeugt, nur dass hier in jedem Fall mit einer Funktion gearbeitet werden muss. Die Syntax lautet:

```
loObject = CREATEOBJECT(cClassName)
```

Dies bedeutet also: Die Objektvariable loObject bekommt als Wert den Rückgabewert der CREATEOBJECT()-Funktion. Dieser Funktion wird wiederum mitgeteilt, aus welcher Klasse ein Objekt erzeugt werden soll.

9.3 Beispiel: Wir erzeugen ein Formular-Objekt programmatisch aus einer Basisklasse

Nun wollen wir ein Objekt vom Typ *Formular* auf dieselbe Art und Weise erzeugen und dieses Objekt goForm nennen.

Hierfür müssen wir zunächst einmal wissen, welches die Klasse ist. Hier verwenden wir eine sog. *Foundation class* (Basisklasse, von VFP mitgeliefert), nämlich die Basisklasse *Form*. Die Namen der Basisklassen können der MSDN-Hilfe unter dem Stichwort DEFINE CLASS entnommen werden. Wir lernen sie aber auch hier im Folgenden noch weiter kennen.

Der Befehl würde nun lauten:

```
goForm = CREATEOBJECT("form")
```

Als Klassenname übergeben wir der CREATEOBJECT()-Funktion "form" als String (Zeichenkette). Zwar sehen wir noch kein Formular. Würden wir aber das Überwachungsfenster des Debuggers öffnen und die Variable goForm eintragen, könnten wir feststellen, dass das Objekt wirklich erzeugt ist, jedoch seine Visible-Eigenschaft noch auf .F. steht.

```
goForm.Visible = .T.
```

Nun machen wir unser erzeugtes Formular sichtbar (alternativ auch mit goForm.show)

```
goForm.Left = 80
```

… und bringen es auf die gewünschte Position (etc.)

```
goForm.Caption='Versuchsformular'
```

Erzeugen von Objekten als Member-Objekte an bestehenden Objekten: Die AddObject-Methode.

Es gibt eine weitere Möglichkeit, Objekte zu erzeugen. Wieder benötigen wir eine Objektvariable (Objektname) und wieder brauchen wir eine Klasse. Jedoch wird dieses Objekt dabei kein selbständiges, sondern ein *Member* eines anderen Objekts. Dazu stellt uns VFP nicht eine Funktion (wie bei CREATEOBJECT()) sondern eine Methode zur Verfügung, die in allen Basisklassen für Objekte angelegt ist, die Member-Objekte zulassen. Ihr Name ist AddObject.

Die AddObject-Methode benötigt nicht einen sondern zwei Parameter: gewünschter Objektname und Klasse, aus der das Objekt erzeugt werden soll. In unserem Beispiel wäre die Syntax also:

```
goForm.AddObject("text1","TextBox")
```

Erzeugt ein Objekt goForm.Text1 aus der Basisklasse TextBox.

```
goForm.Text1.visible = .t.
```

Macht die Textbox sichtbar.

```
goForm.Text1.Left = 10
```

Position 10 Pixel links vom Parent-Objekt, hier vom Formularrand.

```
goForm.Text1.Top = 10
```

Position 10 Pixel vom Parent-Objekt.

```
clear all
```

Alle Objekte werden wieder gelöscht.

9.4 Codierte Ableitungen der Basisklassen

Wir haben bisher in diesem Kapitel mit Microsoft-Basisklassen (*Form* und *TextBox*) gearbeitet. Diese Klassen können nun auch bearbeitet werden, sodass die Grundeigenschaften eines daraus erzeugten Objekts von vornherein so sind, wie in der von uns aus einer Basisklasse erzeugten Klasse. Jede eigene Klasse muss sich jedoch von einer von VFP zur Verfügung gestellten Basisklasse herleiten, man sagt *erben*.

Versuchen wir dies praktisch: Wir legen im Projekt in der Registerkarte CODE eine Programmdatei an (sie ist eine einfache Textdatei: *Programme* markieren und NEU-Button betätigen). In dieses Programm schreiben wir nun mit folgendem Code unsere Klassendefinition

```
DEFINE CLASS myForm AS form ➊
   backcolor = RGB(255,255,128) ➋
   nMyProperty = 100 ➌

   PROCEDURE init ➍
      =MESSAGEBOX("Guten Tag!")
      this.AddObject('text1','TextBox')
      this.text1.Left = 10
      this.text1.top = 10
      this.text1.visible = .t.
      this.visible = .t.
   ENDPROC

   PROCEDURE destroy
      =MESSAGEBOX("Auf Wiedersehen ...")
   ENDPROC

   PROCEDURE Click
      ? "Sie haben das Formular angeklickt"
      thisform.mymethod ➏
   ENDPROC

   PROCEDURE mymethod ➎
      *So kann hier eine neue Methode angelegt werden.
      ?? CHR(7)    && Ausgabe eines "Biep"
   ENDPROC
ENDDEFINE ➐
```

Dieses Programm speichern wir wiederum im Unterverzeichnis PRGS und geben ihm den Namen CLASSDEF.PRG (Falls das Verzeichnis bei Ihnen noch nicht existiert, legen Sie es neu an).

➊ Der DEFINE CLASS-Befehl erzeugt eine neue Klassendefinition aus einer vorhandenen. In diesem Fall erzeugt er aus der Basisklasse Form die neue Klasse *myForm*.

➋ Dies ist der einzige Fall, in dem Eigenschaften nicht mit einleitender Objektreferenz gebraucht werden: innerhalb einer programmatischen Klassendefinition werden Zeilen, die wie Variablenzuweisungen aussehen, zu Eigenschaften. Existieren die Eigenschaften in der zu Grunde liegenden Parent-Klasse bereits, so wird ihnen hier ein neuer Wert zugewiesen. Existieren sie noch nicht (➌), werden sie auf diese Weise gleichzeitig angelegt.

➍ PROCEDURE-Anweisungen innerhalb einer Klassendefinition werden zu Methoden bzw. Ereignis-Definitionen der Klasse (bzw. des daraus erzeugten Objekts). Existiert die Methode bereits, wird die Definition der zu Grunde liegenden Parent-Klasse überschrieben, existiert sie noch nicht (➎), wird eine neue Methode angelegt. Unter ➏ wird die eigene, neu angelegte Methode angesprochen.

❼ ENDDEFINE beschließt die DEFINE CLASS-Anweisung. Es könnte nun in der gleichen PRG-Datei eine weitere Klassendefinition folgen.

Erzeugen eines Objekts aus der selbstgemachten Klasse

Wenn wir nun den aus dem vorigen Kapitel bekannten Code verwenden, um aus der eigenen Klasse ein Formular zu erzeugen, statt dafür die Microsoft-Basisklasse zu verwenden, besteht der einzige Unterschied in der Angabe des Klassennamens bei der Übergabe an die CREATEOBJECT()-Funktion. Wir verwenden jetzt den Klassennamen *myForm*.

Zusätzlich müssen wir vorher die Klassenbibliothek öffnen; in diesem ersten Fall, da es sich um eine codierte Klassenbibliothek handelt, öffnen wir diese einfach als Prozedurdatei[4].

```
                 progs
SET PROC TO prgs\classdef
goForm = CREATEOBJECT("myform")
```

Seit VFP6 gibt es zusätzlich die Möglichkeit, die SET PROC-Einstellung unverändert zu lassen und statt dessen der Funktion zum Erzeugen des Objekts einen zweiten Parameter, den der Datei, die die Klassendefinition enthält, mitzugeben. Hierfür muss statt der CREATEOBJECT()-Funktion die NEWOBJECT()-Funktion verwendet werden:

```
goform = NEWOBJECT('myform','prgs\classdef.prg')
```

---

4. Wem dies nicht vertraut ist: eigene Funktionen (siehe Kapitel *26.2.9 Eigene Prozeduren und Funktionen*) werden häufig in eine Prozedurdatei gelegt, die – damit die entsprechenden Funktionen auch gefunden werden – mit SET PROCEDURE TO geöffnet wird. Der gleiche Befehl wird hier also verwendet, um es VFP zu ermöglichen, diese codierte Klassendefinition zu finden.

9.5 Beispiel: erste eigene Textbox- und Label-Klasse

In der praktischen Arbeit verwendet man nur in Ausnahmefällen codierte Klassendefinitionen. Statt dessen lassen sich VFP-Klassen in gleicher Weise wie wir es schon bei Formularen kennen gelernt haben, sehr schön *visuell* entwerfen und programmieren.

Neue visuelle Textbox-Klasse anlegen

✔ Wir wechseln im Projekt-Manager auf die Registerkarte KLASSEN

✔ und betätigen den NEU-Button. Es erscheint folgender Dialog:

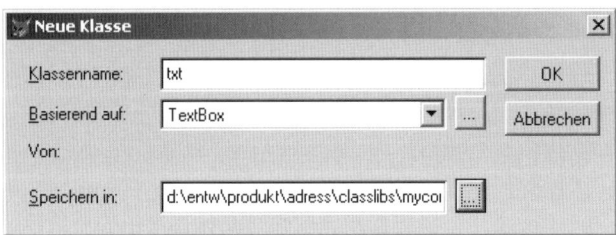

✔ **Klassenname:** Kann frei gewählt werden. Wir benennen nach einer Konvention, nach der es für jeden Basisklassentyp ein festgelegtes Kürzel aus drei Buchstaben gibt; für TextBox: txt (siehe im Anhang Kap. 25.1 *Die Basisklassen und ihre Namenskonventionen*)

✔ **Basierend auf:** Name der Ursprungsklasse (hier: Basisklasse), aus der die neue Klasse abgeleitet werden soll

✔ **Speichern in:** Jede visuell erzeugte Klasse wird statt wie zuvor in einer Programm-Textdatei in einer visuellen Klassenbibliothek gespeichert. Eine visuelle Klassenbibliothek ist – ähnlich wie ein Formular oder ein Projekt – eine VFP-eigene Tabelle mit festgelegter Struktur. Ohne Klassenbibliotheksangabe kann also eine visuell erzeugte Klasse nicht gespeichert werden. Wir legen dazu wiederum einen eigenen Pfad an CLASSLIBS und benennen die Klassenbibliothek MYCONTROLS.

Es öffnet sich der Klassen-Designer. Er entspricht weithin dem Formular-Designer (inklusive der Verwendung des Eigenschaften-Fensters) – außer der Tatsache, dass kein Formular um das Steuerelement erscheint.

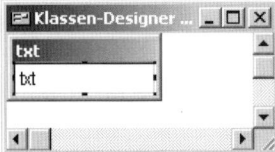

Eigenschaften für Textbox-Klasse spezifizieren

Wir wollen vorerst nur wenige Eigenschaftsveränderungen vornehmen, an denen wir später bei den aus der Klasse abgeleiteten Objekten erkennen können, dass sie aus dieser Klasse entstanden sind. Wir verwenden zuerst nur einige leicht sichtbare Eigenschaften:

FontName = Tahoma (z.B.)

FontBold = .T.

ForeColor = 0,0,128

Anschließend schließen wir den Klassen-Designer wieder.

Weitere Klassen anlegen

Wir legen nun noch eine Ableitung von weiteren Basisklassen an, die wir für unser Formular verwenden wollen. Dies wird uns ermöglichen, sämtlichen Controls, die wir in Formularen verwenden, das gleiche Aussehen und Verhalten zu geben und an jeweils nur einer zentralen Stelle Veränderungen durchführen zu müssen, wenn diese Veränderungen global wirksam sein sollen.

Name: lbl

basierend auf: LabelKlassenbibliothek (wie gehabt): classlibs\mycontrols

Autosize = .T.	Unser eigener Standard: Größe des Labels passt sich seinem Inhalt automatisch an.
Backstyle = 0	Backstyle 0 bedeutet *transparent*. Dies soll also für Beschriftungen unser Standard werden.
FontBold = .T.	Ebenso unser Standard für Beschriftungen (also auch weitere Beschriftungen in anderen Control-Klassen – s.u.).
FontName = (Standardschriftart)	Wir müssen bei jeder der Basisklassen, die wir uns selbst anlegen, nun die Schriftart auf unsere Grundschriftart wechseln. Dies schlägt sich dann später auf alle daraus erzeugten Textboxen, Labels etc. nieder. (Im Beispiel bin ich beim Microsoft-Standard *Arial* geblieben).

Name: cbo

basierend auf: ComboBoxKlassenbibliothek: classlibs\mycontrols

FontName = (Standardschriftart)   Die von uns festgelegte Standardschrift-
                                  art einstellen.

Style = 2   Unser Standard ist also *ComboList*, was
                                  nur Auswahl aber keine textboxartige
                                  Eingabe zulässt (dies würde ich in vielen
                                  Projekten als Standard empfehlen).

Name: chk

basierend auf: CheckBoxKlassenbibliothek: classlibs\mycontrols

Die CheckBox enthält quasi ein Label (nämlich die Beschriftung der Check-
Box). Darum verwenden wir die gleichen Einstellungen der Eigenschaften, wie
auch im Label.

Autosize = .T.   Entsprechend Standard für Labels

Backstyle = 0   Transparent – entsprechend Standard für
                                  Labels

FontBold = .T.   Entsprechend Standard für Labels

FontName = (Standardschriftart)   Die von uns festgelegte Standardschrift-
                                  art einstellen.

Name: edt

basierend auf: EditboxKlassenbibliothek: classlibs\mycontrols

FontName = (Standardschriftart)   Die von uns festgelegte Standardschrift-
                                  art einstellen.

9.5.1 Einschub Dateitypen (III)

Es wurde vorne bereits erwähnt, dass visuelle Klassen nie alleine, sondern in
visuellen Klassenbibliotheken abgespeichert werden. Ein Blick in unsere
Dateien zeigt, dass eine Datei MYCONTROLS.VCX und eine MYCONTROLS.VCT
entstanden ist.

Klassenbibliotheken

...VCX   (**V**isual**C**lasslibrary) Visuelle Klassenbibliothek – Tabellendatei

...VCT   (**V**isual**C**lasslibrary**T**extdatei) Visuelle Klassenbibliothek – Memodatei. Diese Datei ist relativ sensibel, was bei Abstürzen zu recht
unangenehmen Folgen führen kann.

ACHTUNG   Da ja auch der größte Teil des Programmcodes entweder in den Klassenbibliotheken oder in den Formularen abgespeichert wird (die ihrerseits Tabellen
sind), wird dringend empfohlen, regelmäßige Sicherungskopien zu machen.

9.5.2 Controls aus eigenen Klassen – drei Möglichkeiten, Controls einzufügen

Wenn wir nun Controls aus unseren eigenen Klassen im Formular verwenden
wollen, können wir leider nicht ohne weiteres die Controls, die darin bereits
bestehen *umdefinieren*, als ob sie aus den eigenen Klassen entstanden wären.
Wir müssen sie hier löschen und neu einfügen (es gibt andere Wege, die zu
besprechen hier aber verfrüht wäre; siehe im Anhang Kap. 24).

Sicherheitskopie von Formular anfertigen

Bevor man solche größeren Umstrukturierungen vornimmt, sollte man einmal
den Formular-Designer für das Formular öffnen und es zur Sicherheit unter
einem anderen Namen speichern, z.B. mit dem Namen ADRESSSAVE1. Vergessen Sie nicht, den richtigen Pfad (FORMS) auszuwählen, um nicht Unordnung
in Ihrem Projektverzeichnis zu bekommen.

ACHTUNG   Wenn Sie z.B. ein Formular (oder auch andere Projektelemente) durch Speichern eines bestehenden Formulars unter anderem Namen erzeugen, wird dieses neu erzeugte nicht automatisch Teil des Projekts, sondern es entsteht nur
auf dem entsprechenden Pfad als Datei(-en) auf der Festplatte. Soll auch dieses
neue Formular im Projekt bearbeitet werden, muss es explizit *hinzugefügt* werden (Button HINZUFÜGEN bei angeklickter entsprechender Projekt-Rubrik).

Anschließend müssen Sie das Formular aus dem Projekt wieder öffnen und
sämtliche gewünschten Controls in unserem Fall *auf* Page1 (also vorher in den
BEARBEITEN-Modus des PageFrames gehen) herauslöschen.

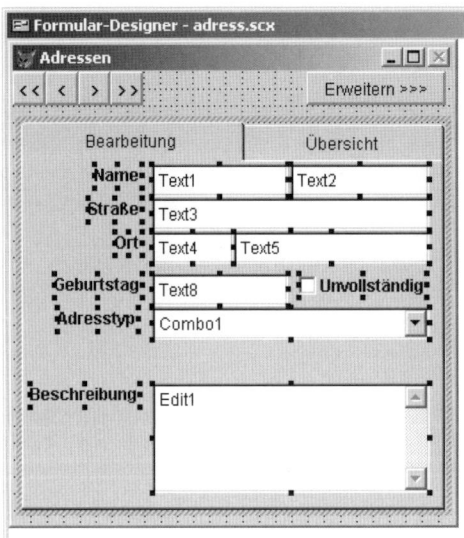

Hinzufügen von Controls aus eigenen Klassen

1. Möglichkeit: aus der Werkzeugkiste

Diese Arbeitsweise kennen Sie schon. Wenn Sie jedoch aus eigenen Klassen Controls hinzufügen wollen, muss der Inhalt der »Werkzeugkiste« (Formular-Steuerelemente) zuerst ausgetauscht werden: eine eigene Klassenbibliothek muss geöffnet werden. Hierfür steht der Button *Klassen anzeigen* zur Verfügung. Geben Sie Ihre eigene Klassenbibliothek an! Die entsprechenden eigenen Klassen werden hineingeladen.

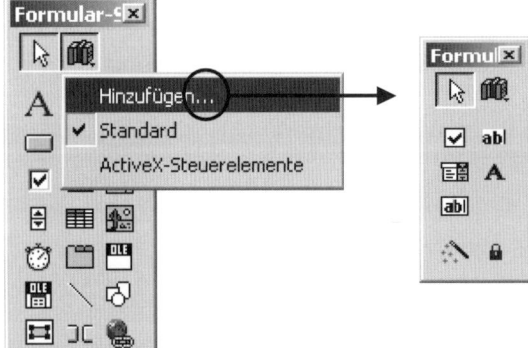

Nun können die Controls wie gewohnt ausgewählt und zum Formular hinzugefügt werden.

2. Möglichkeit: aus Klassen im Projekt-Manager

Sie können auch im Projekt-Manager die Registerkarte KLASSEN auswählen und den Projekt-Manager so anordnen, dass Sie ihn neben dem Formular-Designer sehen. So können sie einfach eine Klasse mit Drag and Drop ins Formular *einwerfen*, d.h. eine Instanz daraus an der jeweiligen Stelle des Formulars bilden.

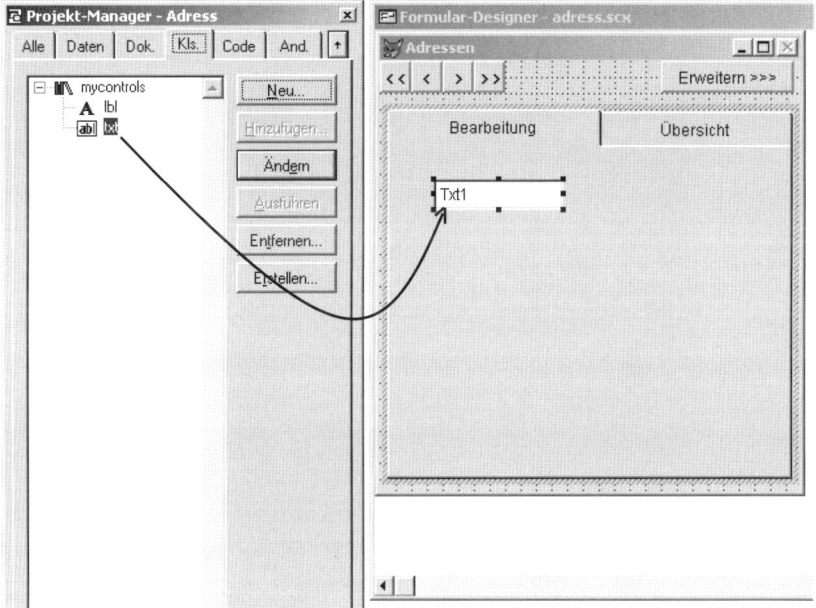

3. Möglichkeit: aus Feldern im Projekt-Manager

Noch einfacher ist es, wenn Sie die Felder selbst mit Drag and Drop auf das Formular ziehen. Dabei werden automatisch zwei Controls gebaut: Das Beschriftungsfeld und das eigentliche Eingabe-Steuerelement. Welche Basisklasse verwendet wird, hängt vom Feldtyp ab und kann pro Feldtyp definiert werden. Die dabei gebildeten Controls sind jeweils beschriftet mit dem Kürzel der Basisklasse + Feldnamen.

Bei diesem Vorgehen füllt VFP einige Eigenschaften automatisch aus:

✔ Textbox: ControlSource (Referenz auf das gezogene Feld)

✔ Textbox: Comment (Feldkommentar des Feldes)

✔ Textbox: MaxLength (bei Zeichenfeldern die Länge des Zeichenfeldes)

✔ Label: Caption (Feld-Überschrift)

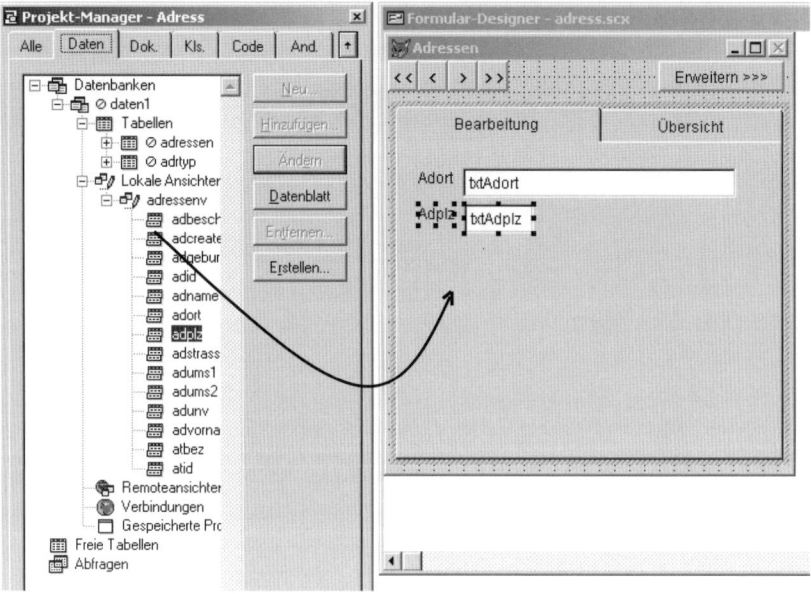

Wenn Sie versäumt haben, den View-Feldern eigene Überschriften zu geben (siehe Kap. 7.1.4 *View-Feld-Eigenschaften*) erscheint im Label der technische Feldname. Sonst wird die Feldüberschrift als Caption des erzeugten Labels herangezogen.

Der Nachteil, den Sie dabei feststellen werden ist, dass die so erzeugten Controls nicht aus der eigenen Klasse gebildet werden, sondern aus den Microsoft-Basisklassen. Seit VFP5 ist es möglich, unter EXTRAS | OPTIONEN | KLASSENZUORDNUNG ZU FELDERN festzulegen, durch welche Klassen welche Feldtypen dargestellt werden sollen. Geben Sie für die von Ihnen genutzten Feldtypen hier Ihre eigene Textbox-Klasse *Txt* an und für Beschriftung Ihre Label-Klasse *Lbl*.

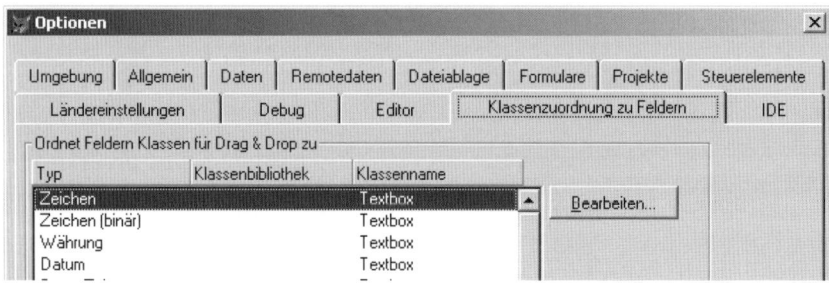

Dazu klicken Sie auf den BEARBEITEN-Button und im sich öffnenden Dialog KLASSENZUORDNUNG ZU FELDERN BEARBEITEN auf DURCHSUCHEN (Achtung: Bei VFP6 heißt der Button noch DATENBLATT – eine Fehlübersetzung des englischen BROWSE), um eine Auswahl Ihrer eigenen Klassenbibliotheken zu erhalten. Vergessen Sie anschließend nicht den ANWENDEN-Button.

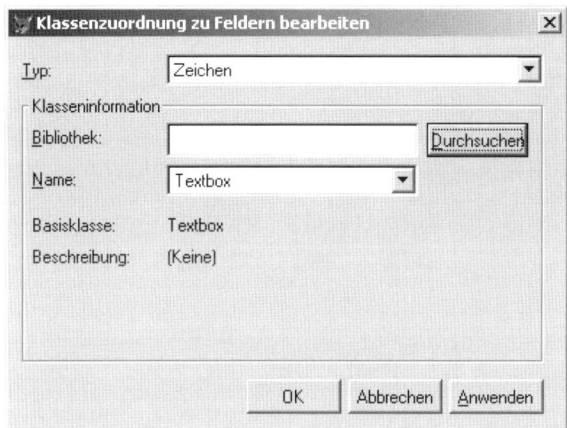

Wir geben folgende Klassen an:

Zeichen	txt
Numerisch	txt
Datum	txt
DatumZeit	txt
Memo	edt
Integer	cbo
Logisch	chk
Beschriftg.	lbl

TIPP Diese Einstellungen werden in der Registry gespeichert. Wenn Sie alle gemachten Einstellungen löschen wollen (z.B. weil Sie auf ein anderes Projekt wechseln und Klassen aus einer anderen Klassenbibliothek und aus anderen Pfaden verwenden wollen), können Sie das am schnellsten, indem Sie den Registriereditor öffnen (RegEdit ausführen) und folgenden Schlüssel ersatzlos löschen: HKEY_CURRENT_USER\Software\Microsoft\VisualFoxPro\7.0\Options\ IntelliDrop

Bauen Sie Ihr Formular auf diese Weise mit den eigenen Klassen wieder auf. Beachten Sie, dass Sie vor dem Einfügen von Controls in den PageFrame im *Bearbeiten-Modus* des PageFrames sein müssen (rechte Maustaste | BEARBEITEN).

Testlauf

Anschließend testen Sie Ihr Formular, ob es so funktioniert wie zuvor.

9.5.3 Klassen aus Klassen: Vererbung mit VFP

Wir haben nun die Möglichkeit, eigene Klassen nicht nur auf Microsoft-Basis-klassen basieren zu lassen, sondern auf bereits erzeugten eigenen Klassen. Dies wollen wir am Beispiel einer Textbox erläutern. Die neue Textbox-Klasse soll in allen Eigenschaften der vorhandenen txt-Klasse entsprechen, nur soll sie schreibgeschützt sein (ReadOnly). Wir wollen diese Textbox-Klasse dann verwenden für die Felder ADcreate und ADid.

Wir erzeugen eine neue Klasse `txtReo` (wie TextboxReadOnly). Im Dialog NEUE KLASSE betätigen wir den Auswahl-Button (drei Punkte), wodurch der ÖFFNEN-Dialog erscheint. Dort wählen sie – *nicht mit Doppelklick!* – unsere Klassenbi-bliothek aus. Anschließend ist in der rechten Seite des Dialogs die Klasse inner-halb der Klassenbibliothek auszuwählen, auf der die neue Klasse basieren soll, in unserem Fall *txt*.

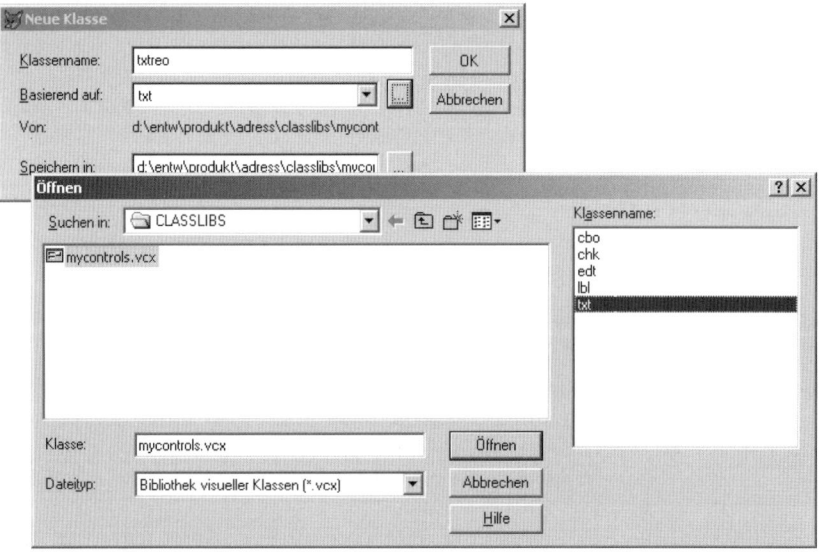

Anschließend weisen wir dieser neuen Klasse im Klassen-Designer die speziel-len eigenen Eigenschaften zu:

ReadOnly (unter DATEN) = .T.

Diese Klassen fügen Sie nun im verborgenen Teil des Formulars für die Anzeige der Felder ADid und ADcreate ein.

Testen der Vererbungslinie

Was nun bedeutet *Vererbung*? Wir wollen nun ein paar kleine Tests zur Veranschaulichung machen:

1. Test:

Öffnen Sie die Klasse txt im Klassen-Designer und ändern Sie die Schriftart. Starten Sie anschließend das Formular. Ergebnis?

→ Sämtliche Textboxen aus der Klasse txt sind entsprechend verändert.

→ Auch die Textboxen der davon abgeleiteten Klasse txtReo sind verändert.

2. Test:

Öffnen Sie das Formular im Formular-Designer, und wählen Sie bei einer der Textboxen die gleiche Schriftart nochmals aus, wie sie schon ausgewählt war. Der Eintrag in der Eigenschaft erscheint nun mit dem gleichen Text wie vorher, aber fett.

Schließen Sie nun den Formular-Designer und öffnen Sie den Klassen-Designer. Ändern Sie die Schriftart der Textbox-Klasse wieder im Klassen-Designer und starten dann das Formular. Ergebnis?

→ Alle Textboxen werden mit den Veränderungen der Klasse angezeigt.

→ Dies gilt mit Ausnahme der Textbox, bei der Sie die Eigenschaft explizit angegeben hatten.

Als Sie die Eigenschaft nochmals gleich eingetragen hatten, änderte sich zwar der Wert nicht, aber der Eintrag war nun nicht mehr als Default-Eintrag, sondern als eigener Eintrag markiert.

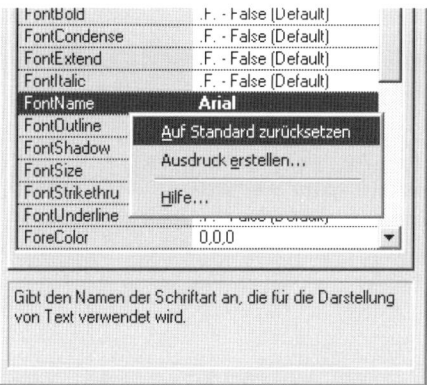

Um den Default-Eintrag wiederherzustellen, gehen Sie wie folgt vor. Nachdem Sie den Formular-Designer geöffnet und auf die Eigenschaft der entsprechenden Textbox gewechselt haben, klicken Sie mit der rechten Maustaste darauf und wählen AUF STANDARD ZURÜCKSETZEN.

3. Test:

Vorweg zur Erinnerung:

✔ ReadOnly-Controls werden dargestellt mit der gleichen Hintergrundfarbe wie deaktivierte Controls (festgelegt durch die Eigenschaft DisabledBackColor)

✔ Es wird aber für die Schriftfarbe *nicht* die DisabledForeColor verwendet, sondern die gleiche Schriftfarbe wie für normale Texte (ForeColor)

Wir wollen nun die ForeColor-Eigenschaft der Klasse txt abändern (z.B. auf dunkelblau, d. i. 128,0,0). Anschließend öffnen wir den Klassen-Designer der Klasse txtReo. Wir sehen, dass diese veränderte Eigenschaft durch die *Vererbungslinie* der Klassen nun (nicht fett geschrieben) im Eigenschaften-Fenster auch bei txtReo eingetragen ist. Diesen veränderten Standard kann ich natürlich nun hier wiederum *überschreiben* (d.h. Vererbungslinie unterbrechen). Von hier an würden dann diese und alle davon wiederum abgeleiteten Klassen den Wert dieser Klasse enthalten (falls er nicht dort seinerseits wieder geändert wird).

9.5.4 Erstes Beispiel zur Klassenprogrammierung

Wir haben die Möglichkeit, nun bereits auf Klassenebene ein bestimmtes Verhalten zu programmieren, das dann – so wie auch die Eigenschaften – in allen daraus abgeleiteten Objekten gleich ist. Dafür können wir wie beim Formular der Klasse neue Methoden und neue Eigenschaften geben und die vorhandenen Methoden mit Code füllen.

Aufgabenstellung

Wenn der Cursor in eine Textbox hineingeleitet wird (per Maus oder über die Tastatur) soll der Hintergrund leicht getönt sein; beim Verlassen soll der Ursprungswert wiederhergestellt werden.

Lösungsansatz

✔ Schritt 1: Zuerst müssen wir dafür sorgen, dass unsere ursprüngliche Farbe (ForeColor) irgendwo abgespeichert wird, damit sie anschließend wiederhergestellt werden kann. Wir wissen ja jetzt noch nicht, welches der normale Wert sein wird, der für das Objekt, das aus dieser Klasse herleitet sein wird, gesetzt ist.

✔ Schritt 2: Dann müssen wir dafür sorgen, dass beim Hineinleiten die Farbe auf den gewünschten Wert verändert wird.

✔ Schritt 3: Beim Verlassen müssen wir den abgespeicherten ursprünglichen Wert wiederherstellen.

Schritt 1

Ähnlich wie wir dies bereits auf Formularebene beim Abspeichern der ursprünglichen Größeneinstellungen eines Formulars getan haben, müssen wir nun die Ursprungsfarbe zuvor ablegen.

Anlage einer eigenen Eigenschaft der Klasse

Da dies eine objektbezogene Information ist, und diese Information länger vorliegt als nur während der Laufzeit einer bestimmten Methode, speichern wir diese Information in eine Eigenschaft und geben ihr z. B. den Namen nOldBack-Color. Damit steht uns dieser Wert nach einmaliger Zuweisung jederzeit zur Verfügung. Da nun nOldBackColor eine Eigenschaft ist, die der Textbox zugeordnet ist, existiert sie später in dem Formular so oft, wie Textboxen vorhanden sind, und alle Textboxen können unabhängig voneinander funktionieren. Der Name der Eigenschaft ist immer gleich, aber die Objektreferenz (um von außen auf sie zuzugreifen, sie zu lesen oder zu verändern) ist jeweils eine andere.

Wertzuweisung von Eigenschaften im Init-Event

Wir legen nun die Eigenschaft nOldBackColor an und weisen dieser im Init-Event der Klasse ihren Wert zu.

Warum gerade im Init-Event? Natürlich könnte die Zuweisung auch jedes Mal beim Hineinführen des Cursor in die Textbox ausgeführt werden (anderer Event, s. u. Schritt 2). Da aber nOldBackColor immer der gleiche Wert bleibt und nicht verändert werden muss, wenn das Formular einmal gestartet ist (gewissermaßen eine *statische* Eigenschaft), entscheidet man sich typischerweise für die Zuweisung im Init-Event – ein Event der also einmalig in der *Lebenszeit* dieses Objekts ausgeführt wird.

Referenzierung auf eine Eigenschaft im selben Objekt

Wie nun lautet die Syntax, um auf eine Eigenschaft in eben demselben Objekt zu referenzieren, in dem ich mich gerade befinde? Noch wissen wir ja nicht den Namen des Objekts, wenn wir in einer Klasse programmieren, weil aus dieser Klasse Objekte von unterschiedlichsten Namen gebaut werden können. In jedem Fall muss es funktionieren. Also muss die Referenzierung allgemein sein. Sie ist so simpel wie beim schon bekannten *thisform*:

```
this.nOldBackColor = this.BackColor
```

> Mit `this` wird auf das aktuelle Objekt referenziert, mit `thisform` auf das Formular, auf dem das aktuelle Objekt sitzt.

Schritt 2

Welcher Event wird angestoßen, wenn ein Control den Fokus bekommt?

✔ Die Mouse...-Events (MouseMove, MouseDown, MouseUp, Click) würden nur zutreffen, wenn dies über die Maus geschieht,

✔ Etwas wie KeyPress würde nun dann greifen, wenn es über die Tastatur geschieht.

Der richtige Event ist der GotFocus-Event.
Dort weisen wir nun schlicht die gewünschte Alternativfarbe zu:

```
this.BackColor = RGB(255,255,0)
```

Schritt 3

In Entsprechung zum GotFocus-Event wird der LostFocus-Event angestoßen, wenn das Control verlassen wird. Hier stellen wir den Ursprungswert wieder her:

```
this.BackColor = this.nOldBackColor
```

9.6 Formular-Klassen

Wenn wir nun ein weiteres Formular, z.B. zur Bearbeitung der Adresstyp-Tabelle, herstellen wollen, wäre es nicht schön, all die Standardfunktionalität, die wir im Adress-Formular bereits realisiert haben, neu zu programmieren. Fertig realisiert ist ja

✔ das Navigieren in der Tabelle mit Prüfung der Datensatzposition und entsprechendes Aktivieren/Deaktivieren der Buttons

✔ das Prüfen der Veränderungen vor dem Blättern und Verlassen des Formulars und die Abfrage, ob gespeichert werden soll

✔ ein einfaches Auffangen von Aktualisierungskonflikten

✔ die Funktionalität für Alternativgröße des Formulars

Um solche Standardfunktionalitäten jedem neuen Formular fertig zur Verfügung zu stellen, besteht die einfachste Möglichkeit darin, eine Formular-Klasse aus dem aktuellen Adress-Formular zu erzeugen.

9.6.1 Erzeugen einer Formular-Klasse aus fertigem Formular

1. Schritt: Abspeichern des Formulars als Klasse

Es besteht nun die Möglichkeit, bestimmte Controls oder auch ein ganzes Formular als Klasse abzuspeichern (Menü DATEI | ALS KLASSE ABSPEICHERN).

Nachdem wir dies so abgespeichert haben, finden wir das Formular als Formular-Klasse in der Registerkarte KLASSEN im Projekt-Manager.

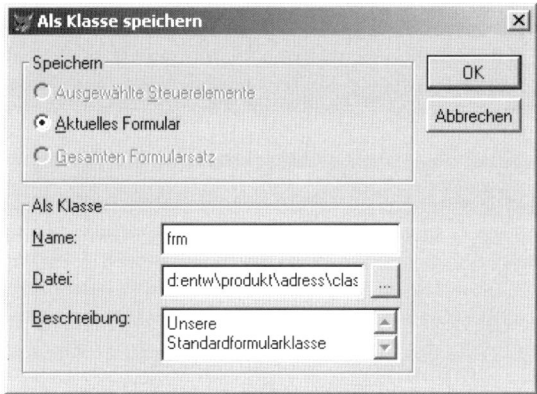

2. Schritt: Löschen der Controls und Spezialeinstellungen des Formulars in der Formular-Klasse

Wir öffnen nun die Formular-Klasse: sie sieht bisher genauso aus, wie auch unser Formular. Nun löschen wir alle Controls heraus mit Ausnahme der Navigationsbuttons.

Die Caption *Adressen* ist nun auch zu spezifisch, wir können aber eine allgemeine Caption (z.B. *Hier steht die Formularüberschrift*) einfügen, die im speziellen Formular später überschrieben wird.

9.6.2 Verwendung von Formular-Klassen

Einstellung der zu verwendenden Formular-Klasse

Um nun ein neues Formular aus dieser eigenen Formular-Klasse erzeugen zu können, muss ein Zwischenschritt erfolgen: VFP muss so eingestellt werden, dass es beim Neuerzeugen eines Formulars dieses aus der eingestellten Formular-Klasse herstellt.

EXTRAS | OPTIONEN | FORMULARE

Adresstyp-Formular erzeugen

Anschließend kann, wie bereits vertraut, ein neues Formular erzeugt werden (Projekt-Manager| Registerkarte DOKUMENTE, Eintrag *Formulare*, NEU-Button). Es soll ein Formular zur Einstellung des Adresstyps werden, und wir wollen sehen, wie schnell es funktioniert:

Ziehen Sie lediglich die beiden Felder ATid und ATbez aus der Tabelle AdrTyp im Projekt-Manager auf das neue Formular – schon können sie es ausführen lassen.

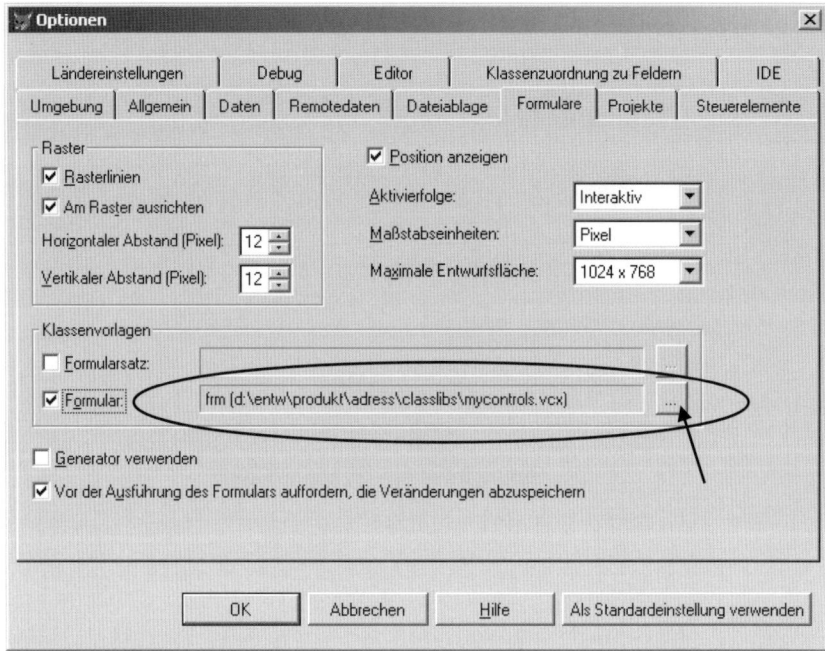

Bedenken Sie, dass beim Abspeichern eines Formulars als Formular-Klasse die Datenumgebung nicht mit abgespeichert wird. Formular-Klassen besitzen keine Datenumgebung. (Beim Drag and Drop von Feldern ins Formular werden allerdings automatisch die notwendigen Views oder Tabellen in die Datenumgebung des Formulars einbezogen.)

Adress-Formular neu erzeugen

Unser Adress-Formular diente uns zwar, um es als Klasse abzuspeichern, es ist aber selbst nicht aus dieser neuen von uns erzeugten Formular-Klasse gebaut. Dies sollte natürlich im Ernstfall so sein, sodass eine Veränderung an der allgemeinsten Formular-Klasse sich auch auf alle Formulare auswirkt.

✔ Erzeugen wir dazu lediglich ein neues Formular mit der bereits vorgenommenen Einstellung für Formular-Klassenvorlagen.

✔ Öffnen wir das bereits bestehende Adress-Formular im Formular-Designer.

✔ Kopieren wir alle fehlenden Steuerelemente ([Ctrl]+[C] zum Kopieren, [Ctrl]+[V] zum Einfügen) in das neue Formular hinein.

✔ Vergessen Sie nicht, die Datenumgebung wieder neu zu füllen (ADRESSENV-View).

✔ Sofern das ursprüngliche Adress-Formular geschlossen wurde, können Sie das Neue am besten unter dem Namen des alten Formulars speichern.

9.6.3 Verallgemeinern der Formular-Klasse

Eine grundlegende Formular-Klasse würde üblicherweise noch keine Controls enthalten. Funktionsgebundene Controls wie unsere Navigationsbuttons würden entweder in einer Ableitung der Formular-Klasse oder besser in einer eigenen Klasse abgespeichert werden.

Abspeichern der Funktionsbuttons als Container-Klasse

Container-Klassen sind eine Zusammenfassung von mehreren Controls zu einer einzigen Klasse. Sie sind eine hervorragende Möglichkeit, bestimmte Sinneinheiten, sowohl visueller als funktioneller Art, zusammenzufassen.

✔ Öffnen Sie die Sicherheitskopie des Adress-Formulars (FORMS\ADRESSSAVE1.SCX), die abgespeichert wurde, vor dem Klassen-Umbau des Formulars. Falls Sie dieses zwischengespeicherte Formular im Projekt nicht finden, betätigen Sie den HINZUFÜGEN-Button, während in der Liste links das Wort *Formulare* ausgewählt ist. Suchen Sie das Formular im richtigen Unterverzeichnis (FORMS) und fügen Sie das Formular ein. Dann öffnen Sie den Formular-Designer.

✔ Markieren Sie die vier Navigationsbuttons im Formular-Designer.

✔ Jetzt können wir diese Gruppe von Controls als Klasse abspeichern, ähnlich wie wir zuvor das vollständige Formular als Klasse abgespeichert haben: im Menü DATEI | ALS KLASSE ABSPEICHERN.

✔ Wir benennen die Klasse CntNav (Cnt steht für Container) und legen sie in die schon vorhandene Klassenbibliothek MyControls.

✔ Anschließend schließen wir den Formular-Designer (ohne abzuspeichern).

✔ Nun öffnen wir die Klasse CntNav im Klassen-Designer. Sie ist nun ein geschlossenes Element. Sie könnten dieser Klasse (dem übergeordneten Container über den Buttons also) nun eigene Methoden und Eigenschaften im Zusammenhang mit der Funktion dieses Containers geben. Dies ist eine Technik, die sehr häufig verwendet wird.

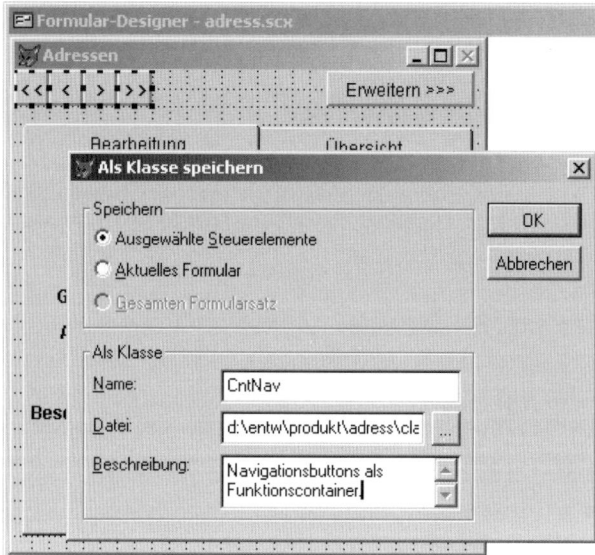

HINWEIS Ein Vorteil solcher Container ist z.B., dass Sie auch auf einen Schlag den Container im Formular sichtbar oder unsichtbar machen oder verschieben können, womit man ganze Bereiche auf Formularen im Layout viel leichter in Laufzeit steuern oder umfunktionieren kann. Außerdem werden Container gerne für Klassen/Objekte verwendet, die nichts weiter als Code und Logik enthalten.

Entfernen der Funktionsbuttons aus der Formular-Klasse und Einfügen der Container-Klasse in Formulare

✔ Öffnen wir nun die Klasse *frm* im Klassen-Designer und löschen die Navigationsbuttons hier heraus.

✔ Wir schließen den Klassen-Designer und fügen die Container-Klasse per Drag and Drop wieder in unsere zwei Formulare (AdrTyp und Adress, nicht Formular-Klasse *frm*!) ein, sodass die Formulare so aussehen wie zuvor. Nun ist die Formular-Klasse sehr allgemein gestaltet, ich kann aber trotzdem, wenn ich das möchte, ohne viel Aufwand die Containerbuttons einem Formular hinzufügen (oder einem anderen eben auch nicht).

Testlauf

Wir dürften jetzt beim Blättern auf den Fehler stoßen:

»Unbekanntes Element Command1«

Hier sind wir nun angekommen bei nur einer der Problematiken, die sich ergeben, wenn wir Funktionalität nicht mehr für das einzelne Objekt programmieren, sondern gewissermaßen allgemein, also in einer Klasse, die wiederum in den verschiedensten Umgebungen Verwendung finden kann und für alle Fälle gerüstet sein muss. Hierin liegen die Besonderheiten der Klassenprogrammierung, für die uns das nächste Kapitel erste Lösungen zeigt.

9.7 Erste Techniken der Klassenprogrammierung

Im Folgenden wird für die Problematik, die der Navigationscontainer im vorhergehenden Kapitel aufzeigte, ein sauberer Lösungsansatz (»Nr. 4«) vorgestellt, und damit eine erste Technik der Klassenprogrammierung erklärt. Wollen Sie an dieser Stelle bereits tiefer in die Klassenprogrammierung einsteigen, betrachten Sie hier die anderen Lösungen im Teil B (Kap. 20 Klassen (II): Programmierung) anhand derer weitere Techniken erklärt werden.

9.7.1 Ersetzen direkter Objektbezüge durch allgemeine Objekteigenschaften

Problematik

Bis jetzt spricht unsere Formular-Methode CheckRecord immer die einzelnen Buttons des Navigationscontainers direkt an. Die Information über Anfang oder Ende der Tabelle nach der Datensatzprüfung wird also nur als Enabled .T./.F. niedergelegt. Dies ist für die Klassenprogrammierung ein relativ unübliches Konzept, weil eine sehr unmittelbare Bindung zwischen dem Objekt *Formular* und den von ihm angesprochenen Objekten *Navigationscontainer.Button* besteht. Man müsste hier nun im Code prüfen, ob ein Objekt mit diesem Namen und aus dieser Klasse überhaupt existiert (siehe Kap. 17.3). Sollte die Information *Anfang der Tabelle* oder *Ende der Tabelle*, die wir durch Check-Record ermittelt haben, jedoch von einem Anwendungsentwickler, der die von uns erstellte Formular-Klasse verwendet, einmal zu ganz anderen Zwecken verwendet werden müssen, ist dies von unserer Methode nicht vorgesehen. Sauberer ist es, solche Informationen unabhängig von den sie verwendenden Objekten niederzulegen.

Dies könnte gelöst werden, indem wir, anstelle unmittelbar auf die jeweiligen Buttons zu referenzieren, eine neue Formular-Eigenschaft anlegen, die die jeweiligen Werte enthält. Wenn der Refresh-Event unserer CntNav-Klasse diese Formular-Eigenschaft abfragt, ist die gleiche Funktionalität sichergestellt.

Verwendung eines Eigenschafts-Arrays

Wir legen zu diesem Zweck eine neue Eigenschaft an. Damit diese Eigenschaft noch für künftige Aktivierungs-/Deaktivierungs-Zustände erweiterbar ist (z.B. für einen Neu- und einen Speichern-Button), soll diese Eigenschaft ein Eigenschafts-Array sein! Dazu muss bereits bei der Anlage der Eigenschaft diese als Array dimensioniert werden. Dies tun Sie, indem Sie die Array-Dimension direkt in Klammern mit angeben:

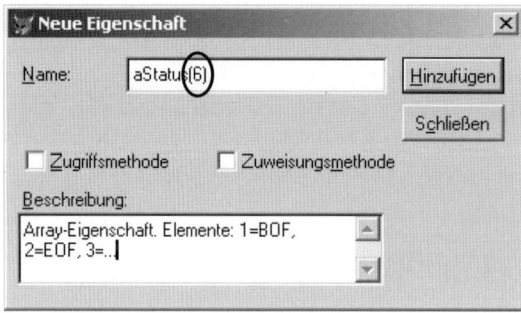

Dabei wird eine Eigenschaft angelegt, die im Eigenschaften-Fenster nicht zu bearbeiten ist:

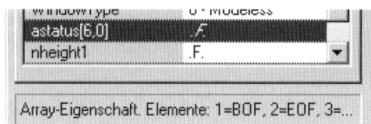

Kursiv im Eigenschaften-Fenster heißt: Schreibgeschützt

Ersetzen des Objektbezugs von CheckRecord

In der Formular-Methode CheckRecord würde der Code dann folgendermaßen bearbeitet aussehen:

```
************** Lösung 4 ******************
*Prüfen auf Dateianfang
skip -1
if BOF()
   *thisform.command1.enabled = .F.
   *thisform.command2.enabled = .F.
   *soll ersetzt werden durch:
   *1. Bezug zu Eigenschafts-Array
   *2. Umkehrung des logischen Wertes (.T. heißt: ja, ist BOF)
   thisform.aStatus(1) = .T.
else
   skip
   thisform.aStatus(1) = .F.
endif

*Prüfen auf Dateiende
skip
if EOF()
   thisform.aStatus(2) = .T.
else
   thisform.aStatus(2) = .F.
endif
skip -1

thisform.refresh
```

Interpretieren des Eigenschafts-Arrays für Button-Deaktivierung

Die in das Eigenschafts-Array aStatus geschriebenen Werte für BOF und EOF müssen nun bei der Anzeige der Buttons des Containers interpretiert werden.

Solche Anpassungen der Anzeige aufgrund von bestimmten Zuständen oder Eigenschaften sind am besten in der Refresh-Methode platziert.

Bearbeiten wir die Refresh-Methode der Container-Klasse CntNav und werten das Eigenschafts-Array aStatus aus.

```
*************** Lösung 4 ******************
this.Command1.enabled = !thisform.aStatus(1)
this.Command2.enabled = !thisform.aStatus(1)
this.Command3.enabled = !thisform.aStatus(2)
this.Command4.enabled = !thisform.aStatus(2)
```

> **Techniken der Klassenprogrammierung (1)**
>
> Es sollten direkte Bezüge zu anderen Objekten nach Möglichkeit vermieden werden und ersetzt werden durch allgemeine Objekteigenschaften, auf die das jeweils andere Objekt wieder zugreift.

9.7.2 Erweiterung des Klassencodes in der abgeleiteten Klasse oder im Objekt: DODEFAULT()

Sehen wir im abgeleiteten Formular (z.B. Adress) in die Methoden, deren Code nun in der Klasse programmiert ist, so ist das Code-Fenster leer. Dass in Wirklichkeit der Code aus einer Klasse ausgeführt wird, lässt sich nur im Eigenschaften-Fenster unter Methoden sehen: hier steht [Geerbt *Klassenname Klassenbibliothekspfad*] (In VFP6 lässt sich auch hier nichts erkennen – das Eigenschaften-Fenster zeigt lediglich: [Default]).

Soll nun aber in der entsprechenden Methode/Event auch im Objekt eigener Code platziert werden, würde damit automatisch der Code der Klasse überschrieben und nicht mehr ausgeführt. In den meisten Fällen ist dies nicht gewünscht.

Um nun sicherzustellen, dass sowohl der Code der Klasse, als auch die Erweiterung im Objekt ausgeführt wird, wird

```
DODEFAULT()
```

eingeführt. An der Stelle des DODEFAULT() wird der Code der Klasse ausgeführt. DODEFAULT() kann an jeder beliebigen Stelle des Objekt-Codes aufgerufen werden.

Erwartet die Methode der Klasse Parameter, so müssen diese in der Methode des Objekts mit LPARAMETERS aufgenommen und an die Methode der Klasse weitergegeben werden. Gibt die Methode der Klasse einen Returnwert, so muss dieser in Empfang genommen werden. Dies könnte dann (allgemein formuliert) folgendermaßen aussehen:

```
LPARAMETERS tuPar1, tuPar2, tuPar3
  *Objektcode Teil 1 ...
LOCAL llReturn
llReturn = DODEFAULT(tuPar1, tuPar2, tuPar3)
  *Objektcode Teil 2
RETURN llReturn
```

Beispiel: Datensatzprüfung im Init

Es wäre denkbar, dass in einer speziellen Anwendung eine spezielle Prüfung der
Daten vor Starten des Formulars durchgeführt würde. Hier wollen wir einfach
prüfen, ob überhaupt Datensätze in der Tabelle/dem View vorhanden sind.
Wenn dies nicht der Fall ist, soll das Formular nicht geöffnet, sondern statt dessen eine Meldung ausgegeben werden.

```
LPARAMETERS llReturn

IF RECCOUNT('adressenv') = 0
  =MESSAGEBOX('Formular kann nicht gestartet '+;
    'werden.'+CHR(10)+CHR(13)+;
    'Es sind keine Datensätze vorhanden.',;
    MB_ICONSTOP)
  RETURN .F.
ENDIF

RETURN DODEFAULT()
```

Hier wird der Return-Wert aus DODEFAULT() direkt zurückgegeben. Wenn es
einen Return-Wert gibt, muss DODEFAULT mit () aufgerufen werden.

Testlauf

*Zum Testen können Sie in der Datenumgebung (Cursorobjekt für AdressenV)
die Eigenschaft NoDataOnLoad auf .T. stellen. Diese Eigenschaft wird sonst
verwendet, wenn z.B. im Init die Daten nochmal, z.B. wegen einer erneuer-
ten Filterbedingung, geholt werden müssen und daher im Load noch keine
Daten notwendig sind.*

Insbesondere bei Standard-Events wie Init sollte man niemals den DODEFAULT-
Aufruf vergessen, da dies meist schnell zu Programmfehlern führt.

Im vorliegenden Beispiel wird DODEFAULT zum Schluss aufgerufen, weil er nur
ausgeführt werden muss, wenn die vorherige Prüfung erfolgreich war. In anderen Fällen, insbesondere in Init-Events, wird es nötig sein, DODEFAULT zuerst
aufzurufen, sodass die folgenden Operationen auf den Ergebnissen des
DODEFAULT aufsetzen können.

Vergessen Sie also nicht die Regel:

> **Techniken der Klassenprogrammierung (2)**
>
> Wenn in einer Methode eines Objekts oder einer Klasse der Default-Code einer anderen Klasse überschrieben wird, muss mit DODEFAULT() der Klassencode explizit aufgerufen werden. Ansonsten wird er ignoriert.

9.8 Empfohlene Strukturierung von Klassenbibliotheken

Es sollen in diesem Abschnitt einige kurze, allgemein gültige bzw. übliche Grundsätze zur Strukturierung von Klassenbibliotheken genannt werden:

Es empfiehlt sich, vor dem Abspeichern der Klassen drei Fälle zu unterscheiden:

✔ Ist dies eine Klasse, die nur in diesem Projekt vorkommen soll?

✔ Ist dies eine Klasse, die ich zu meinem Standard erhebe, auch für andere Projekte?

✔ Ist dies eine Klasse für ein Control oder eine unsichtbare Klasse?

In Abhängigkeit von der Antwort auf diese drei Fragen, sollte entschieden werden, in welche Klassenbibliothek die Klasse gespeichert wird.

9.8.1 Drei Typen von Klassenbibliotheken

1. Projektübergreifende eigene Basisklassen-Klassenbibliothek für sichtbare Objekte

Hier: MYCONTROLS.VCX

Von allen Basisklassen für sichtbare Controls, die VFP uns zur Verfügung stellt, sollte jeweils eine Ableitung in eine eigene Klassenbibliothek gespeichert werden. Ausschließlich diese eigenen Basisklassen sollten anstelle der Microsoft-Basisklassen verwendet werden. Dies hat den Vorteil, dass Sie jederzeit auch nachträglich noch eine Änderung machen können, die sich z. B. auf alle Textboxen niederschlägt.

In dieser Klassenbibliothek kann eine Menge Entwicklungsaufwand stecken, wie wir es bei der Formular-Klasse bereits gesehen haben. Von daher wird man diese eigene Basisklassen-Klassenbibliothek gemeinhin nicht für jedes Projekt neu machen, sondern projektübergreifend gestalten.

Projektspezifische Daten sollten daher grundsätzlich nicht in diese Klassenbibliothek gespeichert werden.

Vervollständigen Sie an dieser Stelle ihre Basisklassen-Klassenbibliothek My-Controls um die in Kapitel 25.1 *Die Basisklassen und ihre Namenskonventionen* zur Ableitung für eigene Basisklassen-Klassenbibliotheken empfohlenen Basis-klassen.

2. Projektübergreifende Basisklassen-Bibliothek für unsichtbare Objekte

Wir werden im Weiteren noch zu unsichtbaren Objekten kommen, die nur Logik enthalten, aber keine sichtbaren Controls. Diese Klassen könnte man auslagern und sie dafür in eine eigene Klassenbibliothek speichern, z.B. MyCustom (in Anlehnung an MyControls, siehe z.B. im Kap. 13.6.1 *Allgemeine Applikations-Klasse*)

Auch diese Klassenbibliothek ist noch eine projektübergreifende.

3. Projektspezifische Klassenbibliothek

Alle projektspezifischen Ableitungen übergeordneter Klassen sollten nun in einer Klassenbibliothek abgelegt werden, die spezifisch nur für dieses Projekt angelegt wird. Dies empfiehlt sich besonders z.B. für Container-Klassen, die bereits mehr Logik enthalten, und für Klassen für Business-Objekte.

Beachten Sie dazu auch das Kapitel 27.2 über Fertige Klassenbibliotheken.

9.8.2 Benennungskonventionen für Klassen

Zur Benennung ist es ratsam, sich an die Benennungskonvention zu halten, wonach für jede Basisklasse ein eindeutiges Kürzel mit jeweils drei Buchstaben steht.

Auf diese Weise kann man gut anhand des Namens gleich die Vererbungshierar-chie erkennen, wenn man bei der nächsten Vererbungsstufe (wie in unserem Beispiel TxtReo) drei weitere Buchstaben anhängt und bei der nächsten noch-mal drei. Mehr als drei Vererbungsstufen sollte man gewöhnlich vermeiden – je komplexer die Vererbungshierarchie, desto unüberschaubarer ist sie und desto schwieriger wird die Fehlersuche.

9.8.3 Der VFP-Klassenkatalog (Classbrowser)

Der Classbrowser sei hier zumindest am Rande erwähnt. Der Classbrowser ist eine Ansicht auf Klassen, die weitere Informationen über die Klassen und Funk-tionen zur Bearbeitung der Klassenbibliothek zulassen wie:

✔ hierarchische Anzeige aller Klassen, Vererbung auch zwischen mehreren Klassenbibliotheken

✔ *Packen* (physikalisches Löschen gelöschter Datensätze) von Klassenbiblio-theken (sollte von Zeit zu Zeit bei der Entwicklung durchgeführt werden)

✔ Umdefinieren von Klassen

✔ Ansicht der jeweils neuen Methoden und Eigenschaften in einer Klasse, Ansicht des dazugehörenden Code

KAPITEL 10

10 Berichte (I)

FoxPro-Berichte (Reports) sind bis VFP7 immer noch – zum Verdruss vieler Programmierer – nicht objektorientiert und entsprechen daher weitgehend den Berichten unter FPW2.6. Sind sie mit Reports von dorther vertraut, können Sie dieses Kapitel überspringen (evtl. mit Ausnahme des Abschnitts Berichtsvorschau in ein selbstdefiniertes Fenster-Objekt leiten).

Obwohl ich mich in diesem Buch schwerpunktmäßig auf objektorientierte Programmierung konzentrieren will, und Reports damit (leider) wenig zu tun haben, will ich hier doch das Wichtigste rund um FoxPro-Reports einmal vorstellen. Sie sehen dabei (zusammen mit der Vertiefung in Kap. 14) gleichzeitig ziemlich vollständig die Möglichkeiten, die der VFP-Berichts-Designer enthält, und damit auch, welche er Ihnen leider nicht bietet. Sind Ihre Erfordernisse umfangreicher, müssen Sie auf externe Tools zurückgreifen, wie in Kapitel 14.3 *Weitere Tools* kurz erklärt.

An grundlegenden Programmierkenntnissen wird in diesem Kapitel der Gebrauch von Funktionen zur Bearbeitung von Zeichenketten (String-Funktionen) und die Berechnung von Ausdrücken erklärt.

10.1 Der VFP-Berichts-Designer

✔ Wir legen einen neuen Bericht an, indem wir im Projekt-Manager unter DOKUMENTE/BERICHTE den NEU-Button betätigen. Es öffnet sich der Berichts-Designer, und Sie sehen die drei *Bänder*, die jeder Bericht standardmäßig hat: *Seitenkopf* (wird über jeder Seite abgedruckt), *Detail* (wird für jeden Datensatz erneut ausgegeben) und *Seitenfuß* (für den Fuß jeder Seite). Weitere Bänder können Sie später hinzufügen(siehe nächste Seite).

✔ Wechseln Sie die Standardschriftart des Menüs (ist als Initialisierungswert Courier) im Menü BERICHT | STANDARDSCHRIFTART auf eine Proportionalschrift wie Arial.

✔ Wir wollen nun zuerst einen Standardbericht erzeugen. Öffnen Sie dazu vorerst die Datenquelle, die ausgegeben werden soll, in unserem Fall das AdressenV-View (USE adressenV) und wählen Sie anschließend im Menü BERICHT | STANDARDBERICHT. Falls Sie zuvor keine Datenquelle öffnen, erscheint der dazu auffordernde Dialog, wobei dieser nicht erlaubt, ein View zu öffnen – lediglich eine Tabelle.

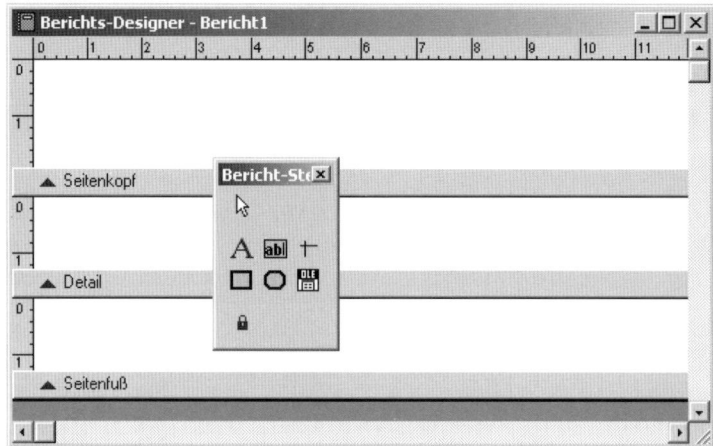

✔ Im Dialog STANDARDBERICHT können wir nun das Layout beeinflussen (wir übernehmen die horizontale Anzeige) und die Feldauswahl (Button FELDER) und angeben, ob die Aliasnamen der Felder in den Berichten mit angegeben werden sollen.

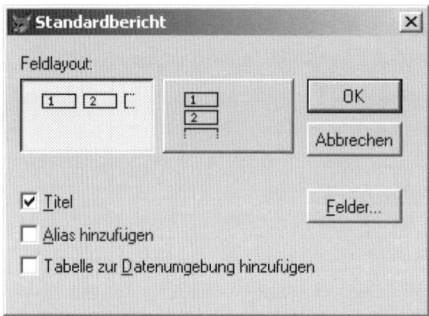

✔ Wir wählen nicht alle Felder aus, sondern nur ADname, ADstrasse, ADort, ADunv, ATbez.

✔ Mit der rechten Maustaste erhalten wir den Menüpunkt SEITENANSICHT und können so diesen Bericht einsehen.

10.1.1 Bearbeitung von Berichtsausdrücken

Häufig würde man in einem Bericht nicht das Feld direkt ausgeben sondern die Ausgabe über eine Funktion bearbeiten. Mit Doppelklick auf das entsprechende Element erhalten Sie den BERICHTSAUSDRUCK-Dialog, in dem Sie ganz oben den auszugebenden Ausdruck bearbeiten können und beispielsweise in Funktionen einpacken können. Zum Beispiel stehen Ihnen dafür eine Reihe String-Funktionen zur Bearbeitung von Zeichenketten zur Verfügung.

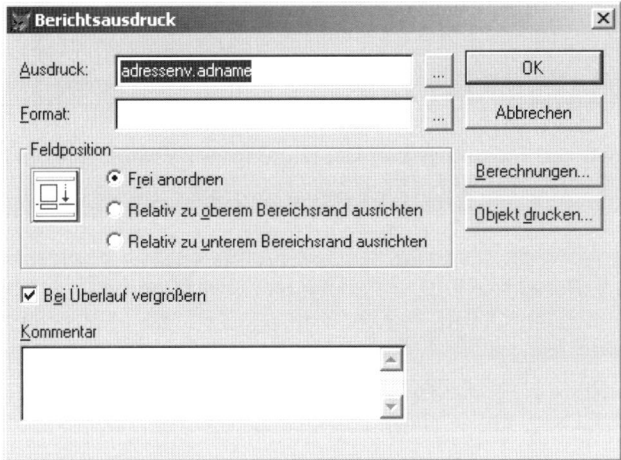

1. Beispiel: Kombinierte Zeichenketten in einem Feld

Im Namensfeld soll auch der Vorname – sofern vorhanden – ausgegeben werden, sodass beide in einer einzigen Spalte erscheinen.

```
adressenv.advorname + adressenv.adname
```

> Hier werden vom Vornamen in jedem Fall 30 Zeichen ausgegeben, weil das Feld 30 Zeichen lang ist, danach erst ADname. Wir müssen also vom Vornamen die Leerzeichen abschneiden.

```
TRIM(adressenv.advorname) + " " + adressenv.adname
```

> Nun wird aber auch in Datensätzen ohne Vornamen das vor dem Namen addierte Leerzeichen abgebildet. Um einen Teil des Strings (hier: das Leerzeichen) von einer bestimmten Bedingung abhängen zu lassen (hier: ob ADvorname leer ist), muss die IIF()-Funktion verwendet werden. Sie gibt mir entweder den einen oder den anderen Wert zurück in Abhängigkeit von der ihr übergebenen Bedingung.

```
TRIM(adressenV.advorname) +;
    IIF(!EMPTY(adressenV.advorname)," ","") + ;
    adressenv.adname
```

> Die Syntax von IIF() lautet:
>
> 1. Parameter logische Bedingung (.T. oder .F.)
>
> 2. Parameter Rückgabewert bei .T.
>
> 3. Parameter Rückgabewert bei .F.

Bei längeren Ausdrücken ist es ratsam, den Button [...] neben dem Berichtsausdruck zu betätigen und damit den Ausdrucksdesigner zu öffnen. Hier haben
Sie für die Formulierung des Berichtsausdrucks genügend Platz.

Übung: Verwenden Sie die gleiche Technik, um in das Feld *Ort* die Postleitzahl
einzufügen.

2. Beispiel: Übersetzung eines Wahrheitswerts in unterschiedliche Strings

Im Feld ADunv, das die Unvollständigkeit einer Adresse anzeigen soll, liegt lediglich ein Wahrheitswert. Statt dessen soll entweder »unv.« oder »vollst.« angezeigt werden. Mit der IIF-Funktion müsste dann der Ausdruck lauten:
IIF(adunv,'unv.','vollst.').

10.1.2 Erste Vorschau, Abspeichern des Muster-Reports, Suchpfad

Testlauf
Klicken Sie auf die rechte Maustaste im Berichts-Designer und wählen Sie
VORSCHAU. Zum Abspeichern folgen Sie untenstehenden
Anweisungen.

Wie zuvor schon beim Abspeichern von neuen Dateitypen legen wir den Report
in dem dafür neu angelegten Verzeichnis REPORTS z.B. unter dem Namen
ADRESS ab. Die Datei bekommt automatisch die Endung FRX.

Um zu verhindern, dass wir beim Aufruf immer den Pfad REPORTS davor
schreiben müssen, müsste dieser in den Suchpfad aufgenommen werden. Verwenden Sie hierzu nochmals SET PATH:

```
SET PATH TO data,reports
```

10.1.3 Ein paar wichtige Hinweise

✔ Die Standard-Einstellung jedes Berichtsfeldes ist *Bei Überlauf vergrößern*.
Dies führt dazu, dass die einzelnen Datensätze u. U. sehr unterschiedlich
viel Platz einnehmen, was nicht immer gewünscht ist. Es genügt ja, dass *ein*
Feld vergrößert wird (z.B. ein Memofeld, das in einem schmalen Berichtsfeld ausgegeben werden soll) und schon ist der ganze Datensatz enorm in
die Länge gezogen. Soll dies verhindert werden, schalten Sie für sämtliche
Textfelder diese Option *aus*: Doppelklick auf das Feld Option *Bei Überlauf
vergrößern* im unteren Teil des BERICHTSAUSDRUCK-Dialogs.

✔ Insbesondere bei untereinander stehenden Berichtsfeldern ergibt sich oft
der Wunsch, wenn das zu druckende Feld leer ist, die Zeile einfach auszulassen und statt dessen die folgende Zeile eins hochzurücken. Dies geschieht
durch Betätigen des Buttons OBJEKT DRUCKEN im BERICHTSAUSDRUCK-Dialog. Dort findet sich im unteren Teil die Option *Zeile entfernen wenn leer*.
Hier haben Sie übrigens auch die Möglichkeit, für die Ausgabe eines

bestimmten Ausdrucks eine Bedingung zu stellen (*Nur drucken, wenn Ausdruck wahr ist*).

✔ Am Rande sei hier erwähnt, dass Berichte, die auf Select-Statements basieren, das Problem haben, dass Sie keine Tabelle als Datenquelle angeben können. Es muss also wie beim View verfahren werden: Bevor Sie den Bericht erzeugen, führen Sie das Select-Statement aus, sodass die entsprechenden Daten geöffnet sind. Um das Select-Statement dem Bericht hinzuzufügen, können Sie im Berichts-Designer in dessen Datenumgebung gehen (wie beim Formular mit rechtem Mausklick). Die Datenumgebung ist ein Objekt und hat entsprechend einen Init-Event. Eine Möglichkeit wäre, dort das Select-Statement auszuführen. Sie können auch dem Bericht eine eigene private Datasession geben. Dies geschieht über das Menü BERICHT | PRIVATE DATENSITZUNG. (Siehe dazu auch Kap. 14.1.8 *Öffnen der Datenquelle im Init-Event der Report-Datenumgebung*)

10.2   Vorschau und Druck von Berichten

Um den so erzeugten Bericht auszugeben, verwenden wir den REPORT-Befehl. Folgende Verwendungen sollten Sie kennen. Denken Sie daran, zuerst SET PATH TO reports zu setzen, sodass die Pfadangabe bereits im Suchpfad enthalten ist und nicht jeweils dazugesetzt werden muss.

REPORT FORM adress

Gibt den Report mit dem Reportformular adress auf dem Screen aus.

REPORT FORM adress PREVIEW

Gibt den Report durch Öffnen eines Vorschau-Fensters aus.

REPORT FORM adress TO PRINTER

Gibt den Report auf dem ausgewählten Drucker aus, zeigt ihn allerdings parallel auch auf dem Screen. Durch Zusatz von NOCONSOLE kann die Ausgabe auf dem Screen verhindert werden.

REPORT FORM adress TO PRINTER PROMPT NOCONSOLE

Vor dem Ausdruck wird ein Vorauswahlfenster geöffnet, um die Anzahl der zu druckenden Exemplare, Seiten und den Drucker zu bestimmen. NOCONSOLE s.o.

10.2.1   Berichtsvorschau in ein selbstdefiniertes Fenster-Objekt leiten

Wenn Sie die Standard-Berichtsvorschau von VFP in Ihre Anwendung einbinden, haben Sie leider nur recht wenig Möglichkeiten, Ihren Anwendern zu ermöglichen, diese Vorschau individuell einzurichten. Mindestens aber sollten

Sie davon Gebrauch machen, dass Sie die Vorschau, die VFP generiert, in ein eigenes Fenster legen können. Dazu muss dieses zuerst mit dem (etwas altmodischen) DEFINE WINDOW-Befehl definiert werden. Dieser Befehl wiederum erlaubt es Ihnen, das definierte Fenster als Objekt so anzulegen, dass Sie dessen Eigenschaften verändern können, gerade so als handle es sich um ein normales Visual FoxPro-Formular. Der Code dafür könnte folgendermaßen aussehen:

```
*Schritt 1: ******************************************
*Einstellungen in DefineWindow-Befehlssyntax
DEFINE WINDOW mywindow ;
    FROM 0,0 TO 20,20 ;
    NAME oMyWindowObject ❶ ;
    TITLE "Daten-Ausgabe" ;
    SYSTEM GROW FLOAT CLOSE ZOOM MINIMIZE ❷
    *Grundsätzlich auch ausgelassen werden könnten die letzten
    *2 Zeilen, weil sie auch im Schritt 2 definierbar sind.

*Schritt 2: ******************************************
*Einstellungen des Fensters als Objekteigenschaften
LOCAL lcDist
lcDist = 23
WITH oMyWindowObject ❸
    *Hier als Beispiel wird das Fenster so groß gemacht,
    *dass es die aktuelle Screen-Größe nach Abzug
    *eines bestimmten Rands ausfüllt.
    .Caption = 'Daten-Ausgabe'
    .Top = lcDist
    .Left = lcDist
    .Width = _Screen.Width − .Left − lcDist
    .Height = _Screen.height − .Top − (lcDist*2)
ENDWITH

*Schritt 3: ******************************************
*Eigentlicher Report-Befehl unter Angabe des Windows.
REPORT FORM reports\adress PREVIEW WINDOW MyWindow ❹
```

❶ Mit der Name-Klausel wird der Fensterdefinition ein Objektname zugewiesen, unter dem auf das Fenster wie auf ein Formular-Objekt referenziert werden kann.

❷ Folgende Klauseln des DEFINE WINDOW-Befehls entsprechen folgenden Formular-Eigenschaften:

TITLE   Caption-Eigenschaft

CLOSE   Closable-Eigenschaft

FLOAT   Movable-Eigenschaft

ZOOM   MaxButton-Eigenschaft

MINIMIZE   MinButton-Eigenschaft

GROW   BorderStyle-Eigenschaft auf 3 = Formular kann in der Größe verändert werden

❸ Das Einschließen bestimmter Befehlszeilen in WITH mit Angabe eines Objekts und ENDWITH bewirkt, dass alle dazwischenliegenden Zeilen sich auf das angegebene Objekt beziehen. Wann immer in diesen Zeilen ein Punkt vor einem Wort gefunden wird, wird dies als die Fortsetzung der bei WITH angegebenen Objektreferenz verstanden. Es hätte hier also genauso gut jede Zeile mit oMyWindowObject beginnen können.

❹ Die WINDOW-Angabe in Verbindung mit der PREVIEW-Klausel bewirkt, dass die Vorschau in das hier angegebene benutzerdefinierte Fenster (=Formular) geleitet wird.

Weitere Informationen zum Thema Berichte, insbesondere über Berechnungen in Berichten, Formatierung von numerischen Ausdrücken, Gruppen und Gruppensummen sowie Hinweise auf weitere Report-Tools, die die Möglichkeiten des FoxPro-Berichts-Designers erweitern, finden Sie im Teil B, Kap. 14 Berichte (II): Summen, Gruppen, Erweiterungen. Sie können dieses Kapitel entsprechend Ihren Erfordernissen auch an der aktuellen Stelle einschubweise behandeln.

KAPITEL 11

11 Weitere Elemente der Anwendung und erste EXE

Wir haben nun die Arbeit mit Daten und mit Formularen kennen gelernt, Klassen erzeugt und verwendet und die Daten im Bericht angezeigt. Einige Elemente fehlen uns jedoch noch zu einer Standard-Windows-Anwendung. Der Anwender ist gewohnt, dass sie über

✔ eine Toolbar,

✔ ein Anwendungsmenü,

✔ ein anwendungstypisch gestaltetes Hauptfenster (im Bezug auf Titel, Icon, Hintergrund etc.)

verfügt. Diese Elemente wollen wir nun noch kennen lernen und sie dann erstmalig zu einer vollständigen Anwendung zusammenfügen. Daraus soll eine ausführbare Datei (EXE) erzeugt und für die Distribution fertiggestellt werden.

11.1 Erzeugen einer eigenen Toolbar

Unserer Anwendung fehlt bis jetzt noch die eigene Anwendungs-Toolbar. Um sie zu erzeugen, wollen wir zuerst eine Toolbar-Klasse definieren.

11.1.1 Toolbar-Klasse erzeugen

Vorarbeit: Button-Klasse

Sofern Sie dies noch nicht getan haben, erzeugen Sie eine Klasse Cmd aus der Basisklasse CommandButton in ihrer Klassenbibliothek MyControls.

Anschließend erzeugen Sie aus dieser Klasse eine Ableitung CmdTbr: Sie soll uns als Toolbar-Button dienen.

✔ Setzen Sie dessen Größe auf 24*24 (Eigenschaften Height und Width).

✔ Leeren Sie den Eintrag in der Eigenschaft Caption. Dann schließen Sie die Klasse wieder.

Nur in VFP7
✔ Setzen Sie die Eigenschaft SpecialEffect auf 2 (=Hot tracking). Dies bewirkt das von Office-Toolbars typisch gewohnte Verhalten, wo der Rahmen eines Buttons erst sichtbar wird, wenn der Mauszeiger darüber bewegt wird.

Seit VFP6 werden Buttons aus der CommandButton-Basisklasse automatisch beim Einfügen in eine Toolbar so formatiert, nicht jedoch, wenn es sich um eine eigene Ableitung handelt. Wir wollen grundsätzlich mit eigenen Ableitungen arbeiten.

Toolbar-Klasse

Die Toolbar-Klasse soll basieren auf der eigenen Toolbar-Basisklasse, die wir im Kap. 9.8.1 (*1. Projektübergreifende eigene Basisklassen-Klassenbibliothek für sichtbare Objekte*) angelegt haben oder jetzt dort anlegen – eine einfache Ableitung der Basisklasse Toolbar mit dem Namen Tbr.

Nun müssen wir daraus eine projektspezifische Ableitung erzeugen, die über all die Buttons verfügt, die in dieser Anwendung in der Toolbar enthalten sein sollen.

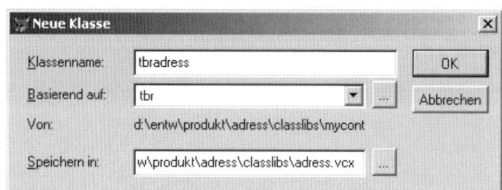

Wir wollen diese neue Toolbar-Klasse *nicht* in die projektübergreifende Klassenbibliothek MyControls speichern, sondern dafür eine neue, projektspezifische Klassenbibliothek anlegen, die, wenn es davon nur eine gibt, so heißen kann wie das Projekt selbst.

Buttons: Nun können wir die Toolbar füllen. Die Größe der Toolbar passt sich automatisch an, wir müssen lediglich die Elemente einfügen (Drag and Drop der Klasse CmdTbr aus der Bibliothek MyControls)

Trennzeichen: Wenn Sie zwischen zwei Buttons einen Zwischenraum wünschen, steht dafür die einfache Basisklasse Separator zur Verfügung. Platzieren Sie den Separator zwischen die beiden Buttons, die getrennt werden müssen. Seit VFP7 existiert in der Separator-Basisklasse die Style-Eigenschaft. Mit dem Wert 1 (*Vertikale Führungslinie*) wird das in Office typische Aussehen der Toolbars verwendet. Diese Eigenschaft ist die Entsprechung zur Button-Eigenschaft SpecialEffect 2 (*Hot Tracking*, s.o.). Sind die Begrenzungen der Buttons nicht vorhanden, weil die Buttons sich erst mit der Mausbewegung erheben, muss der Zwischenraum, der die Buttons gruppiert, anderweitig erzeugt werden. Dazu dient diese Eigenschaft.

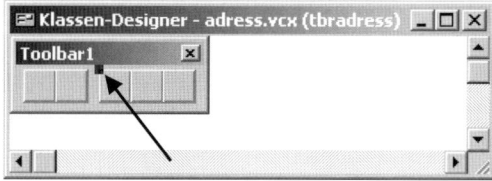

Verwalten von Grafiken im Projekt

Unbedingt sollten Sie die Grafiken, die Sie in Ihrer Anwendung benötigen, in den Projektpfad kopieren und nur die Grafiken aus diesem Pfad verwenden. Ansonsten würde ein fester Pfadname in das Eigenschaften-Fenster geschrieben. Dieser aber führt später zu erheblichen Problemen. Es dürfen nur relative Pfadnamen intern abgespeichert werden.

Sie finden eine Sammlung von Bitmaps und Icons im Verzeichnis

[C:\PROGRAMME\]…\MICROSOFT VISUAL FOXPRO 7\GRAPHICS

Kopieren Sie für unser Beispiel die Unterverzeichnisse

BITMAPS →

ICONS   →

CURSORS→

→ in ein neues Unterverzeichnis Ihres Projektpfades: GRAPHICS.

(Da dies bei VFP7 insgesamt 824 Dateien sind, wurden im Beispielprojekt nur einige ausgewählt.)

Sie müssen zwei verschiedene Verwendungen v

on Grafiken unterscheiden:

1. Grafiken, die später mitkompiliert und darum nicht ausgeliefert werden müssen: üblicherweise solche, die in die dafür vorgesehenen Eigenschaften eingetragen wurden (Picture und Icon). Ich empfehle, so verwendete Grafikdateien in Unterverzeichnissen des Graphics-Pfades zu belassen, sodass sie beim Zusammenstellen der Auslieferungsdateien später leicht entfernt werden können.

2. Grafiken, die mit ausgeliefert werden und nicht mitkompiliert werden: dies sind häufig solche, die Sie programmatisch ansprechen (z.B. Wechseln der Grafik bei verschiedenen Zuständen Ihres Programms). Ich empfehle, solche Dateien im Stammpfad des projekteigenen Graphics-Verzeichnisses zu belassen.

Im vorliegenden Beispiel handelt es sich um die erste Verwendungsart.

Transparente Grafiken

VFP stellt uns eine ganze Fülle von Grafiken zur Verfügung, doch leider gibt es keine transparenten Bitmaps im BMP-Format. Die Tatsache, dass es in BMPs keine Farbe *transparent* (d.h. unsichtbar) gibt, löst VFP so, dass die Farbe *weiß* in den Bitmaps als unsichtbar angesehen wird. Möchten Sie dennoch die Farbe *weiß* in Ihren Grafiken haben, können Sie auch für die Grafik eine Schablone oder *Maske* erzeugen:

Öffnen Sie die Bitmap mit einem entsprechenden Bildbearbeitungstool, färben Sie alles ein, was später weiß sein soll und speichern Sie diese unter dem *gleichen Namen*, aber mit der Endung MSK ab. Windows Paint hängt leider gerne an die Datei zusätzlich noch die Endung BMP an (z.B. BITMAP.MSK.BMP). In diesem Fall müssen Sie diese Endung wieder löschen. Die MSK-Datei muss dann im gleichen Verzeichnis liegen wie die gleichnamige BMP-Datei.

Wenn VFP jetzt neben der in der Picture-Eigenschaft angegebenen BMP-Datei eine gleichnamige MSK-Datei findet, werden nur noch die weißen Stellen unsichtbar, die auch in der Maske weiß sind.

Einfügen der Grafiken in die Toolbar-Buttons

Die Picture-Eigenschaft des Buttons ist für die Darstellung einer Grafik zuständig. Beachten Sie dabei, dass, wenn Sie zusätzlich auch mit einer gefüllten Caption arbeiten, die Grafik nach oben gedrückt wird (ist nur bei größeren Buttons möglich).

Sie können mit einem Doppelklick auf die Picture-Eigenschaft im Eigenschaften-Fenster den Graphik-Dialog aufrufen, um die Grafik einzutragen. Dabei wird in die Eigenschaft *scheinbar* ein voller Dateiname zu der ausgewählten Graphik-Datei eingetragen. Scheinbar deswegen, weil dieser volle Dateiname zwar im Eigenschaften-Fenster *angezeigt* wird, aber nicht in der VCX- bzw. SCX-Datei eingetragen wird. Dort erscheint lediglich der *relative Pfadname*, wie z.B.

..\GRAPHICS\ICONS\ELEMENTS\EARTH.ICO.

Dies muss auch unbedingt so sein! Gelangt ein absoluter Pfadname in die VCX- bzw. SCX-Datei, führt dies später zu erheblichen Problemen! Darum:

ACHTUNG   Achten Sie unbedingt darauf, dass Sie die Grafik wirklich aus dem Grafik-Unterverzeichnis Ihres Projektpfades und aus keiner anderen Stelle holen.

Weisen Sie auf diese Art den Buttons entsprechende Bitmaps zu.

11.1.2   Toolbar instanziieren

```
SET CLASSLIB TO classlibs\adress

oTbr = CREATEOBJECT('TbrAdress')    Erzeugen der Toolbar

oTbr.Show                           Anzeigen der Toolbar

oTbr.Dock(0)                        Andocken der Toolbar oben

oTbr.Dock(1)                        Andocken der Toolbar links

oTbr.Dock(2)                        Andocken der Toolbar rechts

oTbr.Dock(3)                        Andocken der Toolbar unten
```

oTbr.Dock(-1)	Ausdocken der Toolbar
oTbr.Left = 300	Zuweisen der Position im ausgedocktem Zustand.

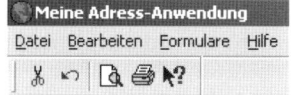

11.2 Erstellen eines Anwendungsmenüs

Auch das Menü ist, ähnlich wie der Report, selbst unter VFP7 *nicht objektorientiert* gestaltet und arbeitet vom Grundzug hier genauso wie unter FPW2.6. Ich möchte mich auf eine knappe Einführung beschränken.

Aus der nicht objektorientierten Konzeption heraus ergibt sich folgende Arbeitsweise (ähnlich wie es unter FPW2.6 auch mit dem ‚Screen' (jetzt Formular) geschah):

1. Man erzeugt in einem Designer das Menü. Diese Designer-Datei ist eine Tabelle, die aber nie ausgeführt wird (es gibt keinen DO MENU-Befehl, der so arbeitet wie der DO FORM-Befehl).

2. Statt dessen dient diese Menüentwurfstabelle lediglich als Vorlage für ein Menügenerierungsprogramm, das daraus ein Menüprogramm macht, welches für jeden Menüeintrag, der im Menü-Designer entworfen wurde, einen entsprechenden Befehl enthält.

3. Wenn das Menüprogramm ausgeführt wird, werden diese Befehle ausgeführt und das Menü so Stück für Stück aufgebaut.

11.2.1 Menüentwurf im Menü-Designer

Wählen Sie auf der Registerkarte ANDERE im Projekt-Manager *Menüs* aus und betätigen den NEU-Button. Im sich öffnenden Menü-Designer tragen Sie die gewünschten Menüpunkte ein.

\<	steht für einen Shortcut
\-	steht für eine Linie

Untermenüs

Mit dem Erstellen-Button neben einem Menüeintrag bewegen Sie sich eine Menüebene tiefer, und die Bezeichnung (z.B. *Hilfe*) erscheint unter *Menüebene* im rechten Teil des Entwurfsfensters. Nun können Sie das Untermenü entwerfen. Um zurück zu wechseln, wählen Sie dort wiederum *Menüleiste* aus.

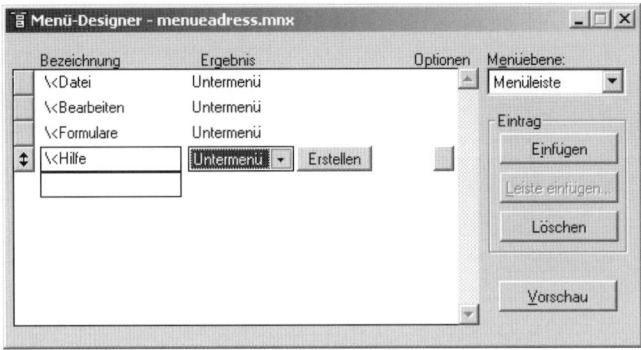

Befehle

Unter *Ergebnis* können Sie statt Untermenü auch *Befehl* auswählen. Dies wollen wir im Untermenü *Formulare* tun, um zwei Einträge zu erzeugen:

\<Adressen	Befehl	DO FORM forms\adress
Adress-\<Typen	Befehl	DO FORM forms\adrtyp

Systemmenüleisten

Im Untermenü BEARBEITEN wollen wir Systemmenüleisten einfügen. Dies sind Menüpunkte, die Teil des FoxPro-Systemmenüs sind. Die gesamte Funktion (einschließlich Aktivieren und Deaktivieren des Menüpunkts) wird dabei mit eingebunden.

Um Systemmenüleisten einzufügen, klicken Sie auf *Leisten* im rechten Teil des Menü-Designers.

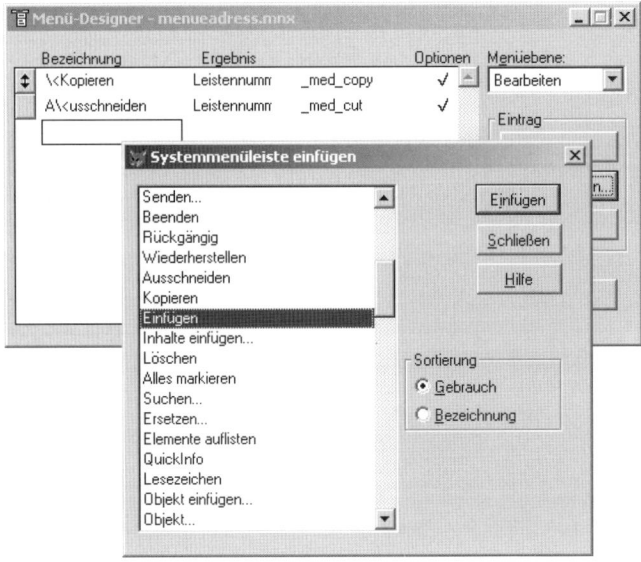

11.2.2 Erzeugen des Menüs

Wenn der Entwurf soweit fertig ist, können wir uns an den zweiten Schritt machen: das Generieren des Menüprogramms. Wählen Sie dazu im Hauptmenü den Menüpunkt MENÜ und dort *generieren*.

Sie werden zuerst aufgefordert, ihren Menüentwurf zu speichern. Legen Sie hierzu wieder ein entsprechendes Unterverzeichnis MENUES an und speichern Sie das Menü z.B. unter dem Namen ADRESSMENUE.

Anschließend wird der Name der Ausgabedatei erzeugt und vorgeschlagen (gleicher Name wie die Entwurfsdatei mit der Endung MPR). Bestätigen Sie diese.

Nun können wir das Menü erzeugen, indem wir diese Ausgabedatei ausführen:

```
DO menues\adressmenue.Mpr
```

Testen Sie Ihr Menü. Anschließend rufen Sie wieder Ihr ursprüngliches Menü auf mit

```
SET SYSMENU TO DEFAULT
```

Diesen letzten Befehl können, Sie vorerst auch in Ihr eigenes Menü unter dem Punkt DATEI | BEENDEN als Befehl einbauen.

Denken Sie daran, dass Sie nach jeder Änderung des Menüs im Menü-Designer das Menüprogramm neu generieren müssen.

Um schneller vorgehen zu können wählen Sie entweder VORSCHAU oder klicken Sie auf AUSFÜHREN bei markiertem Menü im Projekt-Manager.

11.3 Gestalten des Hauptfensters

Das Hauptfenster von FoxPro, das in Ihrer Anwendung zum Hauptfenster der eigenen Applikation wird, kann sehr einfach modifiziert werden, weil es als Objekt anzusprechen ist. Wie Systemvariablen (Variablen, die unmittelbar zu FoxPro gehören und nicht mit CLEAR ALL gelöscht werden) jeweils mit Unterstrich beginnen (z.B. _tally), so ist der Screen ebenfalls eine Systemvariable (d.h. hier: ein System-Objekt), erkennbar am beginnenden Unterstrich im Namen:

```
_screen
```

In der Hilfe finden Sie sämtliche Eigenschaften und Methoden des Screen-Objekts. Zur Anpassung für die eigene Anwendung wären folgende Einstellungen denkbar:

```
_screen.Caption    = "Meine Adressverwaltung"
_screen.Icon       = "GRAPHICS\ICONS\ELEMENTS\EARTH.ICO"
_screen.Backcolor  = RGB(255,255,128)
_screen.Picture    = ... (hier könnten Sie ein Hintergrundbild für Ihre
                         Anwendung angeben)
```

11.4   Einfaches Hauptprogramm und Kompilierung der EXE-Datei

11.4.1   Aufgabe des Hauptprogramms und Code

Das Hauptprogramm unserer Anwendung ist das Programm, das als Erstes ausgeführt wird, wenn die aus dem Projekt zu generierende EXE gestartet wird, die Anwendung aufbaut und die Benutzeroberfläche für den Benutzer freigibt. Es muss also die wesentlichen Elemente, die wir bereits kennen gelernt haben, aufbauen. Nach Ablauf des Programms müssen diese Veränderungen wieder rückgängig gemacht werden, damit in der Entwicklungsumgebung weitergearbeitet werden kann. Der Code könnte in einem einfachen Fall wie folgt aussehen:

```
*Toolbar
SET CLASSLIB TO classlibs\adress, classlibs\mycontrols ❶
oTbr = CREATEOBJECT('TbrAdress')
oTbr.Dock(0)    &&Andocken der Toolbar oben
oTbr.Show       &&Anzeigen der Toolbar

*Menü
DO menues\menueadress.mpr

*Screen
PUBLIC gcScreenCaption,gcScreenIcon ❷
gcScreenCaption = _screen.caption
gcScreenIcon    = _screen.icon
gnScreenBackcolor = _screen.backcolor

_screen.caption = 'Mein Adressenprogramm'
_screen.icon    = 'graphics\icons\elemens\earth.ico'
_screen.backcolor = RGB(255,255,128)

********************
READ EVENTS ◆
********************

*Screen zurücksetzen
_screen.caption = gcScreenCaption
_screen.Icon    = gcScreenIcon
_screen.Backcolor = gnScreenBackcolor

*Menü zurücksetzen
SET SYSMENU TO DEFAULT

*Toolbar löschen
RELEASE oTbr ❸

*Alle Variablen löschen
RELEASE ALL EXTENDED ❹
```

❶ Wir setzen hier von vornherein beide Klassenbibliotheken, da sie im späteren Verlauf der Anwendung benötigt werden.

❷ Damit die Variablen allgemein verfügbar sind, werden sie mit PUBLIC als globale Variablen gesetzt (siehe Kap. 26.1.5 *Geltungsbereiche von Variablen*).

❸ Mit RELEASE kann eine Variable aus dem Speicher entfernt werden. Diese Zeile wäre nicht unbedingt nötig, weil sie im nächsten Befehl ohnehin mit eingeschlossen ist.

❹ RELEASE ALL im Befehlsfenster löscht alle Variablen; im Programm löscht es die globalen Variablen nicht und benötigt dafür noch den Zusatz EXTENDED.

Wir verwenden also das gleiche Programm, um die Anwendungsumgebung aufzubauen und wieder abzubauen. Dazwischen, d h. zum Zeitpunkt, da die Benutzeroberfläche dem Anwender übergeben werden soll (◆), steht der zentrale Befehl

```
READ EVENTS
```

Er bezeichnet den Beginn der *Ereignisverarbeitung*. Anders gesagt, hier wartet das Programm nun auf Benutzereingaben. Es wartet darauf, dass nun irgendwelche Events angestoßen werden – darum READ EVENTS.

Würden Sie nirgends in Ihrem Programm den gegenteiligen Befehl zum Beenden der Ereignisverarbeitung gesetzt haben (CLEAR EVENTS), könnten Sie FoxPro nur noch über den Taskmanager *abschießen*. In unserem einfachen Fall können wir den Clear Events in unserem Menü auf den BEENDEN-Button setzen (anstelle von SET SYSMENU TO DEFAULT).

Speichern Sie das Main-Programm unter

PRGS\MAIN.PRG

Testlauf

Nun können Sie ihre Anwendung testen, indem Sie das neue Main-Programm ausführen.

11.4.2 Anwendung kompilieren

Hauptprogramm als Hauptdatei erklären

Hauptprogramm bedeutet, dass dies das erste Programm ist, das beim Ausführen der aus dem Projekt erzeugten Anwendung oder EXE ausgeführt wird. Momentan ist das Formular adress als Hauptprogramm deklariert (= im Projekt-Manager fett angezeigt), da es als Erstes von uns erzeugt worden war.

Klicken Sie im Projekt-Manager das MAIN.PRG (unter code) mit der rechten Maustaste an und wählen Sie HAUPTDATEI.

Die Dateien der Anwendung

Nun steht nichts mehr im Wege, aus dem Projekt eine Anwendung/EXE zu kompilieren. Dabei werden sämtliche Dateien des Projekts in eine einzige Datei kompiliert. Ausnahme sind die als *ausgeschlossen* markierten Dateien. Dies ist erkennbar an dem kleinen durchgestrichenen Kreis im Projekt-Manager. Üblicherweise werden Tabellen natürlich nicht mitkompiliert (denn dann wären sie nicht mehr veränderbar). Bei Reports müssen Sie entscheiden, ob Sie sie mitkompilieren wollen, andernfalls müssen die Reportdateien später mit ausgeliefert werden.

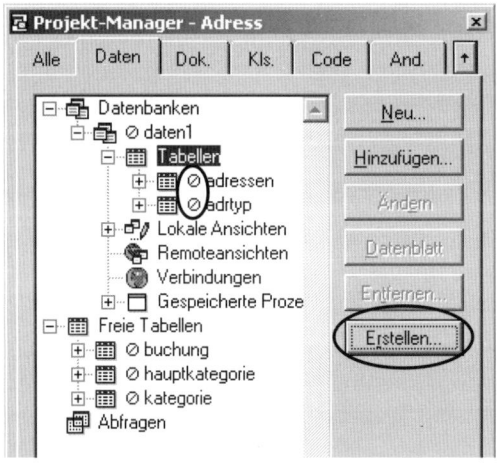

Kompilieren als …

Wenn wir nun das Projekt kompilieren wollen, müssen wir entscheiden, als was. Es stehen uns als Möglichkeiten zur Verfügung:

✔ **Projekt:** Wenn Sie lediglich das Projekt neu erstellen, werden alle von bestimmten Projektelementen aufgerufenen und benötigten Dateien (incl. Bitmaps und anderen) ins Projekt aufgenommen. Es wird aber keine Datei daraus, die sie in FoxPro ausführen können. Sie müssen weiterhin das Hauptprogramm ausführen, das die anderen Dateien selbst aufruft.

✔ **Anwendung (App):** Dies ist eine kompilierte Datei mit der Endung APP. Sie kann nur innerhalb von FoxPro ausgeführt werden oder durch Aufruf einer von FoxPro kompilierten EXE.

✔ **Ausführbarer Win32/COM-Server (EXE):** Diese Bezeichnung (ab VFP6, SP3 – dort zu allem Überfluss auch noch abgeschnitten, sodass das Wort »EXE« nicht mehr zu lesen ist) ist irreführend, da wir momentan überhaupt keinen COM-Server erzeugen wollen. Diese Option ist hingegen auszuwählen für jede Art von EXE. die erzeugt werden soll. Das typische einer EXE-Datei ist, dass sie auch ohne die FoxPro-Entwicklungsumgebung ausgeführt wird (man kann sie allerdings genauso gut vom Befehlsfenster aus starten). EXE (*executable*) heißt ja übersetzt zu Deutsch *ausführbare Datei*. Achtung: Da FoxPro kein »Native Compiler« ist, benötigt diese EXE trotzdem in jedem Fall auf der Maschine, wo sie ausgeführt werden soll, die VFP7-Runtime-Bibliotheken, die mit dem Installationsprogramm (siehe Kap. 12 *Distribution der Anwendung*) dort installiert und registriert werden.

✔ **Single-Thread-/Multi-Thread-COM-Server:** Dies ist eine DLL, eine Datei also, die für verschiedene Anwendungen zur Verfügung steht und meist im Hintergrund in den Speicher geladen wird. Diese Option ist für die aktuelle Anwendung so nicht möglich/sinnvoll (siehe dazu Kap. 16.2 *VFP als COM-Server/Kompilieren und Registrieren der DLL*)

Wählen wir *EXE erstellen* und bestätigen den Dateinamen ADRESS.EXE. Er wird erzeugt aus dem Namen des Projekts mit der Endung EXE.

Testlauf

Beenden Sie FoxPro und starten Sie die Anwendung vom Windows-Arbeitsplatz.

11.4.3 Ergänzungen

Erweiterung des Hauptprogramms: ON SHUTDOWN

Wenn Sie die so gestartete Anwendung nun über das Menü verlassen, dürfte sie ordnungsgemäß geschlossen werden. Tun Sie es allerdings, indem Sie das Fenster schließen (![x] -Button), erhalten Sie die Meldung:

FoxPro befindet sich im READ EVENTS und kann damit nicht geschlossen werden. Wir müssen nun FoxPro veranlassen, in dem Moment, da es beendet werden soll, ebenfalls CLEAR EVENTS- aufzurufen.

Was FoxPro tun soll, wenn Sie auf die erwähnte Weise eine Anwendung beenden, können Sie angeben durch

```
ON SHUTDOWN Befehl
```

Was zu tun ist, ist zweierlei

1. CLEAR EVENTS

2. die ON SHUTDOWN-Definition wieder zurücksetzen (ON SHUTDOWN ohne weiteren Zusatz)

Wir hängen also an unser Hauptprogramm noch eine Funktion an, die z.B. AppQuit heißen könnte. Den Aufruf von AppQuit beim Beenden der Anwendung definieren wir

✔ *vor* dem READ EVENTS mit der Zeile ON SHUTDOWN AppQuit()

✔ im Menüpunkt BEENDEN im Menüentwurf.

Die Funktion am Ende des Hauptprogramms müsste lauten:

```
FUNCTION AppQuit
   CLEAR EVENTS
   ON SHUTDOWN
ENDFUNC
```

Testlauf

Kompilieren Sie Ihre EXE neu, beenden Sie FoxPro, starten Sie die EXE und testen Sie das Beenden der Anwendung.

Anwendungs-Icon und andere Projekteinstellungen

Nun noch ein kleine Verschönerung: keine Anwendung ohne eigenes Icon! Sie können das Icon in der Anwendung mit kompilieren, das dann automatisch z.B. zur Anzeige von Verknüpfungen auf die entsprechende Anwendung verwendet wird oder für die Anzeige der EXE im Arbeitsplatz.

Dazu machen Sie die notwendigen Angaben im Dialog PROJEKTINFORMATION. Zum Aufrufen wählen Sie entweder PROJEKTINFO im Menü PROJEKT oder rechter Mausklick in einen grauen Bereich im Projekt.

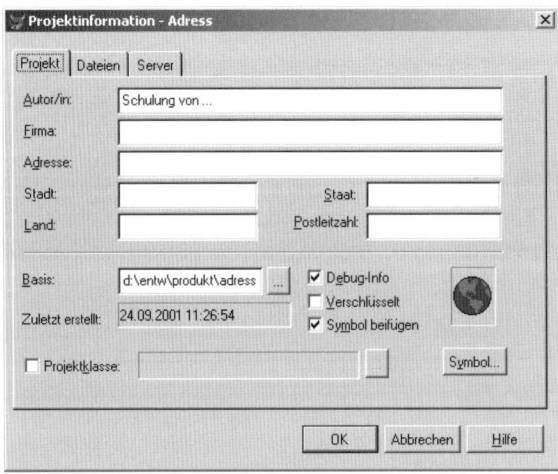

Klicken Sie SYMBOL BEIFÜGEN an und wählen Sie das Symbol aus – üblicherweise das gleiche Symbol, wie Sie es für das Hauptfenster der Anwendung verwendet haben (_screen.Icon).

KAPITEL 12

12 Distribution der Anwendung

Unsere einfache Anwendung ist nun so weit, dass wir daran testen können, was alles notwendig ist, um eine Anwendung auslieferungsfähig zu machen.

12.1 Testen der auslieferungsfertigen Version

Bevor wir ein Setup-Programm erzeugen können, wollen wir unsere auslieferungsfähige Version vorbereiten.

12.1.1 Ordner für Auslieferungsdateien

Als Erstes legen wir einen Pfad an, in den wir alle Dateien der Anwendung hineinkopieren, die beim Anwender installiert werden müssen. Eine empfehlenswerte Methode besteht darin, parallel zum Produktverzeichnis ein Verzeichnis der Versionen anzulegen wie:

\ENTW\VERSIONEN\ADRESS[1]\100[2]\SOURCE[3]

[1] Name der Anwendung

[2] Versionsnummer

[3] Pfad für die Echtdaten der Anwendung in dieser Version, so wie sie beim Anwender installiert werden (ein weiteres Unterverzeichnis für die Installationsdateien wird weiter unten angelegt). In dieses Verzeichnis wären die Anwendungsdateien zu kopieren.

12.1.2 Dateien zusammenstellen

Welche Dateien müssen nun ausgewählt werden? Grundsätzlich alles, was nicht mitkompiliert worden ist. Hier bewährt sich nun unsere Unterordnerstruktur:

~~Classlibs*.*~~

Data*.*

~~Forms*.*~~

Graphics*.*   siehe in Kap. 11.1.1 unter *Verwalten von Grafiken im Projekt*

~~Graphics\Icons*.*~~

~~Graphics\Bitmaps*.*~~

~~Includes*.*~~

Menues*.*

Prgs*.*

Reports*.*   sofern Berichte nicht mitkompiliert wurden

abc.EXE

abc.PJT   Projekt ist nur für Entwicklungszeit wichtig

abc.PJX

FoxUser.DBF   FoxUser.Dbf/Fpt werden automatisch von

FoxUser.FPT   VFP erzeugt und können gelöscht werden

Wenn Sie die Dateien so in Ihr Source-Verzeichnis kopiert haben, testen Sie die Anwendung darin, indem Sie die EXE von dort ohne FoxPro starten.

12.2   Erzeugen eines Setup-Programms

Die Anwendungsdateien dürfen jedoch, auch wenn dieser Test schließlich einwandfrei funktioniert, nicht nur 1:1 auf den Rechner des Anwenders kopiert werden, da bei ihm auch die FoxPro-Runtime-Dateien installiert und registriert werden müssen. Dies erledigt ein Setup-Programm, das auf unterschiedliche Art und Weise erstellt werden kann:

Nur in VFP7

✔ Die im Lieferumfang von VFP7 enthaltene VFP-spezifische Version des InstallShield Express der InstallShield Software Corporation (www.installshield.com): Dies ist eine Light-Version des umfangreichen aber auch komplexer zu bedienenden Klassikers InstallShield Professional. Vergessen Sie nicht, den InstallShield Express ausdrücklich zu installieren (Option bei der Installation von VFP über CD im AutoRun-Bildschirm).

✔ Der Visual Studio Installer (VSI) – zum Download verfügbar auf der Website von Microsoft.: InstallShield bietet allerdings eine weit angenehmere Oberfläche und enthält Funktionalitäten, die der Visual Studio Installer missen lässt.

✔ Es gibt ebenfalls andere Drittanbieter, darunter verbreitet der Wyse-Installer.

Bei allen drei Fällen wird eine MSI (Microsoft Installer)-Datei erzeugt, die gegenüber früheren EXE-Setup-Programmen wesentliche Vorteile bringt. Informationen über den Gebrauch von MSI zum Installieren von VFP-Anwendungen sind zu finden unter http://msdn.microsoft.com/library/techart/usingvsi.htm.

Sollten Sie noch mit VFP6 arbeiten, müssen Sie den etwas veralteten Setup-Wizard gebrauchen und dabei unbedingt sicherstellen, dass Sie das aktuelle

Service Pack installiert haben, da in vorherigen Versionen von VFP6 erhebliche Probleme damit aufgetaucht sind.

Wir wollen uns hier im Folgenden auf die erste Variante konzentrieren.

12.2.1 Erstellen eines neuen InstallShield-Projektes

Bevor Sie mit der Arbeit beginnen, schließen Sie VFP und starten Sie InstallShield Express über Windows-START | PROGRAMME | INSTALLSHIELD | »Express – Visual FoxPro Limited Edition«. InstallShield ist ein unabhängiges Programm und wird nicht wie der Setup-Wizard von VFP6 aus Visual FoxPro heraus gestartet.

Erstellen Sie ein neues InstallShield-Projekt mit *Create a new project*. Wählen Sie das *Blank Setup Project* aus, geben das Verzeichnis und den Namen (z. B. \ENTW\SETUPS\ADRESS.ISM) sowie die Sprache des neuen Projektes ein und betätigen den CREATE-Button. Dieser Vorgang dauert einen Moment.

12.2.2 Schritte zur Erstellung des Setup

Im linken Fenster werden nun die einzelnen Schritte zur Erstellung des Setups anzeigt, im rechten Fenster die Einstellungen des jeweils ausgewählten Schrittes. Im Folgenden werden wir nur die für uns notwendigsten Einstellungen und Veränderungen betrachten, bei den anderen Optionen reicht uns die Standard-Einstellung. Alle bearbeiteten Schritte werden automatisch mit einem roten Häkchen versehen.

❶ Organize Your Setup

Hier geht es um die grundlegenden Einstellungen des neu erstellten Install-Shield-Projekts.

General Information

Neben möglichen Eintragungen für Autor, Publisher, Internetadressen für Support und Updates usw. sind für uns hier besonders vier Einstellungen wichtig:

✔ Product Name: Dieser Name erscheint als Produktname hinterher in allen Dialogen während der Installation. Hier tragen wir *Adress* (oder einen gefälligeren Anwendungsnamen) ein.

✔ INSTALLDIR: Hier geben wir den Pfad ein, in den unser Programm auf dem Zielrechner standardmäßig installiert werden soll. Durch Doppelklick auf das Eingabefeld öffnet sich eine ComboBox, in der verschiedene Standardverzeichnisse ausgewählt werden können. Hilfreich ist die Möglichkeit, mit Platzhaltern – hier [ProgramFilesFolder] – zu arbeiten, die automatisch bei der Installation durch die jeweils dafür auf dem Zielrechner verwendeten Pfade ersetzt werden (hier: durch das Standard-Programm-Verzeichniss). Unser Eintrag lautet: [ProgramFilesFolder]\MyCompany\Adress.

✔ DATABASEDIR: Das Datenverzeichnis ist standardmäßig ein Unterverzeichnis von INSTALLDIR, also bei uns: [INSTALLDIR]\Data

✔ Mit den *Disable … Button* lässt sich einstellen, ob ein Benutzer später eine Installation ändern, entfernen und reparieren kann. Für uns genügt die Möglichkeit der späteren Deinstallation, sodass wir *Disable Change Button* und *Disable Repair Button* auf *Yes* setzen, *Disable Remove Button* auf *No* (Doppelklick auf Eingabefeld öffnet wieder ComboBox).

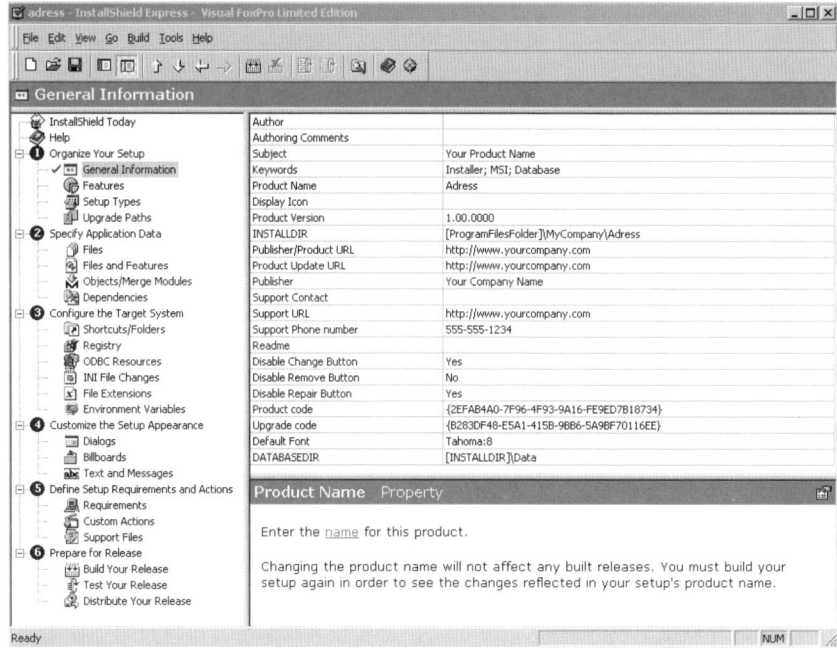

Setup Types

Hat man verschiedene Installationsprofile zur Verfügung, kann man hier eine Zuordnung vornehmen. In unserem einfachen Beispiel beschränken wir uns auf die Möglichkeit der *Standard*-Installation und deaktivieren die Setup Types *Minimal* und *Angepasst*.

❷ Specify Application Data

In diesem Schritt stellen wir uns die zur Installation notwendigen Ordner und Dateien zusammen.

Files

Wir sehen im rechten Fenster die Ordner und Dateien sowohl unseres Rechners (oben) wie auch die des Zielcomputers (unten) und können nun per Drag and Drop auf diesem unsere gewünschte Verzeichnisstruktur anlegen. Durch Rechtsklick auf *Destination Computer* und *Show predefined Folder* erstellen wir zunächst den Ordner INSTALLDIR. Dann übernehmen wir in diesen sowohl die Datei ADRESS.EXE als auch die Ordner DATA, GRAPHICS und REPORTS aus dem Verzeichnis \ENTW\VERSIONEN\ADRESS\100\SOURCE UNSERES RECHNERS.

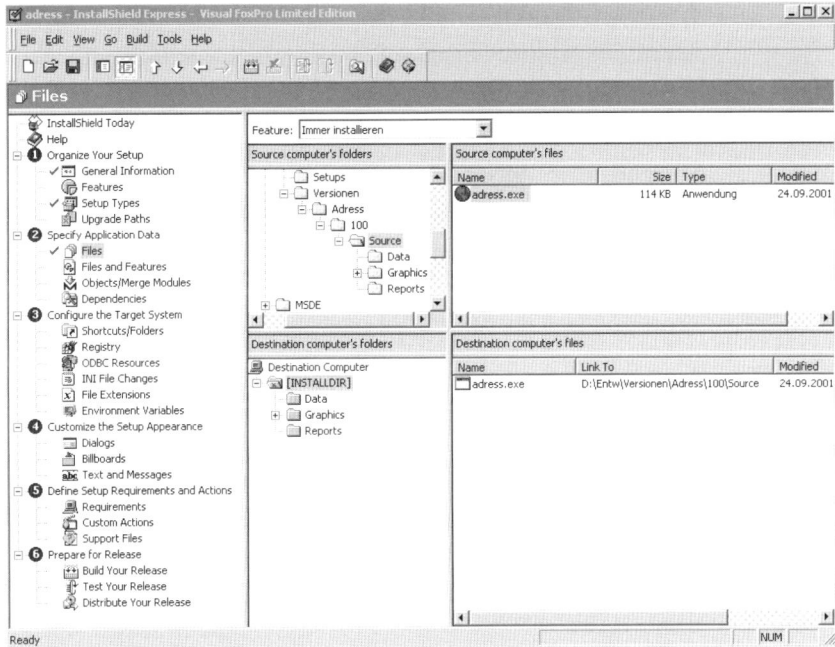

Objects/Merge Modules

Um auf einem anderen Computer unser Programm auch benutzen zu können, wenn dort VFP7 nicht installiert ist, müssen wir in diesem Schritt zumindest alle 3 »Microsoft Visual C++ 7 Library« sowie die »Microsoft Visual FoxPro 7 Runtime Libraries« unserem Projekt hinzufügen.

❸ Configure the Target System

Nun können wir weitere Einstellung vornehmen, die auf dem Zielcomputer durch unser Setup ausgeführt werden sollen, wie z.B. Einträge in dessen Registry oder Erstellung von ODBC-Verbindungen. Dies wird wichtig, wenn Sie Ihre Anwendungseinstellungen nicht in einer INI-Datei sondern in der Windows-Registry abspeichern wollen und wenn Ihre Anwendung auf den Zugriff auf *ferne Daten* (siehe Kapitel 17 *Daten (IV): Remote-Anbindung mit ODBC und OLE-DB*) ausgelegt ist. Für uns spielt dies hier keine Rolle, da wir alle wichtigen Informationen aus unserer ADRESS.INI beziehen und auf lokalen Datenbanken arbeiten. Lediglich die Erstellung von Shortcuts ist für uns interessant:

Shortcuts/Folders

Durch Rechtsklick auf *Programs Menu* erstellen wir mit *New Folder* im Start-menü den Ordner *Adress* (oder einen schöneren Namen) und durch nochmali-gen Rechtsklick und *New Shortcut* in diesem unsere Verknüpfung.

In dieser Verknüpfung muss *Target* die Zieldatei enthalten. Durch Doppelklick auf das Eingabefeld öffnet sich auch hier eine ComboBox mit einer Auswahl von Standartverzeichnissen und allen in unserem Programm vorhandenen Dateien. Wir wählen hier [INSTALLDIR]\ADRESS.EXE.

Durch Klick auf den Button rechts im Eingabefeld von *Icon File* (…) öffnet sich ein *Change Icon*-Dialog. Hier können wir über den *Browse*-Button, ein Icon auswählen, das dem Shortcut zugeordnet wird. In unserem Fall unser EARTH.ICO. (Achtung: Im Browse-Fenster wird standardmäßig der Dateityp EXE ausgewäht, sodass normale Icons nicht angezeigt werden. Soll ein Icon verwendet werden, hier zuerst Dateityp auf ICO ändern.)

Ebenso können wir auch eine Verknüpfung mit ADRESS.EXE auf dem Desktop erstellen.

Unter *Run* kann der Shortcut so definiert werden, dass das Fenster von vorn-herein im maximierten Modus gestartet wird (üblicher Standard).

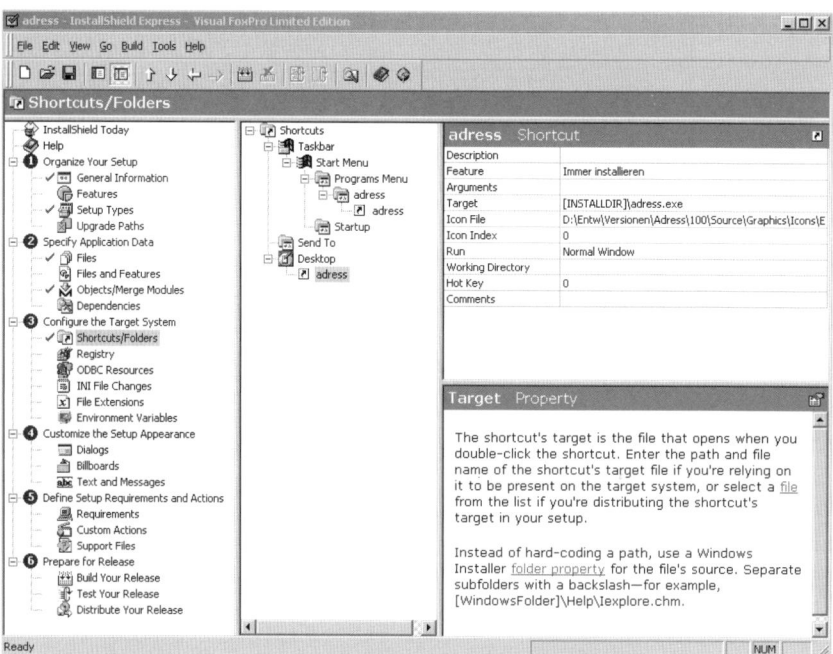

❹ Customize the Setup Appearance

In diesem Schritt kann der Dialog, der während der Installation erscheint, zusammengestellt und z.B. durch Einfügung von Lizensbedingungen oder Auswahl des Zielordners ergänzt werden. Der vordefinierte Dialog ist hier für unser Beispiel ausreichend.

❺ Define Setup Requirements and Actions

Falls ein Programm auf bestimmten Windows-Versionen (z.B. Windows 95) nicht lauffähig ist, kann hier eine Auswahl der benutzbaren Betriebssysteme getroffen werden. Standard ist *any OS version*, sodass wir hier keine Änderungen vornehmen müssen.

❻ Prepare for Release

Nun schreiten wir nach den vielen Vorbereitungsschritten endlich zur Tat und ERSTELLEN unser Setup.

Build Your Release

Zuerst wählen wir das gewünschte Datenträgerformat (*CD*, *DVD* oder *Custom* für andere Formate wie z.B. Disketten). Auswahl und Art der Einstellung hängen hier natürlich nicht zuletzt von der Größe des Programms ab. Um unser Setup auf z.B. mehrere Disketten zu verteilen, wählen wir *Custom*. Darin setzten wir *Media Size* auf *1.44 MB* und *Compress Media* auf *Yes* (Doppelklick öffnet wieder ComboBox). Damit wir das Setup in unserem Fall wirklich auf 1,44-MB-Disketten bekommen, müssen allerdings *Include MSI Windows 9x Engine* und *Include MSI Windows NT Engine* auf *No* gesetzt werden, ansonsten reicht das Speichervolumen der ersten Diskette nicht aus. Bei CD's oder DVD's (was bei der realen Verwendung der Normalfall sein wird) erübrigt sich dieses Problem.

Mit Rechtsklick auf *Custom* und *Build* bzw. mit F7 wird nun das Setup erstellt. Dabei werden in einem LOG-File und einen Report eventuelle Fehler registriert.

Test Your Release

Nun kann das erstellte Setup auf dem eigenen Rechner noch einmal probehalber installiert werden (*Run your Setup*) oder nur der Dialog und Ablauf überprüft werden (*Test your Setup*).

Distribute Your Release

Zuletzt kann durch Auswahl eines Laufwerkes oder eines FTP-Servers das fertige Setup auf das gewünschte Speichermedium übertragen werden.

13 Objektorientierte Anwendungsarchitektur

Die Art und Weise wie unser Hauptprogramm bisher arbeitet, widerspricht dem objektorientierten Ansatz der Programmierung – es ist rein prozeduraler (also von Anfang bis Ende, Zeile für Zeile durchlaufender) Code. Wie nun wird eine Anwendung nach dem objektorientierten Ansatz strukturiert?

13.1 Vom prozeduralen Code zur Anwendungs-Klasse

13.1.1 Wozu ein Applikationsobjekt?

Den großen Vorteil der objektorientierten und ereignisgesteuerten Programmierung kann man hier leicht einsehen: Wird ein Programm mittendrin abgebrochen, so bleibt alles, was das Programm bis zu diesem Zeitpunkt getan hat, erhalten. Nicht so, wenn wir den gleichen Vorgang über Objekte erledigt hätten: Ein Objekt hat immer mindestens einen Init- und einen Destroy-Event. Hätte man also den ersten Teil vor dem READ EVENTS (Aufbau der Anwendung) in den Init-Event eines Objekts und den zweiten Teil (Abbau der Anwendung) in den Destroy-Event gelegt, so würde auch im Falle eines Abbruchs die Anwendung sich sauber wieder *aufräumen*. Man könnte also journalistisch sagen:

> »Wenn im prozeduralen Code alles aufhört, geht's beim Objekt erst richtig los«.

Gemeint ist: Sie brechen ab, das Programm wird beendet, die Variablen werden gelöscht, aber da sitzt noch ein Objekt, stößt seinen Destroy-Event an und fängt erst jetzt an, richtig zu arbeiten, nämlich die Umgebung wieder in den ursprünglichen Zustand zu versetzen.

13.1.2 Basisklasse Custom

Wir sehen schon, hier bekommen wir es mit unsichtbaren Objekten zu tun. Das Objekt tut zwar etwas Sichtbares, ist selbst aber unsichtbar. Für solche Zwecke stellt uns VFP die Basisklasse *Custom* zur Verfügung. Sie ist gedacht als *abgespeckte* Klasse, die nur das Nötigste hat, was so zu einem Objekt gehört.

Wir wählen im Projekt-Manager die anwendungsspezifische Klassenbibliothek aus und erzeugen wie gewohnt eine neue Klasse namens app aus der Basisklasse custom. Bei Betrachtung der Registerkarte METHODEN finden wir nur drei Events: Init, Destroy und Error.

13.1.3 Init-Event und Destroy-Event

Wir müssen nun im einfachsten Fall – wie oben beschrieben – erst einmal die entsprechenden Teile aus dem Hauptprogramm in Init bzw. Destroy kopieren:

```
*Toolbar
SET CLASSLIB TO classlibs\adress, classlibs\myc

oTbr = CREATEOBJ('TbrAdress')
oTbr.Dock(0)      &&Andocken der Toolbar oben
oTbr.Show         &&Anzeigen der Toolbar

*Menü
DO menues\menueadress.mpr

*Screen
PUBLIC gcScreenCaption,gcScreenIcon,gnScreenBac
gcScreenCaption = _screen.caption
gcScreenIcon    = _screen.icon
gnScreenBackcolor = _screen.backcolor

_screen.caption = 'Mein Adressenprogramm'
_screen.icon    = 'graphics\icons\elements\eart
_screen.backcolor = RGB(255,255,128)

*ON SHUTDOWN DO AppQuit


*********************
*********************
READ EVENTS
*********************
*********************


*Screen zurücksetzen
_screen.caption = gcScreenCaption
_screen.Icon    = gcScreenIcon
_screen.Backcolor = gnScreenBackcolor

*Menü zurücksetzen
SET SYSMENU TO DEFAULT

*Toolbar löschen
RELEASE oTbr &&Nicht unbedingt nötig da unten e

*Alle Variablen löschen
RELEASE ALL EXTENDED

FUNCTION AppQuit
    CLEAR EVENTS
    ON SHUTDOWN
ENDFUNC
```

wird zum Init-Event der app-Klasse

wird zum Destroy-Event der app-Klasse

13.1.4 Anpassung des Hauptprogramms

Das entscheidende neue Element für das Hauptprogramm – gewissermaßen das Herzstück eines objektorientiert konzipierten Anwendungshauptprogramms – ist nun das Erzeugen des Anwendungsobjekts.

Da wir dafür die SET PATH und die SET CLASSLIB-Einstellung benötigen, haben wir diese im Hauptprogramm belassen und nicht mit in den Init-Event verschoben.

Fügen Sie also anstelle der Zeilen, die in den Init-Event gewandert sind, nun die folgende Befehlszeile ein:

```
oApp = CREATEOBJECT('app')
```

Testlauf

Um den Ablauf des Programms nun einmal zu verfolgen, schreiben Sie zu Anfang SET STEP ON und wandern dann schrittweise durch Ihren Code (siehe Kap. 5.2.2 Dynamische Verwendung: Programmverfolgung)

Beim Durchlaufen des Programms können Sie sehen, dass erst bei der Zeile RELEASE ALL ... die Variablen und damit auch das Anwendungsobjekt gelöscht werden und dabei der Destroy-Event angestoßen wird.

13.1.5 Notwendige Veränderung beim Erzeugen der Toolbar

Bisher haben wir die Toolbar erzeugt mit dem Befehl

```
oTbr = CREATEOBJECT('TbrAddress')
```

Dabei wurde eine Objektvariable angelegt, die beim Verlassen des entsprechenden Ereignisses wieder verschwunden war. Um dies zu verhindern, könnte man nun natürlich diese Variable vorher als PUBLIC deklarieren. Schöner jedoch ist es, sie zu einem Unterobjekt des oApp zu machen mit dem Befehl

```
oApp.AddObject('oTbr','TbrAddress')
```

Dadurch muss natürlich anschließend referenziert werden mit *oApp.oTbr*.

13.1.6 Start der Ereignisverarbeitung

Bisher steht der zentrale READ EVENTS noch im Hauptprogramm. Wir wollen aber alles, was möglich ist, ins Objekt auslagern. Sinnvoll wäre es, den Start der Ereignisverarbeitung, also den READ EVENTS und eventuell weitere Befehle, die mit dem Start des Programms im Zusammenhang stehen, in eine Methode des Anwendungsobjekts zu platzieren.

Eigene Methode Do

Wir legen eine neue Methode an, nennen sie *Do*, schneiden den READ EVENTS aus dem Hauptprogramm aus und setzen ihn in diese Do-Methode. Die ganze Zeit über, in der die Anwendung für Benutzereingaben freigegeben ist, steht sie in der Do-Methode.

Aufruf von oApp.Do im Hauptprogramm

Bevor wir im Hauptprogramm die Do-Methode aufrufen, müssten wir dort noch prüfen, ob das oApp überhaupt existiert, also die Variable oApp vom Typ Objekt ist

```
IF VARTYPE(oApp) = 'O'
   oApp.Do
ENDIF
```

Diese IF-Bedingung ist notwendig, weil durch RETURN .F. im Init-Event die Erzeugung eines Objekts verhindert werden kann.

13.1.7 Von globalen Variablen zu Applikations-Eigenschaften

Die meisten Werte, die applikationsweit von Bedeutung sind, müssen und sollten nun nicht mehr in globalen Variablen gespeichert werden, wie man dies früher für solche Werte zu tun pflegte.

Statt dessen steht jetzt die weit schönere und sicherere Möglichkeit zur Verfügung, sie als Eigenschaften der Anwendung abzuspeichern.

Die Zeilen im Init-Event

```
PUBLIC gcScreenCaption,gcScreenIcon
gcScreenCaption   = _screen.caption
gcScreenIcon      = _screen.icon
gcScreenBackcolor = _screen.backcolor
```

wären demnach nach Anlage der Eigenschaften cOldScreenCaption, cOldScreen-Icon und cOldScreenBackcolor in der Applikations-Klasse zu ersetzen durch

```
this.cOldScreenCaption   = _screen.caption
this.cOldScreenIcon      = _screen.icon
this.cOldScreenBackcolor = _screen.backcolor
```

Entsprechend verläuft auch die Rücksetzung im Destroy-Event.

Die wenigen notwendigen globalen Variablen

Lediglich die Einstellungen, die wirklich im Hauptprogramm verändert werden, müssen tatsächlich – wenn dieser Wert sauber wiederhergestellt werden können soll – zuvor in eine globale Variable gesichert werden.

Dies trifft zu für:

✔ die SET CLASSLIB TO-Einstellung: wir haben bisher die Classlib-Einstellung verändert, ohne den Wert wiederherzustellen. (Anmerkung: Es bestünde auch die Möglichkeit, die Classlib-Einstellung ebenfalls aus dem Hauptprogramm in das Anwendungsobjekt zu verlagern, wenn die Erzeugung desselben ohne Classlib-Einstellung vollzogen wird, indem statt mit CREATE OBJECT() mit NEWOBJECT() gearbeitet wird und der Name der Klassenbibliothek hier als zweiter Parameter übergeben wird. In jedem Fall sollte aber dafür gesorgt werden, dass nur an einer zentralen Stelle Klassenbibliotheken gesetzt werden, um eine übersichtliche Anwendungsarchitektur zu erreichen).

✔ die SET PATH TO-Einstellung: Wir haben den Suchpfad bisher nicht gesetzt.

Ergänzungen

Wir müssen unser Hauptprogramm also noch folgendermaßen erweitern:

```
PUBLIC gcClasslib,gcPath
gcClasslib = SET('CLASSLIB')  ❶
gcPath = SET('PATH')
SET PATH TO classlibs, data, reports ❷
SET CLASSLIB TO adress, mycontrols
```

… Fortsetzung wie gehabt

Ende:

```
SET PATH TO &gcPath ❸
SET CLASSLIB TO &gcClasslib
```

❶ Mit der Funktion SET('CLASSLIB') kann der durch den Befehl SET CLASSLIB TO eingestellte Wert ausgegeben werden. Dies gilt in Entsprechung für fast alle SET-Einstellungen.

❷ Sie können eine mit Komma getrennte Liste von Suchpfaden an den SET PATH TO-Befehl übergeben, wobei diese immer interpretiert werden als Unterverzeichnisse des aktuellen Verzeichnisses (d.h. als relative Pfadnamen).

❸ Der SET PATH TO-Befehl erwartet einen festen String, nicht eine Variable; da in unserem Fall aber dieser Pfad in einer Variable steht, muss er durch das &-Zeichen per Makro-Substitution ersetzt werden.

13.2 Erweiterung der Funktionen und Auslagerung

Wir haben nun eine korrekte objektorientierte Anwendungsstruktur realisiert. Im Folgenden soll diese entsprechend den Erfahrungen in der objektorientierten Programmierung noch um einige Funktionalität erweitert und dabei die Struktur verfeinert werden.

13.2.1 Auslagerung der bisherigen Funktionalitäten in eigene Methoden

Üblicherweise würden für die einzelnen Elemente des Aufbaus der Anwendung eigene Methoden angelegt, die dann vom Init-Event nur noch aufgerufen werden. Ähnlich würde man beim Destroy-Event vorgehen.

Erzeugen Sie in diesem Sinne die folgenden Methoden und kopieren den entsprechenden Code vom Init-Event bzw. Destroy-Event in diese Methoden.

CreateScreen   – ResetScreen

CreateMenu   – ResetMenu

CreateToolbar   – ResetToolbar

Die Benennung mit dem gleichen ersten Wort im Methodennamen bewirkt, dass die Methoden anschließend in sinnvoller Reihenfolge im Eigenschaften-Fenster auftauchen, was die Übersichtlichkeit verbessert.

Anschließend rufen Sie vom Init-Event bzw. Destroy-Event aus nur noch die entsprechenden Methoden auf und löschen dort den bisherigen Code.

13.2.2 Entwicklungs-Toolbars verstecken und wiederherstellen (Methode CreateToolbar/ResetToolbar)

Um sämtliche Toolbars der Entwicklungsumgebung während des Testlaufes der Anwendung zu verbergen, kann mit dem Befehl

```
HIDE WINDOW cToolbarTitelname
```

die entsprechende Toolbar versteckt werden. Dies müsste passenderweise in die CreateToolbar-Methode platziert werden, bevor die eigenen Toolbars erzeugt werden. Vorher muss die Sichtbarkeit der jeweiligen Entwicklungs-Toolbar jedoch in eine Anwendungseigenschaft abgespeichert werden (gelesen über die Funktion WVISIBLE cToolbarTitelname), damit die richtigen Toolbars in der ResetToolbar-Methode wiederhergestellt werden können.

CreateToolbar-Erweiterung

Der Code wäre entsprechend:

```
*Entwicklungs-Toolbars
LOCAL lnCount
this.aOldToolbars(1,1) ❶ = 'Standard'
this.aOldToolbars(2,1) = 'Formular-Designer' ❷

FOR lnCount = 1 TO 2 ❸
   this.aOldToolbars(lnCount,2)=;
WVISIBLE(this.aOldToolbars(lnCount,1))
   IF this.aOldToolbars(lnCount,2)
      HIDE WINDOW (this.aOldToolbars(lnCount,1))
   ENDIF
ENDFOR
```

❶ Die Eigenschaft aOldToolbars muss zuerst in der App-Klasse als Array-Eigenschaft angelegt werden (hier: 11 Reihen und 2 Spalten).

❷ Die Namen der Toolbars entsprechen der Titelleiste. (Eine vollständige Liste der System-Toolbars der deutschen Version von VFP7 finden Sie in Kap. 25.3 *Toolbar-Namen*).

❸ Wem diese Schreibweise nicht vertraut ist: Die FOR-Schleife zählt die danach angegebene Variable hoch und wiederholt die Schleife so lange, bis der höchst Wert erreicht ist. Im Beispiel werden nur die zwei angegebenen Toolbars untersucht und hochgezählt.

Erweitern Sie diese Methode für sämtliche System-Toolbars!

ResetToolbar-Erweiterung

```
FOR lnCount = 1 TO 2 ❶
   IF this.aOldToolbars(lnCount,2)
      SHOW WINDOW (this.aOldToolbars(lnCount,1)) ❷
   ENDIF
ENDFOR
```

❶ Hier müsste die Gesamtzahl der abgespeicherten Toolbars stehen.

❷ Mit dem Befehl SHOW WINDOW werden die entsprechenden Fenster wieder sichtbar gemacht.

13.2.3 Projekt-Manager verstecken (Methode CreateScreen/ResetScreen)

Um den Projekt-Manager während des Testlaufes zu verbergen, können Sie Ihre CreateScreen-Methode um folgenden Code erweitern:

```
IF VERSION(2) # 0
   HIDE WINDOW 'Projekt-Manager'
ENDIF
```

und entsprechend die ResetScreen-Methode um:

```
IF VERSION(2) # 0
   SHOW WINDOW 'Projekt-Manager'
ENDIF
```

Die Funktion VERSION mit Parameter 2 gibt als 0 zurück, wenn das Programm als EXE außerhalb von FoxPro abläuft. Der Befehl HIDE WINDOW 'Projekt-Manager' führt ansonsten beim Ausführen der EXE außerhalb von FoxPro zu einem Fehler, da das Fenster dann nicht definiert ist.

13.2.4 Formulare schließen

Beim Beenden der Anwendung will man logischerweise keine Formulare mehr offen lassen. Dies wird momentan beim *Aufräumen* der Anwendung noch nicht sichergestellt. Es wäre möglich, hierfür eine weitere Methode *ResetCloseForms* anzulegen, die vom Destroy-Event aus ebenfalls aufgerufen wird, und in diese neue Methode folgenden Code zu schreiben:

```
LOCAL lnCount, lnFormCount, lnForm

lnFormCount = _screen.FormCount
lnForm = 1

FOR lnCount = 1 to lnFormCount
   IF _screen.Forms(lnForm).BaseClass='Form' ❶
      _screen.Forms(lnForm).Release()
   ELSE
```

```
        lnForm = lnForm + 1
    ENDIF
ENDFOR
```

Hier kommt es uns zugute, dass auf die Formulare nicht nur mit _screen.acti-veform (also auf das aktive Formular) referenziert werden kann, sondern auch sämtliche Formulare in einem Eigenschafts-Array des Screen-Objekts ange-sprochen werden können. Dieses Screen-Objekt wird durchlaufen, um sämtli-che Formulare zu schließen, indem die Release-Methode der Formular-Basis-klasse angesprochen wird.

❶ Auch Toolbars erscheinen im Forms-Array, dürfen hier aber nicht behandelt werden; darum die Frage nach der Basisklasse. Achtung: 1. Buchstabe groß, folgende klein.

13.3 Die Umgebungs-Einstellungen: weitere Custom-Klasse

Bisher haben wir uns (mit Ausnahme von SET CLASSLIB TO und SET PATH TO) keine weiteren Gedanken gemacht über die SET-Einstellungen unserer Anwen-dungsumgebung.

Auch dies ist ein typischer Anwendungsfall für ein Objekt, da

1. die alten SET-Einstellungen gespeichert werden müssen,

2. neue gemacht werden müssen,

3. nach Beenden die alten wiederhergestellt werden müssen.

Erzeugen Sie dazu eine neue Klasse in der Klassenbibliothek *Adress* aus der Basisklasse Custom namens *Env*.

13.3.1 Speichern, Setzen und Rücksetzen der SET-Einstellungen

1. Legen Sie Eigenschaften für alle SET-Einstellungen an, die abgespeichert werden müssen; hier im Beispiel lediglich drei: Die Einstellungen für

   SET DATE TO   Eigenschaft cOldDate

   SET SYSFORMATS   Eigenschaft cOldSysformats

   SET NEAR   Eigenschaft cOldNear

   Und weisen Sie den Eigenschaften im Init-Event der Klasse Werte zu über die entsprechenden SET(*cWelche*)-Funktionen:

   ```
   this.cOldDate = SET('DATE')
   this.cOldNear = SET('NEAR')
   this.cOldSysformats = SET('SYSFORMATS')
   ```

2. Um die neuen Einstellungen vorzunehmen, verwenden Sie eine eigene Methode *set*, die Sie dafür anlegen und füllen mit

```
SET SYSFORMATS ON
SET DATE TO german
SET NEAR OFF
```

Diese set-Methode können Sie vom Init-Event der Env-Klasse aus aufrufen.

3. Um die alten Einstellungen wiederherzustellen, legen Sie wieder eine neue Methode an (*reset*), die Sie vom Destroy-Event aus aufrufen. Der Code müsste lauten

```
LOCAL lcOld

lcOld = this.cOldDate
SET DATE TO &lcOld

lcOld = this.cOldNear
SET NEAR &lcOld

lcOld = this.cOldSysformats
SET SYSFORMATS &lcOld
```

Auch hier muss wieder, wie bei SET CLASSLIB TO (siehe in Kap. 13.1.7 Abschnitt *Die wenigen notwendigen globalen Variablen*) mit Makrosubstitution der Wert der Variable in die Zeile eingefügt werden. Da der Punkt auch als End-Zeichen der Makrosubstitution gerechnet wird, ist es nicht möglich zu schreiben:

```
SET DATE TO &this.cOldDate
```

Hier würde FoxPro versuchen, eine Variable *this* auszuwerten und deren Inhalt in die Zeile hineinzuschreiben.

HINWEIS Es gibt eine große Vielzahl von SET-Einstellungen – konsultieren Sie dazu die Hilfe!

13.3.2   Environment-Objekt instanziieren

Wenn unsere Environment-Klasse so weit fertig ist, muss nun an der richtigen Stelle daraus ein Objekt erzeugt werden. Damit dies so früh wie möglich geschieht, bietet es sich an, dies bereits im Init der Anwendung zu tun. Wir ergänzen den Init um

```
this.AddObject('oEnv','Env')
```

Dies erzeugt ein Env-Objekt, das am oApp angehängt ist und auf das mit

```
this.oEnv    bzw. später mit    oApp.oEnv
```

referenziert werden muss. So muss man sich um das Löschen dieses Objekts keine Gedanken mehr machen. Es existiert so lange wie das oApp-Objekt.

Environment-Objekt testen

Geben Sie zum Test beispielsweise in der app.Do vor dem READ EVENTS auf dem Bildschirm das Startdatum aus, z.B. mit dem Befehl

```
? 'Programm wurde gestartet:'
? DATETIME()
```

Testlauf

Dann starten Sie ein Formular und beobachten die dortige Datumsformat-Einstellung. Wir stellen fest, dass das Formular die Einstellungen nicht übernommen hat.

13.3.3 Umgebung der Formular-Klasse hinzufügen

Da unsere Formulare mit Private Datasessions arbeiten, gelten die SET-Einstellungen für das Formular nicht – sie sind jeweils nur für eine Datensitzung gültig.

An dieser Stelle sei die Funktionsweise und Nützlichkeit von Custom-Objekten in Formularen gezeigt: Indem Sie mit Drag and Drop aus dem Projekt-Manager (Env-Klasse) eine Instanz auf dem Formular bilden, wird das Formular die Funktionalität der Environment-Klasse ins Formular einbauen:

Custom-Objekt im Formular

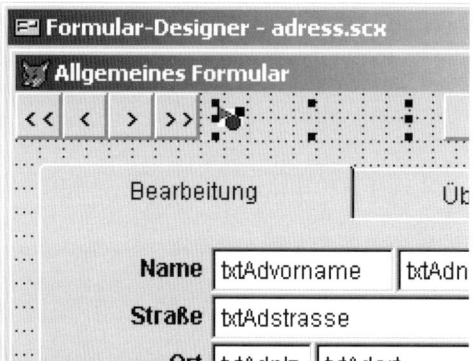

Testlauf

Starten Sie das Hauptprogramm und öffnen Sie das Formular innerhalb der Anwendung. Das Formular sorgt nun selbstständig dafür, dass es ebenfalls genau die gleichen SET-Einstellungen hat. Dies geschieht durch das beim Formularstart erzeugte Env1-Objekt.

13.4 Verwenden von API-Funktionen am Beispiel Lesen/Schreiben von INI-Datei-Einträgen

Windows stellt uns eine Reihe von API-Funktionen (**A**pplication **P**rogramming **I**nterface) zur Verfügung, die wir in VFP gebrauchen können. Darüber hinaus können auch andere Funktionen externer Funktionsbibliotheken in VFP aufgerufen werden.

Wir wollen die Verwendung von API-Funktionen in unserer Beispielanwendung mit der Funktionalität zum Lesen und Schreiben von INI-Dateien testen.

13.4.1 Anmelden der API-Funktion

Um eine Funktion aus einer externen Funktionsbibliothek in FoxPro aufzurufen, muss diese erst angemeldet werden. Dies geschieht mit dem DECLARE-Befehl, der üblicherweise im Hauptprogramm platziert wird. Wissen müssen Sie dazu allerdings

✔ den Namen der Funktion, die sie ansprechen wollen

✔ den Namen der Funktionsbibliothek (DLL), in der die Funktion enthalten ist

✔ den Rückgabewert und die Parameter, mit denen die Funktion arbeitet

Diese Informationen entnehmen Sie der Funktionsbeschreibung der DLL bzw. der Win32Api- bzw. Win2000-API-Hilfe.

Für unsere Funktionen zum Lesen und Schreiben der INI-Dateien, würde der Befehl folgendermaßen lauten:

```
DECLARE ❶ INTEGER ❷ GetPrivateProfileString ❸ IN Win32Api ❹ ;
   AS GetPrivStr ❺ ;
   String ❻ cSection ❼, ;
   String cKey, ;
   String cDefault, ;
   String @cBuffer ❽, ;
   Integer nBufferSize, ;
   String cIniFile

DECLARE INTEGER WritePrivateProfileString IN Win32Api ;
   AS WritePrivStr ;
   String cSection, ;
   String cKey, ;
   String cValue, ;
   String cIniFile
```

❶ DECLARE ist der Grundbefehl.

❷ INTEGER bezeichnet den Rückgabewert als 32-Bit-Ganzzahl. Der Rückgabewert ist für eine Funktion jeweils festgelegt und muss bekannt sein.

❸ GetPrivateProfileString ist der Funktionsname. Achtung, in diesem Fall wird Groß-/Kleinschreibung im Befehlsnamen berücksichtigt (entsprechend C).

❹ Funktionsbibliothek. Die Angabe Win32Api ist eine Zusammenfassung und sucht die Funktion in einer der folgenden DLLs: KERNEL32.DLL, GDI32.DLL, USER32.DLL, MPR.DLL oder ADVAPI32.DLL.

❺ Aliasname der Funktion (ist optional). Unter diesem Namen können Sie die Funktion anschließend in VFP ansprechen.

❻ Für alle Parameter muss zuerst der Datentyp angegeben werden (muss ebenfalls der Funktionsbeschreibung entnommen werden). Zulässig sind die Werte *Integer, Single, Double, Long, String*.

❼ Die Parameternamen sind optional und werden weder von der DLL-Funktion noch von VFP verwendet. Sie können angegeben werden, um den Inhalt des Parameters anzuzeigen.

❽ Soll ein Parameter nicht als Wert, sondern als Parameter-Referenz übergeben werden (d. h. der Wert derselben Variablen wird durch die aufrufende Funktion verändert), muss nach dem Parametertyp ein @ übergeben werden; ebenfalls vor der Variablen beim späteren Funktionsaufruf. In cBuffer wird durch die Funktion der zurückgegebene Wert geschrieben.

13.4.2 API-Funktionen ansprechen in eigener Methode unter VFP

Insbesondere bei etwas komplizierteren Funktionen, die auf der DLL-Seite eine Reihe von Parametern verwenden, empfiehlt es sich, in der eigenen Objektlandschaft eine allgemein zur Verfügung stehende Methode zu schreiben (in der Applikations-Klasse oder einem ihrer Unterobjekte), die diese angemeldete DLL-Funktion unter VFP verwendet, aber innerhalb der VFP-Anwendung einfacher anzusprechen ist.

App-Methode zum Schreiben der INI-Datei-Einträge

Zum Schreiben der INI-Datei-Einträge (Funktion WritePrivateProfileString) könnte eine Methode IniStringSet in der App-Klasse geschrieben werden, die folgendermaßen lautet:

```
LPARAMETERS tcSection, tcKey, tcValue

LOCAL lnReturn,lcIniFile
lcIniFile = FULLPATH(CURDIR()) ❶+'adress.ini' ❷

lnReturn ❸ =;
WritePrivStr(tcSection, tcKey, tcValue, lcIniFile)

RETURN lnReturn=1 ❹
```

❶ Die Funktion CURDIR() gibt das aktuelle Verzeichnis zurück. Umgeben von der Funktion FULLPATH() gibt sie das komplette Verzeichnis inklusive Laufwerksbuchstaben zurück. Wird kein Pfad an WritePrivateProfileString übergeben, so wird die INI-Datei im Windows-Systemverzeichnis erwartet.

❷ Name der INI-Datei. Existiert sie nicht, erzeugt WritePrivateProfileString diese Datei neu. Würde kein Pfad angegeben, so würde die Datei im Windows-System32-Verzeichnis erzeugt.

❸ Die DLL-Funktion gibt 1 zurück, wenn das Schreiben gelungen ist.

❹ Unsere Methode soll .T. zurückgeben, wenn das Schreiben gelungen ist und .F., wenn es nicht gelungen ist.

App-Methode zum Lesen der INI-Datei-Einträge

```
LPARAMETERS tcSection, tcKey

LOCAL lnStringlen,lcBuffer,lcIniFile
lcBuffer = SPACE(100) ❶
lcIniFile = FULLPATH(CURDIR())+'adress.ini'
lnStringlen ❷ = GetPrivStr(tcSection, tcKey, '', @lcBuffer ❸, 100,;
    lcIniFile)

RETURN LEFT ❹ (lcBuffer,lnStringLen) ❺
```

❶ Die Funktion GetPrivateProfileString braucht einen Buffer, in den SIE das Ergebnis des Lesens hineinschreiben kann. Die SPACE()-Funktion erzeugt einen Leer-String von der Länge der im Parameter übergebenen Zahl.

❷ Der Return-Wert, den WritePrivateProfileString zurückgibt, ist die Länge des empfangenen Strings.

❸ Der Buffer muss als Variablen-*Referenz* (nicht als Wert) übergeben werden, sodass diese Variable durch die Funktion bearbeitet wird und der veränderte Wert anschließend abgefragt werden kann.

❹ Die LEFT()-Funktion schneidet aus einem im ersten Parameter übergebenen String eine Zeichenkette aus, die so viele Zeichen lang ist, wie die im zweiten Parameter übergebene Zahl es bestimmt.

❺ Der String lcBuffer ist immer noch 100 Zeichen lang. Es muss die Anzahl der gebrauchten Zeichen herausgeschnitten werden.

ACHTUNG   Buffer werden bei C-DLLs mit einem Zeichen Ascii 0 (in FoxPro geschrieben CHR(0)) abgeschlossen. Diese Strings sind nicht durch ALLTRIM(cString) zu kürzen. Obwohl der CHR(0) nicht als Zeichen erscheint, verhindert er das Kürzen des Strings durch TRIM oder ALLTRIM.

13.4.3   Verwenden der eigenen Methode

Um unsere Funktion zu testen, entwerfen wir ein kleines Musterformular (wie immer aus unserer eigenen Formular-Klasse, die wir ja unter EXTRAS | OPTIONEN | FORMULARE unter *Klassenvorlagen* angegeben haben) mit zwei Buttons und einer Textbox. Der Inhalt der Textbox soll in die INI-Datei geschrieben werden und mit dem zweiten Button dort wieder heraus gelesen werden. Optionen-Einstellungen werden oft auf diese Weise abgespeichert, so könnten wir das Formular als Optionen-Formular entwerfen. Es könnte in Entsprechung zu dieser einfachen Form für eine Anwendung ausgebaut werden.

Ein kleines Formular-Klassen-Problem

Da dieses Formular keine Tabellen oder Views verwaltet, durch unsere Formular-Klasse aber an verschiedenen Stellen die Methoden CheckData und CheckRecord aufgerufen werden, wird dies an diesen Stellen jeweils einen Fehler hervorrufen. Dazu müssten wir in beiden Methoden noch eine entsprechende Abfrage einbauen, die ggf. das Ausführen der Methode verhindert:

```
IF EMPTY(ALIAS())
    RETURN
ENDIF
```

Wenn Alias einen Leer-String zurückgibt, befindet man sich auf einem leeren Select-Bereich.

Wir gehen hier einfach vom aktuellen Select-Bereich aus, da wir ja auch bei CheckData und CheckRecord nicht den Select-Bereich unterscheiden. Dies wäre für eine tatsächliche Anwendung etwas zu einfach, da sichergestellt werden müsste, dass diese Methoden auf der Hauptdatenquelle arbeiten, auch wenn vorher ein anderer Select-Bereich ausgewählt wurde. Entsprechend müsste auch die Abfrage etwas komplizierter ausfallen, als nur den aktuellen Select-Bereich zu prüfen.

Testen Sie ein solches Formular und werfen Sie einen Blick in die INI-Datei. Diese können Sie in VFP öffnen mit

```
MODIFY FILE adress.ini
```

und finden dort, wenn alles funktioniert hat, den gemachten Eintrag.

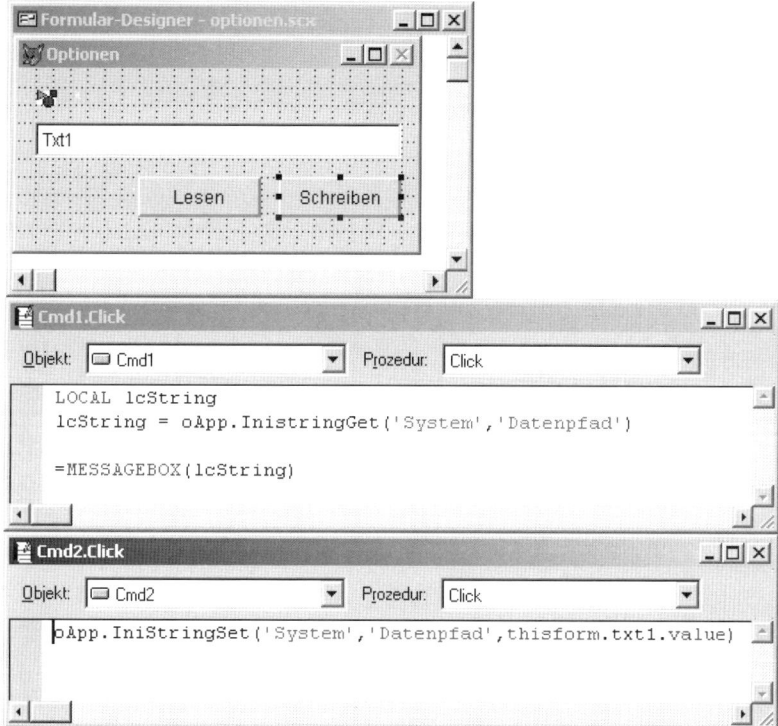

13.5 Verwaltung von Tabellen und Datenbank im Netz

Um nun die Anwendung im Netz betreiben zu können, muss dafür gesorgt werden, dass alle Daten von einem zentralen Netzwerkpfad gelesen werden, zu dem der Bezug der lokalen Installation mitgeteilt werden muss.

Dazu sind folgende Schritte nötig:

13.5.1 Lesen des Netzwerkpfades und Öffnen der Datenbank

Gleich zu Anfang der Anwendung – im Init-Event – muss eine neue Methode aufgerufen werden, die zum einen den in der INI-Datei eingetragenen Netz-Tabellenpfad liest sowie ihn in eine neue Anwendungseigenschaft schreibt und zum anderen die Datenbank dort öffnet. Sie könnte *OpenDatabase* heißen:

```
this.cPathDatabase ❶
  = this.IniStringGet('System','Datenpfad')

LOCAL lcDatabase
lcDatabase = this.cPathDatabase + '\' + 'Daten1.dbc'
OPEN DATA (lcDatabase) SHARED ❷
```

```
IF EMPTY(SET('DATABASE') ❸ )
    =MESSAGEBOX('Datenbank konnte nicht geöffnet werden',;
       MB_ICONSTOP)
    RETURN .F.
ENDIF
```

❶ Anwendungseigenschaft, damit darauf jederzeit zugegriffen werden kann.

❷ Wenn SET EXCLUSIVE OFF gesetzt ist, wird von OPEN und USE standardmäßig SHARED geöffnet (also freigegeben für andere User).

❸ Die Funktion SET('DATABASE') gibt einen Leer-String zurück, wenn keine Datenbank geöffnet werden konnte. Dann soll die OpenDatabase-Methode ihrerseits .F. zurückgeben.

Für den Fall, dass keine Datenbank geöffnet werden konnte, soll die Anwendung mit der entsprechenden Meldung sofort wieder geschlossen werden. Dies können wir sehr einfach realisieren, indem wir den Aufruf von OpenDatabase im Init-Event der Applikation so gestalten:

```
IF !this.opendatabase()
    RETURN .F.
ENDIF
```

Dies bewirkt, dass das Objekt oApp gar nicht gebildet wird und dass durch die entsprechende Abfrage im Main-Programm auch die Do-Methode mit dem dort platzierten READ EVENTS nicht mehr aufgerufen wird. Daher würde das Hauptprogramm sofort zu Ende laufen und die Anwendung damit beenden.

13.5.2 Öffnen der richtigen Tabellen/Views beim Formular-Start

Für Formulare ist folgendes zu beachten: Wir haben in der Datenumgebung normalerweise Tabellen oder Views eingefügt, die dort zu *Cursor-Objekten* wurden. Jedes Cursor-Objekt trägt in sich einen relativen Pfadnamen auf den Anwendungspfad. Dieser ist natürlich beim späteren Anwender nicht vorhanden. Wir wollen FoxPro veranlassen, die gleiche Tabelle/View aber aus einer anderen Datenbank zu nehmen, nämlich der, die im entsprechenden Netzpfad liegt.

Formulare gehen folgendermaßen vor: Wird die Datenbank mit dem in der Datenumgebung eingetragenen Pfad nicht gefunden, so wird in der Reihenfolge der Suchpfade danach gesucht.

Aus diesem Grunde müssen wir den Netzwerk-Datenpfad ganz vorne in unseren Suchpfad eintragen. Dazu erweitern wir den Anfang der OpenDatabase-Methode der App-Klasse:

```
this.cPathDatabase = this.IniStringGet('System','Datenpfad')
IF !EMPTY(this.cPathDatabase)
    SET PATH TO this.cPathDatabase+', '+SET('PATH') ❶
ENDIF
```

❶ Wir verwenden den bisherigen Suchpfad und ergänzen ihn *vorne* durch den Datenpfad im Netz.

Testlauf

Verschieben Sie Ihren kompletten Tabellenpfad in ein beliebiges anderes Verzeichnis. Tragen Sie in die INI-Datei den entsprechenden Pfad in die Sektion [System] als DATENPFAD ein. Am besten fügen Sie die INI-Datei unter ANDERE/TEXTDATEIEN in das Projekt ein.

Starten Sie die Anwendung und öffnen Sie Formulare.

13.6 Verallgemeinerung unserer Anwendungs-Klasse

Wir haben nun in unserer fertigen Anwendungs-Klasse eine Menge allgemeiner Funktionalität geschaffen, die wir für jede neue Anwendung in gleicher Weise verwenden könnten. Was stört sind im Grunde nur eine Reihe von festen Namen und Zeichenketten im Code, wie Datenbankname, INI-Datei-Name, Toolbar-Klassen-Name, gewünschte Anwendungsüberschrift etc.

Würden wir für alle diese Informationen Eigenschaften anlegen, so wäre es möglich, für jede Anwendung eine Ableitung dieser nun allgemeinen Anwendungs-Klasse zu schaffen, wobei in den Ableitungen lediglich die Eigenschaften gefüllt werden müßten – alles andere würde bleiben.

13.6.1 Allgemeine Applikations-Klasse

Wir wollen nun die allgemeine Anwendungs-Klasse nicht in unsere schon bestehende projektübergreifende Klassenbibliothek MYCONTROLS.VCX einordnen, da es sich ja hier um keine Controls-Klasse handelt. Statt dessen wollen wir dafür eine neue Klassenbibliothek anlegen für projektübergreifende Custom-Klassen: MYCUSTOM.VCX. Es ist leicht möglich, die bestehende App-Klasse dorthin zu verschieben, wenn die Klassenbibliothek erst existiert. Um eine leere Klassenbibliothek zu erzeugen, können Sie einfach eine Dummy-Klasse anlegen, ohne sie abzuspeichern.

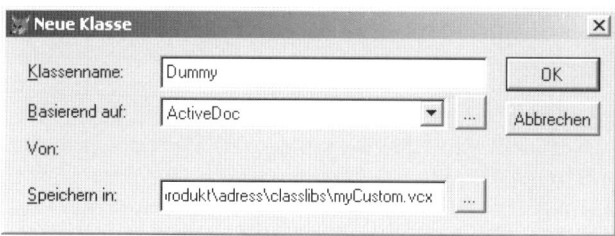

Dann verschieben Sie per Drag and Drop die Klassen App und Env von der anwendungsspezifischen Klassenbibliothek ADRESS.VCX nach MYCUS-TOM.VCX und löschen die beiden Klassen in der Ursprungs-Klassenbibliothek.

Erweiterungen der App-Klasse für die Verallgemeinerung

Gehen Sie sämtliche Methoden/Events durch und prüfen Sie, wo anwendungsspezifische Einträge im Code stehen. Alle diese müssen durch neue Eigenschaften ersetzt werden. Dabei werden beim gegenwärtigen Stand folgende Eigenschaften nötig:

✔ cClassEnv

✔ cClassToolbar

✔ cDatabase

✔ cIniFile

✔ cMenue

✔ cScreenCaption

✔ cScreenIcon

✔ nScreenBackColor.

Wir legen diese Eigenschaften an. Damit wir später in der anwendungsspezifischen Ableitung jeweils leichthin wissen, welche Eigenschaften einzutragen sind und welche nicht, besteht die Möglichkeit, dies dadurch zu signalisieren, dass man den neuen Eigenschaften in der allgemeinen Klasse Werte gibt wie [edit!] oder [programmatic]. Programmatic wären also Eigenschaften, die ohnehin programmatisch gefüllt werden und deren Wertveränderung sich im Designer nicht bemerkbar macht.

Die geänderten Zeilen der einzelnen Methoden würden dann beispielsweise lauten:

Createmenu-Methode

```
DO 'menues\'+this.cMenue
```

Init-Event

```
this.AddObject('oEnv',this.cClassEnv)
```

IniStringGet-Methode

```
lcIniFile = FULLPATH(CURDIR())+this.cIniFile
```

OpenDatabase-Methode

```
lcDatabase = this.cPathDatabase + '\' + this.cDataBase
```

13.6.2 Anwendungsspezifische Ableitung

Die verloren gegangenen anwendungsspezifischen Informationen müssen nun in einer Ableitung dieser allgemeinen App-Klasse in die dafür angelegten Eigenschaften eingetragen werden. Eine solche anwendungsspezifische Klasse würde dann entsprechend in die anwendungsspezifische Klassenbibliothek gelegt werden: hier also

Klasse: appAdress

Klassenbibliothek: ADRESS.VCX

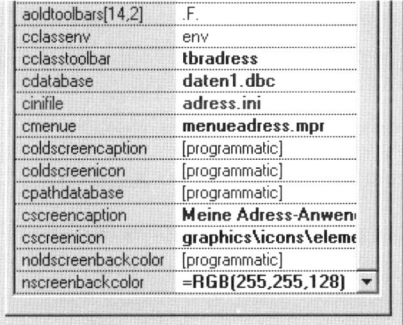

✔ Die Extension der jeweils in Eigenschaften bezeichneten Dateien müsste nun mit angegeben werden.

✔ Unter cScreenIcon muss der relative Pfadname eingetragen werden (da es keine Standard-VFP-Picture-Eigenschaft ist, wird auch die Funktionalität des Eigenschaften-Fensters nicht unterstützt, die den übrigen Pfad davor einträgt).

✔ Unter nScreenBackcolor muss mit dem Gleich-Zeichen gearbeitet werden. Würden wir nur die Zahlen 255,255,128 eintragen, so würden diese als Zeichenkette vom Eigenschaften-Fenster interpretiert (da es sich hier nicht um eine VFP-Farbeigenschaft mit der entsprechenden Funktionalität dahinter handelt). Das Gleichzeichen bewirkt die Auswertung einer Funktion und den Eintrag des Rückgabewerts derselben.

✔ Zeichenketten wie *Meine Adress-Anwendung* brauchen keine Anführungszeichen, da das Eigenschaften-Fenster den entsprechenden Eintrag ohnehin als Zeichenkette versteht.

13.6.3 Main-Programm anpassen

Zwei Anpassungen im Main-Programm werden jetzt noch nötig.

1. Wir müssen dem CREATEOBJECT()-Funktion für das Anwendungsobjekt erklären, dass dieses nun nicht mehr aus der Klasse app sondern aus der Klasse appAdress erzeugt werden soll.

```
oApp = CREATEOBJECT('appAdress')
```

2. Dem SET CLASSLIB TO-Befehl muss die neue Klassenbibliothek hinzugefügt werden.

```
SET CLASSLIB TO adress,mycontrols,mycustom
```

13.6.4 Klassenreferenz anpassen

Wenn Sie nach der Umstrukturierung versuchen, das Adress-Formular im Formular-Designer zu öffnen, wird die Env-Klasse nicht mehr gefunden, da sie sich jetzt in einer anderen Klassenbibliothek befindet. Hier sehen Sie die Schwierigkeit, die entsteht, wenn Sie Klassenbibliotheken umstrukturieren, Klassen in andere Bibliotheken verschieben etc. Daher empfiehlt es sich, die Struktur von Klassenbibliotheken frühzeitig zu überdenken und gezielt festzulegen.

In unserem Fall können wir das Problem leicht lösen.

✔ Antworten Sie auf den beim Öffnen des Formular-Designers erscheinenden Dialog mit IGNORIEREN. Das Env-Objekt erscheint natürlich nun nicht mehr. Sie müssen nun irgendeine kleine Änderung vornehmen (z.B. leichte Größenveränderung, die Sie auch wieder rückgängig machen können), damit das Formular neu abgespeichert wird, jetzt nämlich ohne die Instanz aus der Env-Klasse.

✔ Nun legen wir das Environment-Objekt am besten direkt in die Formular-Klasse: wir wiederholen bei geöffnetem Klassen-Designer für die Klasse *frm* den schon bekannten Vorgang: Drag and Drop von *Env*, nun aus der Klassenbibliothek MyCustom.

Teil B Erweiterung

Die einzelnen Lektionen unter Teil B können voneinander unabhängig, aufbauend auf den Grundkurs von Teil A, je nach Interesse erarbeitet werden. Sie ergänzen die gelegten Grundlagen in Bezug auf spezifische Themen und zeigen darüber hinaus auf, wie davon ausgehend weiter vertieft werden kann.

Die einzelnen Lektionen umfassen z. T. mehrere Themen.

KAPITEL 14

14 Berichte (II): Summen, Gruppen, Erweiterungen

14.1 Berechnungen, Summierung, weitere Gestaltung

Relativ selten enthalten Berichte nur Text ohne Zahlen und Summen. Wir wollen für unseren Summenbericht die auf der CD enthaltenen Beispieldaten verwenden, um ein realitätsnahes Beispiel herzustellen.

14.1.1 Vorbereitung der Daten

Beispieltabellen kopieren

Kopieren Sie die Beispieltabellen aus dem SAMPLEDATA-Pfad in Ihr Tabellenverzeichnis. Sie finden dort drei Tabellen:

✔ BUCHUNG. Hier finden sich mehrere Hundert Buchhaltungssätze. Jeder Datensatz ist einer Kategorie zugeordnet mit dem Fremdschlüssel KaId.

✔ KATEGORIE. Jede Kategorie ist einer übergeordneten Hauptkategorie zugeordnet mit dem Fremdschlüssel HaId.

✔ HAUPTKATEGORIE.

Da es sich bei diesen Tabellen um freie Tabellen handelt, die also nicht in einem Datenbank-Container enthalten sind (siehe Kap. 4.4.1 *Erläuterung der Datenelemente im Projekt*), fügen wir diese Tabellen noch unter dem entsprechenden Menüpunkt unserem Projekt hinzu: Klick auf FREIE TABELLEN und HINZUFÜGEN auswählen.

Daten im Select-Statement zusammenstellen

Ist Ihnen die SQL-Sprache nicht vertraut, die wir für das folgende Beispiel benötigen, finden Sie eine Einführung zu Select-Statements im Anhang unter Kap. 26.4 SQL-Statements. Dort werden aufgrund der auch hier verwendeten Beispieldaten verschiedene Select-Statements aufgebaut und dabei die wichtigsten SQL-Klauseln erklärt. Schieben Sie ggf. dieses Kapitel hier ein.

Wir wollen nun zuerst als Datengrundlage für unseren Bericht in einem Select-Statement sämtliche Buchungen und die Bezeichnungen der jeweiligen Kategorie und Hauptkategorie, der die Buchungen zugeordnet sind, auswählen. Sortiert werden (ORDER BY-Klausel) soll zuerst nach Hauptkategorie und innerhalb derer nach der Unterkategorie:

```
SELECT buchung.*,katext,hatext ;
    FROM Buchung ;
        INNER JOIN kategorie ;
            ON buchung.kaid = kategorie.kaId ;
        INNER JOIN hauptkategorie ;
            ON kategorie.haid = hauptkategorie.haid ;
    ORDER BY kategorie.haid, buchung.kaid
```

14.1.2   Grundaufbau des Berichts

Haben wir dieses Statement einmal ausgeführt, können wir unseren Bericht aufbauen. Wir verfahren wie zuvor:

✔ Im Projekt auf der Registerkarte DOKUMENTE wählen wir »Bericht« und betätigen den NEU-Button.

✔ Wir wählen im Menü BERICHT die Standardschriftart (z.B. Arial 8 Pkt) aus und rufen STANDARDBERICHT auf.

✔ Dort schalten wir diesmal *Alias hinzufügen* aus (wir wollen hier den Alias-Namen noch nicht festlegen) und ebenso *Tabelle zur Datenumgebung hinzufügen*. Wir haben keine Tabelle, die zur Datenumgebung hinzugefügt werden kann. Diese Option würde später einen Fehler hervorrufen, da die im Hintergrund beim Select-Statement aufgebaute temporäre Tabelle – mit kryptischem Namen – nicht im Anwendungspfad steht. Das Öffnen der Daten im Ernstfall wollen wir später lösen.

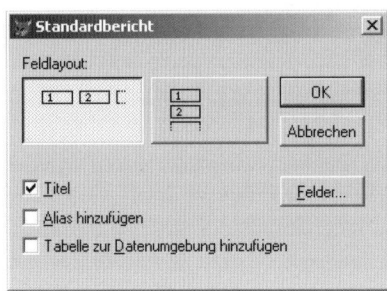

✔ Nun kümmern wir uns um die Auswahl der Felder. Zunächst wählen wir lediglich die Felder aus, die für jeden Buchungsdatensatz ausgedruckt werden sollen (Button FELDER…):

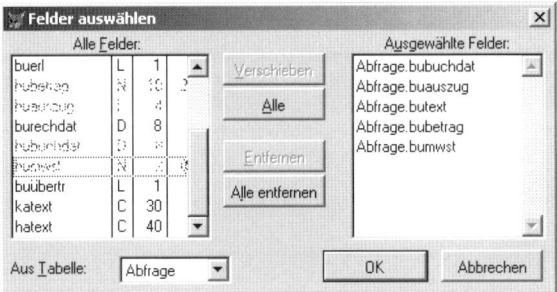

14.1.3 Einfache Summierung; Ausgabe tabellenunabhängiger Ausdrücke

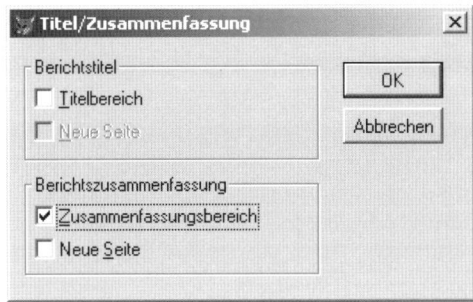

Wo soll nun die Summierung platziert werden? Gewöhnlich wird dies nicht im *Seitenfuß* geschehen, da er immer erst ganz am Ende der Seite abgedruckt wird und außerdem auf jeder Seite neu erscheint. Statt dessen bietet es sich hier an, einen *Zusammenfassungsbereich* anzulegen: Menü BERICHT | TITEL/ZUSAMMEN-FASSUNG und dort *Zusammenfassungsbereich* anklicken, *Neue Seite* nicht anklicken.

(Lassen Sie sich nicht davon beirren, dass der Zusammenfassungsbereich *unter* dem Seitenfuß erscheint, obwohl er später natürlich über dem Seitenfuß ausgedruckt wird.)

Der schnellste Weg um diesen leeren Zusammenfassungsbereich nun zu füllen, besteht darin, die Elemente des Detailbereichs zu markieren, zu kopieren und im Zusammenfassungsbereich einzufügen.

Zum **Markieren** klicken Sie mit der Maus *im* Zusammenfassungsbereich *außerhalb* sämtlicher Textboxen (also z.B. auf dem rechten Rand) und ziehen das Markierungsrechteck so über alle Textboxen, dass jede davon berührt wird. Alles, was *berührt* wird, wird auch markiert, es ist nicht nötig, die jeweiligen Elemente vollständig mit dem Markierungsrechteck zu bedecken.

Kopieren: Nun kopieren Sie die Markierung (Ctrl+C) und fügen sie sogleich wieder ein (Ctrl+V). Alle markierten Textboxen erscheinen ein zweites Mal, leicht nach unten rechts verschoben. Jetzt lassen Sie die Markierung los und achten darauf, nirgends außerhalb der Markierung zu klicken (damit würde die Markierung der eingefügten Objekte aufgelöst werden, und sie neu zu markieren ist dann recht knifflig, weil sofort die vorherigen Objekte mit berührt und markiert würden).

Verschieben: Klicken Sie statt dessen sofort im Anschluss in die bestehende Markierung und ziehen diese bis in den Zusammenfassungsbereich. Achten Sie darauf, dass alle Textboxen genau unter denen des Detailbereichs platziert werden.

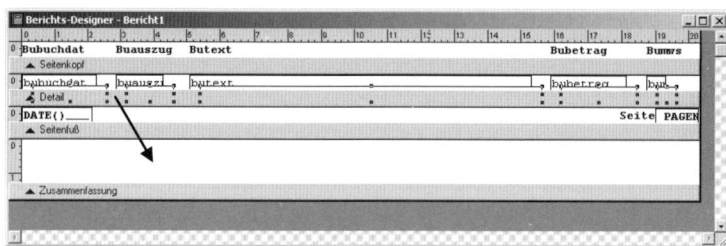

Um nun im *BUbetrag*-Feld im Zusammenfassungsbereich tatsächlich die Summe anzeigen zu lassen, doppelklicken wir auf das Textfeld und anschließend im BERICHTSAUSDRUCK-Dialog auf den Button BERECHNUNGEN. Dort können wir nun *Summe* auswählen. Dabei gibt die im oberen Teil des Dialogs liegende ComboBox die Möglichkeit, anzugeben, von welchem Teilbereich der Daten die Berechnung durchgeführt werden soll, deren Ergebnis in der aktuellen Textbox ausgegeben werden soll.

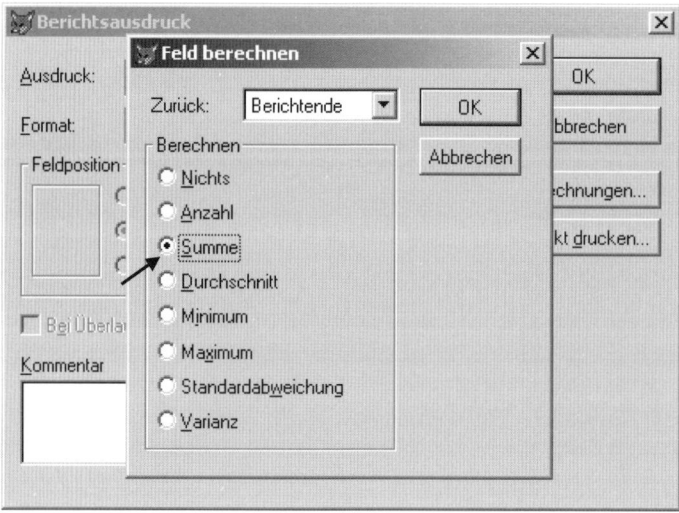

Um nun auch den anderen Textfeldern im Zusammenfassungsbereich einen Sinn zu geben, könnten wir im Beschreibungsfeld (BUtext) anstelle der Feldangabe im »Berichtsausdruck« den festen String "Summe aller Umsätze" angeben. Im Datumsfeld (BUbuchdat) wäre denkbar, anstelle des Feldes BUbuchdat die Datumsfunktion für die Ausgabe des Tagesdatums einzugeben (DATE()).

14.1.4 Weiteres Gestalten des Berichts: Beschriftungsfelder und OLE-Felder für Grafiken

Nun wollen wir noch etwas für das Layout unseres Berichts tun.

Zuerst erstellen wir noch einen *Titelbereich* (gleiches Verfahren wie oben für das Erstellen des Zusammenfassungsbereichs) und tragen hier ein Beschriftungsfeld ein. Sollte die *Symbolleiste für Bericht-Steuerelemente* aktuell nicht sichtbar sein, z.B. weil Sie sie zuvor weggeklickt haben, so zeigen Sie diese zuerst wieder an: Menü ANSICHT | SYMBOLLEISTE FÜR BERICHT-STEUERELEMENTE. Dort klicken Sie das große *A* an (Bezeichnung) und klicken dann in den Titelbereich. Achtung: das Verhalten ist hier völlig anders als im Formular-Designer, weil es sich nicht um ein Objekt handelt. Vielmehr können Sie jetzt an der Stelle, wo Sie den Cursor in den Bericht hineingeklickt haben, unmittelbar anfangen zu schreiben. Wollen Sie diesen Text anders formatieren, können Sie dies lediglich über das Menü tun: FORMAT | SCHRIFTART.

Um nun noch eine *Grafik*, z.B. mit dem Firmenlogo, einzufügen, klicken Sie in der Symbolleiste für Bericht-Steuerelemente auf das Symbol für *Ole*. Es öffnet sich der BERICHTSBILD-Dialog, in dem Sie eine Datei mit der entsprechenden Grafik angeben können. Durch die drei Optionen unter der Überschrift *Bei unterschiedlich großem Bild und Rahmen* kann die Skalierungsmethode der Grafik eingestellt werden – probieren Sie die verschiedenen Optionen aus!

14.1.5 Berechnetes Feld einfügen; Beispiel: berechneter Netto-Umsatz

Nicht alle Felder des Berichts müssen notwendigerweise in der Datenquelle mitgeliefert werden – sie können auch im Bericht selbst noch berechnet werden. Als Beispiel könnten wir hier aus den vorhandenen Feldern des Brutto-Umsatzes und des Mehrwertsteuer-Satzes den Netto-Umsatz berechnen (auch wenn man das im Ernstfall so vermutlich nicht lösen würde).

Fügen Sie ein weiteres Textfeld ein, doppelklicken Sie es, um den Berichtsausdruck zu bearbeiten. Anstelle des einfachen Feldnamens oder der Stringfunktionen (siehe voriges Kapitel), kann hier jetzt auch eine Berechnung durchgeführt werden. Für das genannte Beispiel müsste die Rechnung etwa so aussehen:

```
bubetrag/((bumwst/100)+1)
```

Geben Sie diese Rechnung als *Ausdruck* ein und beobachten Sie das Ergebnis in der Seitenansicht.

14.1.6 Formatierung von numerischen Ausdrücken

Vermutlich wird gegenwärtig die Formatierung des Brutto- und des Netto-Umsatzes nicht ganz so sein, wie gewünscht:

✔ es fehlen Tausender-Punkte

✔ es gibt keine Währungsangabe (u. U. gewünscht)

✔ der berechnete Betrag (Netto-Umsatz) hat mehr Dezimalstellen als nötig

Diese Formatierungen werden im Dialog BERICHTSAUSDRUCK in der *Format*-Zeile durch bestimmte Kürzel eingetragen (siehe Format-Eigenschaft im Formular und im Tabellen-Designer). Einige davon generiert FoxPro mithilfe des FORMAT-Dialogs automatisch für uns. Wählen wir zunächst die Formatierung für *Währung* aus. (Achtung: dies hat nichts mit dem Feldtyp Währung zu tun, sondern ist eine reine Formatierungsanweisung).

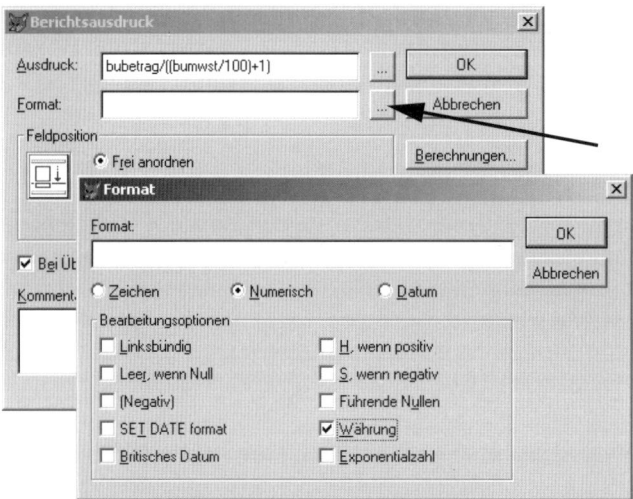

Ergebnis ist, dass in die *Format*-Zeile das Symbol @$ eingetragen wird. Je nach der aktuellen SET CURRENCY-Einstellung (Angabe des Währungssymbols und der Position, wo dieses ausgegeben werden soll), erscheint jetzt eine Ausgabe wie: *-451,20 €*. Unter Umständen sehen Sie statt dessen Sterne:

Dies zeigt immer an, dass ein Feld zu klein ist, um dessen Inhalt auszugeben. Verlängern Sie dann das Textfeld im Berichts-Designer. Möglicherweise sieht die Ausgabe des berechneten Felds dann allerdings so aus:

```
-557,46    15    -484,74782608695660000000 €
-403,50    15    -350,86956521739130000000 €
-290,43    15    -252,54782608695650000000 €
-749,85    15    -652,04347826086960000000 €
-518,88    15    -451,20000000000000000000 €
-1227,06   15    -1067,00869565217400000000 €
```

Nun wird es Zeit, sich um die Dezimalen und Tausenderpunkte zu kümmern. Dies tun Sie, indem Sie direkt in die Formatzeile eintragen:

```
9,999,999.99
```

Dabei steht ein Komma immer für das, was wir im Deutschen *Tausenderpunkt* nennen – dies rührt daher, dass im amerikanischen Standard dafür ein Komma verwendet wird und die Befehle der Programmiersprache eben englisch sind. Ebenso verhält es sich mit dem Dezimalkomma: Hierfür wird in der Format-angabe ein Punkt verwendet. (Wie die Ausgabe dafür lautet kann übrigens mit SET POINT TO eingestellt werden.)

Sie können auch mehrere Format-Einstellungen kombinieren. Achten Sie dabei darauf, dass ein Leerzeichen dazwischen steht, z.B.:

```
@$ 9,999,999.99
```

14.1.7   Bearbeitung der Bezeichnungen

Wir haben bereits gesehen, dass die Bezeichnungen des Berichts alles andere sind als Label-Objekte von Formularen. Daher haben sie auch keine Caption-Eigenschaft. Wollen Sie die Bezeichnungen verändern, klicken Sie zuerst in den Button für Bezeichnung und dann in die bestehende Bezeichnung. Nun können Sie darin den Text bearbeiten.

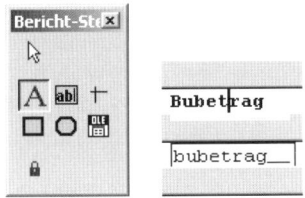

Geben Sie so den einzelnen Feldern sinnvolle Überschriften.

14.1.8   Öffnen der Datenquelle im Init-Event der Report-Datenumgebung

Nun sollten wir noch dafür sorgen, dass die Datenquelle jedes Mal richtig erzeugt wird, also beim Ausführen des Berichts das Select-Statement ausgeführt wird. Zwar ist unser Report kein Objekt, hat also auch keinen Init-Event, er arbeitet jedoch mit einer Datenumgebung, die sehr wohl ein Objekt ist. Diese entspricht der Datenumgebung, die wir vom Formular bereits kennen. Deren Init-Event wollen wir ausnutzen.

Öffnen Sie die Datenumgebung (rechte Maustaste, DATENUMGEBUNG) und wählen Sie im Eigenschaften-Fenster unter METHODEN den Init-Event aus. Dort führen Sie das Select-Statement aus, wie es im Kapitel 14.1.1 Abschnitt *Daten im Select-Statement zusammenstellen* beschrieben ist. Diesem Select-Statement müssen Sie allerdings eine INTO CURSOR-Klausel hinzufügen und einen beliebigen Namen angeben. Andernfalls würde beim Ausführen des Select-Statements ein Browse-Fenster geöffnet. Unser Init-Event lautet also:

```
SELECT buchung.*,katext,hatext ;
    FROM Buchung ;
        INNER JOIN kategorie ;
            ON buchung.kaid = kategorie.kaId ;
        INNER JOIN hauptkategorie ;
            ON kategorie.haid = hauptkategorie.haid ;
    ORDER BY kategorie.haid, buchung.kaid ;
    INTO CURSOR CuBuchung
```

Eine andere Möglichkeit wäre auch, im BeforeOpenTables-Event dieses Select-Statement auszuführen.

Private Datensitzung des Reports

Zuletzt geben Sie noch an, dass der Report mit einer Private Datasession arbeiten soll, damit die Datenquelle nach außen nicht zugreifbar ist und keine andere Datensitzung stört. Dies tun Sie im Menü unter BERICHTE | PRIVATE DATENSITZUNG (anklicken).

Dabei ist zu beachten, dass eine private Datensitzung auch immer komplett ihre eigenen SET-Einstellungen hat. Dies wird sich beispielsweise so ausdrücken, dass nun statt dem rechts stehenden Währungssymbol € links ein Dollarzeichen vor den Zahlen steht. Um mit möglichst wenig Aufwand für diese Datensitzung die wichtigsten Formatierungseinstellungen zu machen, setzen Sie einfach ebenfalls in den Init-Event der Datenumgebung den Befehl:

```
SET SYSFORMATS ON
```

Dies bewirkt, dass die Windows-Systemeinstellungen für Währung, Sprache, Datumsformat etc. übernommen werden.

14.1.9   Vollendung des Berichts und Testlauf

Der Bericht müsste im Berichts-Designer jetzt so aussehen:

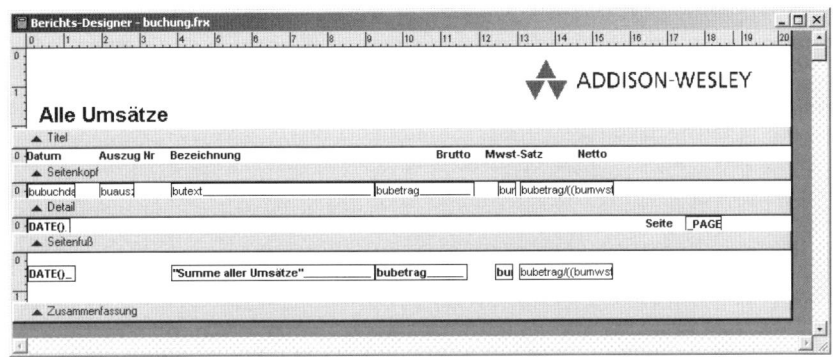

Testlauf

Klicken Sie auf die rechte Maustaste und wählen Sie Seitenansicht

und im Testlauf so:

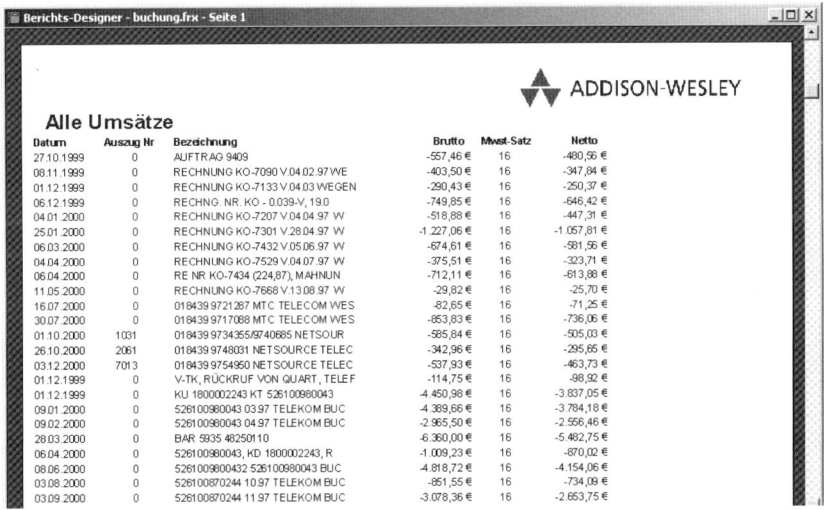

14.2 Gruppierung und weitere Optionen

14.2.1 Gruppierung für Gruppensummen

Häufig reicht in einem Bericht die einfache Gesamtsumme nicht aus, sondern es sind Zwischensummen nötig. In unserem Beispiel wäre denkbar, dass die Buchungen einer Hauptkategorie summiert werden und dazwischen noch die Einzelkategorien unter der Hauptkategorie summiert werden. Die Realisierung ist relativ einfach:

Wählen Sie im Menü BERICHT | DATENGRUPPIERUNG. Es öffnet sich der Dialog DATENGRUPPIERUNG.

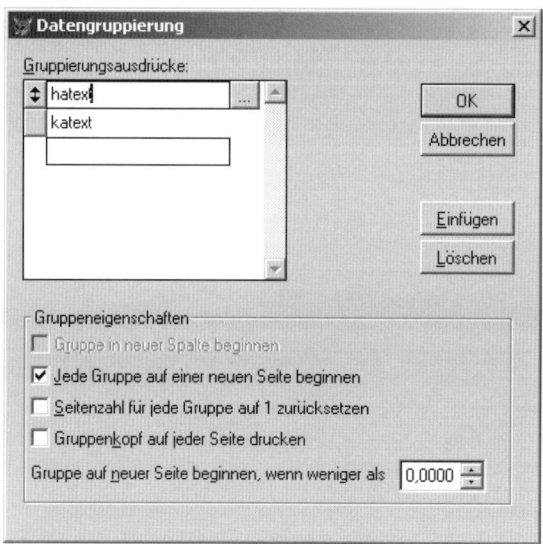

Hier können nun nacheinander die Ausdrücke, nach denen gruppiert werden soll, eingegeben werden; es empfiehlt sich, hier die entsprechenden IDs zu verwenden. Da unsere Datenquelle aber keine HAid enthält, ist in diesem Fall der entsprechende Text verwendet worden.

ACHTUNG   Beachten Sie, dass Sie Ihre Datenquelle zuvor auch nach den Ausdrücken, nach denen Sie gruppieren wollen, sortiert haben, sonst erhalten Sie kein sinnvolles Ergebnis.

Für jede Gruppierungsstufe können die Einstellungen im unteren Teil des Formulars gesondert angegeben werden, z.B. *Jede Gruppe auf einer neuen Seite beginnen*. Diese Option ist u. U. sinnvoll für eine Gruppierung der obersten Kategorie, wie hier die Hauptkategorie.

Nachdem Sie diese Gruppierungsausdrücke angegeben haben, erscheinen im Berichts-Designer vier weitere Bänder: *Gruppenkopf 1:hatext*, *Gruppenkopf 2:katext*, *Gruppenfuß 2:katext* und *Gruppenfuß 1:hatext*. Die Bänder können in der Höhe am linken Pfeil verschoben werden, jedoch nie schmaler gestellt werden, als die darüber liegenden Berichtselemente es zulassen.

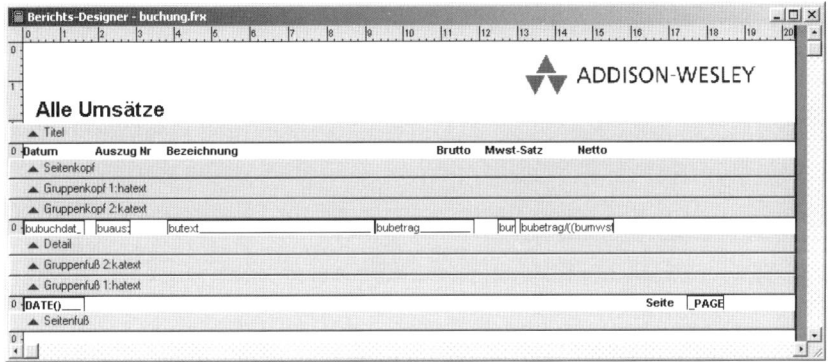

Der Gruppenkopf bietet sich nun für eine Bezeichnung an, wie die Anzeige der Kategorie bzw. Hauptkategorie dieser Gruppe. Der Gruppenfuß wird typischerweise für die Gruppensummen verwendet. In der Grundeinstellung, die erscheint, nachdem Sie die Gruppenbänder angelegt haben, ist deren Höhe auf 0. Die Bänder, die verwendet werden sollen, müssen Sie also zuerst *aufziehen* (etwa auf die Höhe des schon vorhandenen Detailbereichs). Hier können Sie nun nach dem gleichen Verfahren, wie wir es bereits im *Zusammenfassungsbereich* gesehen haben, Elemente hineinkopieren.

14.2.2 Erstellung von Gruppensummen

Doppelklicken Sie nun auf das Feld, das das Gruppensummenfeld werden soll. Um die Summe einzustellen, klicken Sie im BERICHTSAUSDRUCK-Dialog auf BERECHNEN. Im FELD BERECHNEN-Dialog ist nun (falls dies nicht automatisch schon so steht) unter *Zurück* der Gruppierungsbegriff anzugeben, dessen Zwischensumme gebildet werden soll, also entweder HAtext (für Hauptkategorie) oder KAtext (für Unterkategorie). Die Optiongroup muss wie schon bekannt, auf *Summe* gestellt werden.

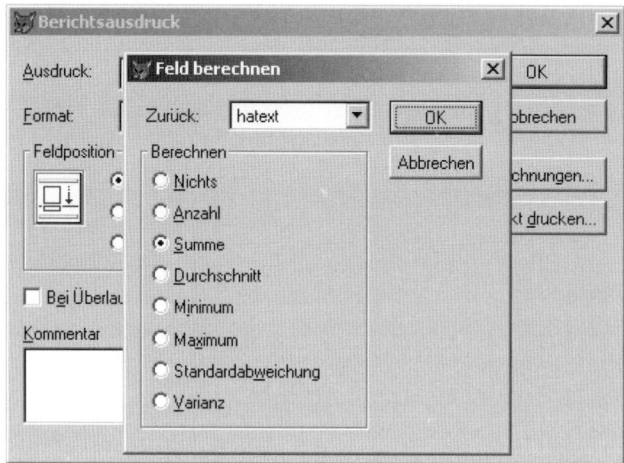

14.2.3 Erstellung der Gruppentitel und Summenbezeichnungen

Bisher wird die jeweilige Kategorie nicht angezeigt. Legen Sie im Gruppentitel jeweils ein Textfeld an. Hier könnten Sie unmittelbar die Felder hatext bzw. katext anzeigen lassen, oder aber auch den Inhalt dieser Felder kombinieren mit einem festen String. Zum Beispiel könnten die Textfelder in den Gruppenköpfen als Berichtsausdrücke enthalten:

```
'Hauptkategorie "'+ALLTRIM(hatext)+'"'
```

... für „Gruppenkopf 1: hatext"

(Zur Erinnerung: Sollen in einem String auch Anführungszeichen stehen, muss der String mit Hochkommata begonnen und abgeschlossen werden. Sollen dagegen in einem String Hochkommata stehen, muss der String mit Anführungszeichen begonnen und abgeschlossen werden.)

```
ALLTRIM(hatext)+': '+katext
```

... für „Gruppenkopf 2: katext"

Ähnlich könnten wir verfahren für die Summen-Beschreibungen, z.B.

```
'Summe für "'+ALLTRIM(katext)+'"'
```

... für Beschreibungsfeld im „Gruppenfuß 2: katext"

```
'Summe aller Kategorien für "'+ALLTRIM(hatext),'"'
```

... für Beschreibungsfeld im „Gruppenfuß 1: hatext"

Bei der Gesamtsummenbeschreibung wäre auch folgende Anzeige sinnvoll

```
'Summe aller Umsätze, Stand '+DTOC(DATE())
```

Hier gibt die Funktion DTOC() aus dem Datumswert, den DATE() zurückgibt, einen String zurück, sodass dieser an den Text „Summe aller …" angehängt werden kann.

14.2.4 Zur Gestaltung: Formatierung der Gruppen

Achten Sie besonders bei mehrstufiger Gruppierung darauf, dass die einzelnen Gruppenköpfe und Gruppensummen sinnvoll in einer Weise formatiert sind, die die Hierarchie deutlich erkenntlich macht.

✔ Eine Hilfe ist es dazu oft, mit **Zwischenlinien** zu arbeiten (siehe Beispiel).

✔ Stellen Sie die **Schriftgröße und Schriftart** entsprechend so ein, dass eine übergeordnete Kategorie auch als solche ersichtlich ist. Häufig wird man sich entscheiden, den jeweiligen Gruppenkopf einer Kategorie mit der gleichen Schriftformatierung zu gestalten wie den Gruppenfuß derselben Kategorie (Fuß evtl. etwas kleiner).

✔ Besonders wichtig ist die sinnvolle Gestaltung der oberen und unteren **Abstände**. Der Detailbereich sollte im Normalfall oben und unten direkt anliegen; der unterste Gruppierungsausdruck sollte entsprechen wenig Abstand haben, der oberste (hier Hauptkategorie) sollte einen ausreichend großen Rand haben.

✔ Schon erwähnt wurde die Einstellung *Jede Gruppe auf einer neuen Seite beginnen* im Dialog DATENGRUPPIERUNG. Sie hilft, die Struktur deutlich darzustellen, sollte allerdings sparsam verwendet werden, nur für wirkliche Hauptkategorien von mehreren Seiten.

✔ Arbeiten Sie mit **Einrückungen**; beispielsweise könnte die Unterkategorie eingerückt unter den Buchungstexten liegen, die Hauptkategorie dagegen bündig am linken Rand, ebenso die Gesamtsumme.

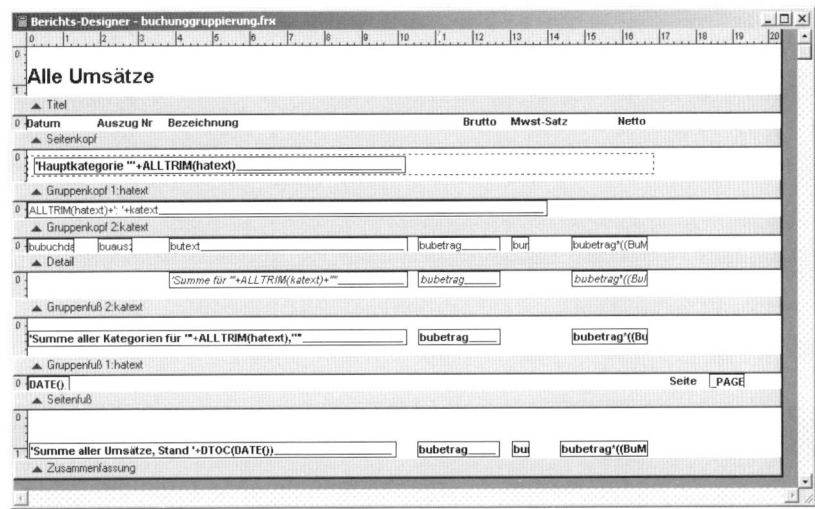

14.3 Weitere Tools

Auch wenn Sie aus dem VFP-Berichts-Designer mit einigen Tricks noch mehr herausholen können (Spezialist auf dem Gebiet – kurze Empfehlung – ist Lisa Slater Nicholls, erreichbar unter `http://www.softspoken.co.nz`; sie war mehrere Male Konferenzredner auf Entwicklerkonferenzen in Deutschland), hat er eben doch deutliche Grenzen. Häufig wird man mit ihm nicht auskommen, sondern auf andere, umfangreichere Tools zurückgreifen wollen. Diese unterscheiden sich in ihrem technischen Aufbau (z. T. mit FoxPro programmiert, z. T. mit anderen Sprachen, die sich aber gut einbinden lassen), ihrer Funktionalität, ihrer Programmierbarkeit und besonders auch in der Art und Weise ihrer Schnittstelle für den Anwender. Ohne an dieser Stelle näher darauf eingehen zu können, seien hier die folgenden Tools erwähnt. Von den mit * bezeichneten Tools finden Sie eine Beschreibung im Produktkatalog bei `www.prolib.de`.

✔ FoxFire* (`www.micromegasystem.com`): basiert auf dem FoxPro-Berichts-Designer

✔ List&Labels*: Nicht mit FoxPro geschrieben, aber sehr gut von dort aus programmierbar. Hierzu existiert eine hilfreiche Wrapper-Klasse für VFP (siehe Kap. 15.3.3 *Wrapper-Klassen*) bei Indisoftware GmbH: `www.indisoftware.de`.

✔ Virtual Print Engine*: Sehr umfangreiche Möglichkeiten für den Entwickler, keine graphische Benutzeroberfläche – dafür gut programmierbar.

✔ Seagate Crystal Reports (`www.seagatesoftware.com/homepage`). Kein FoxPro-Produkt. Sehr umfangreiche Möglichkeiten für Endanwender.

✔ GenRepoX 2.1 und Visual GenRepoX 3.0 (`www.eps-software.com/isapi/eps.dll?Products`) von Markus Egger. Kostenlos. Arbeitet mit FoxPro FRX-Dateien.

KAPITEL 15

15 OLE

Wir haben bisher in diesem Buch immer »nur« von FoxPro gesprochen. Wenn wir aber leistungsfähige Anwendungen schreiben, werden wir selten ohne Berührung oder auch gewisse Integration anderer Anwendungen auskommen. Die primär dafür von Windows uns zur Verfügung gestellte Technik ist OLE – *Object Linking and Embedding* (= Objekt-Einbindung und -Einbettung). Obwohl der Vorläufer DDE (*Dynamic Data Exchange*) immer noch eine gewisse Rolle spielt und unter gewissen Umständen auch verwendet werden muss, wollen wir wegen der unhandlichen Kompliziertheit der Bedienung und der Seltenheit der Notwendigkeit dieses Thema hier nicht weiter behandeln.

OLE können wir im Wesentlichen auf drei verschiedene Arten ansprechen und uns zu Nutze machen.

1. *ActiveX-Steuerelemente* (bzw. *OCXe*): Zumeist sichtbare Steuerelemente, die wir in unsere Formulare und ggf. in unseren Klassen integrieren können, nachdem sie einmal auf unserem Windows-Rechner (oder dem des späteren Anwenders unseres Programms) installiert und damit auch registriert sind.

2. *OleBoundControls*: FoxPro-Steuerelemente, die für die Anbindung an OLE-Daten (Daten also von externen Anwendungen) vorgesehen sind. Um diese Daten zu speichern lernen wir den weiteren Feldtyp *Objekt* kennen. Immer noch geht es um das sichtbare Verwalten von Daten und das Ansprechen von Anwendungen.

3. Programmatische Ansprechen externer Anwendungen, die hier die Funktion eines sogenannten *Automation-Servers* erhalten.

Damit leiten wir dann auch über auf das große Thema *COM* (Kapitel 16).

15.1 Formulare (III): ActiveX-Steuerelemente

Wir wollen in diesem Kapitel ein weiteres Formular erzeugen, das die Bedeutung eines Benutzerdialogs hat, also ein sogenanntes modales Formular ist. Dabei lernen wir die Verwendung von ActiveX-Steuerelementen kennen. Nebenbei soll uns dieses Formular dazu dienen, die Größenveränderbarkeit des Formulars und die dafür notwendige Anpassung der Formular-Controls kennen zu lernen .

Beispiel: Formular mit Kalender-Steuerelement

15.1.1 ActiveX-Steuerelemente

ActiveX-Steuerelemente sind fertige Controls, die in Windows installiert sind und in VFP verwendet werden können, auch wenn sie nicht mit VFP geschrieben wurden. Bei der Installation solcher Controls muss beachtet werden, dass auf der Maschine des Anwenders die gleichen Controls beim Installationsvorgang mit installiert werden müssen.

Sie stellen eine Reihe fertiger Funktionalitäten zur Verfügung, die auf diese Weise nicht mühsam neu programmiert werden müssen.

Bei der Installation von VFP werden verschiedene ActiveX-Controls mit installiert, die damit allgemein Windows zur Verfügung stehen. Damit die installierte Auswahl von OCXen bzw. ActiveX-Controls gebraucht werden kann, muss sie zuerst für VFP aktiviert werden.

Aktivieren von ActiveX-Controls

Wählen Sie unter EXTRAS | OPTIONEN die Registerkarte STEUERELEMENTE und dort *ActiveX-Steuerelemente*. Dort wählen Sie eine beliebige Auswahl aus, mindestens jedoch das *Kalender Steuerelement 8.0*.

ActiveX-Steuerelemente einfügen und verwenden

Wir wollen nun ein Formular erzeugen, das immer als Dialog aufgerufen wird, wenn ein Doppelklick auf eine Datumstextbox erfolgt. Dort soll dann jeweils im Kalender das Datum dieser Textbox angezeigt werden. Wird ein anderes Datum ausgewählt, soll dieses dann in die Textbox eingefügt werden.

✔ Zuerst legen wir ein Formular namens *GetDate* an.

✔ Um das Kalender-Objekt einzufügen, wählen Sie in der Steuerelemente-Toolbar aus *ActiveX-Steuerelemente*. Sie sehen dann all die Steuerelemente angezeigt, die Sie zuvor ausgewählt hatten.

✔ Fügen Sie auf gewohnte Weise nun dem Formular einen Kalender hinzu, sowie einen OK- und Abbrechen-Button (benennen Sie den OK-Button entsprechend CmdOk und den Abbrechen-Button CmdCancel). Indem die Default-Eigenschaft des OK-Buttons auf .T. gesetzt wird, erhält er seine schwarze Umrandung und nimmt die Enter-Taste ohne weitere Auswahl per Maus auf.

✔ ActiveX-Controls haben gewöhnlich ihre eigenen Eigenschaften, die aber meist nicht, wie Eigenschaften von FoxPro-Klassen, im VFP-Eigenschaften-Fenster angezeigt werden, sondern bei rechtem Mausklick auf das ActiveX-Objekt in einem speziellen Menüpunkt aufzurufen sind. Es öffnet sich das eigene Fenster. Hier im Beispiel des Kalender-Steuerelements:

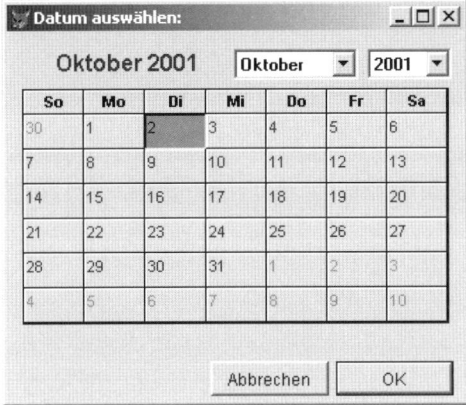

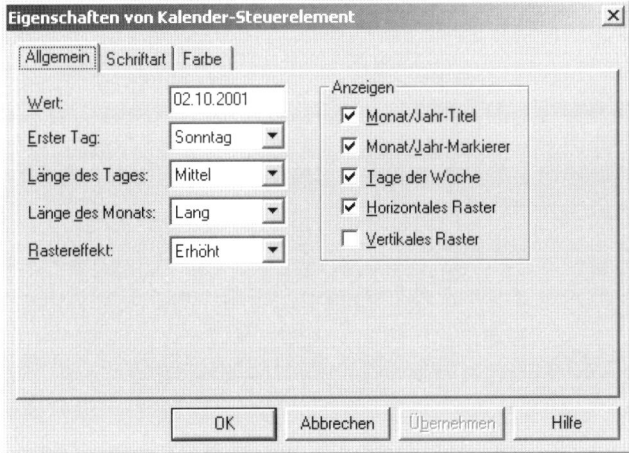

15.1.2 Parameter und Rückgabewerte bei Formularen

Wenn wir nun in das Formular hinein aus unserer Textbox einen Wert weitergeben möchten, müssen wir diesen – wie bei Funktionen – als Parameter übergeben. Soll eine Auswahl im Formular an der aufrufenden Stelle weiter zur Verfügung stehen, muss diese als Rückgabewert aus dem Formular hinausgegeben werden.

Die geschieht mit folgenden Schritten:

Formularaufruf

An aufrufender Stelle muss der DO FORM-Befehl mit folgenden Klauseln verwendet werden:

```
DO FORM cScxName WITH uPar1, uPar2, uPar3 TO uReturnWert
```

Eine freie Anzahl von Parametern wird mit der WITH-Klausel übergeben. Mit der TO-Klausel wird eine Variable definiert, in die anschließend der Rückgabewert des Formulars geschrieben wird.

Wenn die TO-Klausel verwendet werden soll, *muss* das Formular *modal* sein. Dies bedeutet, dass, während das Formular sich auf dem Bildschirm befindet, keine anderen Vorgänge ausgeführt werden können, weder eine Menü-Auswahl noch ein anderer Formularaufruf, noch die Rückkehr zum ggf. aufrufenden Formular. Auf diese Weise wird das *Abwarten* bis der Rückgabewert zurückgegeben wird, realisiert.

Init-Event des Formulars

Im Init-Event muss der oder die Parameter aufgenommen werden mit dem bekannten Befehl LPARAMETERS oder PARAMETERS.

HINWEIS | Es ist nicht möglich, diesen Parameter früher, etwa schon im Load-Event zu verwenden. Muss ein Parameter für ein Formular bereits im Load-Event bekannt sein, muss man sich mit anderen Behelfen Lösungen schaffen (z.B. kurzzeitige PUBLIC-Variable, die sofort anschließend wieder gelöscht wird).

Unload-Event des Formulars

Aus dem Unload-Event muss der Rückgabewert mit RETURN zurückgegeben werden.

ACHTUNG | Soll der Wert (z.B. Value-Eigenschaft) eines Steuerelements des Formulars zurückgegeben werden, muss bedacht werden, dass zum Zeitpunkt des Unload-Events bereits sämtliche Steuerelemente des Formulars gelöscht sind. Der zurückzugebende Wert muss also vorher *provisorisch* in eine Formular-Eigenschaft geschrieben werden, die dann im Unload-Event zurückgegeben wird.

Häufig legt man eine Eigenschaft uRetVal bereits in der Klasse an, um diesen Rückgabewert zu behalten (es ist jedoch keine Standard-FoxPro-Eigenschaft). Dann lautet der Code im Unload-Event nur noch:

```
RETURN thisform.uRetVal
```

15.1.3 Datumsdialog

Der Code im Doppelklick-Event einer Datumstextbox wie des Geburtstages, die den Datumsdialog aufrufen soll, muss folgender sein:

```
LOCAL ldNewDate
DO FORM forms\getdate WITH this.value TO ldNewDate
IF !ISNULL(ldNewDate)
   this.Value = ldNewDate
ENDIF
```

So wird der Rückgabewert zuerst in eine Variable geschrieben. Würde ich die Auswahl abbrechen und in so einem Fall .NULL. zurückgeben, könnte dies an der aufrufenden Stelle durch die ISNULL-Funktion festgestellt und andernfalls der ausgewählte Wert in die Textbox eingetragen werden.

Um im Init-Event des Formulars den oben mit this.value übergebenen Wert der Textbox aufzunehmen, müsste der Code dort lauten:

```
1PARAMETERS tdDate
this.olecontrol1.object.wert = tdDate
```

Hier ist zu sehen: Das Datumsobjekt hat ein Unterobjekt mit dem Namen Objekt, welches die typischen Eigenschaften des OLE-Objekts enthält. Dies ist am besten beim Testlauf im Überwachungsfenster zu beobachten, wenn man das ⊞...-Zeichen des Objekts aufklappt. Dort findet sich auch die Eigenschaft wert, die ähnlich arbeitet wie die Value-Eigenschaft von originären VFP-Objekten. Ihr weisen wir den übernommenen Wert zu.

ACHTUNG Eine Problematik besteht darin, dass die von Microsoft ausgelieferten ActiveX-Controls sehr stark versionsabhängig sind und häufig bei der Neuinstallation eines anderen Programms, z.B. bei Microsoft Office, durch eine neue Version überschrieben werden, die u. U. anders arbeitet oder nicht die gleichen Eigenschaften verwendet. Haben Sie z.B. zuletzt eine englische Version von VFP7 installiert, so wird Ihr »*Calendar Control*« (Kalender-Steuerelement) ebenfalls englisch sein und auch englische Eigenschaftsnamen verwenden (z.B. Value statt Wert). Modifizieren Sie in solchen Fällen das Beispiel entsprechend.

Nun muss vor dem Schließen des Formulars der Rückgabewert in eine Eigenschaft gefüllt werden. Dazu legen wir die Eigenschaft dReturnValue an.

Zum Verlassen gibt es drei Fälle

✔ Veränderung angenommen: OK-Button

```
thisform.dReturnValue = thisform.OleControl1.object.wert
thisform.release
```

✔ Veränderung abgelehnt: ABBRECHEN-Button

```
thisform.dReturnValue = .NULL.
thisform.release
```

✔ Doppelklick auf das ausgewählte Datum: Veränderung angenommen. Hier rufen wir lediglich im DblClick-Event den Click-Event des OK-Buttons auf:

```
thisform.CmdOk.Click
```

Zuletzt muss dieser Rückgabewert noch aus dem Formular herausgegeben werden. Im Unload-Event schreiben wir

```
RETURN thisform.dReturnValue
```

Testlauf

Nun müsste das Starten des Adress-Formulars mit Doppelklick auf den Geburtstag schon eine Veränderung der Werte möglich machen.

15.1.4 Formularanpassung bei Größenveränderung

Wenn die Größe des Formulars in Laufzeit vom Anwender verändert wird, muss dafür gesorgt werden, dass auch die Größe der Controls entsprechend angepasst wird.

Hierfür steht uns der Resize-Event zur Verfügung: Er wird bei jeder Veränderung der Formulargröße für jedes Pixel der Größenveränderung einmal aufgerufen. Hier lassen sich sinnvoll Neuberechnung der Größe (Width/Height) oder Platzierung (Left/Top) eines Steuerelements durchführen.

Wir wollen dies im Beispiel tun:

```
LOCAL lnBottom
lnBottom = 27
    *Gemessene ❶ Differenz zwischen Formularheight
    *und gewünschter Top-Position der Buttons
    *=unterer Rand
lnRightCancel = 180
lnRightOk = 91
    *Gemessener (gewünschter) Abstand des jeweiligen
    *Buttons zum rechten Formularrand

*Größe des Kalenders
thisform.olecontrol1.height = thisform.height ❷ -lnBottom
thisform.olecontrol1.width = thisform.width

*Position der Buttons: Top
thisform.CmdOk.Top = thisform.height-lnBottom
thisform.CmdCancel.Top = thisform.height-lnBottom

*Position der Buttons: Left
thisform.CmdOk.Left = thisform.width-lnRightOk
thisform.CmdCancel.Left = thisform.width-lnRightCancel
```

❶ Da solche Positionswerte im Code häufiger vorkommen könnten (wie im Beispiel lnBottom), ist es sinnvoll, dafür eine Variable anzulegen. Die beste Art der Bestimmung des Werts dieser Variable besteht im Errechnen aus den Angaben im Designer (in diesem Fall form.height abzüglich Button.Top). Dies ist mit »gemessen« im Code-Kommentar gemeint.

❷ Da der Resize-Event *nach* der Größenveränderung ausgeführt wird, kann nun auf die neue thisform.width oder thisform.height Bezug genommen werden und daraus die neue Position/Größe des Steuerelements errechnet werden.

15.2 Daten (III): Feldtyp Objekt und APPEND GENERAL

Der Feldtyp Objekt erlaubt die Abspeicherung von ganzen Dateien wie Word-Dokumenten, Excel-Tabellen, Grafik-Dateien etc. in ein Tabellenfeld als OLE-Objekt, das dann in FoxPro über die jeweilige Anwendungsdatei bearbeitet werden kann. Dies ist eine sehr mächtige, aber auch u. U. sehr langsame Funktion. Man sollte sie kennen und dann erwägen, ob und wieweit man sie einsetzen möchte.

15.2.1 Feld in Tabelle und View einfügen

✔ Fügen wir der Adress-Tabelle nun ein solches Objektfeld mit dem Namen ADobjekt hinzu.

✔ Bedenken Sie, dass Sie nach dem Ändern der Tabellenstruktur auch das View noch anpassen müssen, zumindest seine Aktualisierungskriterien (die nach der Änderung nämlich gelöscht sind). Beim Öffnen des View erscheint die Meldung

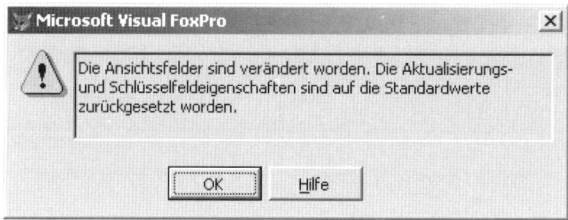

✔ Setzen Sie die Aktualisierungseigenschaften wie gewohnt (siehe in Kap. 7.1.3 *Einstellung der Aktualisierungskriterien im View-Designer*).

✔ Hier muss nun erstmalig die Einstellung *SQL WHERE-Klausel enthält* geändert werden, da Objektfelder darin nicht enthalten sein dürfen. Wählen Sie statt der Standardeinstellung *Schlüssel- und geänderte Felder* die erste Option *Nur Schlüsselfelder*. Dies genügt im Normalfall und arbeitet schneller.

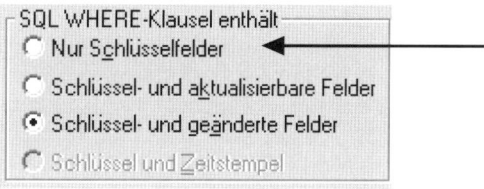

15.2.2 Neues Formular mit »OleBoundControl«

✔ Wir erzeugen ein neues Formular OleTest zum Anzeigen des neuen Objekt-feldes (größer als in unten stehender Anzeige).

✔ In dieses Formular fügen wir ein *Gebundenes Steuerelement* (OleBound-Control) ein.

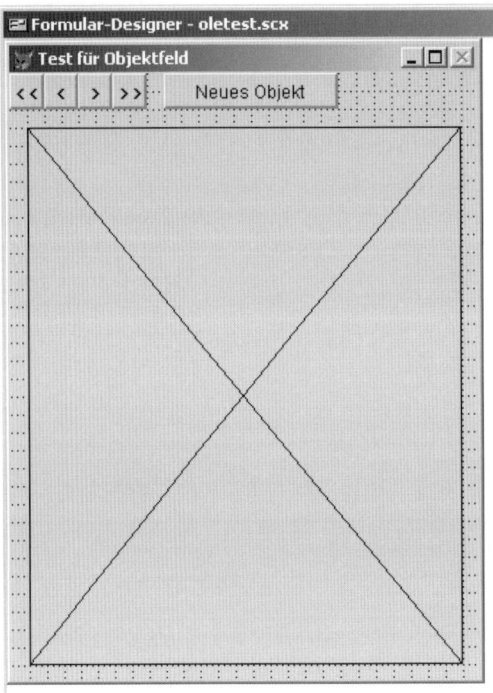

✔ Wir füllen die Datenumgebung mit dem bearbeiteten View AdressenV.

✔ Wir weisen der ControlSource des OleBoundControls das neue Objektfeld zu.

Testlauf
Das Formular läuft, aber das Objektfeld ist leer; es wird nichts angezeigt.

15.2.3 Datei in Objektfeld einfügen

Um nun das Objektfeld mit Inhalt zu füllen, steht uns der APPEND GENERAL-Befehl zur Verfügung. Das Wort *Append* darf nicht dahingehend missverstanden werden, dass hier ein Datensatz angehängt wird; der Befehl importiert lediglich ein OLE-Objekt aus einer Datei und fügt es in ein Objektfeld ein.

Der Code auf dem Click-Event des Buttons NEUES OBJEKT könnte wie folgt lauten:

```
lcFile = GETFILE('DOC;XLS;BMP' ❶ ,;
   'OLE-Datei:' ❷ ,;
   'Einfügen') ❸

IF !EMPTY(lcFile)
   *Wenn nicht abgebrochen wurde
   APPEND GENERAL adressenv.adobjekt FROM (lcFile) ❹
ENDIF
```

❶ Die GETFILE()-Funktion ruft den Standard-Dialog zum Auswählen einer Datei auf und gibt den Dateinamen mit komplettem Pfadnamen zurück. Der erste Parameter gibt die auszuwählenden Dateitypen an (Extension). Wird vom Benutzer abgebrochen, so ist der Rückgabewert ein Leerstring.

❷ Der zweite Parameter von GETFILE() gibt den neben dem Dateinamen einzublendenden Text an.

❸ Der dritte Parameter von GETFILE() gibt die Beschriftung des ÖFFNEN-Buttons im Dialog an.

❹ Der APPEND GENERAL-Befehl erwartet als Dateinamen den wirklichen Namen der Datei. Ist er in einer Variable enthalten, muss diese zuerst ausgewertet werden. Dies geschieht hier, indem die Variable lcFile in Klammern geschrieben wird. Von der Bedeutung ist dies ähnlich wie die Makro-Substitution mit &, arbeitet aber wesentlich schneller.

Testlauf

Wählen Sie eine beliebige Word-Datei aus, z.B. die im SAMPLEDATA *enthaltene Word-/Excel-/Bitmap-Datei.*

15.2.4 Starten der OLE-Anwendung

Wenn Sie ein entsprechendes Objekt eingefügt haben und beim Blättern abspeichern, ist dieses nun fest in die Tabelle einbezogen. Mit Doppelklick auf das Ole-BoundControl öffnet sich die entsprechende Anwendung *in* Ihrer Anwendung (erkennbar an der Titelleiste), fügt aber ihre eigenen Toolbars, Menüs und Funktionalitäten ein.

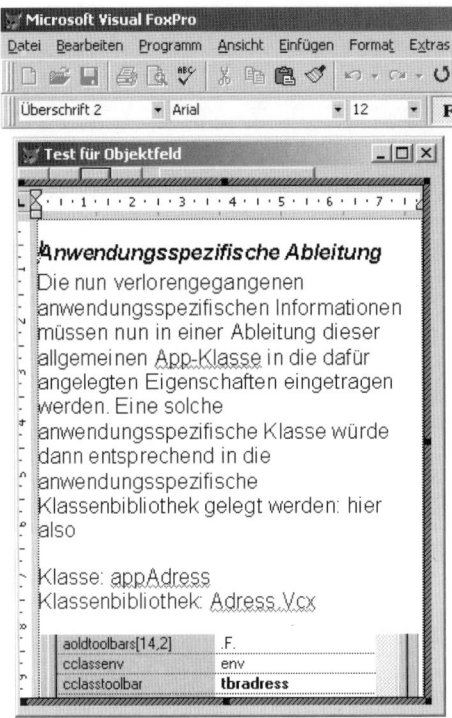

15.3   Fernsteuerung anderer Anwendungen am Beispiel Word und Excel

Eine ganz andere Art der Anbindung von anderen OLE-fähigen Anwendungen liegt darin, sie programmatisch als Objekt innerhalb von Visual FoxPro anzulegen. Damit ist es möglich, die angebundene Anwendung komplett von VFP aus *fernzusteuern* (daher der Begriff: *automation server*).

Um ein solches OLE-Objekt anzulegen, gehen wir vor wie bei jedem Objekt unter VFP selbst, mit dem Unterschied, dass der Klassenname aus den in der Windows-Registry vorhandenen Klassen entnommen wird. In diesen Klassennamen steht vor dem Punkt die Anwendung und nach dem Punkt die Klasse innerhalb der Anwendung:

z.B.

```
oExcel = CREATEOBJECT('Excel.Application')
oWord = CREATEOBJECT('Word.Application')
```

Die verfügbaren Methoden des Word- und des Excel-Objekts sind in diesem Fall identisch mit seinen VBA-Befehlen, mit Ausnahme der Tatsache, dass die dort üblichen benannten Parameter in VFP nicht übergeben werden können, sondern die Parameter-Übergabe wie in VFP erfolgen muss.

Die Unterobjekte der genannten OLE-Objekte sind die bekannten Objekte und Collections von Word bzw. Excel (siehe VBA-Hilfe der betreffenden Anwendungen: sie wird in der Office-Standardinstallation nicht mit installiert, sondern muss ausdrücklich bei der Installation angegeben werden).

15.3.1 Beispiel für Word-Objekt

```
oWord = CREATEOBJECT('Word.Application')
```

Erzeugt ein entsprechendes Objekt in VFP und startet die OLE-Anwendung.

```
oWord.Visible = .T.
```

Macht die Anwendung sichtbar; will man das nicht, kann man auch im unsichtbaren Bereich arbeiten, sodass der Anwender nie merkt, dass hier diese Anwendung überhaupt gestartet wurde.

```
oWord.Documents.Add
```

Führt die Add-Methode des Documents-Objekts in Word aus.

```
oWord.Selection.TypeParagraph
```

Das Selection-Objekt entspricht der aktuellen Cursor-Position. TypeParagraph fügt eine neue Zeilenschaltung ein.

```
oWord.Selection.TypeText('Versuch')
```

TypeText fügt den als Parameter übergebenen String ein. Auf diese Weise könnten natürlich nun auch Ausdrücke wie Feldwerte an das Word-Objekt übergeben werden.

```
oWord.ActiveDocument.SaveAs('TestFile')
```

Speichert das aktuelle Dokument unter dem übergebenen Namen ab. Durch die Namensvergabe von VFP aus, lässt sich eine Dokumentverwaltung unter VFP sehr schön realisieren. Denkbar wäre die automatische Anlage eines Namens unter bestimmten Kriterien und Abspeicherung des Namens in einer VFP-Tabelle, sodass auf diese Datei immer wieder aus dem entsprechenden Datensatz zugegriffen werden kann.

```
oWord.Application.Quit
```

Beendet die Anwendung. Achtung: durch das Löschen des oWord-Objekts wird die Anwendung *nicht* beendet.

```
RELEASE oWord
```

Löscht das Word-Objekt in VFP.

Weitere Informationen zum Ansprechen von Automation-Servern finden Sie im Kapitel 16.1 *VFP als COM-Client*.

15.3.2 Beispiel für ein Excel-Objekt

```
oExcel = CREATEOBJECT('Excel.Application')
```

Erzeugen eines Excel-Objekts in VFP.

```
oExcel.Workbooks.Add
```

Anlegen einer neuen Excel-Datei.

```
oExcel.ActiveSheet.Cells(1,1)=3
```

Zuweisen des Werts 3 in der Zelle (1. Spalte/1. Reihe).

```
oExcel.Visible = .t.
```

Sichtbar machen der Anwendung.

15.3.3 Wrapper-Klassen

Wenn man OLE-Klassen verwendet, erzeugt man häufig dafür entsprechende Wrapper-Klassen, die *um die OLE-Klasse herum* gebaut werden. In ihnen würde man dann die eigentliche CREATEOBJECT()- (bzw. GETOBJECT()-) Funktion auf die OLE-Klasse durchführen, könnte dann aber z.B. auch dafür sorgen, dass zuvor geprüft wird, ob die Anwendung schon gestartet ist und das Verhalten für diesen Fall festlegen.

Problematik bei MS-Word

Word arbeitet erst seit Word 97 (= Word 8) mit VBA als Programmiersprache, davor war es Word-Basic. Word-Basic war nicht objektorientiert und zudem sprachabhängig, d.h. je nachdem welche Version von Word installiert war, musste man das Word mit deutschen, englischen oder französischen Word-Basic-Befehlen ansprechen. Spricht nun Ihre Anwendung ein oWord-Objekt an, ohne dass Sie wissen, welche Word-Version beim Anwender Ihres Programms installiert ist, funktioniert Ihr Code unter Umständen nicht mehr.

Hierfür gibt es auch im Handel käufliche Wrapper-Klassen, die hier zuvor eine Versionsprüfung durch Lesen der Windows-Registry durchführen und in Abhängigkeit von der gefundenen Version an Word dann unterschiedliche Befehle weitergeben.

KAPITEL 16

16 COM

Immer mehr hört man von Begriffen wie *COM-Server, 3-tier architecture, multi-tier application, Webservice*. Besonders bei VFP7 rückt diese ganze Thematik in den Mittelpunkt. Was verbirgt sich hinter diesen Begriffen?

Die zentrale Technik dabei ist *COM*. COM steht für *Component Object Model*. Diese Technik ist vor allem deshalb ziemlich revolutionär, weil sie im Grunde die Ablösung der alten Struktur bedeutet, nach der eine Anwendung (EXE = ausführbare Datei) auf einem Rechner gestartet wird, solange sichtbar ist, und dann wieder beendet wird. Diese ausführbaren Dateien bekommen immer untergeordnetere Bedeutung. An deren Statt erhalten nun COM-Komponenten das Hauptgewicht. Eine COM-Komponente ist letztlich eine Klasse, aber eine Klasse, die nicht in FoxPro selbst liegt, sondern frei der Windows-Öffentlichkeit auf dem lokalen Rechner zur Verfügung gestellt wird. Darüber hinaus kann sie über bestimmte Methoden auch von anderen Rechnern aus im LAN oder sogar im Web angesprochen werden.

Was bedeutet also Component Object Model?

✔ Component: Komponenten sind das Herzstückder Objektorientierung und sind vergleichbar mit dem, was wir bei VFP als Klasse bezeichnen. Auch übertragen wir das C von COM mit *Common = gemeinsam*, d.h. gemeinsam von allen COM-fähigen Anwendungen zu verwenden

✔ Object: Die gemeinsame Nutzbarkeit bezieht sich auf die Instanziierung der Anwendung als Objekt in einer anderen Anwendung.

Hier sei noch der ebenfalls geläufige Terminus DCOM für *Distributed Component Object Model* hingewiesen:

✔ Distributed: Technologie bei der die verschiedenen COM-Prozesse verteilt werden auf unterschiedlich Maschinen (z.B. zur Performance-Optimierung)

16.1 VFP als COM-Client

Was wir oben im Kapitel über *Fernsteuerung anderer Anwendungen am Beispiel Word und Excel* (Kap. 15.3) gemacht haben, war aus der Perspektive von COM gesprochen nichts anderes, als das Ansprechen eines anderen COM-Servers von FoxPro, nur dass es sich in diesem Fall um einen COM-Server handelte, der auch eine Benutzeroberfläche hat – was im gesamten Zusammenhang von COM die Ausnahme bildet.

Während COM ein Objekt aus der *Klasse* (oder Komponente) *word.application* erzeugte, wurde Word als COM-Server angesprochen und hat seine Objekte, Methoden und Eigenschaften zur Verfügung gestellt. Umgekehrt kam nun VFP die Rolle eines COM-Clients zu.

Welche Methoden und Unterobjekte habe ich nun zur Verfügung? IntelliSense bietet uns hier natürlich eine große Hilfe:

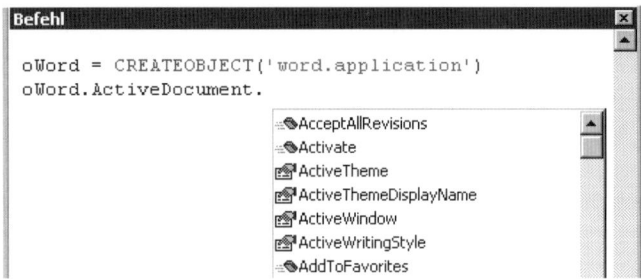

Dies dürfte uns aber nicht ausreichen, wenn wir wirklich wissen wollen, welche Parameter angesprochen werden müssen. Wenn Sie nicht gerade in Visual Basic for Applications firm sind (die Sprache, die intern ja von den MS-Anwendungen verwendet wird), besteht eine weitere praktische Möglichkeit im Fall von Word oder Excel darin, dass Sie ein Makro in dem jeweiligen Programm aufzeichnen und dieses dann *bearbeiten*, sich also den erzeugten Code anzeigen. Diese Befehle können Sie ähnlich von VFP aus absetzen.

Was aber tun, wenn ich es mit einer beliebigen anderen Anwendung zu tun habe, von denen ich keine solchen Beschreibungen oder dergleichen Möglichkeiten besitze?

Hier muss man wissen, dass jeder COM-Server eine sogenannte Typbibliothek (Type Library) besitzt, also auch Word oder jede COM-DLL. Eine Typbibliothek ist die Beschreibung aller nach außen verfügbaren Methoden, Objekte, Parameter. Um diese Typbibliotheken auszulesen stellt uns VFP ein hervorragendes Werkzeug zur Verfügung nämlich, den ab VFP7 vorhandenen Objektkatalog.

Der Objektkatalog

Öffnen Sie den Objektkatalog das erste Mal und betätigen Sie den ersten Button oben links (*Typbibliothek öffnen*). Es erscheint der ÖFFNEN-Dialog, der Objektkatalog liest die Registry daraufhin aus, welche COM-Bibliotheken dort registriert sind, und diese werden auf der mittleren Registerkarte COM-BIBLIOTHEKEN angezeigt. Hier können Sie die Bibliotheken auswählen, die Sie betrachten wollen. Mit dem Button DURCHSUCHEN können Sie auch eine bestimmte Datei (meist DLL/EXE – die Typbibliothek ist dort oft mitkompiliert) angeben und deren Typbibliothek anzeigen.

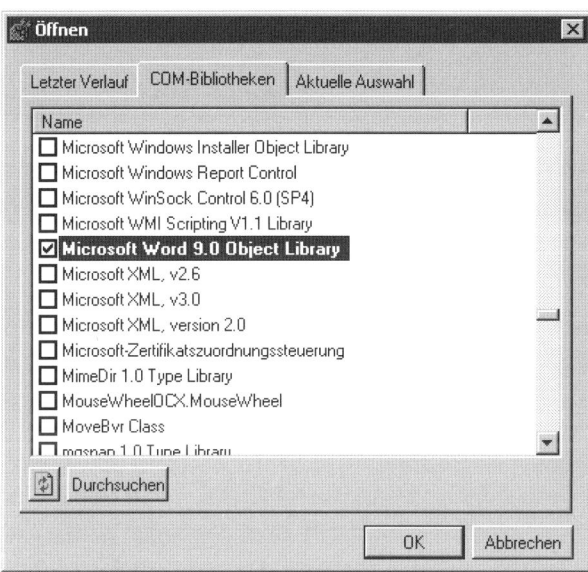

Hier steht Ihnen nun die gesamte dokumentierte Information über das Ansprechen des jeweiligen COM-Servers aus FoxPro offen. Wählen Sie zuerst im linken Teil einen Großbereich aus, dann im rechten Bereich die Detailinformation. Im unteren Fensterbereich finden Sie nun die detaillierten Schnittstelleninformationen vor.

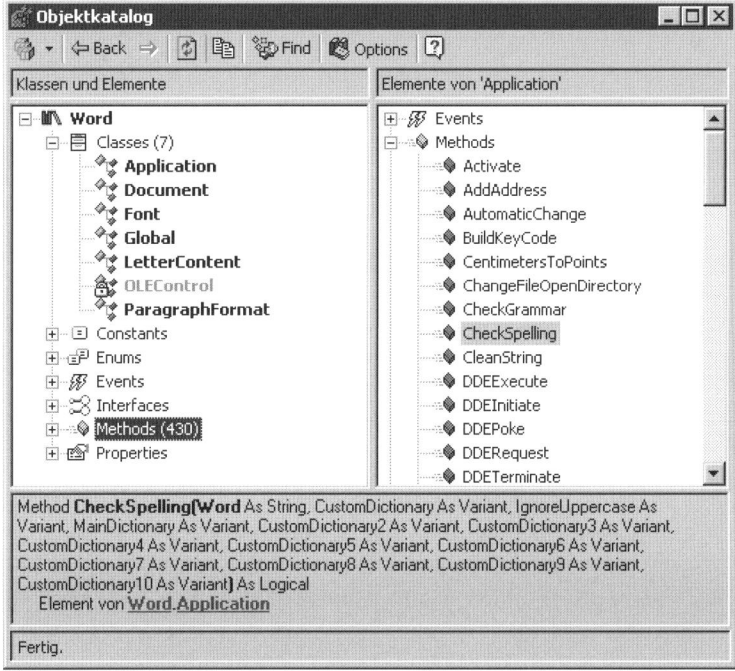

16.2 VFP als COM-Server

So wie wir bisher von VFP aus einen anderen COM-Server angesprochen haben, besitzen Visual FoxPro bzw. darin erzeugte und kompilierte DLLs und Anwendungen auch die Fähigkeit, selbst ein COM-*Server* zu sein, also von außen angesprochen zu werden. Dies wollen wir im Folgenden Testen. Das Beispiel wird nicht ausreichen, um daraus einen real laufenden COM-Server zu erzeugen, soll aber genügen, um konkret zu verstehen, was ein COM-Server ist und wie er arbeitet.

Wir legen zuerst ein neues Projekt an. Es soll so simpel wie möglich sein, damit die Struktur umso besser verständlich ist.

✔ Kopieren Sie zu diesem Zweck in ein neues Verzeichnis lediglich unseren DATA-Pfad.

✔ Legen Sie ein neues Projekt an (wie im zweiten Kapitel beschrieben) und nennen Sie es z.B. *AdressInfo*.

Unser COM-Server soll folgende Aufgabe erfüllen: Wenn er von irgendeinem Programm, z.B. von Word aus, instanziiert wird, soll er die Möglichkeit geben, einer bestimmten Methode einen Parameter zu übergeben mit einer Adress-Nummer. Wird diese Adresse in der Adress-Tabelle gefunden, wird die Adresse als String von der Methode zurückgegeben und kann so z.B. in ein Word-Dokument eingefügt werden. Der Anwender würde also in diesem Falle nichts davon merken, dass hier ein FoxPro-COM-Server gestartet wird, sondern würde lediglich feststellen, dass die von ihm angeforderte Adresse eingefügt wurde.

16.3 Das Herzstück: eine öffentliche Klasse

Bei einer allgemeinen Anwendung sahen wir, dass wir kaum noch etwas mit PRG- (prozedurale Programm-) Dateien zu tun hatten, das meiste lag in Objekten. Trotzdem haben wir aber immer noch ein prozedurales Main-Programm verwendet, um das Anwendungsobjekt zu instanziieren und nach Beenden des Programms letzte Aufräumungsarbeiten durchzuführen.

Dies ist hier nicht mehr der Fall.

> Wir verwenden eine Anwendungs-Klasse, die von außen (hier auch ohne Verwendung eines Hauptprogramms) instanziiert werden kann.

Darin besteht also das Starten des COM-Servers: nicht im Starten einer EXE, die als Erstes Ihr Hauptprogramm ausführt, sondern im unmittelbaren instanziieren der Anwendungs-Klasse, die wir nun programmieren (aus diesem Grund muss seit VFP6 ein Projekt keine Hauptdatei mehr haben, wenn es als COM-Server kompiliert wird). Zuerst werden wir nun diese Klasse als eine übliche VFP-Klasse entwerfen, dann werden wir sehen, wie wir diese Klasse der Windows-Öffentlichkeit zur Verfügung stellen.

16.3.1 Anlegen der Anwendungs-Klasse

Wir legen eine neue Klasse an aus der Basisklasse *Custom*. Wir können ihr schlicht den Namen *App* geben (bitte nicht *application* – dies ist ein geschützter Name). Bei *Speichern in* geben wir als Klassenbibliotheksnamen den einer neuen Klassenbibliothek wie MYOLESERVER an. Diesmal verzichten wir darauf, dies in ein eigenes Unterverzeichnis zu legen, weil es hier nun um sehr wenige Dateien gehen wird und wir diese schnell überblicken wollen.

Diese neue *App*-Klasse muss weder im Init- noch im Destroy-Event spezielle Operationen ausführen. Unser ganzes Interesse gilt der Methode, die eine Adress-Nummer in Empfang nimmt und eine Adresse als Zeichenkette zurückgibt.

16.3.2 Methode zum Ermitteln der Adresse

Legen wir also eine neue Methode an, z.B. mit dem Namen *AdrGet*. Der Code könnte etwa lauten:

```
LPARAMETERS tuAdress

DO CASE
CASE VARTYPE(tuAdress) = 'N'
   *Es soll nach der Adress-Nummer gesucht werden.
   SELECT * ;
      FROM data\adressen ;
      WHERE adid = tuAdress ;
      INTO CURSOR CuAdressen
CASE VARTYPE(tuAdress) = 'C' ❶
   *Es soll nach dem Namen gesucht werden, ein String wurde
   *übergeben
   SELECT * ;
      FROM data\adressen ;
      WHERE UPPER(adname) = ALLTRIM(UPPER(tuAdress)) ;
      INTO CURSOR CuAdressen
ENDCASE

IF _TALLY > 0 ❷
   LOCAL lcReturn ❸
   lcReturn = TRIM(CuAdressen.advorname) +;
      IIF(!EMPTY(CuAdressen.advorname)," ","") +
      ALLTRIM(CuAdressen.adname)
   lcReturn = lcReturn +CHR(13)+CHR(10)+ ;
      ALLTRIM(CuAdressen.adstrasse)
   lcReturn = lcReturn +CHR(13)+CHR(10)+ ;
      ALLTRIM(CuAdressen.adplz) + ;
      IIF(!EMPTY(CuAdressen.adplz),' ','')+;
      ALLTRIM(CuAdressen.adort)
ELSE
   lcReturn = 'Keine Adresse gefunden ...'
```

```
ENDIF

RETURN lcReturn ❹
```

❶ Es wird hier zusätzlich noch die Möglichkeit gegeben, wenn als Parameter keine Zahl (als Adress-Nummer) übergeben wurde, statt dessen anzunehmen, dass mit der Übergabe eine Abfrage nach Namen gemeint war und so nach dem entsprechenden Namen zu suchen.

❷ Die Systemvariable _TALLY zeigt uns an, wie viele Datensätze die Ergebnismenge des letzten ausgeführten Select-Statements umfasste. Ist also _TALLY > 0, so wissen wir, dass Daten gefunden wurden.

❸ Als Returnwert wird mit Hilfe von String-Funktionen ein String aufgebaut (siehe Kap. 10.1.1 *Bearbeitung von Berichtsausdrücken*).

❹ Der Returnwert würde hier also an die aufrufende Stelle zurückgegeben werden, also an das Programm, das diesen COM-Server instanziiert und die Methode aufgerufen hat.

16.3.3 Wie wird diese Klasse öffentlich?

Damit unsere App-Klasse später von Windows-Anwendungen angesprochen werden kann, ist hier der erste Schritt, dass wir die spezifische Klasse als *OLE Global* definieren. Rufen Sie dazu im Menü KLASSEN die KLASSENINFO auf und klicken dort die CheckBox *OLE Global* an (eine übrigens ziemlich unsinnige Übersetzung, die es erst bei VFP7 gibt, bei VFP6 heißt es richtiger *OLE Public*. OLEPUBLIC ist auch die Klausel des DEFINE CLASS-Befehls, die bei programmatischen Klassendefinitionen zu diesem Zweck verwendet wird).

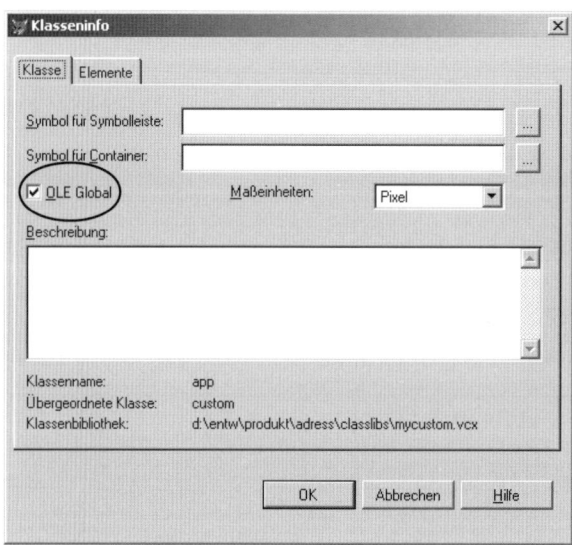

16.3.4   Testen der Klasse in VFP

Sie sollten sich vor dem Erproben Ihrer Klasse in der Windows-Öffentlichkeit erst davon überzeugen, dass diese lokal einwandfrei funktioniert, da die außerhalb von FoxPro zurückgegebenen Fehlermeldungen meist so kryptisch sind, dass man damit bei der Fehlersuche nicht viel anfangen kann.

Dazu legen wir wie bekannt ein Objekt aus unserer Klasse an und testen die Methode AdrGet:

```
*SET CLASSLIB TO myoleserver
oTest = NEWOBJECT('app', 'myoleserver') ❶
? oTest.AdrGet(1)
```

❶ NEWOBJECT() ist gleichbedeutend mit CREATEOBJECT(), mit dem einzigen Unterschied, dass die SET CLASSLIB-Einstellung davor nicht mehr notwendig ist (siehe auch Kap. 9.4 *Codierte Ableitungen der Basisklassen/Erzeugen eines Objekts aus der selbstgemachten Klasse*).

Wenn die Klasse hier einwandfrei funktioniert, können wir fortfahren.

16.4   Kompilieren und Registrieren der DLL

Sie können einen COM-Server sowohl als DLL als auch als EXE kompilieren. DLLs sind sogenannte In-Process Server, die also im gleichen Prozess wie der spätere COM-Client laufen. Vorteil: schneller, weniger Speicherbelastung. Nachteil: Sicherheitsrisiko – Wenn der COM-Server abstürzt, tut dies ebenso der COM-Client.

Als EXE-Datei kompilierte COM-Server sind Out-Of-Process Server – es wird also ein neuer Prozess gestartet. Vor- und Nachteile sind genau umgekehrt zum In-Process Server. Nur Out-Of-Process Server können eine Benutzeroberfläche haben.

16.4.1   Kompilieren

Der Dialog zum Kompilieren unterscheidet sich von VFP6 zu VFP7 (bzw. VFP6 mit Service Pack 3, dort nur mit abgeschnittenenen Beschriftungen):

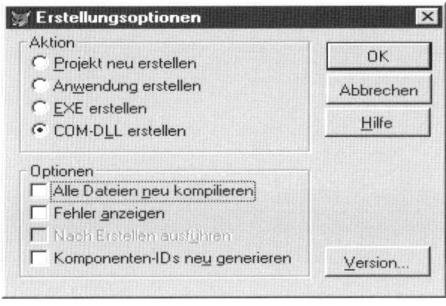

Erstellungsoptionen-Dialog unter VFP6 bis SP2: Sie können neben der APP auswählen zwischen EXE und COM-DLL

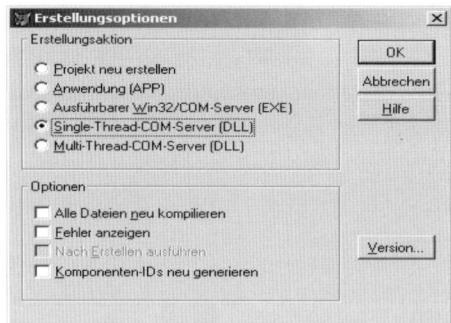

Erstellungsoptionen-Dialog unter VFP7 (bzw. ähnlich bei VFP6 ab Service Pack 3)

Die im Service Pack 3 von VFP6 eingeführte zusätzliche Möglichkeit eines *Multi-Thread-COM-Servers* lässt eine Problematik des früheren COM-Modells bei VFP erkennen. Dort konnte eine gestartete DLL im Speicher nur einen Thread (als ein daraus erzeugtes COM-Objekt) verwalten. Der Multi-Thread-COM-Server erlaubt einer DLL, im Speicher mehrere COM-Objekte zu verwalten. Dies ist natürlich generell von Vorteil. Für absturzgefährdete COM-Server macht jedoch nach wie vor die Verwendung von Single-Thread-COM-Servern Sinn. In diesem Zusammenhang gibt es erstmalig seit VFP6 Service Pack 3 eine neue Laufzeitbibliothek speziell für Multi-Thread-COM-Server.

16.4.2 Registrieren

1. Haben wir unsere DLL nun erzeugt, bleibt noch der Schritt, sie bei Windows zu registrieren. Alle OLE-Anwendungen greifen immer auf die Registrierungsdatenbank von Windows zu. Was dort nicht eingetragen ist, ist gewöhnlich auch per OLE nicht von anderen Anwendungen ansprechbar. Zwar wird ab Service Pack 3 von Visual Studio die Registrierung automatisch beim Kompilieren einer COM-DLL durchgeführt. Trotzdem will ich hier den einfachen Vorgang der manuellen Registrierung kurz zeigen: Verkleinern Sie VFP und alle anderen Anwendungen zum Symbol, sodass Sie den Desktop sehen (Tipp: `Windows95` + `M`). Erstellen Sie auf dem Desktop eine Verknüpfung mit der REGSVR32.DLL aus dem SYSTEM32-Pfad Ihres Windows/WinNt-Ordners. (Wechseln in diesen Ordner, Suchen der entsprechenden Datei, rechts klicken, auf den Desktop ziehen, VERKNÜPFUNG HIER ERSTELLEN? anklicken.)

2. Öffnen Sie ein Fenster Ihres Anwendungsordners und ziehen Sie die von Ihnen erstellte ADRESSINFO.DLL auf das Symbol der REGSVR32.EXE.

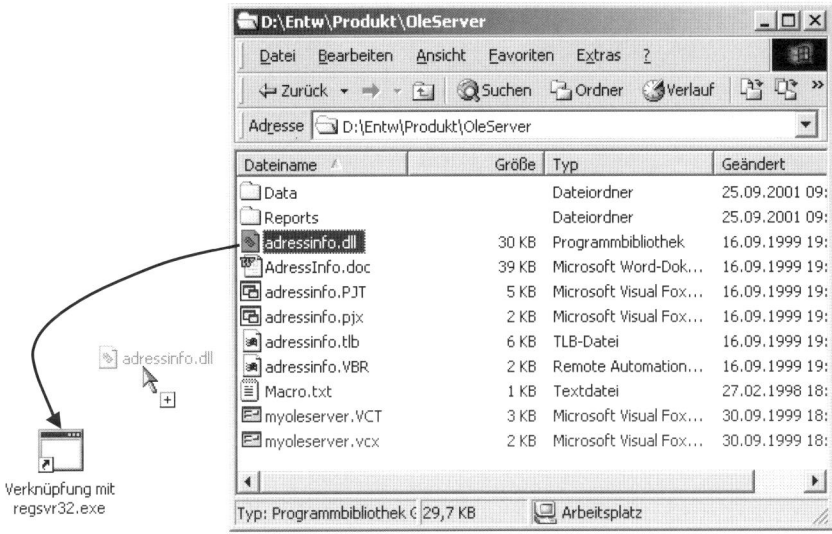

Sie müssten als Ergebnis eine Meldung bekommen wie diese:

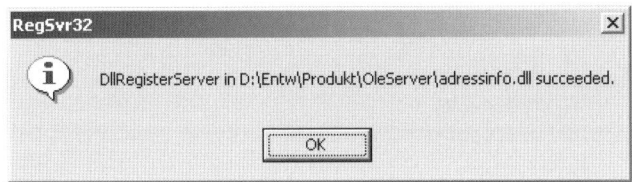

Nun ist Ihre DLL registriert und kann von anderen COM-fähigen Windows-Programmen verwendet werden.

16.4.3   Verwenden der DLL von außen (Test)

Zum ersten Test wollen wir die DLL innerhalb von VFP, aber *von außen* als DLL ansprechen. Dies funktioniert genau so wie wir es schon beim Word-Objekt gesehen haben:

```
oWord    = CREATEOBJECT('word.application')
oAdrInfo = CREATEOBJECT('AdressInfo.app')
```

Eine Klassenbibliothek muss (und kann) hier nicht angegeben werden: Die Klassenbibliothek ist gewissermaßen die Registry, in der sämtliche vorhandenen Klassen registriert sind. Stößt also VFP bei der Klassendefinition auf einen Punkt, wird die Klasse nicht mehr im aktuellen VFP sondern in der Registry gesucht. Nun kann das neu erzeugte COM-Objekt verwendet werden:

```
? oAdrInfo.AdrGet(2)
```

Es müsste eine Adresse auf dem Bildschirm ausgegeben werden.

16.5 Beispiel für die Verwendung einer Visual FoxPro COM-DLL außerhalb von VFP

Wir wollen in einem Beispiel testen, wie wir nun unsere VFP-DLL außerhalb verwenden können. Im Beispiel soll der Anwender mit Word arbeiten, und wenn er einen bestimmten Kunden einfügen will, auf F3 drücken. Die Adresse wird eingefügt.

Legen Sie dazu in Word entweder ein neues Makro an (EXTRAS | MAKROS) mit der Tastatur-Zuordnung F3 oder öffnen Sie das Makro *Main* in der im Beispielprojekt vorhandenen Datei ADRESSINFO.DOC. Das Makro könnte ähnlich wie dieses lauten (Achtung: kein VFP sondern VBA-Code!):

```
Public Sub Main()
    Dim oAdr As Object ' ❶ Variable für Verweis deklarieren.
    Set oAdr ❷ = CREATEOBJECT("adressinfo.app") ❸
    Dim cAdr As String
    Dim nKuNr As Integer

    Load FrmFrage ❹
    FrmFrage.Show
    nKuNr = Val(FrmFrage.TxtKuNr.Value)
    Unload FrmFrage

    cAdr = oAdr.AdrGet(nKuNr)
    'Documents.Add ❺
    Selection.TypeText Text:=cAdr

    Set oAdr = Nothing ' Hiermit geben Sie den Verweis frei.
End Sub
```

❶ In VBA (Visual Basic for Applications) werden Variablen so angelegt. Apostroph oben zeigt einen folgenden Kommentar an (entspricht in VFP entweder * oder in der gleichen Zeile &&).

❷ Objektvariablen werden mit Set zugewiesen.

❸ OLE-Klassen-Name.

❹ Dieses VBA-Formular ist zuvor schon angelegt worden.

❺ Zeile auskommentiert. Auf diese Weise könnte vorher jeweils ein neues Dokument angelegt werden.

KAPITEL 17

17 Daten (IV): Remote-Anbindung mit ODBC und OLE-DB

Zwar ist die FoxPro-Datenbank sehr mächtig und bekannt für ihre Schnelligkeit, in vielen Fällen wird man sich jedoch entscheiden, auf Daten einer fremden Datenbank, typischerweise einer der *großen Datenbanken* wie SQL-Server, Oracle, Informix, DB2 o. ä. zu arbeiten, um die dortigen umfangreichen Sicherheits-Funktionen (Protokoll, Transaktionen) und Berechtigungsstufen für ein großes Netzwerk auszunutzen. Ein großer Nachteil von DBFs und damit auch von der FoxPro-Datenbank ist immer noch, dass sie eben auch bei Systemabsturz zerstört werden können.

Besonders die Option *SQL-Server* liegt daher nahe, weil dieser in der abgespeckten MSDE-Version (Microsoft SQL-Server Desktop Edition) bei VFP7 bereits mitgeliefert wird. Sie ermöglicht es zusammen mit dem Upsizing-Wizard, eine vorhandene FoxPro-Datenbank auf SQL-Server zu migrieren, ohne dabei eine volle SQL-Server-Version auf der jeweiligen Maschine installiert zu haben. Zudem kann die MSDE auch Anwendern mitgegeben werden, ohne dass dabei lizenzrechtliche Probleme entstehen.

Die andere Seite des fernen (= remote) Datenzugriffs ist, dass damit auch anderen Anwendungen gestattet wird, auf FoxPro-Daten zuzugreifen. Hierfür steht uns besonders mit dem OLE-DB Provider für VFP7 eine hervorragende Möglichkeit zur Verfügung.

17.1 ODBC oder OLE-DB?

Gegenwärtig konkurrieren zwei Systeme, die beide den Zugriff auf entfernte Datenbanken ermöglichen.

17.1.1 ODBC

Der traditionelle Weg, der daher immer noch die weiteste Verbreitung hat ist ODBC. Über eine auf Betriebssystem-Ebene angelegte *ODBC-Datenquelle* (Data-source, DSN), die auf einen ODBC-Treiber der jeweiligen Datenbank zugreift, werden die Daten nach außen zur Verfügung gestellt. ODBC fungiert als zentrale Schnittstelle, der ODBC-Treiber als *Übersetzer* für die Spezifika eben dieser Datenbank.

ACHTUNG Der ODBC-Treiber für Visual FoxPro, mit dem also von außen auf FoxPro-Datenbanken zugegriffen werden kann, steht bei Microsoft auf dem Status *Support*, was so viel bedeutet, wie dass er nicht mehr weiterentwickelt wird. Bereits die VFP7-Datenbank wird nicht mehr voll unterstützt: Sobald →Datenbankereignisse für eine VFP-Datenbank aktiviert sind, kann auf sie via ODBC nicht mehr zugegriffen weren!

Ein anderer Nachteil des Zugriffs auf FoxPro-Daten über ODBC liegt darin, dass verschiedene Einstellungen nur generell für die ODBC-Datenquelle gemacht, dann aber nicht mehr vom ODBC-Client programmatisch verändert werden können. Besonders nachteilig ist dies bei der Einstellung für SET DELETED (siehe Kap. 4.10 *Grundlegende Befehle zur Datenbehandlung*).

Trotz dieser Nachteile hat ODBC nach wie vor ohne Zweifel seinen Platz. Der wichtigste Vorteil: ODBC ist die *direkte Anbindung zwischen FoxPro-Cursors und der Fremd-Datenbank*. Nachdem über ODBC ein Datenzugriff erfolgt ist, entsteht immer ein FoxPro-Cursor (also eine temporäre DBF), mit den entsprechenden Freiheiten: Der Cursor kann bearbeitet werden, wie jeder andere FoxPro-Cursor auch, also mit den üblichen xBase-Befehlen und der Schnelligkeit, die die VFP-Cursor ausmachen. Ähnlich wie bei einer lokalen Ansicht können Änderungen in den Daten der Remote-Ansicht auf die Ursprungsdatenbank zurückgeschrieben werden.

17.1.2 OLE-DB und ADO

OLE-DB ist konzipiert als die objektorientierte Alternative zum prozeduralen Ansatz von ODBC, und damit auch gleichzeitig als *nächste Generation* des Zugriffs auf *ferne Daten*. Das zentrale Werkzeug ist ADO, das nicht nur die Zugriffsmechanismen sondern auch die Daten selbst in Form von Objekten freigibt.

Was bei ODBC ein ODBC-Treiber war (spezifischer Zugriffstreiber für die jeweilige Datenbank, teils von Microsoft integriert, teils von den Datenbankherstellern mitgeliefert), ist bei OLE-DB der OLE-DB Provider. Als ersten und einfachsten OLE-DB Provider gab Microsoft denjenigen *für ODBC* heraus, der also von OLE-DB zuerst ODBC ansteuert, wobei ODBC dann die Rolle zukommt, wiederum in die einzelnen Datenbankstrukturen und -erfordernisse zu übersetzen. Dass dies nicht eben schnell ist, braucht nicht erklärt zu werden. Außerdem fällt dabei die Ansteuerung spezieller Funktionen der jeweiligen Datenbanken weg. Dies kann also nur ein Übergangsweg sein.

Erstmalig mit VFP7 verfügt Visual FoxPro jedoch über einen eigenen OLE-DB Provider, der nun FoxPro zum Zugriff über ADO freigibt. Dieser kann weit mehr als der alte ODBC-Treiber, zum Beispiel erlaubt er den Zugriff auf eine riesige Auswahl von Einstellungen, die bisher nur in FoxPro selbst vorgenommen werden konnten (siehe Beispiel unten).

Da ADO uns jedoch keinen FoxPro-Cursor zur Verfügung stellt, sondern ein Objekt, müssten wir auf die eigentliche Stärke von FoxPro verzichten, die ja eben gerade auch in seiner Cursorsteuerung liegt. Zwar ist es möglich, Steuerelemente direkt an ADO-Recordsets anzubinden (dies sind die Objekte, die bei VFP einer Tabelle entsprechen), und wir werden weiter unten ein plastisches Beispiel eines Formulars sehen, das seine Daten komplett mit ADO verwaltet und steuert. Im echten Leben wird man sich jedoch hauptsächlich dazu entscheiden, ADO lediglich als sehr geeignetes Transportformat bei →Mehrschichten-Anwendungen zu verwenden, jedoch für die Bearbeitung in FoxPro das ADO-Recordset in einen Cursor konvertieren und umgekehrt.

17.2 ODBC: How To Do?

Widmen wir uns zuerst ODBC. Wie geschieht der Zugriff nun genau?

Es gibt im Wesentlichen zwei Möglichkeiten über ODBC auf fremde Daten zuzugreifen: Remote Views und SQL Pass-Through. Remote Views sind einfacher zu handhaben und ermöglichen auch den schreibenden Zugriff.

17.2.1 Remote Views

Remote Views werden im Wesentlichen wie lokale Views angelegt und arbeiten ähnlich wie diese, nur mit dem Unterschied, dass im Hintergrund eben nicht auf FoxPro-Tabellen zugegriffen wird. Soll also mit VFP auf Fremd-Datenbanken gearbeitet werden, geschieht dies am einfachsten über Remote Views.

1. Schritt: Fremd-Datenbank

Wir benötigen eine Datenbank auf die wir zugreifen wollen.

Test mit Access: Sie finden im SAMPLEDATA-Verzeichnis die Datei DB1.MDB, eine Access-Datenbank, die in Anlehnung an die in unserer Beispielanwendung entstandene Tabellenstruktur angelegt wurde. Kopieren Sie sie in ein beliebiges Verzeichnis.

2. Schritt: ODBC-Datenquelle

Anlegen einer ODBC-Datenquelle auf Windows-Ebene (noch nicht FoxPro).

✔ Doppelklicken Sie dazu in der Systemsteuerung auf *ODBC* bzw. in der Verwaltung auf *Datenquellen (ODBC)*.

✔ Im ODBC-DATENQUELLEN-ADMINISTRATOR klicken Sie auf HINZUFÜGEN und wählen in der Liste der Treiber *Microsoft Access-Treiber*.

✔ Im ODBC MICROSOFT ACCESS SETUP geben Sie

✔ als *Datenquellenname* einen beliebigen Namen an, z.B. *AccessOdbcDataSource*

✔ als *Datenbank* (mit AUSWÄHLEN) die Access-Datenbank an in dem Verzeichnis, wo sie sie hin kopiert haben.

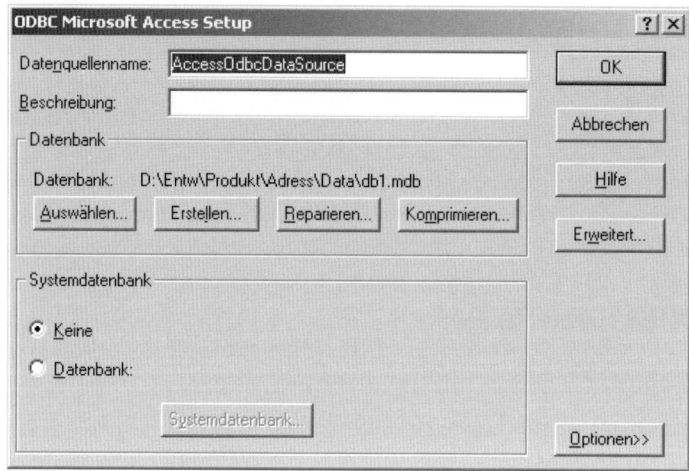

✔ Beenden Sie mit OK.

3. Schritt: VFP-Connection

Jetzt sind wir bereit für Visual FoxPro und legen hier eine sog. *Connection* (dt.: Verbindung) an.

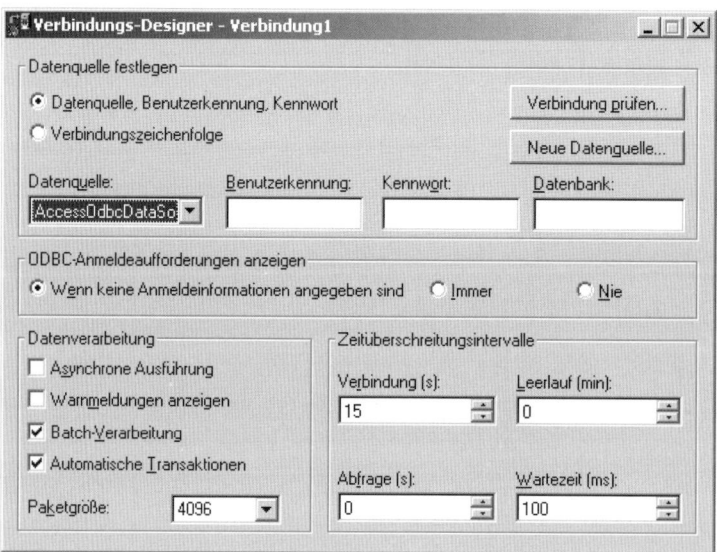

Wählen Sie dazu im Projekt-Manager *Verbindungen* und betätigen Sie den NEU-Button.

Im VERBINDUNGS-DESIGNER können Sie nun alle Einstellungen für eine ggf. notwendige Anmeldung (bei unserem Access-Beispiel nicht notwendig) und für die Übernahme der Daten festlegen.

Speichern Sie diese Connection unter einem beliebigem Namen (z.B. AccessTestConnection) ab.

4. Schritt: Remote View

Wählen Sie im Projekt-Manager *Remote View* und NEU. Es erscheint nun anstelle der Auswahl der Tabellen (wie bei lokalen Views) zuerst die Vorauswahl VERBINDUNG ODER DATENQUELLE AUSWÄHLEN:

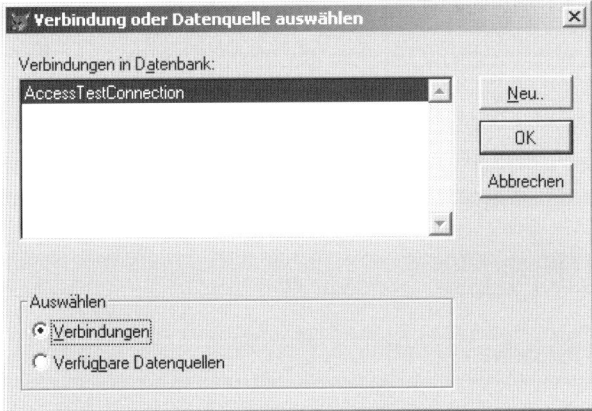

Sie können an dieser Stelle auch auf alle verfügbaren ODBC-Datenquellen direkt zugreifen (dann hätte Schritt 3 ausgelassen werden können). Auf diese Weise können jedoch keine Voreinstellungen (wie bei der Connection) gemacht werden.

Nach Auswahl der entsprechenden Verbindung erscheinen nun im ÖFFNEN-Dialog die Tabellen, die in der Datenbank enthalten sind, die von der Verbindung und ODBC-Datenquelle angesteuert wird.

Legen Sie auf diese Weise ein Remote View zum Test an, und setzen Sie die Aktualisierungskriterien und Joins wie bereits zuvor im lokalen View. Im Beispiel ist das View AdressenRV benannt.

Beim Test merken Sie, dass das ID-Feld, das sich in Access automatisch füllt, bei der Neuanlage eines Datensatzes auf 0 steht. Wieweit Datenbank-Trigger auch über ODBC ziehen, muss jeweils bekannt sein und hängt von der Datenbank und dem ODBC-Treiber ab.

Formular auf Remote View aufbauen

Das Formular kann mit nur geringfügigen Änderungen direkt auf dem Remote View aufsetzen.

✔ Erzeugen Sie zuvor noch ein Remote View für die Adresstypen (AdrTypRV), da wir zur Füllung der ComboBox (**RowSource**) nicht mehr direkt auf der Tabelle aufsetzen können, sondern ebenfalls auf einem View.

✔ Öffnen Sie das Adress-Formular und speichern Sie es unter einem anderen Namen ab. Fügen Sie das so erzeugte neue Formular dem Projekt an (HINZUFÜGEN-Button).

✔ Löschen Sie die bisherigen Elemente der Datenumgebung des Formulars.

✔ Fügen Sie statt dessen die Remote Views AdressenRV und AdrtypRV in die Datenumgebung ein.

✔ Um nicht die Aliasnamen sämtlicher Controls verändern zu müssen, besteht die Möglichkeit, das View AdressenRV mit dem Aliasnamen AdressenV zu öffnen. Dies geschieht über die **Alias**-Eigenschaft des Cursor-Objekts.

✔ Definieren Sie den Alias AdressenV als *ersten Alias* durch die **InitialSelectedAlias**-Eigenschaft der Datenumgebung.

Testlauf

Nun müsste Ihr Formular bereits fertig sein, um auf den Accessdaten genau so zu arbeiten, wie zuvor auf den VFP-Daten.

17.2.2 SQL Pass-Through

Es gibt auch die Möglichkeit, ohne Remote Views direkt Select-Statements auf eine andere Datenbank abzusetzen. Was das Remote View im Hintergrund für uns automatisch erledigt hat, müssen wir hier manuell machen: Das Handling der Connection.

✔ Um eine Connection zu öffnen, wird die Funktion SQLCONNECT(*cConnection-Name*), angesprochen, die eine »Identifikationsnummer« (Connection Handle) für diese geöffnete Connection zurückgibt, falls das Öffnen geglückt ist (andernfalls ist der Rückgabewert -2).

✔ Anschließend wird das Select-Statement mit SQLEXEC(*cConnection Handle,cSelectStatement*) an die Fremd-Datenbank übergeben.

Ohne weiter auf diese Arbeitsweise einzugehen, sei darauf hingewiesen, dass Sie nähere Erläuterungen in der Hilfe unter der Beschreibung von Funktionen finden wie SQLPREPARE(), SQLCANCEL(), SQLMORERESULTS(), SQLDISCONNECT(), SQL-GETPROP(), SQLSETPROP(), SQLSTRINGCONNECT().

17.3 OLE-DB: How To Do?

17.3.1 Erzeugen und Ansprechen von ADO-Objekten

Dieser Abschnitt soll keine umfassende Einführung in ADO geben, Ihnen aber ein erstes Bild vermitteln, was ADO praktisch ist. Für eine ausführlichere Einführung in ADO unter VFP kann zugegriffen werden auf das Whitepaper von John V. Petersen zu diesem Thema unter http://msdn.microsoft.com/ library/default.asp?URL=/library/techart/ADOJump.htm.

Das Connection-Objekt

Um auf Daten via ADO zugreifen zu können, muss ich als Erstes ein sogenanntes Connection-Objekt, nämlich aus der Klasse *AdoDb.Connection* erzeugen. Dies entspricht in gewisser Hinsicht der SQLCONNECT()-Funktion bei SQL Pass-Through, mit dem Unterschied, dass hier nicht ein Handle (also eine Zahl) zurückgegeben wird, um später den Bezug zur Connection herzustellen, sondern eine Objektreferenz auf das Connection-Objekt. Das erzeugte Objekt ist zuerst einmal noch *neutral*. Es bekommt seine Bedeutung erst, nachdem der ConnectionString zugewiesen wurde und die Connection geöffnet wurde:

```
LOCAL lcProgDir,lcDBC
CLOSE ALL
*Ermitteln des Verzeichnisses des aktuell laufenden Programms
lcProgDir = SUBSTR(JUSTPATH(SYS(16)),AT(":",SYS(16))-1)
lcDbc=lcProgDir+'\Data\Daten1.dbc'

loCo = CREATEOBJECT('AdoDb.Connection') ❶
loCo.ConnectionString = 'Provider=vfpoledb ❷ ; Data Source='+;
     lcDbc ❸
loCo.Open()
```

❶ *AdoDb* ist der Name des COM-Servers, *Connection* der Name seiner Unterklasse. Will man ein solches Objekt in seinem Programmcode erzeugen, muss man sicherstellen, dass auf dem Rechner des Anwenders diese COM-Komponente (in der richtigen Version!) existiert und registriert ist. Andernfalls sollte man dafür in seiner eigenen Installationsroutine sorgen.

❷ Dieser Provider ist erstmals in VFP7 vorhanden. Zum Zugreifen auf fremde Daten muss jeweils der Name des OLE-DB Providers bekannt sein. Als Mindest-Option ist immer der OLE-DB Provider für ODBC verfügbar. Der einfachste Weg um darauf zuzugreifen, wäre die Angabe der ODBC-Datenquelle als Parameter an die Open-Methode, ohne Angabe eines Connection-Strings:
loCo.Open('*ODBC-Datenquellenname*').

Nur in
VFP7

❸ Im Fall von FoxPro ist als Datenquelle der physikalische Dateiname der Datenbank anzugeben.

Das Recordset-Objekt

Im Recordset-Objekt liegen die eigentlichen Daten. Über seine Methoden erlaubt es Navigation (movenext, movefirst, movelast, moveprevious), Neuholen der Daten (requery) etc. Zuerst muss, wie beim Connection-Objekt ein *leeres* Objekt erzeugt werden.

```
oRs = CREATEOBJECT('AdoDb.Recordset')
oRs.ActiveConnection = loCo ❶
oRs.Open('SELECT * FROM Adressen WHERE "a" $ name' ❷ )
```

oder

```
oRs.Open('USE Adressen' ❸ )
```

❶ loCo wäre das zuvor angelegte Connection-Objekt. Über die Zuweisung der Eigenschaft Activeconnection weiß das Recordset-Objekt welche Connection verwendet werden soll, um das folgende SQL-Statement auszuführen.

❷ Beachte: Im SQL-Statement können jetzt originäre FoxPro-Funktionen verwendet werden wie *enthalten in* ($). Dies ist erlaubt, da wir einen eigenen VFP OLE-DB Provider angesprochen haben, der die Befehle in der eigenen FoxPro Database Engine ausführt.

HINWEIS Unter Sample\Ado finden Sie zum Testen und Nachverfolgen die Programmdaten AdoTest1.Prg

---

17.3.2 Direkte Verwendung in der Oberfläche: ein Beispiel (Form)

Im Verzeichnis BEISPIELE\ADO findet sich ein Formular ganz nach dem Muster unsere ersten in Kapitel 7 erzeugten Formulare, jedoch komplett ohne Fox-Pro-Daten. Statt dessen werden im Load-Event die Daten via ADO geholt und in den ControlSourcen der einzelnen Steuerelemente der Value der einzelnen ADO.Fields('feldname')-Felder angesprochen.

```
thisform.AddProperty('oCo') ❶
thisform.AddProperty('oRs')
lcDbc = <Physikalischer Datenbankname und Pfad>
WITH thisform
    .oCo = CREATEOBJECT('AdoDb.Connection')
    .oRs = CREATEOBJECT('AdoDb.Recordset')
    .oCo.ConnectionString = 'Provider=vfpoledb; Data Source='+lcDbc
    .oCo.Open()
    .oCo.Properties('SET DELETED').Value = .F. ❷
    .oRs = CREATEOBJECT('AdoDb.Recordset')
    .oRs.ActiveConnection = thisform.oCo
    .oRs.CursorLocation = 3&& ADUSECLIENT ❸
    .oRs.CursorType = 3&& ADOPENSTATIC ❹
    .oRs.LockType = 3&& ADLOCKOPTIMISTIC ❺
    .oRs.Open('select * from adressen')
```

```
ENDWITH
```

❶ Programmatisch werden die notwendigen Eigenschaften hinzugefügt, damit eine Referenz auf das Recordset-Objekt und auf das Connection-Objekt beibehalten werden kann.

❷ Folgende FoxPro-SET-Befehle können auf diese Weise eingestellt werden: `SET ANSI, SET BLOCKSIZE, SET DELETED, SET EXACT, SET NULL, SET PATH, SET REPROCESS, SET UNIQUE`. Eine vollständige Liste aller Eigenschaften ist in der Hilfe zu finden unter dem Stichwort *Standard- und benutzerdefinierte OLE-DB-Eigenschaften*. (Zum Standard-Befehl `SET DELETED`, der hier Anwendung findet, siehe Kap. 4.10).

❸ Der Cursor wird also auf dem Client erzeugt (natürlich in einem getrennten Thread).

❹ Die verschiedenen Cursor-Typen haben unterschiedliche Auswirkungen in Bezug auf die zur Verfügung stehenden Recordset-Eigenschaften und die Performance. Dynamische Cursor stehen beim VFP OLE-DB Provider nicht zur Verfügung. Siehe Cursor-Typen im oben genannten Whitepaper und bei einschlägiger Literatur über ADO.

❺ Dieses Verhalten entspricht dem Verhalten eines Views.

Somit stehen die Daten nun zur Verfügung zur Verwendung und Bearbeitung in der Tabelle.

Anbindung an die ADO-Datenquelle

1. Die ControlSource der einzelnen Steuerelemente lautet jetzt nicht mehr `AdressV.ADvorname`, sondern statt dessen `thisform.oRs.Fields('ADvorname').Value`

2. Viel einfacher kann das Deaktivieren der Navigationsbuttons gelöst werden. Anstelle der CheckData-Methode, die alle Navigationsbuttons entsprechend behandelt, kann lediglich im Refresh der Buttons ein Code stehen wie

```
this.Enabled = thisform.oRs.AbsolutePosition # 1
```

bzw.

```
this.Enabled = thisform.oRs.AbsolutePosition #
thisform.oRs.RecordCount
```

Die AbsolutePosition-Eigenschaft enthält jeweils eine durchlaufende Nummer (Offset) *innerhalb* der aktuellen Sortierung. Somit ist es nicht mehr nötig, zum Test zu blättern, um zu ermitteln, ob der sich Datensatzzeiger noch weiter bewegen lässt und daraufhin ggf. den Button zu deaktivieren.

3. Um die Ursprungstabelle jeweils zu aktualisieren wird ausgeführt:

```
thisform.oRs.Update()
```

4. Zum Schließen der Datenquelle kann im Form-Unload folgender Code ausgeführt werden:

```
thisform.oRs.Close
```

17.3.3   Verwendung als Transportmedium

Trotz der oben einmal plastisch gezeigten Möglichkeiten wird man nur selten auf den originären Foxpro-Cursor verzichten wollen, und dies höchstens bei kleinen Datenmengen. Als Transportmedium im LAN, d.h. zum Beispiel in einer Mehrschichten-Architektur zwischen Mittelschicht (Business Logic) und Datenschicht eignet sich ADO jedoch sehr gut. Hier wird die Haupt-Anwendungsfläche von ADO liegen.

KAPITEL 18

18 Daten (V): Ein Wort zur Strukturierung Ihrer Daten

FoxPro ist bekanntlich eine *relationale Datenbank*, bietet also die Möglichkeit, mehrere Tabellen zu öffnen, die in einer bestimmten Beziehung – Relation – zueinander stehen. Was bedeutet dies für die optimale Strukturierung unserer Daten?

18.1 Normalisierung von Datenstrukturen

Früher arbeitete man – und man stößt bei der Umarbeitung alter Programme häufig darauf – meist mit wenigen Tabellen, im Extremfall nur mit einer einzigen, die sämtliche Informationen enthälte (entsprechend groß war dann oft die Anzahl der Felder). Dies bedeutet natürlich die oftmalige Wiederholung gleicher Informationen in verschiedenen Datensätzen.

In Bezug auf unser obiges Beispiel der Adress-Tabelle, hätte diese dann beispielsweise so ausgesehen:

PK	Feld »Name«	Feld »Vorname«	Feld …	Feld …	Feld »Adresstyp«
1	Kunze	Egon			Kunde
2	Meier	Siegried			Kunde
3	Müller	Wolfgang			Interessent
4	Schäfer	Andreas			Interes_ent
5	Schröder	Benjamin			Interessent
6	Berger	Johannes			Kunde

Dies hat mehrere Nachteile:

✔ Die gleiche Information ist mehrfach abgespeichert. Man spricht von *Redundanz*.

✔ Redundanz führt dazu, dass Fehler in den Daten auftreten können: Datensatz 4 hat oben einen Fehler im Adresstyp. Dies könnte z.B. die Folge haben, dass bei einer Auswahl aller Interessenten unbemerkt einer fehlt.

✔ Es könnte auch der Adresstyp *Kunde* nicht auf einmal an einer einzigen Stelle umbenannt werden – statt dessen müssten alle Einträge in allen Adressen einzeln umbenannt werden.

✔ Es können keine weiteren Informationen zum Adresstyp abgespeichert werden, und wenn, dann müssten sie wiederum als weitere Felder in jeder Adresse gespeichert werden, die diesen Adresstyp verwendet.

(Diese Problematiken vermehren sich dadurch, dass so aufgebaute Tabellen meist mehr als nur ein redundantes Feld haben.)

18.1.1 Auflösung von Redundanz in einer 1:n-Struktur

Eine solche Tabelle müsste zu Gunsten einer sauberen Datenstruktur *normalisiert* werden, d.h. gesplittet in zwei Tabellen:

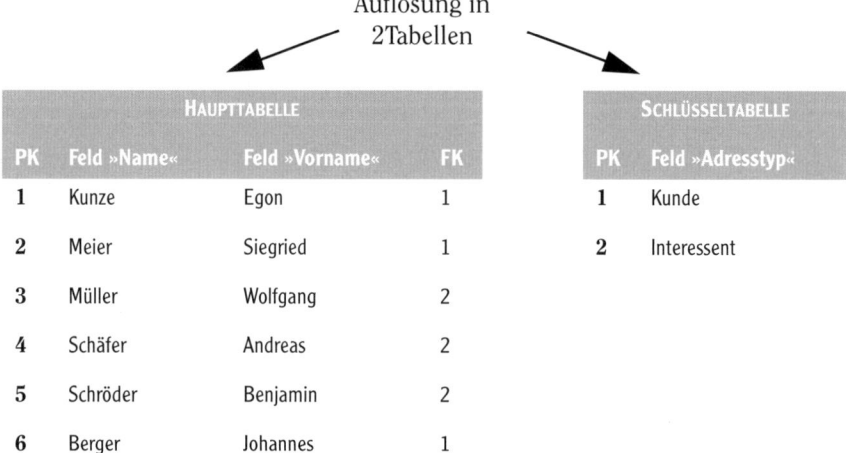

HAUPTTABELLE					SCHLÜSSELTABELLE	
PK	Feld »Name«	Feld »Vorname«	FK		PK	Feld »Adresstyp«
1	Kunze	Egon	1		1	Kunde
2	Meier	Siegried	1		2	Interessent
3	Müller	Wolfgang	2			
4	Schäfer	Andreas	2			
5	Schröder	Benjamin	2			
6	Berger	Johannes	1			

Dabei gilt für unsere neuen Tabellen Folgendes:

✔ Jede Tabelle hat in einer solchen Datenstruktur immer einen Primärschlüssel (Primary Key = PK).

✔ Die Tabelle, die die ausgelagerten redundanten Daten enthält, kann als Schlüsseltabelle bezeichnet werden. (Bei einer 1:n-Beziehung wird die »1«-Seite auch Parent-Tabelle und die »n«-Seite als Child-Tabelle benannt.)

✔ Für die Beziehung der beiden Tabellen speichert die Haupttabelle den PK-Wert der Schlüsseltabelle in einem neuen Feld, dem *Fremdschlüssel* (Foreign Key = FK). Für die Beziehung zu einer Schlüsseltabelle ist immer ein Fremdschlüssel nötig.

18.1.2 Auflösung von Redundanz in einer n:n-Struktur

Etwas vielschichtiger wird es noch, wenn in einer Tabelle eine Mehrfachzuordnung ausgedrückt wird, – wenn wie im Beispiel eine Adresse mehreren Adresstypen zugeordnet werden sollte. Dies ist bei einer einfachen Tabelle nur möglich durch mehrere Felder, z.B.:

PK	Feld »Name«	Feld »Vorname«	Feld ...	Feld ...	Feld »Adresstyp1«	Feld »Adresstyp2«
1	Kunze	Egon			Kunde	
2	Meier	Siegried			Kunde	Debitor
3	Müller	Wolfgang			Interessent	
4	Schäfer	Andreas			Interes_ent	
5	Schröder	Benjamin			Interessent	
6	Berger	Johannes			Kunde	Kreditor

In diesem Fall müsste eine dritte Tabelle angelegt werden, die außer ihrem PK nichts weiteres als den Schlüssel von Tabelle 1 und den Schlüssel von Tabelle 2 enthält, eine Beziehungs-Tabelle.

Durch die Normalisierung ist nun die Begrenzung auf zwei zuzuordnende Adresstypen nicht mehr gegeben, es können nicht nur beliebig viele Adressen einem Adresstyp zugeordnet werden (1:n), sondern eine Adresse kann beliebig viele Adresstypen haben (n:n).

Auflösung in
3 Tabellen

	HAUPTTABELLE	
PK	Feld »Name«	Feld »Vorname«
1	Kunze	Egon
2	Meier	Siegried
3	Müller	Wolfgang
4	Schäfer	Andreas
5	Schröder	Benjamin
6	Berger	Johannes

	BEZIEHUNGSTABELLE	
PK	FK:Adr	FK: Adr-Typ
1	1	1
2	2	1
3	2	3
4	3	2
5	4	2
6	5	2
7	6	1
8	6	4

PK	Feld »Adresstyp«
1	Kunde
2	Interessent
3	Debitor
4	Kreditor

18.2 Referenzielle Integrität

Sobald wir es mit einer normalisierten Datenstruktur zu tun haben, taucht jedoch ein neues Problem auf: die Richtigkeit der Daten der einen Tabelle hängt von der Richtigkeit der Daten in der anderen Tabelle ab. Wird beispielsweise ein Datensatz in einer Schlüsseltabelle gelöscht, würde dies dazu führen, dass der Foreign Key keinen Wert mehr findet, und die Zahl nutzlos ist. Ähnliches passiert, wenn der Primary Key in der Schlüsseltabelle geändert wird. Nun wären alle Daten in der Haupttabelle falsch.

Um solche Fehler in der Datenbehandlung zu verhindern und die Daten zu schützen, kann der Datenbank-Container von VFP die *referenzielle Integrität* der Daten durch entsprechenden Code bewahren.

Dazu muss erst die Verknüpfung der verschiedenen Tabellen in der Datenbank definiert werden.

18.2.1 Erstellung der Tabellenverknüpfung

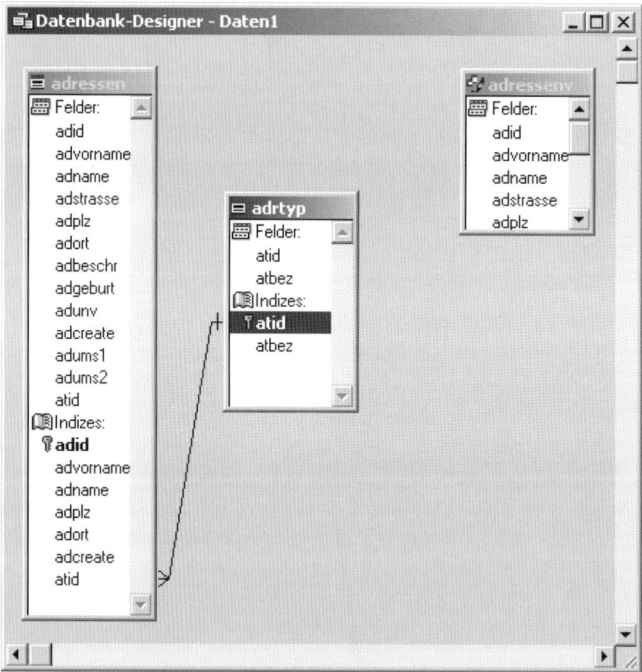

Im Datenbank-Designer steht neben dem Primärindex ein Schlüsselsymbol. Ziehen Sie den Index für den Primary Key in der Schlüsseltabelle (ATid) auf den Index des Foreign Key in der Haupttabelle. Es entsteht eine Verknüpfung beider Tabellen. Auf der »n«-Seite der Verbindungslinie findet sich ein Symbol für *viele*, auf der »1«-Seite ein Symbol für *einer*.

ACHTUNG   Diese Verknüpfung hat noch nichts mit einer echten Relation zu tun, die zwischen zwei geöffneten Tabellen gesetzt wird (wie sie z.B. dadurch entsteht, dass Sie eine solche Verbindung in der Datenumgebung eines Formulars durch Ziehen des Primary Key des Parent auf den Foreign Key des Child erzeugen oder durch SET RELATION TO herstellen). Hier im Datenbank-Designer steht die Verknüpfung lediglich für die *entworfene* Verbindung und damit für die Referenzielle Integrität (RI). Ich spreche aus diesem Grund in diesem Zusammenhang nicht von *Beziehung* sondern von *Verknüpfung*.

Wenn Sie nun auf das Verknüpfungssymbol doppelklicken, erscheint der Dialog BEZIEHUNG BEARBEITEN:

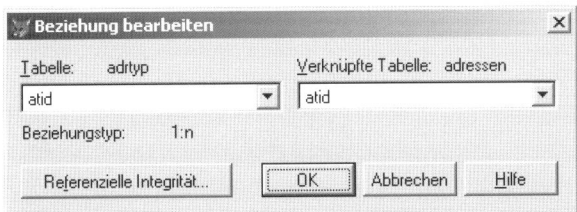

Beim ersten Aufruf des Buttons REFERENZIELLE INTEGRITÄT erhalten Sie vermutlich die Meldung: »Der Assistent für die Referenzielle Integrität kann erst ausgeführt werden, wenn ihre Datenbank bereinigt wurde. Wählen Sie dazu aus dem Menü ‚Datenbank' den Befehl ‚Datenbank bereinigen', während Ihre Datenbank im Datenbank-Designer geöffnet ist.«

Dies ist allerdings nur dann möglich, wenn die Datenbank exklusiv geöffnet ist (was der Fall ist, wenn die Grundeinstellung SET EXCLUSIVE ON war). Andernfalls schließen Sie die Datenbank mit CLOSE ALL[5], öffnen Sie sie neu, dieses Mal exklusiv mit OPEN DATABASE *xy* EXCLUSIVE. Danach öffnen Sie den Datenbank-Designer mit MODIFY PROJECT *xy*. Nun können Sie im Menü DATENBANK BEREINIGEN aufrufen.

18.2.2   Referenzielle Integrität bearbeiten

Danach wechseln Sie wieder in den Dialog BEZIEHUNG BEARBEITEN und klicken auf *Referenzielle Integrität*.

Sie können nun für die drei Situationen

✔ Aktualisieren,

✔ Löschen,

✔ Einfügen

---

5. Es genügt u. U. nicht CLOSE DATABASE zum Schließen der Datenbank zu verwenden: Wenn der Projekt-Manager offen ist und die Datenbank darin aufgeklappt (auch bei unsichtbarer Registerkarte DATEN), wird die Datenbank trotzdem nicht geschlossen.

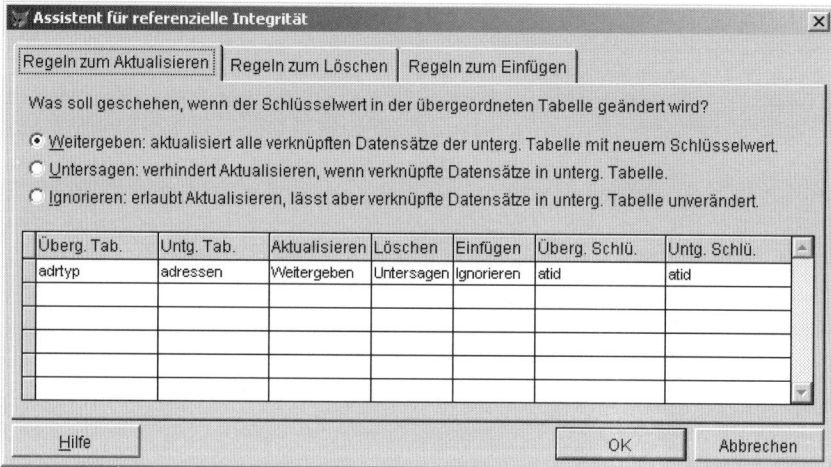

bestimmen, wie das Verhalten sein soll. Der Dialog erklärt selbst die Bedeutung. In unserem Fall wäre es z.B. sinnvoll:

✔ beim Aktualisieren *Weitergeben* auszuwählen. Wenn also ein PK in der Schlüsseltabelle geändert würde, würden gleichzeitig sämtliche FKs in der Haupttabelle geändert werden. Ebenfalls möglich (und evtl. üblicher) wäre es, die Änderung eines solchen PK zu untersagen.

✔ beim Löschen *Untersagen* auszuwählen. Ein Adresstyp dürfte nicht gelöscht werden, solange es noch Adressen gibt, die mit diesem Adresstypen arbeiten.

18.2.3 Erzeugte Stored Procedures

Wenn Sie diese Bearbeitung abschließen und den OK-Button betätigen, erzeugt VFP für Sie anhand bestimmter Vorlagen die Stored Procedures (siehe Kap. 4.10 und 19), die für die technische Durchführung des Vorgangs für Referenzielle Integrität nun notwendig sind. Sofern Sie bereits eigene Stored Procedures angelegt haben, erscheint die Meldung:

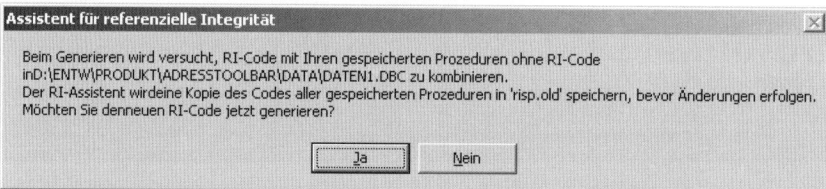

Nachdem Sie mit JA bestätigt haben, können Sie die neuen gespeicherten Prozeduren im Projekt-Manager innerhalb Ihrer Datenbank jetzt finden, indem Sie das ⊞...-Zeichen neben *Gespeicherte Prozeduren* aufklicken:

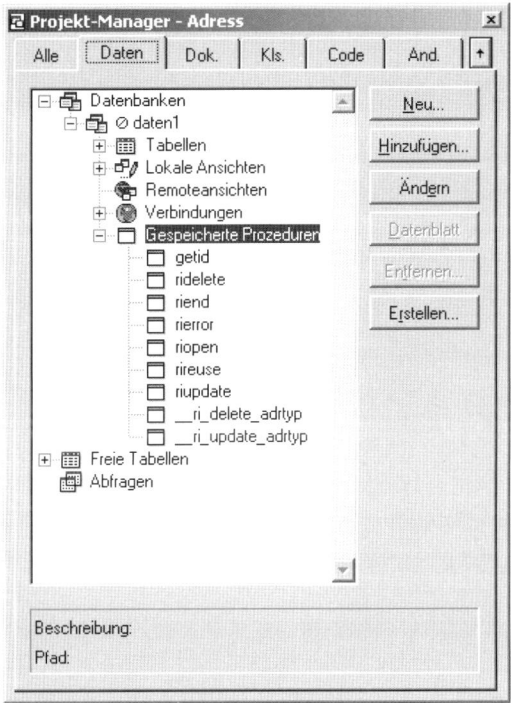

Testlauf

Öffnen Sie zwei Browse-Fenster für Adressen und AdrTyp, nehmen Sie eine Änderung des Adrtyp.ATid vor und prüfen Sie, wie sich das Feld Adressen. ATid verhält.

18.3 Abschließende Bemerkung: xCase

Der VFP-Datenbank-Designer ist zur professionellen Verwendung und zum Konzipieren normal komplexer Datenstrukturen nur sehr schlecht geeignet. Ohne an dieser Stelle näher darauf eingehen zu können, möchte ich die unbedingte Empfehlung aussprechen, hierfür externe Tools, namentlich xCase zu verwenden! xCase ist das verbreitetste Tool zu diesem Zweck unter VFP-Programmierern und aus dem Programmieralltag von mir und sehr vielen anderen VFP-Entwicklern nicht wegzudenken. Sie benötigen es,

✔ um erst einmal grundsätzlich eine komplexere Struktur von miteinander relational verbundenen Tabellen darzustellen. Diese verknoten sich in der graphischen Darstellung im VFP-Datenbank-Designer zu einem völlig undurchsichtigen und unbrauchbaren Bild.

✔ um sauber und systematisch sicherzustellen, dass Primary Keys und Foreign Keys immer genau zusammenpassen, Indizes entsprechend gebaut werden etc. Nehmen Sie z.B. eine Verbindung unter xCase weg, so wird auch der dann überflüssige Foreign Key weggenommen; ändern Sie den Datentyp eines Primary Key, wird auch der Datentyp aller sich darauf beziehenden Foreign Keys geändert …

✔ um leichthin eine Liste sämtlicher in ihrer Datenstruktur verwendeten Felder aller Tabellen zu bekommen, eine tabellarische Übersicht aller Views, aller Tabellen etc.

✔ überhaupt, um Views mit korrekten SQL-Statements zu bauen, sobald mehr als zwei Joins im Spiel sind. Da fängt VFP nämlich u. U. an zu streiken (falsche SQL-Statements). xCase baut auch zu weit entfernten Tabellen sehr komfortabel verschiedene logische Wege auf und schlägt sie vor.

✔ um aus einem logischen Datenmodell, das durch xCase erzeugt wird, ein physikalisches zu generieren (also die physikalische VFP-Datenbank und Tabellen zu erzeugen und jeweils wieder zu aktualisieren).

✔ um ein logisches Datenmodell ordentlich grafisch darstellen zu können (möglich sind auch ein Ausdruck auf Plotter und viele Einstellungen der unterschiedlichen Anzeige, mit und ohne Feldern/Relationen/eingeschlossenen Views/Indexnamen etc.), z.B. zur Diskussion für die Festlegung von Pflichtenheften etc.

✔ um Felder mit einer Reihe von Eigenschaften vor zu definieren (ähnlich wie wir es hier mit Klassen gemacht haben) und in dieser standardisierten Form mehrfach in verschiedenen Tabellen wieder zu gebrauchen. Diese *Feld-Klassen*, wie man sie nennen könnte, heißen in xCase *Domains*.

(Diese Punkte sind bei weitem nicht alles, was xCase kann, aber die Gründe, warum ich es eigentlich ausschließlich verwende.)

Für die Praxis ist die Komplexität einer Datenstruktur wie der folgenden – hier die Ansicht in xCase – nicht ungewöhnlich. Sie kann beliebig groß und klein gezoomt werden, sodass man darauf den notwendigen Ausschnitt leserlich erkennen oder aber den Zusammenhang der Übersicht abbilden kann. Die links stehende Box (*Navigator*) ermöglicht es, in Miniatur den abgebildeten Bereich im Gesamtbereich des Datenmodells zu lokalisieren und zu verschieben. Das sieht recht komfortabel aus und ist es auch, gleichzeitig ist es aber unerlässlich, um vernünftig arbeiten zu können.

Das gleiche Datenmodell würde im VFP-Datenbank-Designer (bei der schon hilfreichen Auflösung 1280*1024) so aussehen:

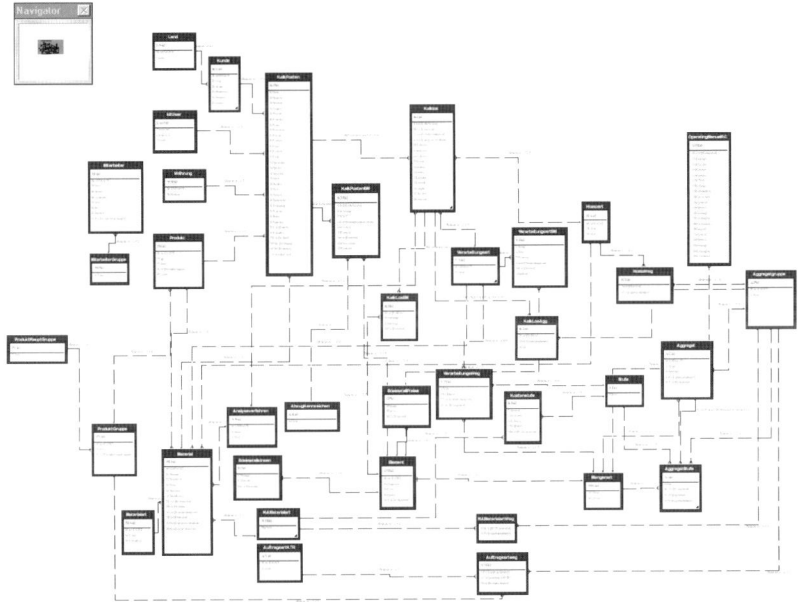

Datenmodell-Entwurf für VFP-Version des ...-Programmes

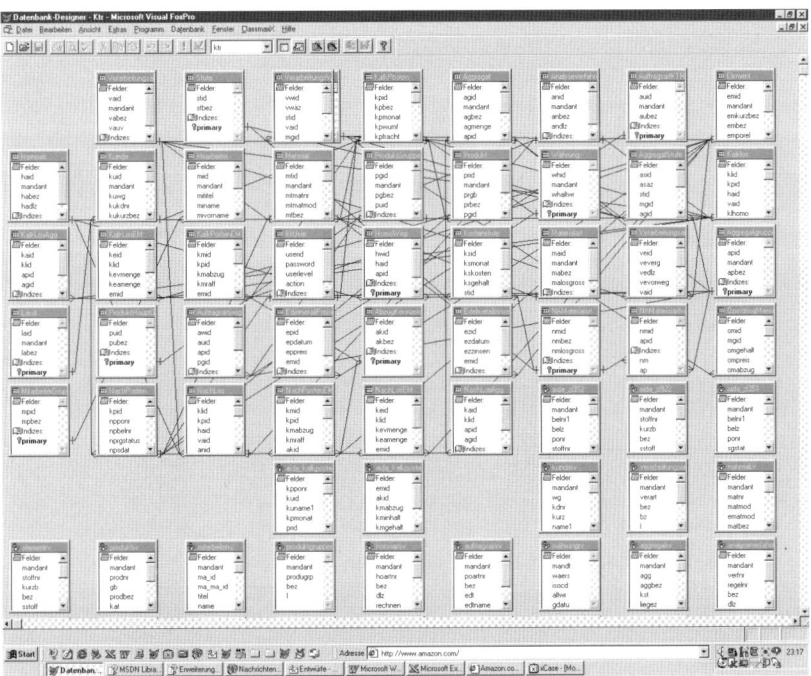

KAPITEL 19

19 Daten (VI): Stored Procedures

19.1 Stored Procedures am Beispiel Automatische ID-Vergabe

Wir wollen im Folgenden das Arbeiten mit Stored Procedures, deren Bedeutung in Kapitel 4.10 kurz beschrieben wurde, anhand eines praktischen Beispiels kennen lernen.

Aufgabenstellung

Es soll für jede Tabelle unmittelbar bei der Neuanlage eines Datensatzes eine neue ID automatisch vergeben werden.

Realisierung

Wir kennen bereits die Feld-Eigenschaft *Standardwert* und die Möglichkeit, sie mit einer FoxPro-Funktion zu füllen (als Beispiel sahen wir das Füllen des Feldes ADcreate mit dem Rückgabewert der DATETIME()-Funktion).

In gleicher Weise wollen wir nun als Standardwert den Funktionsaufruf unserer eigenen Funktion schreiben. Diese eigene Funktion legen wir in die Stored Procedures.

Sind Sie mit dem Schreiben eigener Funktionen (User Defined Functions = UDFs) nicht vertraut gibt Ihnen das Kap. 26.2.9 Eigene Prozeduren und Funktionen im Anhang darüber eine Einführung.

Standardwert der ID-Felder

In allen bisherigen Tabellen, Adressen und AdrTyp, soll nun der eigene ID-Wert mit dem Standardwert, den die eigene Funktion zurückgibt, gefüllt werden. Beachten Sie, dass sie vorher das richtige Feld im Tabellen-Designer markiert haben, und füllen Sie den Standardwert erst dann aus.

Als Funktionsname wäre GetId denkbar. Als Parameter müssten wir jedoch den Namen der Tabelle und den Namen des ID-Feldes an die Funktion übergeben, sodass die Funktion allgemein für alle Tabellen funktioniert.

Das wäre bei der Adress-Tabelle: GetId('adressen','adid')

und bei der Adrtyp-Tabelle GetId('adrtyp','atid')

GetId-Funktion

Wählen Sie *gespeicherte Prozeduren* aus und klicken Sie auf NEU.

Wir dürfen die höchste vorhandene ID nicht dadurch feststellen, dass wir auf den letzten Datensatz springen (möglicherweise in der ID-Sortierung), um dann auf diesen Wert einen hoch zu addieren, da die Funktion mitten im Anlegen eines neuen Datensatzes aufgerufen wird – zu einem Zeitpunkt also, wo wir den Datensatzzeiger nicht verlassen dürfen, sonst würde die Funktion einen Fehler generieren.

Um die höchste ID festzustellen, können wir statt dessen jedoch mit einem SELECT MAX(*cIdFeldname*) arbeiten.

Sind Sie mit Select-Befehlen nicht vertraut, können Sie eine Einführung darüber im Kap. 26.4 SQL-Statements im Anhang finden. Im Beispiel werden Werte in Variablen/Arrays gespeichert, die vorher für einen bestimmten Geltungsbereich deklariert werden. Auch dies wird, falls für Sie hilfreich, im Anhang eingeführt (26.1.3 Arrays, 26.1.5 Geltungsbereiche von Variablen).

Die Funktion könnte dann folgendermaßen lauten:

```
FUNCTION getid
    LPARAMETERS tcTable,tcField

    LOCAL laId(1,1) ❶ ,lcOldDeleted
    lcOldDeleted = SET('DELETED') ❷
    SET DELETED OFF
    SELECT MAX(&tcField) ❸ ;
        FROM &tcTable INTO ARRAY laId ❹
    SET DELETED &lcOldDeleted ❺
    IF VARTYPE(laId) # ❻ 'N' ❼
        *Dann war die Ergebnismenge 0,
        *weil noch kein Datensatz vorhanden.
        laId = 0
    ENDIF
    RETURN laId(1,1)+1
ENDFUNC
```

❶ Wenn ein Abfrageergebnis mit INTO ARRAY in ein Array geleitet wird, so wird das betreffende Array automatisch erzeugt und bekommt die Dimensionen (Anzahl von Spalten = Feldern und Zeilen = Datensätzen), die das Abfrageergebnis zurückgibt. Soll das Array allerdings vorher lokal definiert werden, muss beim LOCAL-Befehl eine (beliebige) Array-Dimension mit angegeben werden (egal welche, die Dimension wird vom Select-Statement anschließend neu definiert). Andernfalls gibt der SELECT-Befehl einen Fehler zurück, weil er in eine Variable schreiben soll, die kein Array ist.

❷ Mit einer Löschmarkierung versehene Datensätze existieren noch und müssen daher unbedingt beim Ermitteln der nächsten freien ID mit berücksichtigt werden, sonst finden wir anschließend doppelte IDs vor. Dies geschieht mit dem Befehl →SET DELETED OFF. (Beim Ansprechen von FoxPro-Daten von außen über →ODBC besteht eine häufige Fehlerquelle darin, dass dies übersehen wird. Es muss in der Einstellung des ODBC-Treibers von vornherein berücksichtigt werden.)

Zuerst wird nun hier mit der Funktion SET('DELETED') der aktuelle Wert in eine Variable gespeichert.

❸ Der Befehl erwartet an dieser Stelle den Feldnamen – den wissen wir aber in der Funktion noch nicht. Wir haben nur eine Variable, die den Feldnamen enthalten wird. In so einem Fall arbeiten wir mit der sog. Makrosubstitution: Vor die Variable setzen wir das &-Zeichen und hinter sie (optional) einen Punkt. Dies ersetzt an dieser Stelle die Variable durch deren Inhalt.

❹ Wann immer ein Abfrageergebnis in eine Variable geleitet werden soll, muss die INTO-ARRAY-Klausel verwendet werden, selbst wenn es sich nur um einen einzigen Wert handelt (es ist dann ein Array mit nur einer Zeile und einer Spalte).

❺ Da der Befehl SET DELETED ON/OFF keine Variable mit dem Wert ON oder OFF erwartet, sondern den effektiven Text, muss die Variable lcOldDeleted ausgewertet werden. Dazu verwenden wir das Makrosubstitutions-Zeichen &.

❻ »#« ist eines von verschiedenen möglichen Ungleich-Zeichen, wie auch »<>« oder »!« (siehe in Kap. 8.1.2 *Abbrechen-Funktionalität und Return-Werte aus Methoden*)

❼ Würde die Ergebnismenge 0 sein, so würde das Array nicht erzeugt werden. Da es aber zuvor schon angelegt war, behält es nur seinen Initialisierungswert .F. Der Datentyp kann mit der VARTYPE-Funktion abgefragt werden, da die abgefragte Variable (hier das Array) in jedem Fall vorhanden ist. Andernfalls hätte die TYPE-Funktion verwendet werden müssen (Siehe Kap.26.3.2 *Datentyp*)

20 Klassen (II): Programmierung

Wir haben im Kapitel 9.7 (Erste Techniken der Klassenprogrammierung) bereits eine recht weitreichende Lösung (Nr. 4) dafür kennen gelernt, wie dafür gesorgt werden kann, dass eine Klasse, deren Code sich auf anderen Objekte bezieht, die nicht in dieser Klasse liegen, sowohl dann funktioniert, wenn dieses Objekt vorhanden ist, also auch dann, wenn es nicht vorhanden ist. Im Folgenden werden wir nun weitere, z. T. primitivere (aber im Alltag häufig verwendete) Lösungen kennen lernen. Zum Ende jeder Lösung wird die gelernte Technik nochmals kurz als Technik der Klassenprogrammierung auf den Punkt gebracht.

Wir haben in der Einführung des Kap. 9 gesehen, dass eine Klasse der Bauplan für ein oder beliebig viele später daraus entstehende Objekte ist. Programmieren wir nun Events und Methoden nicht für das spezifische Objekt, sondern bereits auf Klassenebene, müssen wir dabei berücksichtigen, dass die Objekte, die später jemand aus dieser Klasse erzeugt, ganz unterschiedliche Zwecke erfüllen können. Die Klasse, wenn sie sauber programmiert ist, muss dies von vornherein berücksichtigen. Je allgemeiner (»besser«) eine Klasse programmiert ist, desto umfangreicher ist gewöhnlich der dafür notwendige Code. Treibt man es hier zu weit, wird die Klasse u. U. behäbig oder zu langsam. Hier muss der Klassenprogrammierer entscheiden, welche Beschränkungen er für die Verwendung seiner Klasse dem Anwendungsentwickler, der diese verwendet (oft die gleiche Person), auferlegt. Sind diese Bedingungen nicht erfüllt, ist es natürlich hübsch, wenn eine entsprechende Meldung den testenden Entwickler über die fehlerhafte Verwendung einer Klasse aufklärt und darüber informiert, was hier verändert werden muss.

Genug der Theorie! Wir wollen nun im Folgenden verschiedene hilfreiche Techniken kennen lernen, um Klassen allgemeingültig zu programmieren.

20.1 Existenz anderer Objekte abfragen

Problemstellung

In unserer Formular-Klasse nimmt ursprünglich die Methode CheckRecord (zum Aktivieren oder Deaktivieren der betreffenden Navigationsbuttons) direkt Bezug auf Objekte (thisform.command1, …command2, …command3, …command4), von denen aber noch gar nicht klar ist, ob sie in der Verwendung dieser Formular-Klasse überhaupt existieren. Zur Erinnerung der Beginn des Codes unserer ursprünglichen, selbstangelegten Formular-Methode CheckRecord:

```
*Prüfen auf Dateianfang
skip -1
if BOF()
   thisform.command1.enabled=.F.
   thisform.command2.enabled=.F.
else
   skip
   thisform.command1.enabled=.T.
   thisform.command2.enabled=.T.
endif        && etc.
```

Nachdem wir die Navigationsbuttons in eine Container-Klasse gelegt haben, müsste die Objektreferenz in entsprechend abgeänderter Form lauten:

```
*Prüfen auf Dateianfang
skip -1
if BOF()
   thisform.cntnav1.command1.enabled=.F.
   thisform.cntnav1.command2.enabled=.F.
else
   skip
   thisform.cntnav1.command1.enabled=.T.
   thisform.cntnav1.command2.enabled=.T.
endif        && etc.
```

Was aber, wenn unsere Formular-Klasse ohne den Navigationscontainer verwendet wird? VFP würde dann einen Fehler melden, der besagt, dass das Objekt CntNav1 nicht existiert. Um dies zu umgehen, müssen wir die Existenz des Objekts CntNav1 abfragen und den obigen Code in folgende If-Bedingung einschließen:

```
*************** Lösung 1 *****************
IF TYPE('thisform.cntnav1') = 'O' ❶ AND ;
   NOT ISNULL(thisform.cntnav1) ❷
   *...Code
ENDIF
```

❶ Da ein Objekt, sofern es in Laufzeit existiert, eine Variable vom Typ Objekt ist, kann ich mir die Type-Funktion (siehe Kap. 26.3.2 *Datentyp*) zu Nutze machen, die mir den Variablentyp zurückgibt. Da diese Funktion auch dann keinen Fehler zurückgibt, wenn eine Variable überhaupt nicht existiert, muss ihr der Name der Variablen als String (also in Hochkommata) übergeben werden. Existiert das Objekt, so ist der Rückgabewert "O" (Achtung: immer großgeschrieben).

❷ Eine kleine Eigenheit besteht darin, dass eine Objektvariable nach dem Releasen des Objekts immer noch existieren kann. Sie hat auch immer noch den Variablentyp *Objekt*, diese Variable nimmt jedoch den Wert .NULL. an. Aus diesem Grund muss zum sicheren Ermitteln der Existenz eines Objekts immer noch zusätzlich ISNULL abgefragt werden.

Ich formuliere im Folgenden weitere Merksätze als Techniken der Klassenpro-grammierung, wobei ich die Nummerierung aus den schon in Kapitel 9.7 (Erste Techniken der Klassenprogrammierung) kennen gelernten Techniken fortsetze.

Techniken der Klassenprogrammierung (3)

Die Existenz anderer Objekte, auf die sich der Klassencode bezieht, muss mit TYPE('objektreferenz') = 'O' AND ISNULL(objektreferenz) vorher geprüft werden.

20.2 Formular nach Objekten einer bestimmten Klasse durchsuchen

Nach der oben abgebildeten Arbeitsweise würde die Prüfung immer dann funk-tionieren, wenn der Navigationscontainer, der im aus der Formular-Klasse abgeleiteten Formular-Objekt liegt, den Namen »CntNav1« trägt (so würde der Objektname automatisch von VFP aus dem Klassennamen generiert werden). Hätte jedoch der Anwendungsentwickler, der diese Klasse verwendet, aus irgendeinem Grunde diesen Container umbenannt, würde sie nicht mehr funk-tionieren.

20.2.1 Die Controls-Eigenschaft als Objektreferenz

Um dies weiter zu verallgemeinern, können wir uns die Controls- (oder Objects-) Eigenschaft in Verbindung mit der ControlCount-Eigenschaft zu Nutze machen. Sie ist eine Eigenschafts-Array (siehe 26.1.3 *Arrays*), die die Objektreferenzen sämtlicher auf dem Formular befindlichen Controls enthält. Um z.B. auf die Name-Eigenschaft des ersten Controls eines Formulars zu referenzieren, würde man schreiben

```
thisform.controls(1).name
```

Es mag für einige etwas ungewohnt anmuten, dass nun eine Objektreferenz in einer Eigenschaft drin steckt und diese Eigenschaft auch noch ein Array ist. Sehr vertraut dürfte dies Visual-Basic-Entwicklern sein, die ständig mit solchen sogenannten *Collections* arbeiten. Der obige Ausdruck wäre gleichbedeutend mit dem folgenden Ausdruck, wenn das erste Control der Navigationscontainer wäre und dieser *CntNav1* hieße:

Eigener Objektname   `thisform.CntNav1.name`

ist gleichbedeutend mit   `thisform.controls(1).name`

20.2.2   Durchsuchen sämtlicher Formular-Controls

Um nun z.B. festzustellen, ob es im Formular einen Navigations-Container gibt, könnte man beim Initialisieren des Formulars (Init-Event) sämtliche Controls in einer FOR-Schleife durchsuchen und feststellen, ob eines aus der Klasse CntNav abgeleitet ist.

```
*************** Lösung 2 *****************
FOR lnCount = 1 TO thisform.ControlCount ❶
    IF thisform.controls(lnCount).class = 'Cntnav' ❷
        thisform.cCntNavName ❸ = thisform.controls(lnCount).name
        EXIT ❹
    ENDIF
ENDFOR
```

❶ In der ControlCount-Eigenschaft ist die Gesamtzahl aller Controls abgelegt. Die FOR-Schleife muss also vom ersten Control bis zum Control mit der Zahl des ControlCount (also dem *letzten* Control) alles durchsuchen.

❷ Achtung! In der Class-Eigenschaft ist der Klassename in *mixed case* abgespeichert, also erster Buchstabe groß, alles andere klein.

❸ In diesem Beispiel wurde zuvor eine Eigenschaft cCntNavName angelegt. In diese Eigenschaft würde der Name des gefundenen Navigationscontainers gespeichert werden.

❹ EXIT ist das vorzeitige Ende der FOR-Schleife. Es wird dann nicht mehr nach weiteren Navigationscontainern durchsucht.

Auf ein so gefundenes Control später in der CheckRecord-Methode zu referenzieren, müsste dort etwas kompliziert formuliert werden:

```
*************** Lösung 2 *****************
IF !EMPTY(thisform.cCntNavName)
    LOCAL lcCntNavName ❶
    lcCntNavName = thisform.cCntNavName
ELSE
    RETURN ❷
ENDIF
skip -1
if BOF()
    thisform.&lcCntNavName. ❸ .command1.enabled=.F.
    thisform.&lcCntNavName..command2.enabled=.F.
else
    skip
    thisform.&lcCntNavName..command1.enabled=.T.
    thisform.&lcCntNavName..command2.enabled=.T.
endif      && etc.
```

❶ Die Formular-Eigenschaft muss in eine Variable zwischengespeichert werden, um ihren Inhalt unten auszulesen (siehe ❸). Jede Variable, die wir anlegen und die nicht explizit auch in aufgerufenen Methoden (Private-Variablen[6]) oder aufrufenden Methoden (Public-Variablen) zur Verfügung stehen soll, muss zuvor LOCAL deklariert werden (siehe Kap. 26.1.5 *Geltungsbereiche von Variablen*).

❷ Wurde kein Navigations-Container gefunden, müsste hier die Methode verlassen werden, damit sie nicht im Anschluss auf einen Fehler läuft.

❸ Um in eine Objektreferenz eine *Unbekannte* (gemeint also eine auszulesende Variable) einzubauen, muss aus dieser Variablen ein Makro gemacht werden. Es wird mit dem &-Zeichen eingeleitet und optional mit einem Punkt beendet (nur nötig, wenn, wie hier, der Ausdruck noch weitergeht). Diese typische Syntax, die den Punkt als Abschlusszeichen verwendet, macht es auch unmöglich, hier direkt eine Eigenschaft zu verwenden und zwingt uns, Werte, die in Eigenschaften gespeichert sind, zuerst provisorisch in eine lokale Variable zu speichern. Andernfalls würde der Punkt in der Objektreferenz der Eigenschaft als Abschlusspunkt des Makro interpretiert werden!

> **Techniken der Klassenprogrammierung (4)**
>
> Bezieht sich der Klassencode eines Formulars (oder eines anderen Container-Objekts) auf ein Objekt, dessen Name unbekannt ist, dessen Klasse aber bekannt ist, muss im Init-Event der Klasse die Controls- bzw. Objects-Eigenschaft durchsucht werden.

Wegen dieser ganzen Schreibarbeit und auch weil Makros immer verhältnismäßig langsam sind, ist diese Version allerdings noch nicht sehr elegant. Wie kann man das noch besser gestalten?

20.3 Objektreferenzen in Objekteigenschaften

Wenn wir bei obiger Methode, die Formularcontrols mithilfe der Controls-Eigenschaft des Formulars zu durchsuchen, auf einen Navigations-Container gestoßen sind, haben wir uns bisher den Namen dieses Objekts gemerkt, und dafür eine Eigenschaft cCntNavName angelegt:

```
*************** Lösung 2 ******************
FOR lnCount = 1 TO thisform.ControlCount
   IF thisform.controls(lnCount).class = 'Cntnav'
   thisform.cCntNavName = thisform.controls(lnCount).name
      EXIT
   ENDIF
ENDFOR
```

20.3.1 Eigenschaften vom Typ Objekt!

Wir haben bereits gelernt, dass

1. Objekte nichts anderes als Variablen sind und

2. objektbezogene Variablen Eigenschaften sind.

---

6. Dies ist der Standard, wenn keine spezielle Variablendeklaration wie hier LOCAL angegeben wird.

Wenn wir diese beiden Aussagen zusammennehmen bedeutet dies, dass wir auch Objekteigenschaften als Wert Objekte (d. h. Objektreferenzen) geben können. Wir können also nicht nur in einer Eigenschaft cCntNavName den Namen des Navigations-Containers abspeichern, sondern ebenfalls in einer Eigenschaft – ich nenne sie jetzt hier oCntNavObject – das Navigations-Container-Objekt selbst! In diesem Fall würde also die Zeile

```
thisform.cCntNavName = thisform.controls(lnCount).name
```

ersetzt werden durch

```
thisform.oCntNavObject = thisform.controls(lnCount)
```

Der ganze Code-Abschnitt lautet dann also:

```
*************** Lösung 3 ******************
FOR lnCount = 1 TO thisform.ControlCount
   IF thisform.controls(lnCount).class = 'Cntnav'
      thisform.oCntNavObject = thisform.controls(lnCount)
      EXIT
   ENDIF
ENDFOR
```

20.3.2 Verwenden von Eigenschaften vom Typ Objekt als Objektreferenz

Viel leichter haben wir es nun in unserer CheckRecord-Methode, darauf Bezug zu nehmen. Statt der (langsamen) Makrobildung

```
thisform.&lcCntNavName..Command2.enabled = .F.
```

wäre der Bezug nun

```
thisform.oCntNavObject.Command2.enabled = .F.
```

wobei oCntNavObject die Objektreferenz ist, die CntNav1 oder ein beliebig anders benanntes Objekt aus der Klasse CntNav ersetzt.

ACHTUNG Die Objektreferenz muss unbedingt vor dem Releasen des Objekts, das die Objektreferenz als Eigenschaft trägt, also in dessen Destroy-Event, auf .NULL. zurückgesetzt werden! Andernfalls verursacht dies der Regel nach einen Absturz von VFP!

```
*Destroy-Event
thisform.oCntNavObject = .NULL.
```

20.3.3 Erzeugen der neuen Eigenschaft in Laufzeit

Existiert die Eigenschaft oCntNavObject noch nicht, d. h. will man sie nicht im Designer anlegen, kann sie auch unmittelbar vor dem Gebrauch in Laufzeit erzeugt werden mit der AddProperty-Methode (seit VFP6). Dabei besteht auch die

Möglichkeit, sofort beim Erzeugen als zweiten Parameter der AddProperty-Methode den Wert zuzuweisen:

```
thisform.addproperty('oCntNavObject',thisform.controls(lnCount))
```

> **Techniken der Klassenprogrammierung (5)**
>
> Bezieht sich der Klassencode auf ein variables Objekt, das ebenfalls im Klassencode erst ermittelt wird, ist es von Vorteil, die Objektreferenz desselben in eine Eigenschaft der Klasse einzutragen.

20.4 Prüfung der Klasse eines Objekts unter Berücksichtigung aller Ableitungen dieser Klasse

Problematik

Wenn wir die in *Lösung 4* (siehe Kap. 9.7.1 *Ersetzen direkter Objektbezüge durch allgemeine Objekteigenschaften*) gezeigte Ergänzung in den Refresh-Event der Klasse CntNav gesetzt haben, bedeutet dies, dass alle Objekte aus CntNav immer im Refresh nach der Eigenschaft aStatus des Formulars, auf dem es sich befindet, fragen werden. Ist diese Eigenschaft aber nicht vorhanden, weil das Formular, in dem der Navigations-Container dieses Mal liegt, gar nicht aus der eigenen Formular-Klasse *frm* sondern aus einer anderen Klasse erzeugt wurde, würde der Refresh-Event nun einen Fehler hervorrufen.

Lösung 1: Class-Eigenschaft

Bisher kennen wir bereits als Lösung für eine solche Problematik die Abfrage der Class-Eigenschaft. Wir könnten also z.B. im Refresh-Event die Abfrage von `thisform.aStatus()` in eine IF-Bedingung setzen:

```
IF thisform.class = 'Frm'
   *etc.
```

Dies hätte jedoch den Nachteil, dass, sobald mit einer Ableitung von *frm* gearbeitet wird, die Bedingung ebenfalls nicht erfüllt ist, obwohl natürlich alle abgeleiteten Klassen von *frm* auch die Eigenschaft aStatus von der *frm*-Klasse erben, es also eigentlich bestens funktionieren könnte.

Lösung 2 (besser): PEMSTATUS-Abfrage

Hier können wir uns die `PEMSTATUS()`-Funktion zu Nutze machen. PEM steht für **P**roperty**E**vent**M**ethod. Über diese Funktion kann man, je nach Parameter, unterschiedliche Informationen über jeweils eine Eigenschaft/Methode/Ereignis abfragen, z.B. ob sie einen Default-Wert haben (Attribut 0), ob sie schreibgeschützt sind (1), geschützt sind (2), ob sie eine Eigenschaft, Methode, Ereignis oder Objekt sind (3), benutzerdefiniert sind (4), bereits von einer anderen

Klasse/Objekt geerbt wurden (6) – oder ganz einfach, ob sie überhaupt existieren (5).

Dieses letzte können wir abfragen, um festzustellen, ob ein Objekt aus der richtigen Klasse *inklusiv aller abgeleiteten Klassen* ist. In unserem Fall, ob das Formular aus *frm* oder einer abgeleiteten Klasse stammt, die aber in jedem Fall über die Eigenschaft aStatus verfügen. Einzige Fehlermöglichkeit wäre dann, wenn die Formular-Klasse, die gerade verwendet wird, *zufällig* auch eine aStatus-Eigenschaft hat, die aber eine ganz andere Funktion erfüllen würde. Dieses Problem ist aber aus der Praxis bei nicht überall verwendeten Eigenschaftsnamen zu vernachlässigen.

Die Syntax lautet dann statt

> *IF thisform.class = 'Frm' ....*

nun

> *IF PEMSTATUS(thisform,'aStatus',5)*

> **Techniken der Klassenprogrammierung (6)**
>
> Wenn im Klassencode ein Objekt auf seine Klasse unter Berücksichtigung aller möglichen Ableitungen aus dieser Klasse geprüft werden soll, empfiehlt sich die Prüfung auf eine dafür typische Eigenschaft/Methode über die PEMSTATUS()-Funktion.

20.5 Verhinderungen der Instanziierung von Objekten, wenn bestimmte Bedingungen dafür nicht erfüllt sind

Es kommt in der Klassenprogrammierung vor, dass immer wenn bestimmte Bedingungen z.B. bezüglich des Parentobjekts (hier des Formulars), nicht erfüllt sind, das Objekt gar nicht erst aufgebaut werden darf (weil es sonst nur Fehlermeldungen produziert).

Es ist sehr einfach, die Instanziierung eines Objekts von vornherein zu unterbinden. Hierzu muss lediglich in dessen Init-Event RETURN .F. stehen.

Denkbar wäre z.B., dass der Navigations-Container bei seiner Instanziierung (also im Init-Event) den PEMSTATUS des Formulars prüft, auf dem es sich befindet, und wenn hier festgestellt wird, dass es sich nicht um ein Formular der Klasse *frm* und auch nicht um eine Ableitung derselben handelt, dieser Navigations-Container mit einer entsprechenden Meldung gar nicht erzeugt wird. Der Code dazu würde wie folgt lauten:

```
*Init-Event:
IF NOT PEMSTATUS(thisform,'aStatus',5)
    =MESSAGEBOX('Objekte aus der Klasse "'+this.class+'" ' ❶ +;
    'dürfen nicht auf Formularen der '+;
```

```
      'Klasse "'+thisform.class+'" liegen, '+;
      'sondern nur auf Formularen der Klasse "Frm" '+;
      'oder daraus abgeleiteten Klassen. '+;
      'Das Objekt "'+this.name+'" wird nicht aufgebaut.')
      RETURN .F.
ENDIF
```

❶ Zur Erinnerung: Sollen in einem String auch Anführungszeichen stehen, muss der String mit Hochkommata begonnen und abgeschlossen werden. Sollen dagegen in einem String Hochkommata stehen, muss der String mit Anführungszeichen begonnen und abgeschlossen werden.

> **Techniken der Klassenprogrammierung (7)**
>
> Um die Instanziierung eines Objekts nach der Prüfung bestimmter nicht erfüllter Rahmenbedingungen zu verhindern, wird in dessen Init-Event RETURN .F. gesetzt.

20.6   Objektvariablen als Parameter statt fester Objektbezüge

Wenn wir sichergehen wollen, dass die Formular-Klasse wirklich allgemeingültig ist, müssten wir den Code der einzelnen Methoden und Events einmal durchsehen. Dabei finden wir noch einen anderen Bezug auf ein bestimmtes Objekt, wie er ja in der Klassenprogrammierung so nicht vorkommen sollte: Im ChangeSize-Event wird die Caption des Buttons verändert, der möglicherweise in dem Formular aber gar nicht vorhanden ist. (siehe Kap. 8.3 *Eigene Eigenschaften am Beispiel Alternative Formulargröße einstellen*)

Durch was können wir nun den Bezug auf die Caption ersetzen? Hier wollen wir eine weitere Technik kennen lernen: Das Arbeiten mit Objektvariablen als Parameter.

> **Techniken der Klassenprogrammierung (8)**
>
> Wenn der Methodencode einer Klasse mit Objekten arbeiten muss, die in der Klasse noch nicht bekannt sind, kann an diese Methode ein Objekt als Objektparameter übergeben werden, auf den sich die Methode dann bezieht.

Wir können der ChangeSize-Methode den Button, dessen Caption ggf. eingestellt werden soll, *als Parameter übergeben*. Demnach würde der Click-Event des Buttons nun nicht mehr lauten

```
thisform.ChangeSize,
```

sondern

```
thisform.changesize(this)
```

Diesen Parameter nehmen wir in der ChangeSize-Methode der Formular-Klasse auf und schreiben sie folgendermaßen um:

```
LPARAMETERS toButton ❶
LOCAL lcCaption ❷
IF thisform.nSizeType = 1
   thisform.height = thisform.nHeight2
   thisform.nSizeType = 2
   lcCaption = '<<< Reduzieren' ❸
ELSE
   thisform.height = thisform.nHeight1
   thisform.nSizeType = 1
   lcCaption = 'Erweitern >>>'
ENDIF

*IF TYPE('toButton') = 'O' AND !ISNULL(toButton) ❹①
IF VARTYPE(toButton) = 'O' ❹②
   IF toButton.BaseClass = 'Commandbutton' ❺
      toButton.Caption = lcCaption
   ELSE
      =MESSAGEBOX('Das an die Changesize-Methode '+;
      'übergebene Objekt muss ein Button sein')
   ENDIF
ENDIF
```

❶ Der Parameter wird entgegen genommen: LPARAMETERS schreibt den Parameter in eine lokale Variable (siehe Kap. 26.1.5 *Geltungsbereiche von Variablen*). Parameter werden nach einer Konvention mit dem ersten Buchstaben *t* benannt. Der zweite Buchstabe sagt hier, dass es sich um eine Objektvariable handelt. Danach folgt ein beliebiger Name (siehe Kap. 26.1.6 *Benennungskonventionen von Variablen unter Visual FoxPro*).

❷ Um die neue Caption vorerst in eine Zwischenvariable zu schreiben, wird diese zuerst als lokal definiert.

❸ Künftige Caption wird abgespeichert.

❹ Es wird geprüft, ob ein Parameter übergeben wurde und ob dieser vom Datentyp Objekt ist. (zur TYPE() und VARTYPE()-Funktion, siehe Kap. 26.3.2 *Datentyp*) ❹① Bei VFP5 müsste die Syntax so lauten, da die VARTYPE()-Funktion dort noch nicht existiert. Zur Erklärung der Doppelabfrage (TYPE() und ISNULL()) siehe Kap 20.1 *Existenz anderer Objekte abfragen*, Punkt ❷

❹② Bei der VARTYPE()-Funktion ist die Doppelabfrage (ISNULL()) nicht mehr nötig. Dies ist natürlich praktischer, sie kann jedoch nur dann eingesetzt werden, wenn sichergestellt ist, dass die Variable überhaupt existiert. Dies ist hier der Fall, da die Parameter-Variable toButton in jedem Fall durch die LPARAMETERS-Anweisung erzeugt wurde, selbst wenn kein Parameter übergeben worden wäre. Dann hätte toButton den logischen Wert .F. und folglich den Datentyp "L".

❺ Als Zweites wird noch geprüft, ob das übergebene Objekt überhaupt ein Button ist. Dies kann durch Abfrage der Basisklasse passieren.

ACHTUNG Die Werte der Eigenschaft BaseClass genau wie auch Class werden so abgelegt, dass der erste Buchstabe groß und alle folgenden klein geschrieben sind!

> **Techniken der Klassenprogrammierung (9)**
>
> Um sicherzustellen, dass ein übergebener Objektparameter (oder eine andere unbekannte Objektvariable) korrekt ist, besteht ein einfacher Weg darin, dessen Basisklasse zu prüfen.

KAPITEL 21

21 Formulare (IV): Das Grid-Objekt

21.1 Einleitung

Das Grid-Objekt hat einige große Vorteile und einige große Nachteile. Darum gehen die Geschmäcker in der Verwendung des VFP-Grids unter den Programmierern auseinander.

Vorteile

✔ Das Grid ist durch seine interne Objekthierarchie ausgesprochen variabel einstellbar.

✔ Es kann Daten nicht nur als Text, sondern auch als ComboBox, EditBox, Container oder gar Grid (im Grid) verwalten.

✔ Die Darstellung lässt sich in Abhängigkeit zum Inhalt bestimmter Daten bringen (z.B. andere Farbe oder andere Schriftart, wenn der Wert eines Feldes unter oder über einem bestimmten Wert ist, etc.).

✔ Es ist – im Unterschied zur Listbox – direkt an die Daten geknüpft[7].

Nachteile

✔ Das Grid ist – ebenfalls wegen seiner internen Objekthierarchie – relativ behäbig und nicht gerade das schnellste Steuerelement.

✔ Wird die Datenquelle erneuert, verschwinden (ohne zusätzliche Tricks) sämtliche Spalten und müssten programmatisch neu aufgebaut werden.

✔ Noch eine kleine Unschönheit: Es ist nur mit Tricks möglich (und auch dann nicht sehr befriedigend), einen ausgewählten Datensatz (wie in der Listbox) komplett (ganze Zeile) farblich zu unterlegen.

✔ Alle Unterobjekte (Spalten und deren Header/Textboxen) werden automatisch aus den Microsoft-Basisklassen Column, Header, TextBox entnommen, und es bedarf einiges Aufwandes dies rückgängig zu machen. Column- und Header-Klassen sind *nicht* in visuellen Klassenbibliotheken weiter zu vererben, nur in programmatischen.

---

7. Gemeint ist: Wird der Datensatzzeiger einer Tabelle verändert, die in der Listbox mit RowSourceType = 2 (Alias) angezeigt wird, so verschiebt sich ohne weiteren Programmieraufwand der *blaue Balken* (Listindex) durchaus noch nicht. Im Grid ist dies schon der Fall.

Beispielformular

Wir entwerfen ein etwas größeres Formular und fügen den Navigations-Container CntNav und ein Grid aus der Grid-Basisklasse in das Formular ein. In die Datenumgebung fügen wir das AdressenV-View ein.

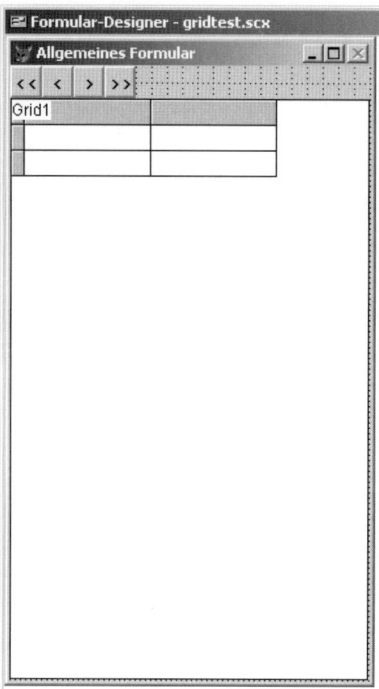

Testlauf

Wir sehen, dass sich das Grid automatisch mit Daten füllt: wenn keine besondere Datenquelle angegeben ist, wird es gefüllt mit dem aktuell ausgewählten Alias.

Sind keine anderen Angaben für die Spalten gemacht, werden sie gefüllt mit sämtlichen vorhandenen Feldern in der physikalischen Reihenfolge.

21.2 Die Grid-Objekthierarchie

Setzen wir die Grid-Eigenschaft ColumnCount auf einen anderen Wert als den Initialisierungswert -1, so werden die Spalten nicht mehr automatisch erzeugt, sondern sind fest im Designer einstellbar. Nun können wir die Objekthierarchie des Grids erkennen.

Wir wollen fünf Spalten anlegen (ColumnCount = 5 setzen). Wählen wir anschließend im Eigenschaften-Fenster den »Objekt-Baum« aus, sehen wir die dadurch angelegten Objekte:

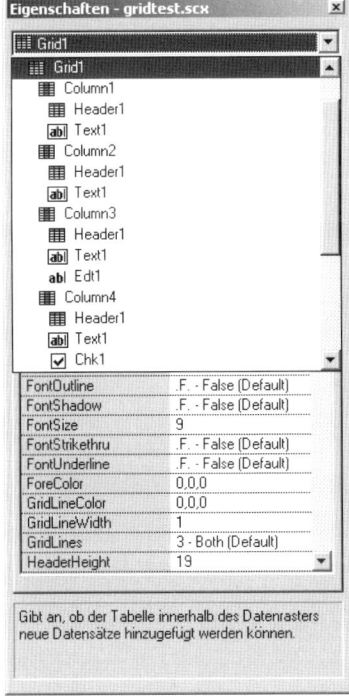

Füllen Sie nun die Spalten (ControlSource-Eigenschaft der Columns) mit folgenden Feldern:

✔ ADvorname

✔ ADname

✔ ADbeschr

✔ ADunv

✔ ATbez

Das Spalten-(Column-)Objekt selbst ist lediglich für die Anzeige da. Wird eine Zelle aktiviert, wird in dieser Zelle kaum merkbar die TextBox sichtbar (sie unterscheidet sich erst einmal von der normalen Column-Anzeige nicht), und es kann darin eingegeben werden. Sie können dieses Verhalten leicht untersuchen, wenn Sie die Farbeinstellungen einer TextBox verändern.

Die TextBoxen haben standardmäßig automatisch die gleiche ControlSource wie die Spalte auch (Column-Eigenschaft Bound ist .T.).

Passen Sie noch die Überschriften der Spalten an: Dafür verantwortlich ist die Caption-Eigenschaft des Header-Objekts.

Die Größe der Spalten kann im Designer visuell verschoben werden. Veränderungen zur Laufzeit werden nicht abgespeichert – dies müsste zusätzlich programmiert werden.

Um in eine Spalte klicken zu können, wählen Sie (wie beim PageFrame) mit der rechten Maustaste BEARBEITEN, sodass der Rahmen um das Grid entsteht.

21.3   Weitere Controls im Grid

✔ Das Memofeld ADbeschr sollte gewöhnlich in einer EditBox angezeigt werden (damit auch ein Memofeld-Inhalt bezeichnet werden kann).

✔ Das logische Feld ADunv sollte in einer CheckBox angezeigt werden.

✔ Für den Adresstyp wollen wir eine ComboBox verwenden.

Zum Einfügen dieser Steuerelemente

✔ wählen Sie die entsprechende Spalte aus, sodass sie oben im Eigenschaften-Fenster bezeichnet wird mit *Column3* etc.

✔ öffnen Sie die Formular-Steuerelemente-Toolbar »Werkzeugkiste«, wählen Sie Ihre eigene Klassenbibliothek aus, klicken Sie die gewünschte Klasse an und klicken Sie dann in die Spalte hinein. Es erscheint in der Objektanzeige des Eigenschaften-Fensters der Name des neu angelegten Objekts. Wenn Sie den »Objekt-Baum« betrachten, sehen Sie die Positionierung des neuen Objekts in der Objekthierarchie.

✔ Nun müssen Sie das ausgewählte Steuerelement auch noch als *aktives Steuerelement* bezeichnen. Dies geschieht mit der CurrentControl-Eigenschaft des Spaltenobjekts.

Testlauf

Gut: Die Daten dürften angezeigt werden.

Probleme:

1. Rand um Steuerelemente

2. ComboBox nicht gefüllt

3. Steuerelemente nur sichtbar, wenn Zelle aktiv

4. CheckBox hat unsinnige Beschriftung

21.3.1   EditBox

1. Um den Rand der EditBox (sowie auch ComboBox) auszuschalten, setzen Sie die BorderStyle-Eigenschaft auf 0 (none). Beim Test damit sehen Sie, dass beim Hineingehen in das Feld auch dann noch ein unangenehmes Phänomen eintritt: das Feld sieht aus als wäre es ein Stück nach hinten versetzt (wie ein gedrückter Button). Dieses kann ausgeschaltet werden, indem die Margin-Eigenschaft von 2 (Standard) auf 0 gesetzt wird.

2. Damit nun der Wert der EditBox in allen Feldern angezeigt wird, müssen wir dafür sorgen, dass die EditBox nicht nur in der aktiven Zelle, sondern prinzipiell in allen Zellen dieser Spalte angezeigt wird. Setzen Sie hierzu die Sparse-Eigenschaft vom Standardwert .T. auf .F.. Wir schalten Sparse (wie einsparen) also aus, sodass nicht nur in aktiven Zellen das in CurrentControl angegebenen Steuerelement angezeigt wird, sondern in allen Zellen der betreffenden Spalte.

21.3.2   CheckBox

1. Die Caption ist in diesem Fall überflüssig und kann einfach gelöscht werden.

2. Um die CheckBox in allen Spalten anzuzeigen, wird auch in dieser Spalte Sparse auf .F. gesetzt.

21.3.3   ComboBox

1. Setzen Sie Sparse = .F. in der entsprechenden Spalte, da die ComboBox für die Anzeige gebraucht wird und daher ebenfalls in allen Zellen erscheinen muss.

2. Um die ComboBox zu füllen, wollen wir nun eine andere Arbeitsweise verwenden, als die bekannte aus dem Adress-Formular. Wir füllen sie über ein Select-Statement.

   – RowSourceType muss auf 3 gesetzt werden.

   – RowSource muss ein Select-Statement enthalten. Dabei ist es wichtig, dass die INTO-Klausel nicht fehlt, am besten INTO CURSOR mit frei gewähltem Cursor-Namen, sonst wird die Ergebnismenge nicht in die ComboBox geleitet.

   – Das Select-Statement lautet dann: SELECT atbez,atid FROM adrtyp INTO CURSOR cuAdrTyp

   – BoundTo = .T.

   – BoundColumn = 2 (beides siehe Kap. 6.6.4 *Verwenden der ComboBox zum Gebrauch von Schlüsseltabellen*)

– ControlSource muss nun nicht mehr die ATbez sondern die AdressenV.ATid enthalten. Dies wird jedoch nicht in der ComboBox-ControlSource, sondern in der Column-ControlSource eingestellt.

21.4 Anzeige des Objekts zum Debuggen

Häufig ist es in VFP notwendig, aber ohne weiteres nicht so leicht festzustellen, in welchem Objekt und auf welcher Hierarchieebene man sich gerade befindet. Dafür stellt VFP zwei hilfreiche Funktionen zur Verfügung:

SYS(1270):   Gibt eine Objektreferenz zurück auf das Objekt unter dem Mauszeiger (bzw. unter den angegebenen Koordinaten, wenn sie als 2. und 3. Parameter angegeben werden).

SYS(1272):   Gibt für das angegebene Objekt die Objekthierarchie zurück.

Die Kombination beider Funktionen ins Überwachungsfenster geschrieben, kann oft nützlich sein und soll uns hier zur Veranschaulichung der Objekthierarchie des Grids dienen:

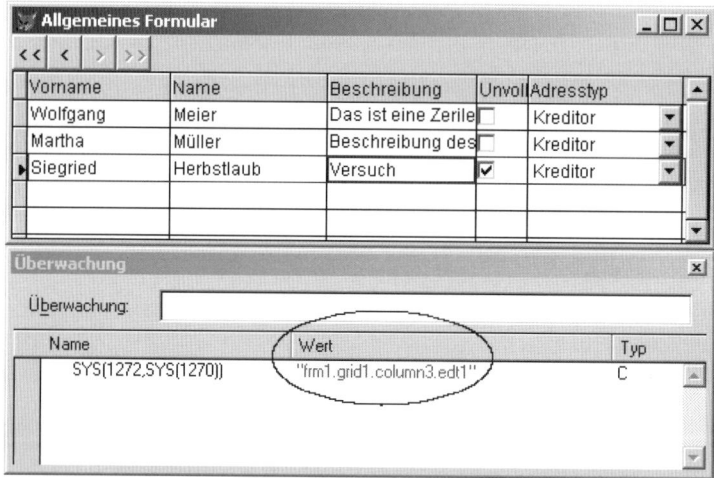

21.5 Weitere häufig gebrauchte Grid-Eigenschaften

ScrollBars   Zur Einstellung, welche Scrollbars sichtbar sein sollen.

RecordMark   Pfeil zur Datensatzanzeige links vom ersten Feld.

DeleteMark   Kennzeichnung gelöschter Datensätze.

Panel	Aufteilung des Grids in zwei Hälften mit evtl. unterschiedlicher Funktionalität (Edit/Browse).
AllowAddNew	Entspricht dem *Anfügemodus* im Browse-Fenster.
ColumnX.Dynamic…	Diese Eigenschaften der Spaltenobjekte müssen einen bestimmten Rückgabewert haben (z.B. bei DynamicBackcolor einen Zahlenwert, der für eine Farbe steht). Damit diese wirklich *Dynamic* sind, wird häufig dieser Rückgabewert durch eine IIF-Funktion von einer bestimmten Bedingung abhängig gemacht. Diese Bedingung wird bei jedem Refresh für die anzuzeigenden Datensätze neu geprüft und entsprechend die Darstellung für die entsprechende einzelne Zelle festgelegt.

21.6 Anbindung des Grids an den Navigations-Container

Wird bei einer Listbox (die Datensätze anzeigt, RowSourceType = 2 Alias oder 6 Fields) der Datensatzzeiger von außen verändert, so wird die Zeile leider nicht ohne weiteren Programmieraufwand mitgeführt. Dies ist beim Grid wesentlich leichter. Es muss lediglich nach jedem Blättern das Grid wieder den Focus erhalten, damit der Datensatz richtig angezeigt wird. Da nach jedem Blättern die Refresh-Methode des Formulars aufgerufen wird, könnte hier am einfachsten die Führung des Datensatzzeigers realisiert werden durch die einfache Befehlszeile

```
thisform.Grid1.Setfocus.
```

Nun muss nur noch das Aktivieren/Deaktivieren der Buttons im Navigations-Container gelöst werden. Da wir dafür ja über eine fertige Formular-Methode CheckRecord verfügen, muss diese lediglich vom richtigen Event aus aufgerufen werden. Die Events, die bei jedem Verändern der Zellenposition im Grid aufgerufen werden, sind BeforeRowColChange und AfterRowColChange.

In Letzterem müsste also aufgerufen werden:

```
thisform.CheckRecord
```

Teil

C

Anhang

Hier finden Sie diverses Nützliche, die Beschreibung von Tools unter VFP7, Erfahrungen, die Sie sich zunutze machen können, Zusammenstellung von Informationen über FoxPro und drumherum …

Der Programmieranfänger kann zurückgreifen auf den Grundlagen-Teil, in dem Grundbegriffe eingeführt werden, sodass jede Unsicherheit darüber einigermaßen behoben werden dürfte.

KAPITEL 22

22 Entwicklungsumgebung: nützliche Werkzeuge

22.1 Die Dokumentenansicht

Nur in VFP7

Anders als die Taskliste zeigt die Dokumentenansicht alle Prozeduren, →Funktionen (und optional →Klassendefinitionen, →Precompiler-Anweisungen) des *aktuell geöffneten und ausgewählten Dokuments*, egal ob dieses Dokument ein PRG, ein Formular oder eine Klasse ist, und hilft innerhalb des Codes dieses Dokumentes zu navigieren.

Die Dokumentenansicht sollte Ihnen ein ständiger Begleiter in VFP werden. Am besten docken Sie sie direkt in der Nähe des Befehlsfesters an (siehe Kap. 23.1 *Andocken von Fenstern*). Mit einfachem Klick auf einen Eintrag in der Dokumentenansicht öffnet VFP sofort den Editor mit dem entsprechenden Programmcode108.

22.1.1 Dokumentenansicht für PRGs

In unserem TEST.PRG aus Kapitel 3.2 gibt es lediglich eine einzige Funktion, dadurch sieht die Dokumentenansicht relativ einfach aus, wenn Sie dieses PRG öffnen. Häufig verwendet man allerdings in Projekten eine bestimmte Prozedurdatei als Sammlung von Prozeduren und Funktionen, die nicht in Klassencode abgespeichert sind, sondern objektunabhängig zur Verfügung stehen. In solchen Dateien ist es vor VFP7 relativ umständlich gewesen, schnell zum Code der richtigen Methode zu navigieren. Die Dokumentenansicht ist hier eine willkommene Hilfe.

In der Abbildung sehen Sie die Dokumentenansicht auf ein geöffnetes Dummy-PRG, mit einer Klassendefinition, Präprozessoranweisungen, Methoden und Funktionen. Ich habe die Dokumentenansicht angedockt über dem Befehls- und dem Eigenschaften-Fenster.

ACHTUNG #DEFINE- und Präprozessor-Anweisungen erscheinen nur, wenn dies ausdrücklich aktiviert ist (Kontextmenü durch Rechtsklick in Dokumentenansicht).

In der Dokumentenansicht gibt es verschiedene Symbole, hier die wichtigsten:

✔ Türkises Quadrat mit grauem Inhalt: Funktionen und Events

✔ Rote Raute # : #DEFINE-Anweisung im Programmcode

✔ Gelbe Raute # : Weitere Präprozessoranweisung wie `#INCLUDE`, `#IF`, `#ELSE` und `#ENDIF`

✔ Buntes Zeichen: Klassendefinition

22.1.2 Dokumentenansicht für Formulare und Klassen

Besonders hilfreich ist die Dokumentenansicht, wenn Code in Formularen und Klassen verstreut ist auf unterschiedliche →Objekthierarchieebenen. Sie sehen mit einem Blick, wo Klassencode bearbeitet worden ist und können diesen Code anspringen. Da in einem umfangreicheren Formular/Klasse hier unter Umständen sehr viele Methoden/Ereignisse angezeigt werden, empfiehlt es sich, in diesem Fall die Dokumentenansicht entsprechend groß darzustellen, indem sie z.B. *auf* das Befehlsfenster angedockt wird (siehe 23.1 *Andocken von Fenstern*), wie ich dies in der Abbildung getan habe.

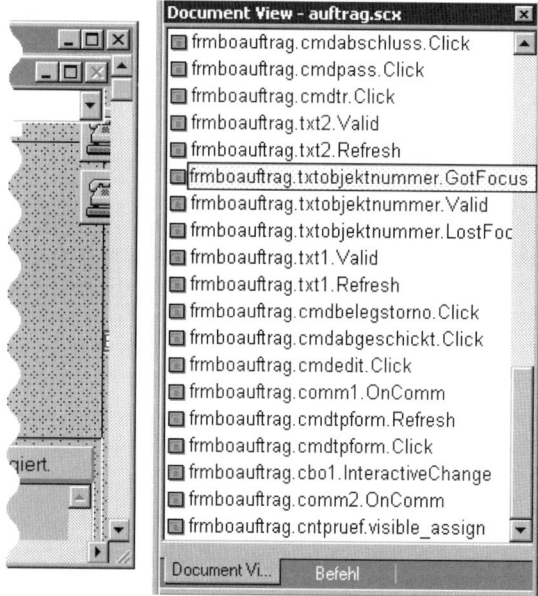

22.2 Die Taskliste

Wenn Sie im Editor bestimmte Befehlszeilen als *Task* markieren (siehe Kap. 3.4.3 *Task-Einträge*) wird intern jeweils ein Datensatz in eine Tabelle FOX-TASK.DBF eingetragen. Diese Tabelle befindet sich im Verzeichnis

C:\DOKUMENTE UND EINSTELLUNGEN\<ANWENDER>\
ANWENDUNGSDATEN\MICROSOFT\VISUAL FOXPRO

Mit VFP7 wird ein Tool mitgeliefert, das diese Tabelle sehr komfortabel anzeigt und bearbeitet: die Taskliste. Die Taskliste ist eine eigene FoxPro-Anwendung (APP) deren Ort unter EXTRAS | OPTIONEN | DATEIABLAGE eingestellt werden kann. Ihr zentrales Oberflächenelement ist ein Übersichtsformular aller Tasks (das allerdings sichtlich nicht mit einem FoxPro-Grid sondern einem OCX arbeitet). Da die Taskliste nicht Teil der EXE ist, lässt sich ihr Übersichtsfenster auch nicht, wie die Dokumentenansicht und andere Fenster, an den Bildschirmrand oder an andere Fenster andocken. Dafür steht uns der komplette Quellcode der Tasklisten-Anwendung zur Verfügung. Er befindet sich zusammen mit einer Dokumentation im Word-Format und dem Quellcode anderer interner Tools als ZIP-Datei im FoxPro-Installationsverzeichnis unter TOOLS\XSOURCE\XSOURCE.ZIP.

Code-Verweise in der Taskliste

Markieren Sie einige Code-Zeilen, am besten in unterschiedlichen Formularen, Klassen, PRGs als Task und starten Sie dann die Taskliste unter EXTRAS | TASKLISTE.

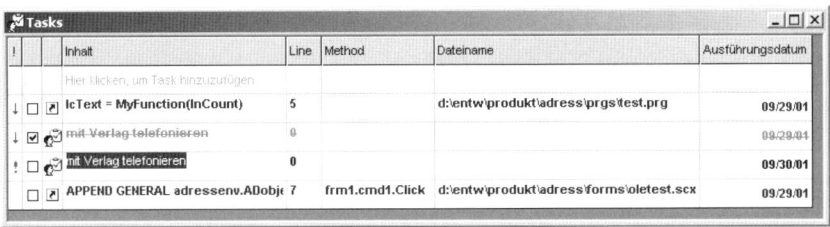

Die Taskliste enthält Verweise auf alle zuvor als Task markierte Code-Zeilen. Von hier aus kann per Doppelklick direkt zum Code, auf den verwiesen wird, gesprungen werden. Dabei öffnet VFP das betreffende Dokument, springt direkt in die jeweilige Methode und dort an die jeweilig als Task markierte Zeile.

Alle Task-Einträge, die in dieser Weise eine Verknüpfung an eine bestimmte Code-Stelle enthalten (und entstanden sind durch Eintrag eines Tasks im Editor) enthalten als Symbol in der standardmäßig dritten Spalte der Übersicht das Zeichen ⬚ .

Manuelle (eigene) Einträge in der Taskliste

Dies ist jedoch nur *eine* Funktion der Taskliste. Es ist darüber hinaus auch möglich, eigene Einträge in die Taskliste einzufügen. Dies geschieht mit dem von Outlook bekannten Klick in die erste Zeile (*Hier klicken, um Task hinzuzufügen*). Auf diese Weise erweitert sich die Taskliste in eine regelrechte ToDo-Liste. Das Symbol für benutzerdefinierte Tasks in der dafür vorgesehenen Spalte ist das Clipboard mit Kopf (⬚).

Listenansicht

Für einen Task gibt es 2 x 3 Darstellungsweisen:

1. Standard: Blau und fett (= Aufgabe ist noch nicht erledigt)

2. Vergangen: Rot und fett (= Aufgabe ist überfällig)

3. Erledigt: Grau und durchgestrichen und fett (= Aufgabe ist erledigt)

Für jeden dieser drei Typen gibt es dann noch die Darstellung für gelesene Tasks, wobei die Darstellung hier entsprechend aber nicht fett ist.

In der ersten Spalte können Sie nun den Tasks Prioritäten geben und so die Arbeit planen. Ist ein Task beendet, kann er in der zweiten Spalte als abgehakt markiert werden. Dann sortieren Sie nach der jeweils sinnvollen Spalte. Wollen Sie z.B. alle Tasks einer bestimmten Datei (Klasse, PRG etc.) sehen, sortieren Sie nach Datei, wollen Sie nach Priorität vorgehen, sortieren Sie nach der ersten Spalte.

Benutzerdefinierte Felder in der Taskliste

Die Spaltenauswahl lässt sich im Kontextmenü der Spalten (Rechtsklick) auch verändern. Dort können Sie unter OPTIONEN auch eigene, benutzerdefinierte Spalten hinzufügen. Diese werden in einer eigenen Tabelle abgelegt, die intern mit der FoxTask-Tabelle verknüpft wird. Der Name und Ort dieser Tabelle kann selbst bestimmt werden oder auch wechselweise verändert werden. Sobald Sie neue Felder hinzugefügt haben, erscheinen diese im Formular SPALTEN und können dann mit Doppelklick oder Drag and Drop in die Listenansicht eingefügt werden.

Da die Taskliste nicht projektspezifisch ist, sondern sich über alle Ihre Projekte und deren notwendige Arbeitsschritte erstreckt, wäre ein sinnvolles Beispiel für hinzugefügte Felder eine Projekt-Spalte, nach der dann sortiert werden kann.

Task bearbeiten

Um den einzelnen Task zu bearbeiten, steht auch ein Dialog zur Verfügung. Um ihn zu öffnen, klicken Sie in eines der Felder in der Listenansicht mit der rechten Maustaste und wählen Sie *Task öffnen*. Achtung: beschreibbare Felder, wie wir sie z.B. bei manuellen Einträgen in der Taskliste finden, haben ein anderes Kontextmenü, in dem sich *Task öffnen* nicht auswählen lässt. Sie müssen sich dann den Dialog über das Kontextmenü eines anderen Feldes öffnen (z.B. die Bild-Spalte ganz links).

Über die bereits genannten Eigenschaften des Task (gelesen, abgeschlossen etc.) hinaus, lassen sich hier nun alle Felder bearbeiten, auch die, die nicht in der Listenansicht angezeigt werden konnten/sollten. Dies schlösse normalerweise auch alle benutzerdefinierten Felder ein (unter der zweite Registerkarte FELDER) – wenn nicht ein Bug in dem ersten Release von VFP7 hier uns einen Strich durch die Rechnung machen würde (Wert wird mit NULL angezeigt, obwohl ein Wert vorhanden ist).

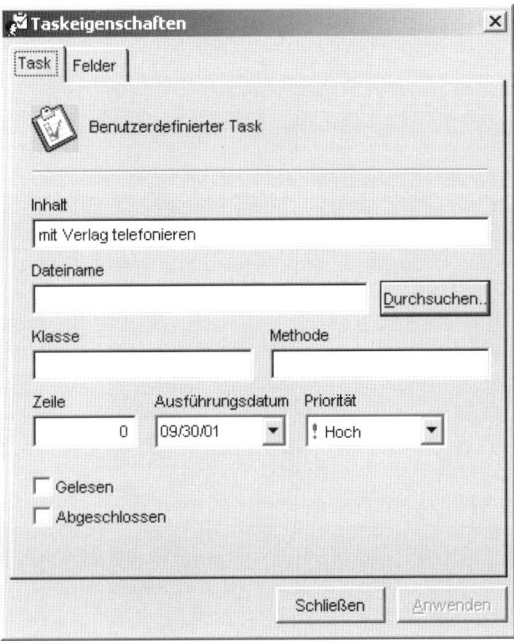

KAPITEL 23

23 Entwicklungsumgebung: Tipps zur Gestaltung

Um sich das Entwickeln etwas leichter zu machen, möchte ich hier ein paar wenige Tipps weitergeben.

23.1 Andocken von Fenstern

Nur in
VFP7

Das den VB-Programmierern schon lange vertraute Andocken von Fenstern findet sich in VFP erst seit Version 7. Bei der Menge von zu verwaltenden Informationen und Fenstern ist es sehr hilfreich und sollte unbedingt genutzt werden. Da das Andocken etwas knifflig ist, bis man die Fenster zum Gehorchen bringt, hier einige Hinweise und Empfehlungen.

23.1.1 Die andockbaren Fenster

Möglich ist diese Funktion (außer natürlich bei Toolbars)

✔ beim Befehlsfenster

✔ beim Eigenschaften-Fenster

✔ beim Datensitzungsfenster

✔ bei der Dokumentenansicht

Dies sind die vier aus der Standard-Symbolleiste aufzurufenden Fenster. Darüber hinaus gelten alle im folgenden gemachten Angaben auch für die Einzel-Debugger-Fenster, sofern der Debugger im FoxPro-Hauptfenster und nicht im eigenen Debugger-Fenster angezeigt wird (Einstellung siehe Kap. 5.1 *Starten und Einstellen des Debuggers*):

✔ Programmverfolgungsfenster

✔ Überwachungsfenster

✔ Fenster *Aktuelle Variablen*

✔ Aufruflisten-Fenster

✔ Ausgabefenster

23.1.2 Andocken eines Einzelfensters

Wenn noch kein anderes Fenster angedockt ist, ergeben sich diese zwei Möglichkeiten:

1. Um das Fenster an den rechten Rand anzudocken, klicken Sie auf die schmale Titelleiste mit der Aufschrift *Befehl* und ziehen diese in den grauen Bereich unmittelbar unter dem Schließen-Button (⊠) des FoxPro-Hauptfensters. Dabei müsste eine gestrichelte vertikale Linie die künftige Position des Fensters anzeigen. Dort lassen Sie die Maus los.

2. Um das Fenster am oberen oder unteren Rand anzudocken, muss die Titelleiste des Befehlsfensters mit der Maus in den Bereich knapp unter die unterste Symbolleiste der FoxPro-Entwicklungsumgebung bzw. knapp über die graue Statusleiste des FoxPro-Hauptfensters gezogen werden. Bei den meisten Fenstern erscheint diese Ansicht wenig sinnvoll Ausnahme wären das Befehlsfenster, wenn man es mit sehr langen Befehlen zu tun hat (dann am besten oben andocken), und Debugger-Fenster wie Überwachungsfenster, Programmverfolgungsfenster, aktuelle Variablen (diese am besten unten andocken).

23.1.3 Andocken mehrerer Fenster

Zur Kombination mehrerer Fenster an einer Seite der Entwicklungsumgebung (eine andere Seite kann natürlich neu wie unter 23.1.3 verwendet werden) gibt es drei Möglichkeiten. Ich gehe im folgenden davon aus, dass als Erstes das Befehlsfenster bereits rechts angedockt ist.

Fenster untereinander

Die allgemein praktischste Anordnung ist die der Fenster untereinander. Klicken Sie auf die blaue Titelleiste des neu anzudockenden Fensters und ziehen Sie es unmittelbar unter (nicht auf!) die angedockte Titelleiste des Befehlsfensters. Achten Sie darauf, dass Sie den Mauszeiger beim Ziehen nicht an den äußersten rechten Rand des angedockten Fensters bewegen.

Fenster nebeneinander

Ziehen Sie die Titelleiste des anzudockenden Fensters entweder an den linken Rand des bereits angedockten Fensters oder an den rechten angedockten Rand. Es entsteht eine vertikale Linie, die die zu erzeugende neue Position des anzudockenden Fensters anzeigt. So teilen sich die beiden Fenster den Platz nicht horizontal, sondern vertikal. Dies ist in den meisten Fällen recht unsinnig und eher der unbeabsichtigte Un-Fall.

Fenster aufeinander – Registerkartenauswahl

Eine andere Möglichkeit besteht darin, die beiden Fenster überlagernd anzudocken. Dies geschieht, wenn Sie die Titelleiste des zweiten Fensters direkt *auf* die Titelleiste des ersten ziehen. Es erscheinen dabei am unteren Rand der beiden Fenster zwei (oder je nachdem mehr) Register zur Auswahl. Wenn man mit vielen Fenstern arbeitet kann dies sehr praktisch sein.

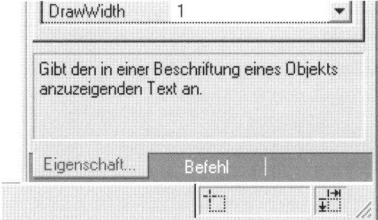

Diese Darstellung ist auch in Kombination mit der oben genannten möglich. Zum Beispiel könnte in der oberen Bildschirmhälfte des Rands ein Befehlsfenster angezeigt werden und in der unteren ein Eigenschaften-Fenster kombiniert (aufeinander als Registerkarte) mit einem Datensitzungsfenster. Beim Testen in Laufzeit mag das Datensitzungsfenster gewünschte Laufzeit-Informationen geben, beim Bearbeiten der Klasse/des Formulars kann ohne weiteres zum Eigenschaften-Fenster gewechselt werden.

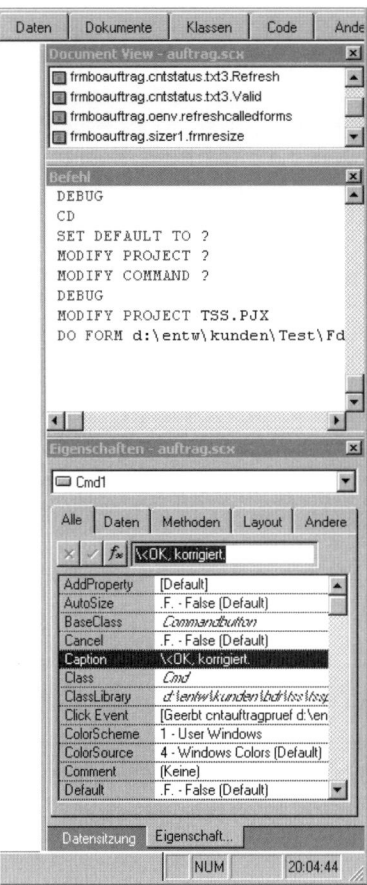

23.2 Makros definieren

Makros sind in VFP abgespeicherte Reihenfolgen von Tastendrücken in der Entwicklungsumgebung. Sie lassen sich entweder *aufzeichnen*, indem eine Reihenfolge von tatsächlich durchgeführten Tastendrücken in ein Makro gespeichert werden, oder manuell erzeugen/bearbeiten, indem die Tastendruck-Reihenfolge gelesen und geschrieben wird. Ein Makro hat einen Namen und eine zugehörige Aufrufstaste (bei FoxPro kann ein Makro nur durch die entsprechende Aufruftaste aufgerufen werden).

Makros anlegen

Um ein Makro aufzuzeichnen, Rufen Sie zuerst den Makros-Dialog auf (EXTRAS | MAKROS) und klicken auf den Button AUFZEICHNEN. Vergeben Sie anschließend eine geeignete Tastenkombination (z.B. `Ctrl`+`Buchstabe`), indem Sie die gewünschte Tastenkombination einfach drücken, während der Focus sich auf *Definierte Taste* befindet, und geben Sie dem Makro einen sprechenden Namen.

Anschließend betätigen Sie alle Tasten und beenden zuletzt die Aufzeichnung durch erneuten Aufruf im Menü von EXTRAS | MAKROS und Bestätigen des folgenden Dialogs.

Um ein Makro statt dessen manuell zu erzeugen, klicken Sie im Makros-Dialog auf den Button NEU und geben die zu betätigenden Tasten ein mit der jeweiligen Tastenbezeichnung, wie sie in der FoxPro-Hilfe unter der Hilfe zum Befehl ON KEY LABEL zu finden sind. Auf die gleiche Weise kann auch ein schon vorhandenes und z.B. vorher *aufgezeichnetes* Makro durch klicken des Buttons BEARBEITEN nachträglich verändert werden.

Makros abspeichern

Vergessen Sie nicht, Ihr u. U. mühsam definiertes Makro zu speichern, wenn Sie sich schon die Mühe geben. Im einfachsten Fall klicken Sie im Bereich *Makrogruppe* im Dialog MAKROS auf den Button STANDARD. Sie haben auch die Möglichkeit, Makros in Dateien mit der Endung FKY abzuspeichern bzw. solche Dateien an dieser Stelle zu öffnen.

TIPP   Ich empfehle, abgespeicherte Makros zusammen mit allen anderen selbst definierten Einstellungen (Startprogramm etc.) in einem dafür definierten Settings-Pfad abzulegen.

23.2.1 Makro zum Aufrufen des Debuggers

Wer begonnen hat, mit Haltepunkten zum Aufruf der Programmverfolgung zu arbeiten (siehe Kap. 5.2.2 Abschnit *Programmverfolgung durch Haltepunkte einsetzen*), wird bald aus Versehen den Fehler gemacht haben, den Debugger zu schließen und schon wirken die Haltepunkte nicht mehr. Ihn wieder zu aktivieren ist auf Dauer doch umständlich: Debugger aufrufen, dann wieder FoxPro-Hauptfenster aktivieren, um das Programm aufzurufen oder das Objekt zu instanziieren.

Um dies zu erleichtern empfehle ich folgendes Makro. Die ersten drei Anweisungen empfehle ich, grundsätzlich an den Anfang von Makros mit Befehlsfenster-Eingaben zu setzen:

`{CTRL+F2}`	Befehlsfenster aktivieren
`{END}`	Aktuelle Zeile zum Ende gehen (falls aktuelle Befehlszeile nicht leer)
`{SHIFT+HOME}`	Aktuelle Zeile markieren (zum Überschreiben)
`DEBUG`	Debugger-Fenster öffnen, falls nicht geöffnet
`{ENTER}`	Befehl im Befehlsfenster ausführen
`{CTRL+F2}`	Debugger-Fenster in den Hintergrund, Befehlsfenster in den Vordergrund

23.2.2 Makros für häufig verwendete Befehlseingaben

Werden bestimmte Befehlseingaben häufig verwendet, ist es praktisch, dafür Makros anzulegen In diesem Beispiel setze ich den Cursor zurück, um in die schon geschriebenen Anführungszeichen nach Makroausführung noch einen Klassennamen eintragen zu können.

```
{CTRL+F2}{END}{SHIFT+HOME}
o = CREATEOBJECT('')
{LEFTARROW}{LEFTARROW}
```

23.2.3 Makro zum Aufräumen nach Tests

Da Sie sehr häufig nach einem Test zuerst mit CANCEL die Programmausführung unterbrechen und mit CLEAR ALL alle Variablen löschen und Tabellen schließen, könnten Sie auch hierfür ein einfaches Makro anlegen.

```
{CTRL+F2}{END}{SHIFT+HOME}
CANCEL{ENTER}
CLEAR ALL{ENTER}
CLOSE PROCEDURES{ENTER}
```

KAPITEL 24

24 Was tun, wenn

24.1 … eine Tabelle im falschen Verzeichnis gespeichert wurde und verschoben werden soll?

1. Datenbank-Container schließen (am sichersten mit CLOSE All im Befehlsfenster).

2. Tabelle verschieben in anderen Pfad (nicht kopieren, sondern verschieben!).

3. Tabelle öffnen, nötigenfalls mit korrektem Pfadnamen (z.B. USE data\adressen EXCLUSIVE[8]). Die Tabelle trägt einen Verweis über die zu ihr gehörende Datenbank mit relativem Pfadnamen. Normalerweise würde die Datenbank beim Öffnen der Tabelle mitgeöffnet. Nun sucht FoxPro die entsprechende Datenbank und findet sie nicht mehr, da sich durch das Verschieben der Tabelle der relative Pfad zwischen Datenbank und Tabelle geändert hat. So erscheint die Meldung:

   »*Pfad\Datenbankname*: Die Datenbank für die Tabelle *Pfad\Tabellenname* konnte nicht geöffnet werden. Möchten Sie versuchen, die zugehörige Datenbank zu suchen oder die Verknüpfung aufzuheben (d.h. die Tabelle zu einer freien zu machen)?«

   Antwort: SUCHEN.

4. Nun in den korrekten Pfad durchklicken und die richtige Datenbank auswählen. Der Datenbank-Verweis in der Tabelle wird nun korrigiert.

Formular(e) korrigieren

Sofern Sie in der Datenumgebung die jeweilige Tabelle direkt verwendet haben, findet das Formular die Tabelle nach dem Verschieben nicht mehr. Öffnen Sie das Formular im Designer, geben wieder SUCHEN an und wählen Sie die Tabelle an ihrem neuen Ort aus.

ACHTUNG Jetzt – wichtig! – machen Sie irgendeine Veränderung an dem Formular (z.B. eine Eigenschaft verändern und wieder zurückverändern)! Dadurch sieht sich das Formular beim Schließen zum Speichern veranlasst! Die Tatsache, dass die Tabelle verschoben wurde und ihr Ort neu angegeben wurde sieht FoxPro sonst nicht als eine speicherungswürdige Änderung an.

---

8. Die Klausel EXCLUSIVE muss nur dann gesetzt werden, wenn die Voreinstellung nicht bereits SET EXCLUSIVE ON ist. Dies ist aber die Default-Einstellung.

KAPITEL 25

25 Listen

25.1 Die Basisklassen und ihre Namenskonventionen

Im Folgenden finden Sie die Namen der Microsoft-Basisklassen mit Angabe der MS-Konvention zur Abkürzung durch drei Buchstaben. Ich empfehle, mindestens die in der dritten Spalte gekennzeichneten Klassen abzuleiten in eine eigene Klassenbibliothek für eigene visuelle Basisklassen (siehe Kap. 9.8.1 *Drei Typen von Klassenbibliotheken*).

MS-Basisklasse	Kürzel	Ableitung für eigene Basisklasse?
ActiveDoc	acd	evtl.
CheckBox	chk	ja
Column	grc/clm	nein
ComboBox	cbo	ja
CommandButton	cmd	ja
CommandGroup	cmg	nein
Container	cnt	evtl.
Control	ctl	eher nein
Custom		nein
EditBox	edt	ja
Form	frm	ja
FormSet	frs	nein
Grid	grd	evtl.
Header	grh/hdr	nein
HyperLink	hpl	nein
Image	img	evtl.
Label	lbl	ja
Line	lin	nein
ListBox	lst	ja
OLE	ole	nein
OleBoundControl	olb	nein
OptionButton	opt	nein
OptionGroup	opg	ja

MS-Basisklasse	Kürzel	Ableitung für eigene Basisklasse?
Page	**pag**	**nein**
PageFrame	**pgf**	**evtl.**
ProjectHook	**prj**	**evtl .(extra VCX)**
Relation		**evtl. (COM)**
Separator	**sep**	**nein**
Session		**evtl. (COM)**
Shape	**shp**	**nein**
Spinner	**spn**	**ja**
TextBox	**txt**	**ja**
Timer	**tmr**	**nein**
Toolbar	**tbr**	**ja**

»Nein« in der rechten Spalte bezieht sich auf eine allgemeine visuelle Basisklassen-Klassenbibliothek. Es kann natürlich sein, dass es in Ihrem Fall doch
Sinn macht, eine entsprechende Klasse als visuelle Basisklasse allen anderen
Klassen daraus zugrunde zu legen. Die Gründe, einzelne Basisklassen hier
nicht mit »ja« anzuführen, liegen darin,

✔ dass sie nicht oder nur schwer zu subclassen sind (Header, Column, Page,
   OptionButton), weil als Member der übergeordneten Klassen (Grid,
   OptionGroup, PageFrame) mindestens beim visuellen Erzeugen (durch die
   Eigenschaft ColumnCount beim Grid, OptionCount bei OptionGroup, Page-
   Count beim PageFrame) automatisch die MS-Basisklassen verwendet werden. Einige dieser Klassen können nur in codierten Klassendefinitionen,
   nicht aber visuell abgeleitet werden. Auch deren übergeordnete Klassen stehen hier mitunter nur unter »evtl.«, weil die dann mitgeführte Klasse der
   festen Anzahl von Member-Objekten eine unschöne Lösung ist für eine allgemein gültige Klassenbibliothek. Dies kann umgangen werden, indem programmatische Lösungen geschaffen werden, Member-Objekte in Laufzeit
   aus eigenen Basisklassen zu erzeugen.

✔ dass sie so einfach sind, dass es meist genügt, die notwendigen Einstellungen im Einzelfall zu machen (Line, Shape, Separator Image).

✔ dass einige Basisklassen von einer zur nächsten Verwendung meist sehr
   unterschiedlich sind (Custom, Timer, Ole, OLEBoundControl, ActiveDocu-
   ment), sodass man nur in solchen Fällen, wo alle diese eine allgemein ver-
   bindliche Logik bekommen sollen, eine gemeinsame eigene Basisklasse zu
   Grunde legen würde.

✔ dass sie sich grundsätzlich nicht sehr bewährt haben (hier mag natürlich
   jemand anderer Meinung sein) und durch andere Basisklassen zu ersetzen
   sind: z.B. FormSet, CommandGroup.

25.2 Die FoxPro-Dateitypen

Im Unterschied z.B. zu Access, wo alles in einer einzigen Datei (XY.MDB) abgespeichert wird, sind bei VFP die Tabellendaten und der Sourcecode des Programms in einer Reihe von verschiedenen Dateien und Dateitypen gegliedert. Die Wichtigsten sollte man in jedem Fall kennen. Die folgende Darstellung über die wichtigsten FoxPro-Dateitypen soll dabei helfen, schnell eine Übersicht zu gewinnen, welche Dateien welche Aufgabe haben. Eine vollständige alphabetische Übersicht aller Dateitypen finden Sie in der Hilfe[9]. Aus diesem Grund ist die Übersicht thematisch geordnet. Es sind dann auch diese Dateien, die üblicherweise in einem entsprechenden Pfad (wenn geordnet, wie am Beispiel der Versuchsanwendung dargestellt) zusammen liegen.

In der Spalte *Kann löschen* soll ein entsprechender Vermerk helfen, die Bedeutung einer entsprechenden Datei einzuschätzen – bzw. ob sie aus anderen wieder generiert wird.

	Ext.-Herkunft	Beschreibung	Kann löschen?	Kapitel
Tabellen				
DBF	Data**B**ase**F**ile	Die eigentliche Tabellendatei: In ihr wird die Tabellenstruktur mit den Tabellendaten abgelegt (außer Inhalte von Memo- und Objektfeldern). DBF ist die klassische Tabellenendung der xBase-Sprachen (Clipper, dBase, FoxPro …)	nein	4.2
FPT	**F**ox**P**ro**T**extfile	Die Memodatei zur Tabellendatei: Sie enthält die Daten für Memo- und Objektfelder. Der Name FPT enthält FoxPro, in Abgrenzung zu den dBase-DBT-Memodateien.	nein	
CDX	**C**ompound**I**n**D**e**X**	Die Mehrfachindex-Datei: Hier sind alle Index-Tags enthalten.	nein	
Tabellen-Backup				
BAK	Database**B**ac**k**up	Backup der DBF-Datei	ja	4.8.2
TBK	**T**ext**B**ac**k**up	Backup der FPT-Datei	ja	
Datenbank				
DBC	Data**B**ase**C**ontainer	Datenbank-Datei (entspricht der DBF-Datei bei Tabellen)	nein	4.1
DCT	**D**atabase**C**ontainer-**T**extfile	Memodatei zur Datenbank	nein	

---

9. Unter Microsoft Visual FoxPro 7.0/Hilfe/Allgemeine Hilfe/Dateistrukturen/ Dateinamenerweiterungen und Dateitypen.

	Ext.-Herkunft	Beschreibung	Kann löschen?	Kapitel
DCX	**D**atabase**C**ompoun-d**I**nde**X**	Indexdatei der Datenbank *Sie wird automatisch wieder aufgebaut. Da diese Datei am schnellsten bei Abstürzen zerstört wird, empfiehlt es sich, diese Datei einfach beim Programmstart zu löschen, wenn die Datenbank nicht von einem anderen User geöffnet ist.*	ja!	
Projekt				
PJX	**P**ro**j**ect	Projektdatei/Tabellendatei	nein	2.1.2
PJT	**P**ro**j**ect**T**extfile	Projektdatei/Memodatei	nein	
Formular				
SCX	**Sc**reen	Formularentwurfsdatei/Tabellendatei	nein	6.1
SCT	**Sc**reen**T**extfile	Formularentwurfsdatei/Memodatei	nein	
Visuelle Klassenbibliothek				
VCX	**V**isual**C**lasslibrary	Visuelle Klassenbibliothek/Tabellendatei	nein	9.5
VCT	**V**isual**C**lasslibrary-**T**extfile	Visuelle Klassenbibliothek/Memodatei *Diese Datei ist relativ sensibel, was bei Abstürzen zu recht unangenehmen Folgen führen kann.*	nein	

Bericht				
FRX	**FoxProR**eport	Berichtsentwurfsdatei/Tabellendatei	nein	10.1
FRT	**FoxProR**eport**T**ext-file	Berichtsentwurfsdatei/Memodatei	nein	
LBX	**Lab**el	Etikettentwurfsdatei/Tabellendatei	nein	
LBT	**Lab**el**T**extfile	Etikettentwurfsdatei/Memodatei	nein	
Menü				
MNX	**M**e**n**ue	Menüentwurfsdatei/Tabellendatei	nein	11.2
MNT	**M**e**n**ue**T**extfile	Menüentwurfsdatei/Memodatei	nein	
MPR	**M**enue**Pr**ogram	Menüprogramm	ja	
Programmdateien				
Programmdateien sind einfache Textdateien, die nur unterschieden werden nach Verwendungstyp.				
PRG	**Pr**o**g**ram	Allgemeine Programmdatei	nein	9.4, 11.4
MPR	**M**enue**Pr**ogram	Menüprogramm	nein	11.2
QPR	**Q**uery**Pr**ogram	Abfrageprogramdatei (enthält Select-Statement)	nein	7.2
BAK	**Bak**upFile	Automatisches Backup einer Programmdatei	ja	
Kompilierte Dateien				
FXP	**F**ox**P**ro**P**rogram	Kompilierte einzelne Programmdatei (aus PRG)	ja	
MPX	**M**enu**P**rogram	Kompilierte Menüprogrammdatei (aus Mpr)	ja	11.2
QPX	**Q**uery**P**rogram	Kompiliertes Abfrageprogramm (Qpr)	ja	
APP	**App**lication	Kompilierte Anwendung unter VFP	ja	11.4.2
EXE	**Exe**cutable	Kompilierte unabhängige EXE-Datei	ja	
DLL	**D**ynamic**L**ink**Li**brary	Übergreifende Windows-Funktionsbibliothek	ja	
Die wichtigsten allgemeinen Windowsdateien im Projekt				
H	**H**eaderfile	Include-Datei	nein	8.1.2
INI	**Ini**-File	Ini(tialisierungs)-Datei	nein	13.4.2
BMP	**Bit**map	Bitmap-Grafikdatei	nein	11.1.1
ICO	**Ico**n	Icon-Grafikdatei	nein	11.4.3

25.3 Toolbar-Namen

Die Namen der FoxPro-System-Toolbars in der deutschsprachigen Version von VFP7 sind:

1. »Formular-Designer«

2. »Standard«

3. »Layout«

4. »Abfrage-Designer«

5. »Ansichts-Designer«

6. »Farbpalette«

7. »Formular-Steuerelemente«

8. »Datenbank-Designer«

9. »Berichts-Designer«

10. »Bericht-Steuerelemente«

11. »Seitenansicht«

12. »Debugger«

Unter diesen Namen müsste sich eine Methode auf die Toolbars beziehen, um sie mit dem Befehl HIDE WINDOW *cFenstername* zu verbergen (siehe Kap. 13.2.2 *Entwicklungs-Toolbars verstecken und wiederherstellen*).

KAPITEL 26

26 Grundlagen

26.1 Variablen und deren Benennungskonventionen

26.1.1 Was sind Variablen?

Variablen sind gekennzeichnet durch

✔ einen Namen, unter dem sie angesprochen werden können und

✔ einen Wert, den sie aktuell abspeichern.

26.1.2 Anlegen von Variablen und Arbeiten damit

Variablen vom Typ Zeichen

`Frucht1 = "Apfel"`	Anlegen einer Variable mit dem Namen Frucht1
`Frucht2 = "Birne"`	
`? "Apfel"`	Ausgabe der Zeichenkette (String) »Apfel« auf dem Bildschirm
`? Frucht2`	Ausgabe des Wertes der Variable Frucht2 auf dem Bildschirm
`? Frucht1 + Frucht2`	Addition der beiden Zeichenketten
`Früchte = Frucht1+Frucht2`	
`? Früchte`	

Numerische Variablen

```
AnzahlFrucht1 = 15
AnzahlFrucht2 = 10
SummeFrüchte = AnzahlFrucht1 + AnzahlFrucht2
? SummeFrüchte
```

Variablen vom Typ Datum

```
Heute = DATE()
Gestern = Heute – 1
? Gestern
Geburtstag = {^1966.03.08}
```

Variablen vom Typ Objekt

```
oForm = CREATEOBJECT("Form")
```

Um Variablen verschiedener Datentypen zu verknüpfen, müssen diese zuerst in den gleichen Datentyp konvertiert werden. Dafür stehen verschiedene Funktionen zur Verfügung (siehe Kap. 26.2.4 *Funktionen zur Konvertierung von Datentypen*).

26.1.3   Arrays

Arrays wurden bis VFP3 mit *Datenfeld* übersetzt. Es handelt sich dabei um Variablen, die mehr als nur einen Wert abspeichern. Ein Array kann über mehrere Zeilen und mehrere Spalten verfügen. Dabei kann es so viele Werte abspeichern, wie es Elemente enthält (Zeilen x Spalten = Elemente).

Um bei der Anlage einer Variablen zu erklären, dass es sich um ein Array handeln soll, muss dieses *dimensioniert* werden, d.h. die Zeilen- und Spaltenanzahl muss angegeben werden. Dies geschieht entweder über den DIMENSION-Befehl, oder direkt bei der Angabe des Geltungsbereichs mit LOCAL bzw. PUBLIC etc. (siehe Kap. 26.1.5 *Geltungsbereiche von Variablen*).

LOCAL laArray(5,2)	Legt ein Array als lokales Array mit 5 Zeile und 2 Spalten an.
DIMENSION laArray(5,2)	Alternativ dazu: Macht eine zuvor schon angelegte Variable bzw. ein zuvor schon angelegtes Array zu einem Array mit 5 Zeilen und 2 Spalten, bzw. legt ein solches Array mit dem Standard-Geltungsbereich PRIVATE an.
laArray = "abc"	Gibt allen Elementen des Arrays laArray den Wert »abc«.
laArray(3,2) = 7	Gibt dem Element (= Zelle) des Arrays in der 3. Zeile, 2. Spalte den Wert 7.
? laArray(5,1)	Gibt den Wert des Elements in der 5. Zeile, 1. Spalte zurück.
? laArray	Gibt den Wert des Elements in der 1. Zeile, 1. Spalte zurück.
? ALEN(laArray,1)	Gibt die Anzahl der Zeilen eines Arrays zurück (mit zweitem Parameter 2: der Spalten; mit zweitem Parameter 0 oder ohne zweitem Parameter: der Elemente).

Zum Bearbeiten und Durchsuchen von Arrays steht eine Reihe von Standard-FoxPro-Funktionen zur Verfügung: ASCAN(), ADIR(), ACOPY(), ADEL(), AELEMENT(), ASORT(), ASUBSCRIPT(), AINS() – siehe VFP-Hilfe.

Auch Eigenschaften können als Arrays definiert werden. Es wird dabei verfahren wie bei der unmittelbaren Dimensionierung eines Arrays über den Befehl zur Angabe des Geltungsbereichs: Die Array-Dimensionen werden bei der Anlage der Eigenschaft in Klammern dahinter geschrieben. Das Eigenschafts-Array lässt sich auch nachträglich (programmatisch) mit dem DIMENSION-Befehl in seinen Dimensionen verändern.

26.1.4 Datentypen

Variablen können Daten von verschiedenen Typen enthalten. Der Datentyp wird jedoch nicht schon bei der Deklaration festgelegt (wie unter manchen anderen Programmiersprachen). Wenn eine Variable für einen bestimmten Geltungsbereich deklariert wird, ist sie zuerst immer *logisch* und hat den Wert .F. (falsch). Erst bei der ersten Zuweisung eines Wertes wird der Datentyp definiert. Der Typ könnte auch jederzeit verändert werden durch Zuweisung eines anderen Wertes. Dies sollte jedoch nur in Ausnahmefällen passieren.

Die Zuweisung kann entweder durch einen festen Wert (z.B. einen String `"Apfel"`) oder durch eine Funktion, die einen Wert zurückgibt (z.B. `DATE()`) erfolgen (siehe Kap. 26.2 *Funktionen unter Visual FoxPro*).

Der Datentyp der Variable wird durch den Datentyp des Rückgabewerts der Funktion bzw. des festen Wertes festgelegt. Feste Werte können folgendermaßen zu bestimmten Datentypen gemacht werden:

`...="Frucht"`	Mit einfachen oder doppelten Hochkommata werden *Zeichenketten_(Strings)* gekennzeichnet.
`...=5`	Eine Zahl ohne Hochkommata signalisiert einen *numerischen Wert*.
`...=.F., .T.`	*Logische Werte* werden durch Punkt-F/T-Punkt gekennzeichnet.
`...={^2003.01.03.}`	*Datumswerte* werden durch geschweifte Klammern gekennzeichnet.
`...=CREATEOBJECT("Klasse")`	*Objektvariablen* können nur mit einer Funktion erzeugt werden (`CREATEOBJECT()`-Funktion, **Add-Object**-Methode, `NEWOBJECT()`-Funktion/-Methode).

26.1.5 Geltungsbereiche von Variablen

`LOCAL lcFrucht`	Anlegen einer lokalen Variablen. Sie wird mit .F. initialisiert, müsste bei einer Zeichen-Variablen also anschließend noch einen Zeichen-Wert zugewiesen bekommen.
`PUBLIC gcFrucht`	Anlegen einer globalen Variablen

Wird eine Variable weder mit LOCAL noch mit PUBLIC deklariert, enthält die Variable immer den Geltungsbereich *Privat*.

✔ **Lokale** Variablen sind jeweils *nur* innerhalb der Methode oder Funktion verfügbar, in der sie angelegt werden. Dies ist insbesondere bei der objektorientierten Programmierung von großem Vorteil, da so einzelne Objekte und deren Methoden abgeschlossen sind von fremdem Zugriff. Man sollte sich angewöhnen, grundsätzlich mit lokalen Variablen zu arbeiten.

✔ **Private** Variablen sind sowohl in der aktuellen Methode/Funktion verfügbar (also der Methode, in der sie angelegt werden) als auch in allen davon aufgerufenen Funktionen. Wird kein anderer Geltungsbereich angelegt, sind Variablen automatisch immer privat.

✔ **Globale** Variablen (Public) stehen, nachdem sie als Public angelegt wurden, überall und jederzeit zur Verfügung. Dieser Variablentyp wird in moderner objektorientierter Programmierung nur noch in absoluten Ausnahmefällen verwendet. Statt dessen verwendet man Eigenschaften z.B. eines allgemeinen Applikationsobjekts (siehe Kap. 13.1.7 *Von globalen Variablen zu Applikations-Eigenschaften*).

26.1.6 Benennungskonventionen von Variablen unter Visual FoxPro

Nach der üblichen Konvention zum Benennen von Variablen werden den frei vergebenen Variablennamen zwei Buchstaben vorangestellt:

1. Buchstabe: Geltungsbereich

l   steht für LOCAL

p   steht für PRIVATE

g   steht für global (definiert mit PUBLIC)

t   steht allgemein für Parameter

2. Buchstabe: Datentyp

a   Array

c   Zeichen

d   Datum

t   DatumZeit

l   Logisch

n   Numerisch

o   Objekt

u   Unbekannt

Eigentlicher Variablenname

Legen Sie sich ein für alle Mal (mindestens innerhalb einer Anwendung) fest, wie – z.B. in welcher Sprache – Sie Variablen benennen. Dies hilft nachher, Fehler zu vermeiden.

26.2 Funktionen unter Visual FoxPro

26.2.1 Was sind Funktionen?

Funktionen unter VFP werden verwendet, um bestimmte abgegrenzte Vorgänge auszuführen, oder sehr oft, um bestimmte Rückgabewerte abzurufen. Manche Funktionen müssen dafür einen oder mehrere Parameter (Übergabewerte) in Empfang nehmen, andere benötigen dies nicht.

Funktionen gliedern sich in Standard-FoxPro-Funktionen, die also von FoxPro bereits fertig zur Verfügung gestellt werden und sogenannte UDF's (User Defined Functions), also selbst programmierte Funktionen.

Im Folgenden sollen einige wichtige Funktionen beschrieben werden. In der Arbeit wird man immer weitere Funktionen benötigen, hier möchte ich nur die grundlegendsten nennen. Um von da aus Weitere zu finden, empfiehlt es sich, über die Hilfe der entsprechenden Funktion mit *Siehe auch* weiterzugehen oder über den Ausdrucksdesigner (siehe z.B. bei Klick auf den Drei-Punkte-Button bei der Bearbeitung von Berichtsfeldern) unter der entsprechenden Rubrik (dort: Zeichen, Mathematisch, Logisch, Datum).

Die Sortierung der unten genannten Funktionen in verschiedene Funktionstypen bezieht sich nicht auf den Rückgabewert, sondern auf den Zusammenhang, in dem sie gewöhnlich gebraucht werden. Die Funktionen und deren Parameter werden nicht umfassend beschrieben – die Absicht ist mehr eine Mindest-Übersicht zu geben; konsultieren Sie dazu die VFP-Hilfe.

26.2.2 Die wichtigsten String-Funktionen

Mit String-Funktionen kann man bestimmte Zeichenketten (z.B. Feldinhalte) bearbeiten und in bearbeiteter Form an anderer Stelle zur Verfügung stellen. Ein Beispiel sahen wir beim Ausdruck von Berichten (siehe Kap. 10.1.1 *Bearbeitung von Berichtsausdrücken*).

`TRIM(cString)`, `LTRIM(cString)`, `ALLTRIM(cString)`

Schneidet die folgenden bzw. führenden bzw. alle Leerzeichen aus einem String heraus.

`SUBSTR(cString,nStart,nLänge)`

Schneidet aus cString einen Teil aus – von einem bestimmten Punkt angefangen (nStart) mit einer bestimmten Länge (nLänge).

`LEFT(cString,nZeichen)`, `RIGHT(cString,nZeichen)`

Schneidet aus *cString* so viele Zeichen von links bzw. von rechts gezählt aus, wie *nZeichen* bestimmt.

`AT(cString,cSuchstring,nVorkommen)`

Ermittelt die Position eines bestimmten Ausdrucks *cSuchstring* innerhalb von *cString* und sucht dabei (falls angegeben) nach dem n-ten Vorkommen des Strings. `AT()` wird häufig auch in andere Funktionen, z.B. an die Position von nStart in `SUBSTR()` gehängt.

`IIF(lBedingung,cString1,cString2)`

Wertet die Bedingung (logischen Ausdruck) *lBedingung* aus und gibt bei .T. *cString1* und bei .F. *cString2* zurück.

26.2.3 Die wichtigsten operativen Funktionen

Mit *operativen Funktionen* wollen wir hier Funktionen benennen, deren Hauptziel nicht die Rückgabe bestimmter Werte ist, sondern die bei ihrer Ausführung eine Operation vornehmen, eine Veränderung durchführen etc. Der Rückgabewert gibt dabei meist Auskunft darüber, ob die Operation gelungen ist oder nicht. Bei diesen Funktionen erscheint das typische Gleichzeichen (`Variable` = `FUNCTION()`) oft nur noch als überflüssiges Zeichen. Statt

`=FUNCTION()`

kann man darum seit Version 5.0 auch schreiben:

`FUNCTION()`

Damit ist allerdings nicht mehr sofort ersichtlich, dass es sich hier tatsächlich um eine Funktion handelt.

Als operative Funktionen haben wir kennen gelernt:

`=TABLEUPDATE()`	AKTUALISIERT die Ursprungtabelle aus dem geöffneten View bzw. der gepufferten Tabelle.
`=TABLEREVERT()`	stellt den Wert der Ursprungtabelle im geöffneten View bzw. der gepufferten Tabelle wieder her.
`=CURSORSETPROP()`	setzt bestimmte Eigenschaften des geöffneten Alias. (siehe Kap. 7.3 *Die Funktionen DBGETPROP(), DBSETPROP(), CURSORGETPROP(), CURSORSETPROP()*)

| `=DBSETPROP()` | setzt Datenbankeigenschaften. (siehe Kap. 7.3) |

26.2.4 Funktionen zur Konvertierung von Datentypen

`STR(nZahl,nLänge)`	macht aus dem Zahlenwert nZahl eine Zeichenkette von der Länge nLänge. Häufig umgibt man die Str-Funktion zusätzlich mit der `ALLTRIM()`-Funktion (s.o.).
`VAL(cString)`	macht aus der Zeichenkette cString einen Zahlenwert. Dabei werden die ersten in der Zeichenkette vorkommenden zusammenhängenden Ziffern zu einer Zahl ausgewertet.
`CTOD(cString)`	CharacterToDate: macht aus einer Zeichenkette cString einen Datumswert (Interpretation in Abhängigkeit von der mit `SET DATE TO` gemachten Einstellung).
`DTOC(dDate)`	DateToCharacter: macht aus einem Datumswert eine Zeichenkette.
`DTOS(dDate)`	DateToString: macht aus einem Datumswert eine sortierbare Zeichenkette.

Um den Datentyp zu ermitteln stehen die Funktionen `VARTYPE()` und `TYPE()` zur Verfügung (siehe Kap. 26.3.2 *Datentyp*).

26.2.5 Die wichtigsten Datenbank- und Daten-Funktionen

Gemeint sind Funktionen, die uns entweder Auskunft über die geöffneten Tabellen, über den Zustand der Select-Bereiche oder über die Datenbank geben.

`ALIAS([nSelect])`	Aliasname des aktuellen oder mit der *nSelect*-Nummer übergebenen Select-Bereichs.
`SELECT([cAlias])`	Nummer des aktuellen oder mit Aliasnamen *cAlias* übergebenen Select-Bereichs.
`USED(cAlias)`	Gibt .T. zurück wenn der mit *cAlias* angegebene Alias oder Tabellenname geöffnet ist.
`CURSORGETPROP()`	Funktion, um Eigenschaften der geöffneten Tabelle/View zu lesen, siehe Kap. 7.3 *Die Funktionen DBGETPROP(), DBSETPROP(), CURSORGETPROP(), CURSORSETPROP())*
`DBGETPROP()`	Funktion, um Datenbankeigenschaften zu lesen. (siehe Kap. 7.3)

26.2.6 Die wichtigsten logischen Funktionen

Logische Funktionen, die .T. oder .F. zurückgeben, werden häufig auch in der IIF-Funktion als logischer Wert (1. Parameter) verwendet, um in Abhängigkeit vom Rückgabewert z.B. verschiedene Strings auszugeben.

EMPTY(*uWert*)   gibt .T. zurück, wenn der Wert *uWert* leer ist. EMPTY kann zur Abfrage unterschiedlicher Datentypen verwendet werden. Ein numerisches Feld ist z.B. EMPTY, wenn es 0 ist.

INLIST(*Ausdruck, uWert1, uWert2, uWert3* ...)   gibt .T. zurück, wenn einer der Werte *uWert1, uWert2, uWert3* etc. gleich dem im ersten Parameter angegebenen Ausdruck ist.

FILE(*cDatei*)   gibt .T. zurück, wenn eine Datei cDatei auf dem entsprechenden Laufwerk existiert.

DIRECTORY(*cPath*)   gibt .T. zurück, wenn ein bestimmtes Verzeichnis existiert.

26.2.7 Die wichtigsten Datumsfunktionen

DATE()   gibt das aktuelle Systemdatum.

DATETIME()   gibt aktuelles Systemdatum und Systemzeit zurück.

CTOD(*cString*)/DTOC(*dDatum*)
          (siehe oben) Übersetzen von Datum in String und umgekehrt.

YEAR(*dDatum*), MONTH(*dDatum*), DAY(*dDatum*)
          extrahiert aus dem Datum *dDatum* Jahr/Monat/Tag als Zahlenwert.

26.2.8 Umgebungs- und Systemfunktionen

SET('DATE')   gibt die aktuelle Einstellung von SET DATE TO zurück. Dabei wird eine Information als String zurückgegeben ("GERMAN" o. ä.), entsprechend fast alle anderen SET-Einstellungen.

SET('EXACT')   gibt die aktuelle Einstellung von SET EXACT ON/OFF zurück. Dabei wird ON oder OFF als String zurückgegeben, entsprechend viele weitere SET-Einstellungen.

SYS(1270)   Es gibt eine Vielzahl von SYS-Funktionen (siehe Hilfe-Datei), die Visual FoxPro-Systeminformationen zurückgeben. SYS(1270) z.B. gibt das Objekt, das sich aktuell unter dem Mauszeiger befindet, zurück.

26.2.9 Eigene Prozeduren und Funktionen

Über die von VFP zur Verfügung gestellten Funktionen hinaus, können beliebige eigene Funktionen definiert werden. Zwar ist man in der objektorientierten Programmierung dazu übergegangen, immer mehr Funktionalität statt in Funktionen in Methoden (d.h. gewissermaßen objektbezogene Funktionen) zu legen. Trotzdem gibt es noch Fälle, in denen man Funktionen vorziehen mag.

Funktionen werden häufig in eine gesonderte PRG-Datei gelegt, die damit zur *Funktionsbibliothek* wird. Diese muss mit SET PROC TO geöffnet werden, sodass die Funktionen auch gefunden werden können.

Der Code der Funktion

In dieser Funktionsbibliothek beginnen die Funktionsdefinitionen jeweils mit

```
FUNCTION cFuncName
   LPARAMETERS tuPar1, tuPar2, tuPar3 ...
```

oder mit

```
FUNCTION cFuncName (tuPar1, tuPar2, tuPar3 ...)
```

und enden optional mit

```
ENDFUNC
```

oder, wenn die Funktion einen Wert zurückgibt, mit

```
   RETURN uWert
ENDFUNC
```

Der Aufruf der Funktion

✔ kein Rückgabewert: =MyFunction(*uPar1*,*uPar2* ...). Das einleitende Gleichzeichen kann weggelassen werden (Achtung: in älteren Versionen ist dies noch nicht möglich!)

✔ Rückgabewert: *uVariable* = MyFunction(*uPar1*,*uPar2* ...)

0.1   Ausdrücke

26.3   Was sind Ausdrücke?

1. Feste Werte: "Versuch" oder 4 oder {03.01.2001} (Wie ein fester Wert als bestimmter Datentyp gekennzeichnet werden kann – siehe Kap. 26.1.4 *Datentypen*)

2. Variablen (die also bestimmte Werte enthalten): lcString, gnNumber, ldDate (Siehe Kap. 26.1 *Variablen und deren Benennungskonventionen*)

3. Felder: Üblicherweise werden Felder als Kombination von Alias-Namen und Feldnamen angegeben, z.B. Adress.ADname oder AdrTyp.ATid

4. Rückgabewerte von Funktionen: DATE(), ALIAS() (Siehe Kap. 26.2 *Funktionen unter Visual FoxPro*)

5. Felder oder Variablen oder Funktionsrückgabewerte *in* Funktionen: Hier wird der Ausdruck (Wert) durch eine Funktion nochmals verändert, z.B. ALLTRIM(adressen.adname), ALLTRIM(STR(adressen.adums1)), CTOD(DATE())

6. Logische Ausdrücke: z.B. "Apfel" = "Birne", dies ist ein logischer Ausdruck, der den Wert .F. (falsch) hat

Der Wert von Ausdrücken kann mit dem Überwachungsfenster des Debuggers abgefragt werden (siehe Kap. 5.2.1 *Statische Verwendung: Einführung in das Überwachungsfenster*)

26.3.1   Datentyp

Jedem Ausdruck liegt jeweils ein bestimmter Datentyp zu Grunde. Um festzustellen, welches dieser Datentyp ist, stellt VFP uns zwei Funktionen zur Verfügung:

TYPE("*variable*")   gibt als Rückgabewerte einen großgeschriebenen Buchstaben (String): C (Character), N (numerisch), L (logisch), D (Datum), T (Datum/Zeit), M (Memo, nur für Felder, nicht für Variablen), Y (Währung), O (Objekt), U (Variable existiert nicht, undefined).

ACHTUNG   An TYPE() muss der Variablenname immer in Hochkommata (also als String) übergeben werden!

VARTYPE(*variable*)[10]   Mit VarType können undefinierte Variablen nicht erkannt werden. Wird eine nicht definierte Variable angegeben, generiert VFP einen Fehler. Der Vorteil ist, dass VAR-

---

10. seit Version 6.0

TYPE() wesentlich schneller arbeitet, als die langsame
TYPE()-Funktion.

26.3.2 Der Ausdruck-Generator

Mit dem Ausdruck-Generator können relativ komfortabel bestimmte Ausdrücke
aus vorhandenen Variablen, Feldern geöffneter Tabellen und Funktionen
zusammengebaut und geprüft werden. Er wird von verschiedenen Stellen
innerhalb der Entwicklungsumgebung aufgerufen, z.B. im Berichts-Designer
zum Erzeugen eines Ausdrucks für ein Berichtsfeld.

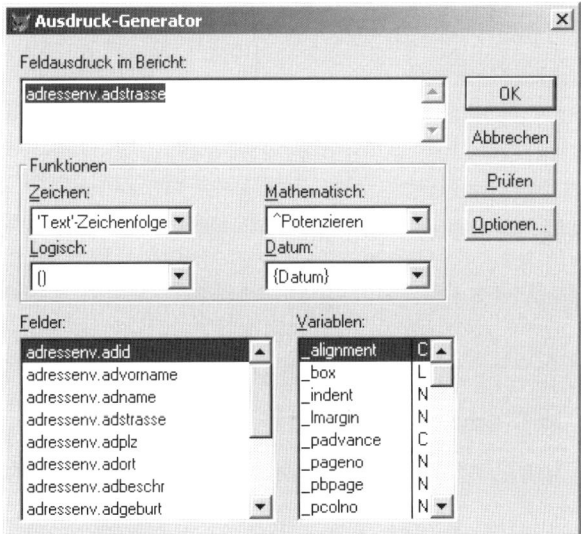

Unter *Felder* sehen Sie alle Felder der aktuell geöffneten Tabellen. Unter
Variablen sehen Sie alle aktuell existierenden Variablen. Dies sind die System-
variablen (die nie gelöscht werden können, gekennzeichnet durch Unterstrich)
und die eigenen aktuell existierenden Variablen. Unter Funktionen finden Sie
Visual-FoxPro-Funktionen in vier Kategorien aufgeteilt.

Mit PRÜFEN können Sie die Gültigkeit eines Ausdrucks prüfen.

26.4 SQL-Statements

SQL steht für **S**tructured **Q**uery **L**anguage und ist eine in bestimmten Grenzen
normierte Befehlssprache, um Daten auszulesen.

SQL ist eine recht umfangreiche Befehlssprache, und es würde an dieser Stelle
zu weit führen, diese erschöpfend behandeln zu wollen. Wir wollen aber doch
einige einfache Select-Statements formulieren, um damit unter VFP grundle-
gend umgehen zu können.

Vorbereitung der Daten

Kopieren Sie die Beispieldaten aus dem SAMPLEDATA-Pfad der mitgelieferten CD, wie in Kapitel 14.1.1 *Vorbereitung der Daten/Beispieltabellen kopieren* beschrieben.

Programm für Select-Befehle anlegen

Die Select-Befehle, die wir im Folgenden schreiben werden, sind z. T. schon etwas länger. Daher empfiehlt es sich, ein kleines Programm dafür anzulegen und den nicht mehr gebrauchten Befehl als Kommentarzeile mit * am Anfang zu markieren.

Tun Sie dies im Projekt-Manager auf der Registerkarte CODE mit dem NEU-Button. In dieses Programm können Sie die folgenden Befehle schreiben. Speichern Sie es ab als PRGS\SQLTEST und setzen Sie zu Beginn des Programms den FoxPro-Suchpfad auf das Datenverzeichnis DATA:

```
SET PATH TO data
```

Zu den Übungen

Im Folgenden finden Sie eine Reihe von Übungen, um die eingeführten Klauseln praktisch auszuführen. Die Auflösungen zu den Übungen finden Sie im mitgegebenen SampleData-Pfad im SQLTEST.PRG bzw. in Kap. 26.4.7.

26.4.1 Obligatorische Klauseln des Select-Befehls

Jeder Select-Befehl besteht aus mindestens den folgenden Klauseln

```
SELECT cFelder/* ;
   FROM cUrsprungstabellen ;
```

Nach SELECT können

✔ entweder die einzelnen Felder angegeben werden (die einzelnen Felder werden mit Komma voneinander getrennt),

✔ oder mit * alle Felder ausgewählt werden,

✔ oder mit cFeld AS cFeldname die Felder benannt werden,

✔ oder mit Ausdruck AS cFeldname neue Felder aus Ausdrücken erzeugt werden (z.B. über Funktionen berechnete Felder oder feststehende Werte wie Strings und Zahlen, wenn ein Feld entstehen soll, das zuerst einmal in allen Datensätzen den gleichen Wert hat). Wenn auf diese Weise ein numerisches Feld mit z.B. zwei Nachkommastellen und zwei Vorkommastellen entstehen soll, kann dies ausgedrückt werden wie SELECT ..., 00.00 AS neufeld ...

Übung 1

Schreiben Sie einen Select-Befehl, der Ihnen sämtliche Felder der Kategorien-Tabelle ausgibt.

Übung 2

Schreiben Sie einen Select-Befehl, der Ihnen nur den Text und die ID der verschiedenen Kategorien zeigt.

Übung 3

Ergänzen Sie den Befehl von Übung 2 durch ein weiteres Feld, das eine Vor- und drei Nachkommastellen hat, für spätere Verwendung. Es soll mit dem Wert 0 in allen Datensätzen initialisiert werden. Benennen Sie dabei das Feld KAtext mit *Kategorie* und das Feld KAid mit *ID*.

26.4.2 WHERE-Klausel

Die WHERE-Klausel dient zur weiteren Einschränkung der Daten-Ausgabemenge

```
SELECT cFelder/* ;
    FROM cUrsprungstabellen ;
    WHERE lWahrheitswert
```

Würde man beispielsweise nur die Kategorien, deren Monats-Budget € 150,- übersteigt, ausgeben wollen, wäre der Befehl dann

```
SELECT * ;
    FROM kategorie ;
    WHERE haBudget > 150
```

26.4.3 ORDER BY-Klausel

Die ORDER BY-Klausel nimmt eine physikalische Sortierung des Abfrageergebnisses vor.

```
SELECT * ;
    FROM kategorie ;
    ORDER BY hatext
```

26.4.4 JOIN

Einführung

Will man mehrere Tabellen miteinander verknüpfen, geschieht dies mit JOIN. Es gibt verschiedene JOIN-Arten; zuerst wollen wir mit INNER JOIN arbeiten.

JOIN ist ein Teil der FROM-Klausel und erfordert zusätzlich die Angabe der Verknüpfungsbedingung hinter ON. Die Syntax dazu lautet

```
SELECT cFelder/* ;
```

```
FROM ctabelle1 ;
    INNER JOIN ctabelle2 ;
        ON cTabelle1Feld = cTabelle2Feld
```

Wenn ich die Hauptkategorien zu den Kategorien anzeigen will, würde dies geschehen über

```
SELECT kaid,katext,hatext ;
    FROM kategorie ;
        INNER JOIN hauptkategorie ;
            ON kategorie.haid = hauptkategorie.haid
```

Sie können auch mehrere Joins aneinander hängen. Das Einfassen in Klammern ist möglich, aber nicht notwendig.

Übung 4

Schreiben Sie einen Select-Befehl, der alle Buchungen (davon nur den Buchungstext), die Kategorie (Text) und die dazu gehörende Hauptkategorie (Text) anzeigt.

Verschiedene Joins

Es gibt vier verschiedene Arten von Joins:

✔ INNER JOIN: Hier werden nur Datensätze mit aufgenommen, die von beiden verknüpften Tabellen übereinstimmen.

✔ LEFT [OUTER] JOIN: Hier werden alle Datensätze von der Tabelle links vom Join aufgenommen und sofern vorhanden die dazu passenden Datensätze der Tabelle rechts.

✔ RIGHT [OUTER] JOIN: Der umgekehrte Fall – hier werden alle Datensätze von der Tabelle rechts vom Join aufgenommen und – sofern vorhanden – die dazu passenden Datensätze der Tabelle links.

✔ FULL JOIN: Hier werden in jedem Fall alle Datensätze von links (mit dazu passenden von rechts) und alle Datensätze von rechts (mit dazu passenden von links) aufgenommen.

Zum Testen führen Sie ein Statement wie das Folgende aus:

```
SELECT kaid,katext,hatext ;
    FROM kategorie ;
        LEFT JOIN hauptkategorie ;
            ON kategorie.haid = hauptkategorie.haid
```

Es dürfte bei einigen Datensätzen im Feld HAtext .NULL. stehen. Hier wurde also durch den LEFT JOIN der Datensatz der linken Tabelle (Kategorie) zwar hineingenommen, obwohl in der rechten Tabelle keine Entsprechung zu finden war. Dieser Fall darf eigentlich bei sauber gewarteten Daten nicht vorkommen.

Übung 5

Schreiben Sie den Select-Befehl um sämtliche Kategorien und sämtliche Hauptkategorien anzuzeigen, wo immer möglich mit den Entsprechungen zueinander.

26.4.5 GROUP BY

Die GROUP BY-Klausel des Select-Befehls gruppiert nach bestimmten Ausdrücken. Dies bedeutet, dass nur noch ein Datensatz erscheint für alle Datensätze, die den gleichen Gruppierausdruck haben. Wenn z.B. gruppiert wird nach der ID der Kategorie (KAid) würde pro Kategorie noch ein Datensatz erscheinen. Funktionen würden dabei jeweils auf alle Datensätze dieser Gruppe angewendet werden.

Der folgende Select-Befehl gibt die Summe der Beträge und den maximalen Betrag jeweils pro Kategorie aus. Dabei sind die Kategorien nach Hauptkategorien geordnet.

```
SELECT katext,hatext,SUM(Bubetrag),MAX(Bubetrag) ;
   FROM Buchung ;
      INNER JOIN kategorie ;
         ON buchung.kaid = kategorie.kaId ;
      INNER JOIN hauptkategorie ;
         ON kategorie.haid = hauptkategorie.haid ;
      ORDER BY hauptkategorie.hatext ;
      GROUP BY kategorie.kaid
```

Übung 6

Schreiben Sie den Select-Befehl, um jeweils alle Buchungen eines Mandanten (ADid) mit Buchungs-ID (BuId), Buchungsdatum (BuBuchDat), Text (BuText) und Betrag (BuBetrag) und Mandantennamen (aus Ihrer Adress-Tabelle) anzuzeigen. Sortieren Sie nach Mandanten und darunter nach Buchungsdatum.

Übung 7

Nun zeigen Sie pro Mandant die Summe seiner Buchungen und den höchsten Wert aller seiner Buchungen an.

Übung 8

Erweitern Sie den Befehl von Übung 7 und zeigen Sie pro Mandant von jeder Kategorie die Summen der jeweiligen Buchungen an. Zeigen Sie dabei auch den Text der Kategorie und der Hauptkategorie, und sortieren Sie nach Hauptkategorien und darunter nach Kategorien.

26.4.6 INTO CURSOR/TABLE/ARRAY

Bei den bisherigen Select-Statements wird das Abfrageergebnis (wie beim View) in eine temporäre Tabelle im Windows-Temp-Verzeichnis geleitet (Zufallsnamen), die gleichzeitig geöffnet und in einem Browse-Fenster angezeigt wird.

Die INTO-Klausel ermöglicht es, die Abfragen in ein gewünschtes anderes Ziel zu leiten. Hier erwähnt seien:

INTO CURSOR *abc*   leitet das Abfrageergebnis in eine temporäre Tabelle mit jedoch einem festen Namen

INTO TABLE *abc*   leitet das Abfrageergebnis in eine Tabelle, die zu diesem Zweck neu angelegt wird.

INTO ARRAY *abc*   leitet das Abfrageergebnis in ein Array. Diese Arbeitsweise ist v. a. immer dann wichtig, wenn man mit einem Select-Statement nur bestimmte Werte aus der Tabelle herausziehen will, die man im Programmablauf weiter verwenden will (siehe auch Kap. 26.1.3 *Arrays*)

Übung 9

Schreiben Sie einen Select-Befehl, der im Daten-Pfad eine neue Tabelle namens Test anlegt mit allen Buchungen zwischen 01.06.97 und 31.12.97 und allen Feldern der Buchungstabelle zuzüglich den Kategorienamen, sortiert nach Buchungsdatum.

26.4.7 Auflösung für Übungen SQL-Statements

Übung 1

```
SELECT * FROM kategorie
```

Übung 2

```
SELECT kaid,katext FROM kategorie
```

Übung 3

```
SELECT kaid AS ID,;
      katext AS Kategorie,;
      0.000 AS Neu ;
   FROM kategorie
```

Übung 4

```
SELECT butext,katext,hatext ;
   FROM Buchung ;
      INNER JOIN kategorie ;
         ON buchung.kaid = kategorie.kaId ;
      INNER JOIN hauptkategorie ;
         ON kategorie.haid = hauptkategorie.haid
```

Übung 5

```
SELECT kaid,katext,hatext ;
   FROM kategorie ;
      FULL JOIN hauptkategorie ;
         ON kategorie.haid = hauptkategorie.haid
```

Übung 6

```
SELECT buid,bubuchdat,butext,bubetrag,adname;
   FROM Buchung ;
      INNER JOIN adressen ;
         ON buchung.adid = adressen.adid ;
   ORDER BY adressen.adid,buchung.bubuchdat
```

Übung 7

```
SELECT adname,SUM(bubetrag),MAX(bubetrag);
   FROM Buchung ;
      INNER JOIN adressen ;
         ON buchung.adid = adressen.adid ;
   GROUP BY adressen.adid
```

Übung 8

```
SELECT adname,katext,hatext,SUM(bubetrag),MAX(bubetrag);
    FROM Buchung ;
        INNER JOIN adressen ;
            ON buchung.adid = adressen.adId ;
        INNER JOIN kategorie ;
            ON buchung.kaid = kategorie.kaId ;
        INNER JOIN hauptkategorie ;
            ON kategorie.haid = hauptkategorie.haid ;
    ORDER BY adressen.adid,;
        hauptkategorie.hatext,;
        kategorie.katext ;
    GROUP BY adressen.adid,kategorie.kaid
```

Übung 9

```
SELECT buchung.*,kategorie.katext ;
    FROM buchung ;
        INNER JOIN kategorie ;
            ON buchung.kaid = kategorie.kaId ;
    WHERE bubuchdat>= {01.06.97} AND bubuchdat <={31.12.97};
    ORDER BY bubuchdat ;
    INTO TABLE data\test
```

oder schöner:

```
SELECT buchung.*,kategorie.katext ;
    FROM buchung ;
        INNER JOIN kategorie ;
            ON buchung.kaid = kategorie.kaId ;
    WHERE BETWEEN(bubuchdat,{01.06.97},{31.12.97}) ;
    ORDER BY bubuchdat ;
    INTO TABLE data\test
```

KAPITEL 27

27 Wichtige Empfehlungen

Ein VFP-Anwendungsentwickler sollte niemals jemand sein, der mehrere Jahre allein auf einer kleinen Insel im Stillen Ozean arbeitet (höchstens online via Satellit). Der Erfahrungsaustausch ist angesichts der doch mittlerweile nicht geringen (und nicht immer unproblematischen) Komplexität von VFP und in Anbetracht der schnellen Weiterentwicklung von »Bugs und Features« äußerst wichtig und zu empfehlen. Probleme mit denen sich andere schon wochenlang herumschlugen, sollten Ihnen die gleiche Zeit nicht nochmals abverlangen. »Ist das ein Bug – oder mein Fehler?«, »Wenn es ein VFP-Bug ist, wie kann ich ihn am schnellsten umschiffen?« – das sind Fragen die nun einmal leider dem Programmieralltag angehören. Darum ist eine entscheidene Frage: **Wie bekomme ich schnell, am besten kostenlos, kompetente Hilfe für mein spezielles Problem?** Dazu die Hinweise im folgenden Abschnitt »Hilfe!«.

Der zweite Abschnitt beschäftigt sich mit der Frage, wie im Zeitalter der Objektorientierung vermieden werden kann, dass man »das Rad neu erfinden muss«. Mit anderen Worten: wann und unter welchen Umständen macht es Sinn **fremde Klassenbibliotheken** einzusetzen und welche.

Ein weiterer Abschnitt gibt einige Hinweise für **weiterführende Literatur** und zuletzt gebe ich noch ein paar **Kontaktadressen** weiter, die Ihnen behilflich sein mögen.

27.1 Hilfe!

Die beste Hilfe ist immer jemand, der das gleiche Problem schon in der Praxis gehabt und bewältigt hat – also der Erfahrungsaustausch mit Programmierern.

27.1.1 Diskussionsforen!

Frage schreiben – unentgeltlich und prompt kompetente Antwort erhalten, das ist es, was man sich eigentlich wünscht, und genau dies können Sie über Diskussionsforen sehr gut erreichen.

1. Hierfür gibt es im deutschsprachigen Raum ein sehr empfehlenswertes Diskussionsforum über die Deutsche FoxPro User Group (dFPUG). Sie erreichen es über die Homepage der dFPUG: http://www.dfpug.de/forum

   Auf der Homepage der dFPUG finden Sie außerdem die archivierten Diskussionsbeiträge (in denen Sie zu Themen aller Art Antworten finden können)

und eine ganze Reihe anderer nützlicher Informationen, wie eine regelmäßig aktualisierte komplette Literaturreferenz rund um Visual FoxPro.

2. Wenn Sie des Englischen mächtig sind, finden Sie das auf internationaler
   Ebene größte Forum unter `http://www.universalthread.com/`. Dort fin-
   den Sie die meisten, die Rang und Namen haben in der internationalen
   FoxPro-Szene.

   Andere englischsprachige Option http://www.foxforum.com.

3. Ein weiteres deutsches Forum, ganz andersartig aufgemacht finden Sie
   unter `http://www.foxuser.net/`.

27.1.2   Entwicklertreffen

1. Regelmäßig werden in den meisten größeren deutschen Städten, sowie in
   Österreich und der Schweiz, Stammtischrunden der deutschsprachigen
   FoxPro User Group abgehalten; zur Zeit der Drucklegung waren die Orte in
   Deutschland: Bielefeld, Dresden, Essen, Hamburg, Hannover, Köln, Mün-
   chen, Nürnberg, Stuttgart.

   Die Teilnahme ist ebenfalls unentgeltlich. Entweder werden dort verschiedene, oft aktuelle Themen vorgestellt, oder es findet ein freier Erfahrungsaustausch statt. Zeitpunkte erfahren Sie über die Homepage der dFPUG
   (`http://www.dfpug.de/veran/regional/`).

   An dieser Stelle sei erwähnt, dass es sich für einen VFP-Anwendungsentwickler durchaus empfiehlt, **Mitglied der dFPUG** zu sein. Gegen einen
   geringen jährlichen Mitgliederbeitrag erhalten Sie mehrmals im Jahr eine
   umfangreiche Loseblattsammlung mit wertvollen Beiträgen zur objektorientierten Programmierung mit Visual FoxPro (die Mitgliedschaft bei der
   dPFUG ist rechtlich gesehen das Abonnement dieser Veröffentlichung).

2. Einmal jährlich findet eine mehrtägige VFP-Entwicklerkonferenz statt, mit
   interessanten Sessions und namhaften deutschsprachigen und internationalen Rednern. Hier werden jeweils auch neueste Entwicklungen und
   Entwicklungs-Techniken vorgestellt. Informationen darüber sind ebenfalls
   auf der Website der dFPUG erhältlich.

27.1.3   Hotline

Neben der kostenpflichtigen Microsoft-Hotline existiert eine kostenfreie Hot-
line der dFPUG:

```
dienstags und donnerstags 13:00-17:00 unter 06173/950905
```

27.2 Fertige Klassenbibliotheken

Es gibt eine ganze Menge reiner Standardfunktionalität, die jede Windows-Anwendung mehr oder weniger modifiziert verwendet. Wir haben in unseren Beispielen im vorliegenden Buch begonnen, solche Standardfunktionalitäten in eine allgemein verfügbare Klasse zu schreiben. Dabei haben wir einige Möglichkeiten kennen gelernt, die solche Klassen bieten. Natürlich war die hier programmierte Funktionalität noch sehr einfach. Wollen wir alle im Ernstfall vorkommenden Fälle berücksichtigen und ausprogrammieren, dauert das ohne weiteres für ein durchschnittliches Projekt einige Monate.

Die Entwicklung geht immer mehr in die Richtung der Unterscheidung von Programmierern, die sich ganz auf die Klassenprogrammierung konzentrieren und Anwendungsprogrammierern, die sich dann um alles kümmern, was nur ganz spezifisch der jeweiligen Anwendung angehört.

Wenn die jeweils verwendete Klassenbibliothek die komplette Vererbung aller dort verwendeten Klassen auf eine eigene Klassenbibliothek vorsieht, die dann ausschließlich verwendet wird, hat die Verwendung externer Klassenbibliotheken außerdem den Vorteil, dass die eigene Arbeit »mitwächst«: Während die Klassen von deren Herstellern weiterprogrammiert werden und dabei z.B. neuen Windows-Features (und damit Erwartungen der Anwender) angepasst und erweitert werden, überträgt sich diese Weiterentwicklung per Vererbung auf Ihre eigene Klassenbibliothek. Aus dem deutschsprachigen Raum werden drei Klassenbibliotheken vertrieben, die in ihrem Ansatz sehr unterschiedlich sind:

1. Die mitgelieferte Foundation-Class-Klassenbibliotheken: Sie befinden sich im Unterverzeichnis FFC des FoxPro-Verzeichnisses und enthalten viele nützliche Funktionen. Dies dürfte normalerweise für eine vollständige Anwendung aber nicht ausreichend sein und ist leider auch kaum bis gar nicht dokumentiert.

2. Visual Extend: Hiermit lässt sich sehr schnell und einfach eine Anwendung aufbauen, die umfangreiche Funktionen hat.

3. ClassMaxX von Indisoftware GmbH (an der Entwicklung dieser Bibliothek war der Autor beteiligt und kennt sie von daher am besten): Der Ansatz hier geht davon aus, dass jede mitgelieferte Klasse nicht direkt verwendet wird, sondern eine (leere) Ableitung in einer benutzereigenen Klassenbibliothek. In diese kann der Entwickler vorgegebene Methoden und Eigenschaften übernehmen oder sie überschreiben und erweitern, und sich auf die Weise – trotz der Verwendung einer externen Klassenbibliothek – seinen eigenen Standard schaffen. Sie finden als Beispiel für eine Klassenbibliothek eine Demo auf der mitgelieferten CD.

27.3   Veröffentlichungen

27.3.1   Zeitschriften

Es ist für einen VFP-Anwendungsentwickler fast unerlässlich, sich regelmäßig für persönliche Fortbildung etwas Zeit zu nehmen. Planen Sie diese Zeit bereits in Ihre Kalkulationen prozentual mit ein! Um für aktuelle Entwicklungen und neuartige Techniken auf dem neuesten Stand zu sein, empfehle ich hier insbesondere folgende Zeitschriften:

1. Der FoxPro Advisor (`www.advisor.com` – hier finden Sie u.a. eine Liste der Themen) ist die internationale Standardveröffentlichung rund um FoxPro (englisch) mit sehr essenziellen Artikeln zur VFP-Programmierung – eigentlich ein Muss. Erhältlich über `www.prolib.de`.

2. Die Loseblattsammlung der deutschsprachigen FoxPro User Group, erhältlich durch die Mitgliedschaft bei der dFPUG (`www.dfpug.de`).

3. CODE, ein hervorragendes allerdings englischsprachiges Magazin von Rick Strahl, das allerdings eher für wirklich fortgeschrittene VFP-Programmierer geeignet ist.

27.3.2 Bücher

Es gibt eine Vielzahl von informativen weiterführenden Büchern über Visual FoxPro, allerdings fast durchgehend in Englisch und zur Zeit der Drucklegung dieses Buches auch hauptsächlich für VFP6.

1. »What's New in Visual FoxPro 7.0?« (Tamar E. Granor, Doug Hennig, Kevin McNeish), Verlag: Hentzenwerke, ISBN 1-930919-06-9, Paperback 260 Seiten, US$ 39,95

2. Referenzbuch: »Hacker's Guide to Visual FoxPro 6.0« (Tamar E. Granor, Ted Roche – beide Herausgeber des FoxPro Advisor), Verlag: Hentzenwerke, ISBN 0-9655093-6-2, 990 Seiten + CD, US$ 69.95

3. Für Fortgeschrittene: »Advanced Object Oriented Programming with Visual FoxPro 6.0« (Markus Egger), Verlag: Hentzenwerke, ISBN 0-9655093-8-9, ca. 600 Seiten, US$ 49.95

4. Für Fortgeschrittene: »Effective Techniques for Application Development with Visual FoxPro 6.0« (Jim Booth, Steve Sawyer), Verlag: Hentzenwerke, ISBN 0-9655093-7-0, ca. 500 Seiten, US$ 49.95

5. Für Fortgeschrittene – VFP5, trotzdem zu empfehlen: »Special Edition Using Visual FoxPro 5 for Windows« (Antonovich, Michael), Verlag: Que, ISBN 0-7897-0885-x, 926 Seiten

6. Für Einsteiger – VFP3: »Object-Orientation in Visual FoxPro« (Savannah Brentnall), Verlag: Addison Wesley, ISBN 0-201-47943-5, 256 Seiten, US$ 19,95

Nicht mehr verfügbar ist das deutschsprachige Buch von Rolf Gladis im Sybex-Verlag zu VFP5.

Erhältlich sind die Bücher

✔ entweder direkt über www.dFPUG.de oder

✔ über www.hentzenwerke.com (soweit als Verlag vermerkt)

✔ oder über www.amazon.com (dort komplette Liste)

INDEX